教育探索的历程
30年回溯

何齐宗　著

中国社会科学出版社

图书在版编目（CIP）数据

教育探索的历程：30年回溯／何齐宗著．—北京：中国社会科学出版社，2019.4

ISBN 978-7-5203-3610-9

Ⅰ.①教… Ⅱ.①何… Ⅲ.①教育学-文集 Ⅳ.①G40-53

中国版本图书馆 CIP 数据核字（2018）第 273228 号

出 版 人	赵剑英
责任编辑	许　琳
责任校对	季　静
责任印制	李寡寡

出　　　版	中国社会科学出版社
社　　　址	北京鼓楼西大街甲 158 号
邮　　　编	100720
网　　　址	http://www.csspw.cn
发 行 部	010-84083685
门 市 部	010-84029450
经　　　销	新华书店及其他书店

印刷装订	北京明恒达印务有限公司
版　　　次	2019 年 4 月第 1 版
印　　　次	2019 年 4 月第 1 次印刷

开　　　本	710×1000　1/16
印　　　张	31
插　　　页	2
字　　　数	524 千字
定　　　价	118.00 元

凡购买中国社会科学出版社图书，如有质量问题请与本社营销中心联系调换
电话：010-84083683

前　言

本书是作者的一部论文集，所选论文是本人发表的成果的一部分。

我公开发表学术成果开始于 1988 年。当年共发表了 6 篇论文，分别刊载于《教育研究》《上海高教研究》《江西教育科研》《江西教育》《理论信息报》《高教研究周报》。从发表第一篇论文至今，我在教育探索之路上不知不觉间已经走过了三十年的漫长历程。

在这三十年的学术生涯中，我涉足的范围很广，探索的问题也很多。先后主持了 31 项省部级及以上项目的研究，其中包括国家自然科学基金项目 1 项、全国教育科学规划项目 4 项、教育部人文社会科学规划基金项目 1 项、江西省社会科学规划项目 6 项、江西省高校人文社会科学规划项目 7 项、江西省教育科学规划项目 7 项。从研究的范围来看，大致包括教育学原理、高等教育学、教育史、比较教育学、课程与教学论、职业技术教育学、成人教育学等。从探索的具体问题来看，主要涉及教育哲学、教育学史、教育人口学、教育美学、美育思想、教学艺术、教育起源、学校教育制度、教师教育、教师素养、教师胜任力、留学教育、义务教育、民办教育、人口教育、环境教育、和平教育、道德教育、人格教育、个性教育、自由教育、终身教育、全民教育、国际理解教育等。这里拟就其中重点关注的若干领域作一简要阐述。

一是教育美学研究。我对教育美学的关注较早，是国内最早探索这门新的教育学科的几个学者之一。同时，我对该学科的探索持续的时间也很长，几乎贯穿了我的学术生涯。早在 1986 年，我就萌发了研究教育美学的想法，认识到这是一个亟待开拓的新领域。次年考上研究生以后，即开始系统探索这个课题。在攻读硕士学位期间，除完成规定的课程学习以外，我将主要的时间和精力投入该课题的探索中。在导师汪莲如和郭文安两位先生的支持下，我的学位论文以《论教育美》为题，对教育美学的中心问题——"教育美"进行了初步的探讨。在论文答辩会上，得到了各位答辩委员的充分肯定和积极鼓励。该文后来分为若干部分在几家学术刊物发表，并获得了良好的社会反映。这使我进一步坚定了研究这门新学科的信心和勇气。1992 年，我申报的"教育美学研究"被列为全国教育科学"八五"规划青年专项课题，为我的研究工作提供了经费资助，使我的研究任务得以顺利完成。① 该课题研究在前期成果的基础上，又在《中国教育报》《中国教育学刊》《教育研究与实验》《教育科学》等杂志发表系列论文十余篇，并有多篇论文被《中国教育报》、中国人民大学报刊复印资料《教育学》《高等学校文科学报文摘》等转载。关于教育美学研究的成果于 1995 年获江西省社会科学优秀成果一等奖，此外还有多篇论文获江西省社会科学优秀成果奖和江西省高校人文社会科学优秀成果奖。在系列论文的基础上撰写的《教育美学》专著于 1995 年由重庆出版社出版，这是我的第一部学术专著。该书于 1997 年获全国优秀教育图书二等奖。我主持的"教育美学研究"课题的成果得到黄济、瞿葆奎、郭文安、陆有铨、查有梁等多位评审专家的充分肯定和热情鼓励，顺利通过了专家的鉴定。但是，课题研究任务的完成并不意味着研究工作的终止。此后，虽然我也承担了不少其他课题的研究任务，但却始终没有放弃对教育美学的关注和思考。"教育美学研究在我的学术生涯中占有十分重要的地位，是我一直关心和倾注心血的中心。每当看到新的相关信息和资料，总是感到激动和兴奋；每当自己有了新的认识和想法，总是深感愉悦和满足。"② 持续的关注和思考使我又取得了不少成果，在《教育研究》《高等教育研究》《中国社会科学报》等报刊上发表了多篇教育美学的相关论文，其中全面而系统地总结我国教育美学研究成果的《中国教育美学研究三十年：回顾与反思》于 2014 年在《教育研究》发表。该文发表后分别被《新华文摘》和中国人民大学报刊复印资料《教育学》转载，并获全国教育科学优秀成果三等奖和江西省社会科学优秀成果二等奖。《教育美学》的修订本《教育美学新论》也于 2017 年由人民教育出版社出版。

　　二是审美人格教育研究。对于我来说，"教育与美学的关系"这个课题始终是难以忘怀和割舍的兴奋中心。因此，2001 年我在考虑博士学位

① 何齐宗：《教育美学》，前言，重庆出版社 1995 年版。
② 何齐宗：《教育美学新论》，前言，人民教育出版社 2017 年版。

论文选题的时候，很自然地又一次将视野投向教育与美学的关系这个自己感兴趣而又比较熟悉的领域。经与导师郭文安教授商量，几经权衡，最终将探讨的范围定为"教育与审美人格建构的关系"，博士学位论文的题目为"走向审美人格——论教育与审美人格的建构"。如果说以往主要是关注"教育之美"（含美育和教育美）的话，那么这次则是将重点聚焦于"人格之美"及教育与人格之美的建构的关系。[1] 我非常敬重的两位教育家黄济先生和王道俊先生对我的博士学位论文进行了认真细致的评阅，并给予了充分的肯定。黄济先生认为："作者长期从事教育美学研究，本文进一步将问题推向审美人格建构的研究。论文抓住了当前人格教育中的核心问题，分析了当前面临的人格危机，提出了审美人格建构的教育策略，选题具有重要的理论价值和现实意义。作者在历史考察的基础上，分析了审美人格的内涵和特征，研究了当前审美人格建构的教育障碍与策略，这无疑将对当前的教育改革发挥重要的指导作用。"王道俊先生指出："论文选题具有重要的理论价值与现实意义。作者从我国所处的时代背景与社会走向出发，明确提出审美人格是当代人格建构和矫治人格危机的必然选择，是当代教育责无旁贷的历史使命。论文中提出了不少独到的见解，并从美学、哲学、心理学、教育学等多学科的角度作了广泛的探讨与论证。论文提出审美人格及其建构的教育策略，表达了作者对当代人的现实存在与发展的人文关怀，具有重要的启示意义。论文表明，作者视野开阔，敢于直面现实，思考人生。"叶澜教授、金一鸣教授、班华教授、王炳照教授、刘献君教授对我的博士学位论文也给予了积极的评价，并提出了不少有价值的指导意见。博士学位论文后来被分成若干部分分别刊于《高等教育研究》《中国教育学刊》《教师教育研究》《教育研究与实验》等杂志上，并获得了良好的社会反响，有多篇被《中国教育科学》、中国人民大学报刊复印资料《教育学》《教育文摘周报》等转载。为了简明起见，学位论文出版时将书名定为《审美人格教育论》。该书出版后也获得了多项重要荣誉，包括第四届全国教育科学研究优秀成果二等奖、江西省社会科学优秀成果一等奖。十年后，该书在教育科学出版社出版了修订本《审美人格教育新论》。

三是中国美育思想研究。美育思想是中国教育思想的重要组成部分，

---

[1] 何齐宗：《审美人格教育论》，前言，人民教育出版社 2004 年版。

但该领域并没有得到足够的关注。我对该领域的研究主要包括中国古代美育思想、先秦儒家美育思想、孔子美育思想和蔡元培美育思想。在《高等师范教育研究》（现改为《教师教育研究》）、《教育科学》、《江西教育科研》和《江西师范大学学报》（哲社版）等发表了多篇论文，其中有的被《高等学校文科学报文摘》转载、有的获江西省社会科学优秀成果奖。

四是元教育学研究。早在攻读硕士学位期间，我即开始关注教育学的学科发展问题，发表了多篇相关论文，涉及教育科学批判、教育科学的历史意识及建立教育学史的倡议等。其中有两篇刊于《教育研究》，分别是《教育科学领域亟需批判精神》和《建立"教育学史"刍论》。这两篇论文发表后都引起了较大的社会反响。前者被中国人民大学报刊复印资料《教育学》转载；后者在国内率先明确提出并系统论证了建立教育学史的设想，该文先后被瞿葆奎先生主编的具有重要影响的大型文献《教育学文集·教育与教育学》全文收录，同时还被他主编的《教育基本理论之研究》《中国教育学百年》等评论，并获江西省社会科学优秀成果奖。

五是公民与道德教育研究。关于公民与道德教育，先后承担"现代大德育研究"和"青少年公民意识教育的理论与实践研究"等课题。关于德育问题，主要探讨了世界道德教育的现状与趋势，其中《世纪之交的世界道德与道德教育》一文发表后被中国人民大学报刊复印资料《伦理学》转载。关于公民教育，主编并出版了《青少年公民意识教育研究》一书。该书主要研讨了公民意识教育、社会公德意识教育、公民责任意识教育和公民民主意识教育等问题。

六是教师素养研究。关于教师的素养先后承担了五项省级课题的研究，主要探讨了教师的审美素养、教师的哲学素养、教师的通识知识、教师的实践性知识、教师的情感、教师的教学语言等问题。在《教育研究》《高等教育研究》《教师教育研究》等发表了十余篇相关论文，有多篇论文被中国人民大学报刊复印资料《教育学》转载。在该领域还先后主编出版了《当代教师若干问题研究》《高师教育改革与教师发展》《教师教育与教师发展研究》《导师制与本科人才培养研究》《职业技术教育师资培养模式研究》等五部著作。

七是教师胜任力研究。我国关于教师胜任力研究起步较晚，成果相对较少。我关于教师胜任力的研究分别研讨了高校教师教学胜任力和高校硕士生导师岗位胜任力。主持完成了教育部人文社会科学规划基金项目"高校青年教师教学胜任力测评与发展研究"，在《教育研究》和《高等教育研究》发表了《我国高校教师胜任力研究：进展与思考》《高校青年教师教学胜任力的调查与思考》《高校教师教学胜任力模型构建研究》《高校硕士生导师岗位胜任力的调查与思考》等四篇相关论文。关于高校教师教学胜任力模型构建研究的论文发表后被中国人民大学报刊复印资料《高等教育》转载并获江西省社会科学优秀成果二等奖。

八是联合国教科文组织教育文献研究。联合国教科文组织的教育文献，如《学会生存》《教育：财富蕴藏其中》《从现在到2000年教育内容发展的全球展望》等，在我国影响很大，引用率很高，但却没有人对此进行系统的研究。我承担了全国教育科学规划课题"全球视野的教育理念——联合国教科文组织教育文献研究"，同时这也是我跟随顾明远先生做访问学者时所做的课题。该课题主要从教育理念的视角对联合国教科文组织的教育文献进行研究。通过几年的探索，先后在《高等教育研究》《教育科学》《教育学术月刊》等发表七篇系列论文，分别探讨了联合国教科文组织教育文献中的全民教育理念、终身教育理念、教师理念、教育目的理念、教育内容理念、国际理解教育理念和环境教育理念。同时还在系列论文的基础上，撰写并在广东高等教育出版社出版了《全球视野的教育理念——联合国教科文组织教育文献研究》专著。该课题有三项成果分别获江西省社会科学优秀成果奖、江西省高校人文社会科学优秀成果奖和江西省教育科学优秀成果奖。

九是义务教育均衡发展研究。义务教育均衡发展是一个关注度非常高的课题，这方面的成果可以说是不计其数。我主持完成的国家自然科学基金项目"县域义务教育发展均衡发展的推进机制及其绩效评价——基于江西省义务教育均衡发展示范县的实证研究"是以江西省评选的义务教育均衡发展示范县作为研究的对象，旨在总结县域义务教育均衡发展的江西经验和江西模式。该课题的成果为发表在《中国教育科学》的《我国义务教育均衡发展研究：缘起、进展与思考》和《县域推进义务教育均衡发展的探索与思考》等四篇系列论文和一部在科学出版社出版的专著《县域义务均衡发展探究——基于江西省义务教育均衡发展示范县的实证研究》。

以上所述是我三十年来从事教育研究的基本情况。当然，这只能算是我的学术生涯的一个阶段。追求无止境，探索无终期。我的未来学术之旅将不断向前延伸、持续向外拓展。

何齐宗

识于凯美怡和寓所

2019 年 3 月 3 日

目　　录

第三编　教育美学与美育思想

第四编　教师教育与教师发展

第五编 国际教育与比较教育

第一编

教育科学与教育评论

教育哲学与教育科学*

教育哲学是一门重要的教育学科，同时又是一门亟待进一步发展的学科。对于这门学科的认识，我们至今仍然相当模糊。其中的一个重要表现是，它跟教育科学究竟存在一种什么关系，我们还知之甚少、知之甚浅。这种情况在很大程度上阻碍了这门学科的发展进程。要使教育哲学早日摆脱这种困境，尽快走向健康发展的道路，就有必要深入探讨教育哲学与教育科学的相互关系。本文拟就这个问题谈一些初步的看法。

一 教育哲学与教育科学的区别

1. 教育哲学与教育科学的特性

要揭示教育哲学与教育科学的关系，我们首先应当了解它们各自的基本特性。教育科学是研究教育规律的科学。它是对教育实践经验的概括和总结，属于具体经验科学。它的基本特性就在于它的经验性。教育科学的起点和终点都是教育经验事实，也就是说，教育科学认识是从观察或实验得来的，然后用教育实验或教育实践对所取得的教育科学认识成果进行验证。

教育哲学是系统化、理论化的教育观和教育科学方法论。它是对各门教育科学知识的概括和总结，属于教育理论思维。与教育科学相对应，教育哲学的基本特性在于它的思辨性。教育哲学主要是探索最基本的、带有普遍性的教育概念、范畴、规律和原理。由于这些概念、范畴、规律和原理是从各门教育科学中概括和总结出来的，它与教育实践经验之间的联系

* 本文原刊于《教育理论与实践》1990 年第 4 期。

是间接的，这就决定了教育哲学的思辨性。

2. 教育哲学与教育科学的对象

教育哲学和教育科学的研究对象是不同的。教育哲学把教育的整体作为自己探讨的对象，它主要研究那些普遍的、一般的、无法直接验证的教育问题；教育科学则把教育的局部作为自己研究的对象。它研究的主要是那些具体的、个别的、能够直接验证的教育问题。教育哲学与教育科学在对象上的区别，同它们各自把握教育的方式密切相关。人们作为不同的主体，往往是从不同角度以不同的方式去认识多样性统一的教育的不同方面、不同层次。正因为如此，才构成了现代教育科学的各门各类，形成了现代教育科学群。与教育科学相比，教育哲学作为人类教育理论思维的最高形式，它所关心和解决的是更为一般和更为广泛的教育问题。它是从整体、运动、变化和发展中来把握教育的普遍本质和一般规律，从而既立足于各门教育科学，又保持着对各门教育科学的超越。因此，教育哲学和教育科学的对象在层次上是不同的。这不同层次，不是指它们价值的高低，而是指它们在教育认识结构中的地位和作用。这里的区别实质上就是一般与个别、全局与局部、整体与部分、全面与方面之间的区别。如果否认这种区别，教育哲学与教育科学之间的划分便失去了客观的基础。而且，我们可以说，随着各门具体教育科学的发展，对于教育的各个具体方面，各个具体层次的研究的深化，教育哲学越是在实证的意义上被"驱逐"出各个具体的对象领域，那么，教育哲学在概括和总结各门具体教育科学研究成果的基础上而对教育进行总体性、全局性的把握就越显得必要和重要，教育哲学与教育科学在对象上的层次分化也就愈加明显。

3. 教育哲学与教育科学的任务

与研究对象相适应，教育哲学和教育科学所追求的教育知识在层次上也是不同的。教育哲学追求的是一种最普遍、最一般的教育知识，然后以最普遍、最一般的教育知识作为教育观和教育科学方法论，构成最高层次的教育思维方式。教育科学主要提供关于教育的具体认识、直接认识，而教育哲学则是对这种认识的再认识，也就是说，它对教育科学知识、教育科学命题进行逻辑分析和论证，使之系统化和明确化。所以，由教育科学到教育哲学，不是教育科学认识的简单补充或延续，而是教育认识上的一次升华。教育哲学不像教育科学那样直接面对教育实际，去提供经验性的教育科学知识，它作为人类教育理论思维的最高形式，在人类对教育的认识结构和教育知识体系中肩负着自己的特殊使命。它主要是担负着为各门教育科学提供方法论指导的任务，指导它们应当如何在各自特定的领域中把握各自特定的认识对象。而要完成这个任务，它所面对的直接材料就只能是各部门教育科学认识成果，而不是教育实际问题。它只能通过概括和总结各门教育科学的认识成果中去揭示一般性的、普遍适用于各门教育科学以及思维如何把握教育的规律。换句话说，教育哲学的任务主要是探讨教育科学认识如何产生、何以能够产生，揭示教育科学认识发展的普遍规律。概括地说，教育科学的任务是揭示教育的本质和规律，以指导教育实践活动；教育哲学的任务是揭示教育科学认识的本质和规律，以指导教育科学认识活动。

4. 教育哲学与教育科学的功能

如前所述，教育哲学的直接对象不是与主体相对应的客体，而是与客体相对应的主体的教育认识过程、认识方式和认识成果，其主要功能是提高主体的教育认识水平，使主体对教育的认识系统化和完善化。各门具体教育科学的主要功能是变革作为客体的教育，使之为主体服务。教育哲学的功能则主要是探讨如何改造和完善主体的主观世界，使之能有效地变革教育，以最终满足主体的需要。当然，任何形式的对教育的研究都要为一定的教育实践服务，教育哲学自然也不例外。但教育哲学却不像其他具体教育科学那样，能直接为教育实践服务，而需要经过具体教育科学这样的中介环节。例如，教育哲学要为教学实践服务，就必须经过教学论、教育心理学等具体教育科学和以这些教育科学为指导的教学计划、教学大纲和教科书等环节。要求教育哲学直接为某一具体教育、教学实践服务，这是对教育哲学功能缺乏深刻认识的表现，其结果只会导致教育哲学研究走向歧途。教育哲学的作用方式是与它在教育知识大系统中的地位相关的，它处于教育知识大系统中的最高层次，它与教育经验之间存在相当长的距离。所以，教育哲学发生作用的关键在于：通过提高和完善主体的思维能力，增强教育科学活动的自觉性。教育哲学的价值主要在于它给人们提供的教育思维原则和方法，而不在于某些具体的和个别的结论。它最根本的功能就是作为教育思维方法，改造思维，发展思维，增强人们在教育认识活动中的理论思维能力。

二　教育哲学与教育科学的联系

教育哲学与教育科学在诸多方面存在很大差异，指出这种差异是完全必要的，否则就会或者把教育哲学当成教育科学，或者把教育科学当成教育哲学。但是，它们两者并不是相互孤立、截然分开的。实际上，教育哲学与教育科学既有相互区别的一面，又有相互联系的一面。它们的联系集中体现在：教育科学为教育哲学提供思想资料，教育哲学对教育科学起指导作用。

1. 教育哲学来源于教育科学

教育哲学是一个特殊的教育知识部门。任何时代的教育哲学思想都是自己时代的各门教育科学知识的概括和总结。事实表明，教育哲学为从总体上认识教育，就必须从各门教育科学认识中汲取养料，丰富和充实自己，进而做出理论概括。每一时代的教育哲学家都是直接面对教育科学的思想成果而进行思考，通过各门教育科学来把握教育，形成自己的反映教育的理论。教育科学的思想成果是教育哲学研究的直接源泉，由此而构成教育哲学认识的基础和前提。各个时代的教育哲学家正是有意识地这样或那样地利用自己时代所拥有的教育科学成果去建立自己的教育哲学学说的。教育科学是推动教育哲学前进的重要力量，是教育哲学发展的真正动力。每一时代的教育哲学思想，都必然与当时的教育科学有着本质的内在联系。

如前所述，教育哲学认识的特点是它建立在教育科学知识基础之上。人们只有认识了教育的特殊本质并相应地建立了一系列的具体教育科学，然后才能在这个基础上进行概括和总结，依靠理论方法建立具有普遍意义的关于教育的共同本质的原理和原则。门类越来越多的具体教育科学，是关于教育的某个方面或领域的规律性的认识，它们是人们系统地认识教育的基础层次。如德育学、智育学、体育学、美育学等教育科学，就是以教育的某一个特定方面或领域为对象的基础性层次的具体教育科学。各门教育科学研究教育的特定方面或领域，形成关于教育的某一方面或领域的科学概念，教育哲学运用理论思维对这些教育科学概念进行更高层次的抽象和概括，从而形成关于教育总体的概念和理论。研究教育概念是教育哲学的特点，这一特点使教育哲学和各门具体教育科学密切联系起来。教育哲学需要以各门具体教育科学的成果为认识基础，教育科学是教育哲学的根基。离开了教育科学，教育哲学就失去了赖以生存的土壤，成为无源之水、无本之木，它就没有生命力。教育哲学的命运与教育科学息息相关。我们应善于从当代教育科学的分化与综合的趋势中，在各门教育科学的交叉点中，从各门教育科学之间不同层次的横向联系上，发现教育哲学的新的增长点。一个教育哲学家要想真正有成就，不仅需要有浓厚的哲学理论素养，还必须熟悉具体教育科学知识，必须具有丰富的教育实践经验，否则就不可能自觉地形成正确的思维路线和思维方法，也就不可能科学地揭示人类教育认识发展的一般规律。

2. 教育科学受教育哲学指导

这里表现为一个辩证的矛盾：教育哲学本来是从已经获得的教育科学成果中总结出来的，但是又要回过头来指导新的探索。

教育哲学所揭示的一般规律和基本范畴，是从各门具体的教育科学所提供的大量知识材料中概括和总结出来的，它普遍地存在于各门具体教育科学的特殊规律和范畴之中，贯穿于一切教育科学的领域，因而就有可能为各门教育科学的研究提供可靠的理论指导。不管教育科学家是否意识到，他们都不能不在其教育研究工作中以某种教育哲学方法为指导，依靠教育哲学所做出的一般结论，运用教育哲学所提供的一般概念和范畴，按照某种一般方法论进行分析和论证，等等。教育哲学是教育科学的深部基础，它的作用在于为教育科学研究提供方法论，它是教育科学研究的内在的和必然的因素。它把教育哲学的思想、观念和方法深入教育科学内部，成为教育科学发展的一个必不可少的因素。一种教育哲学一经建立并广泛地被人们接受之后，又常常促使教育科学思想进一步发展。因为教育哲学指导教育科学从总体上确定教育科学发展的途径和解决问题的方向。

任何教育科学都是应用概念、应用逻辑来建立理论体系的。教育科学概念和逻辑的应用都不能离开教育哲学理论的指导，而是要根据教育哲学所作的一般结论，运用教育哲学提供的一般概念和范畴，按照某种一般方法论进行分析和论证。只有通过教育哲学认识论的思考，找到科学的辩证思维方法，并把它运用到教育科学实践活动中去，这样建立起来的教育科学理论才是一个逻辑严密、前后一致的教育科学体系。实际上，每一个教育科学理论体系中的概念、逻辑都凝聚着教育哲学的意识和方法。

教育科学工作者之所以需要教育哲学，为的是使思想指向必要的方向，牢记教育科学自身的真正使命。一个缺乏教育哲学素养的教育科学家，会囿于自己所熟悉的局部研究领域，这样必然会限制思考。教育科学家只有持有广博而深刻的教育哲学意识，才能走出自身狭隘的境地，汲取更多的营养，活跃创新的意识。

在教育哲学对教育科学的指导作用这个问题上，有两个问题需要特别加以注意。一是教育哲学对教育科学的指导，只能是一种思想上的指导、战略上的指导，即方法论上的指导。它可以为各门具体教育科学提供进行教育理论思维的方法或指出某些可供选择性的思路，而不能独断地规定它们，不能把教育哲学原理当作先入之见来作为解释和论证教育科学的根据。教育哲学没有裁判教育科学的资格，一切从外部施加的简单的裁判或批判，都不是真正的指导，其结果必然会阻碍教育科学的发展。对于各门具体教育科学，教育哲学不应是指手画脚的"恶婆婆"，而应是善于提意见的参议者。二是在教育科学研究中运用教育哲学思维方法本身是一个创造过程。它要求教育科学工作者对所研究的对象有足够的实际知识。如果一个人对具体教育科学并不精通，对具体方法也不掌握，他即使懂得教育哲学，也不能做出教育科学发现。一个不懂教育科学的人，他既不能凭教育哲学去解决教育科学问题，也无法对教育科学问题作哲学思考和反思。教育哲学原则不是教育科学研究的出发点，因此，我们绝不能从这些原则出发，去武断地推演教育科学的具体问题。企图不依赖教育实践，只依靠教育哲学就能得到教育科学的成果，这在理论上是错误的，在实践上是有害的。教育哲学的作用只在于使教育科学工作者少走弯路、减少失误，而不能独立地发现教育科学真理。可见，教育哲学的作用是巨大的，同时又是有限的。

教育哲学与教育科学的关系问题，是教育理论界亟须解决的一个重要问题，正确地认识和处理两者的关系，在理论上和实践上都具有极其重要的意义。

教育科学领域亟需批判精神*

科学发展的历史早已证明，科学批判对于科学的发展具有重要的制约作用。科学的一个重要特征就是它的批判性，没有理性的批判就不可能有科学的进步。是否具有自觉而深刻的批判意识，是科学成熟与否的重要标志，又是科学继续向前发展的基本条件。一门科学要想摆脱自身发展过程中的幼稚与落后，就必须对已有的认识成果进行及时而严肃的反思，形成科学的批判意识。因为缺乏批判意识的科学活动，必定是偏狭的、封闭的，免不了肤浅与粗陋，更少有突破的可能。正因为如此，所以无论是自然科学界，还是社会科学界，都很重视科学批判。但是，教育科学界对此还没有引起足够的重视，直到今天，教育科学的批判意识仍然比较薄弱。教育科学之所以长期停滞不前，更难以形成学派纷争的局面，这在一定程度上就是由于教育科学界缺乏科学批判精神所致。

一 教育科学批判的内涵与本质

这里所谓的"批判"，是指学术研讨、评论、争鸣的意思。教育科学批判反映了教育科学在其发展过程中，对自身的一种科学的求实、求真、求证、反省、否定及超越的内在本性，它不承认有任何完满的、终极的教育理论，反对一切封闭的、教条的教育思想观念。因此，教育科学批判实际上是教育科学的必然要求和根本特性。我们知道，任何一种教育理论的科学性，最主要的标志就是它的合理性、真实性和彻底性。而所有这些方

---

* 本文原刊于《教育研究》1988 年第 10 期，中国人民大学报刊复印资料《教育学》1988 年第 11 期转载。

面，都必须通过它对自身的批判性功能来实现。批判性是教育理论科学性的前提，又是教育科学取得突破的先导。一种教育理论一旦失去其批判性的科学本质，那么它早晚会陷入孤芳自赏、墨守成规的状态，从而束缚以致限制自身的发展。

教育科学批判包括互相联系的两个方面：一是对非科学教育思想的自我否定；二是对科学教育理论的自我超越。在教育科学批判中，科学教育理论的自我超越、自我批判更为根本，更为关键，也更为艰巨。从这个意义上说，教育科学批判就是一个不断超越和发展自身、不断地将自己由低级推向新的高度的无限性的历史过程。这种教育科学批判主要有三个特征：（1）以教育客观事实和教育发展规律为依据，而不是主观的、专断的、盲目性的批判；（2）它是对现有的教育理论的批判性否定和超越，而不是简单的、绝对的否定，不是单纯的推翻和摧毁，而是把这种批判理解为自身发展过程中的一个必然环节；（3）它是积极的、建设性的批判。这种批判不是为批判而批判，更不是虚无主义的批判，而是一种为了不断地把教育科学推向前进的自我批判。显而易见，教育科学批判的本质是与任何形式表现出来的自我封闭、僵化教条、安于现状、无所作为等不相容的。相反，它内在地召唤和驱动着那种解放思想、大胆开拓、探索实验、永不满足而又实事求是的变革创新和求实精神。

二　教育科学批判的可能与必要

教育科学批判何以可能？这是由认识主体与认识对象的矛盾性以及认识能力受各种条件的限制所决定的。不同的教育理论在教育学史上的存在，从根本上来说，都是暂时的，它必然要为后起的教育理论所修正、补充、摒弃或否定。绝对正确的教育理论过去不存在，现在和将来也不可能出现。这是因为，任何一种教育理论都是一定社会历史条件下的产物，因此，它的局限性是不可避免的，这就使得教育科学批判具有客观的现实可能性。正如英国科学家贝尔纳所指出的："我们有最大的理由怀疑原来的理论是否有某种内在的缺陷，因此我们也有最大的理由去组织新的突破以深入这些未知的领域。"①

　　教育科学批判何以必要？这是因为，教育科学批判具有多方面的功能。

　　一是认识功能。人类对教育的认识要向前发展，势必要对已有的各种教育观念进行全面而系统的反省。反省包括肯定和否定两个方面。否定的方面是对认识中的不足与错误以及没有解决的问题进行诘难、反驳和否定。批判的认识，就是对已有的各种教育观点、学说从否定方面所作的反省。通过这种反省，有助于教育问题探讨的深化和教育理论的完善。我国教育界从 20 世纪 80 年代初开始的关于教育本质问题的争论就是一个典型的例子。尽管这场争论直到今天还没有取得完全一致的意见，但是我们不能由此而否认它的积极意义。这场争论使我们充分认识到教育与经济发展的关系，突破了教育属于上层建筑的框框。它对于更新教育观念、发展教育理论、改变社会上对教育地位与作用的不正确认识都产生了积极的效果。它的最直接的成果就是使人们充分认识到教育在社会主义建设中的巨大作用。

　　二是调节功能。教育科学内部如果没有自我调节和自我矫正的机制，就不可能摆脱自身发展过程中的盲目与错误。马克思曾经指出："一切创造力都需要有一个表现这种力量的场所，需要从它所引起的反应中汲取进行新的创造的力量。"② 一种教育理论只有在其周围还有人能对它进行批判、跟它争鸣，它才有可能健康地向前发展，才能不断提高、不断完善。因为批判者的意见往往会使新教育理论的提出者受到启迪，认识到自身理论的局限性，从而有选择地吸收批判者的意见，不断调整、修正自己的理论使之日臻完善。

　　三是发展功能。理性的怀疑和合理的批判是教育科学得以进步发展的重要前提。怀疑本身是认识中的一种消极因素，但如果从认识发展过程来考察，产生怀疑却往往是认识逐步走向成熟的表现，是认识达到更高阶段的一个环节，教育科学怀疑与批判自身并不一定提出肯定的观点，但它既然否定了一种教育理论，也就可能为这一教育理论相对立的另一种教育理论的提出和发展开辟道路。我们可以设想，在教育学史上，如果没有对赫

---

① ［英］贝尔纳：《科学的社会功能》，陈体芳译，广西师范大学出版社 2003 年版，第 439 页。
② 转引自［德］梅林《马克思传》，樊集译，人民出版社 1973 年版，第 291 页。

尔巴特传统教育学的批判，就根本不可能有杜威的进步教育学。同样的道理，如果我们不对已有的教育学进行全面而系统的批判，就不可能建立和发展现代教育科学。教育科学所以需要并且能够自我改造、自我发展，其根本的原因就在于它自身内在地具有一种自我批判、自我超越的本质。没有教育科学批判，要想使教育科学得到发展并取得突破是不可想象的。

三　开展教育科学批判的原则

我们倡导教育科学批判，认为它是教育科学发展的重要动力。但是，批判本身不是目的，它只是一种工具、一个手段。我们的目的是借助教育科学批判，增加教育理论的真理内容，找到愈益接近真理的教育理论，丰富和发展现代教育科学，为现代教育的改革和发展提供理论指导。

基于以上认识，我们在开展教育科学批判时，应当遵循以下原则。

第一，要尽量避免不合理的批判。教育科学批判应是一种探讨，为了坚持和发展科学教育理论而平等地进行探讨。论争双方所处的地位应该是平等的，不能将自己放在先定的优越地位，更不能借助非学术力量来建立对其他教育理论学派的优势地位。在探讨的过程中，要分析说理，不要"抓辫子""扣帽子""打棍子"；要尽量做到实事求是，不蓄意贬损，也不无原则地拔高；要辩证地分析和肯定对方正确的、合理的部分，恰如其分地指出其中的缺点和错误。在这方面，苏联教育界和我国教育界都曾有过沉痛的教训。

苏联20世纪二三十年代的儿童学的批判就很有代表性。"儿童学"由生物化教育理论和实验教育学演变而来。它标榜有一种以研究儿童为中心的"科学"理论，宣称教育学应以对儿童发展的研究为核心，而影响儿童发展的最根本的东西是生物学的规律和不变的环境影响。从当时的历史来看，对"儿童学"给以批判是必要的和适时的。但也应该看到，从生理和心理方面对儿童进行研究也是非常必要的。1936年批判"儿童学"的决定公布以后，在一个较长的时期内，苏联在研究教育问题时，不敢把对儿童的研究提到应有的地位，甚至连对儿童的生理和心理及年龄特征的研究都成了禁区，致使其教育学成了无教育对象——儿童的教育学。这是由于批判"儿童学"的决定的过激情绪和错误因素所造成的不良后果。

　　我国在教育科学批判方面，也有过类似的教训。我们曾经一度把学术批判蜕变为政治批判，甚至变成了批判运动。诸如对杜威教育思想的批判，对陈鹤琴的活教育、陶行知的生活即教育的批判，对胡适教育思想的批判，对梁漱溟的乡村教育、晏阳初的平民教育的批判，对凯洛夫教育学的批判，等等。上述这一系列的批判混淆学术问题和政治问题的界限，把教育和教育科学当作纯粹的阶级斗争的工具，对被批判的学术观点不作一分为二的科学分析，而是粗暴地指责和否定。这种简单的做法，极大地阻碍了教育科学的发展，使我国本来就十分落后的教育科学事业，在相当长的时期内陷于瘫痪状态。

　　第二，要积极开展合理的批判。我们知道，教育实践是不断变化发展的，在变化发展的过程中，新的问题层出不穷，如果我们对那些过时的教育思想、教育观念不敢触动、不加分析、不进行批判，同样不利于教育科学事业的发展。正因为如此，我们才积极倡导合理的教育科学批判。合理的教育科学批判首先应当是建设性的。建设性的批判意味着对各种教育理论的研讨和批判，不能限于对它们只作纯粹客观的介绍和描述，对其结论仅作简单否定的评价，而应该站在更高的角度展开积极的科学批判，并进而寻找有价值的教育理论生长点，对这些生长点的探讨和研究将使现代教育科学能够得到进一步的丰富和发展。其次，合理的教育科学批判还应包括有选择的继承。没有批判的继承是良莠不分、兼收并蓄；反之，没有继承的批判则是香臭不辨、全盘否定。这两种态度都是不科学的，从而也是不可取的。纵观教育科学发展的历史可以看出，每一新的教育学体系既是对先行体系的否定，又是先行体系发展的结果。从表面上看，新的体系的出现意味着原先体系的被推翻或消失，实际上并非如此。新、旧体系的交替，绝不是简单的否定，在后者对前者的否定中，包含着对前者的肯定。教育学史上的一切教育学体系毫无例外地都是这样在克服前者的偶然性和片面性、保存它的合理内核的基础上建立起来的。后起的教育学体系既是先行体系的总结和发展的结果，又是对它的丰富和具体化。这种既肯定又否定的过程实质上就是一个批判地继承的过程。

　　第三，被批判者应具有宽广的胸怀。被批判者不要惧怕而应真诚地欢迎别人的批判。一般来说，一种新的教育理论大致有三种命运：一是被大多数人承认和接受，二是引起争论，三是被忽视。第一种命运固然令人高兴，但这种情况在教育学史上极为少见；第二种命运最令人激动，事实上也最为普遍，对教育科学的发展也最为有利；第三种命运最为可悲。因此，自己的观点、学说引起争论，受到批驳，不但不应视为耻辱，为此恼怒，而应当感到高兴、引以为豪。因为这正说明自己的意见受到同仁的重视，证明它本身具有一定的意义。如果自己的思想发表后，别人视而不见、置之不理，没有一点反响，这在一定程度上正说明它没有什么价值。

教育科学批判对于教育科学的发展具有十分重要的意义，它是推动教育科学发展的重要"杠杆"。过去我们一直没有真正重视这个问题，致使我国教育科学界长期以来批判意识模糊和淡薄。这种情况已日益成为教育科学发展的重要障碍。现在是我们重视这个问题的时候了，教育科学工作者应当尽快行动起来，努力强化教育科学的批判意识，为使我国教育科学界百家争鸣、学派林立局面的早日到来做出自己的贡献。

建立 "教育学史" 刍论 *

独立形态的教育学从 1632 年出版的《大教学论》算起，到现在已有三百多年的历史了，可是我们直到今天尚未见到关于该学科发展历史的系统研究成果。目前，我们对教育科学发展历史的分析，仅仅限于两个方面：一是教育科学的各门学科的教科书中论述学科发展历史的章节（如《教育学》中的"教育学的产生与发展"）；二是对中外教育史上关于主要教育家教育思想的述评。这两个方面的工作还有很大的局限性，前者过于简单，而后者又不够系统。从这里我们不能了解教育科学发展历史的全貌，也难以掌握教育学产生和发展的规律。一句话，它远远不能代替对教育科学发展历史的全面而系统的研究。

一 研究教育学史的重要意义

科学发展史证明，科学繁荣的地方，必定是科学历史意识深沉、浓郁、弥漫之处；科学历史意识觉醒之日，必定是科学事业开始崛起之时。这是因为，科学按其本质来说都是历史的，历史的批判与继承无疑是科学的一个重要特征。一切伟大的科学家，几乎无一例外，都是具有清晰、自觉而深沉的科学历史意识的人。牛顿曾经说过："如果我比笛卡儿看得远些，那是因为我站在巨人的肩膀上的缘故。"这句名言的要旨，就是一种自觉的科学历史意识——对科学传统的批判与继承。教育科学的发展也不例外。教育学史上的每一新思想都是对先前教育思想的扬弃。研究教育学

* 本文原刊于《教育研究》1989 年第 8 期，瞿葆奎主编：《教育学文集·教育与教育学卷》收录。

史能使我们了解在教育科学发展过程中，各个时代的新思想是怎样扬弃旧学说的。他们扬弃了什么，接受和发扬了些什么，为什么和怎样接受与发扬这些东西；他们在探索过程中是怎样建树自己的理论，又是怎样失足跌落于谬谈泥沼的。通过全面而系统的研究教育学发展历史过程中的经验和教训，我们能从中获得启示、教益和借鉴，少走弯路，避免重犯教育学史上的错误。

恩格斯曾经明确指出："历史思想家（历史在这里只是政治的、法律的、哲学的、神学的——总之，一切属于社会而不仅仅属于自然界的领域的集合名词）在每一科学部门都有一定的材料，这些材料是从以前的各代人的思维中独立形成的，并且在这些世代相继的人们的头脑中经过了自己的独立的发展道路。"[1] 人类进入文明时代以后，由开始对教育的朦胧认识而逐渐提高到理性的概括。又由简单的、初步的理论说明再发展到更为全面、深刻、完整的教育科学体系。研究教育学的发展历史，可以使我们了解到千百年来人类对于许许多多教育学问题所进行的潜心的探索和研究，以及这些探索和研究过程中所获得的成果。例如，对于"什么是教育"这个复杂的问题，人们就以各种不同的观点，从不同的角度而给予过不同的解答。虽然这些答案都不够完善，有的甚至还有明显的错误，然而，它们仍不失为人类在教育的认识过程中的一个环节，对继承者具有重要的启迪和借鉴作用。从这些互不相同的形形色色的观点中，我们还可以找到教育思想逐步演变和发展的主要线索，从而有可能进一步去发现其中的特点和规律。

每一时代的教育思想家在构建自己的教育学体系时，都是以他的先驱者流传下来的思想资料和认识成果作为前提并把它加以改造和发展而成的。任何一种科学研究，都必须以前人已经取得的成果和达到的终点来作为自己的新的起点。如果有人试图建立一种教育学体系而不依赖前人的成果，其结果必然同人类文明初期的肤浅而粗糙的理论相差无几，不会有什么提高，更不可能有什么突破。这是因为，教育科学的发展有其自身的继承关系。后继的教育思想家对以往的教育学有批判又有继承，有借鉴又有创新。他们在前人的基础上，汲取和概括自己时代的文化和科学成果，有

---

[1]　中共中央马克思恩格斯列宁斯大林著作编译局编著：《马克思恩格斯选集》第 4 卷，人民出版社 1972 年版，第 501 页。

所发现、有所创造、有所前进，由此推动人类对教育的认识由低级到高级的发展。全部教育学史就是前后相继的诸多教育思想体系既相区别又相联系的有机统一体，是人类认识教育的系统性的进程。

二　教育学史的研究对象和任务

教育学史是关于教育学产生和发展规律的科学，它是人类对于教育的认识史，是人类对于教育学这一文化现象的一种反思。教育学是教育学史的逻辑概括，而教育学史则是教育学自身发展的历史。教育学作为关于教育的科学，主要研究教育的本质及其发展的一般规律，它是由一系列概念和范畴组成的理论体系。教育学史则是一门历史科学。它的研究对象是历史上各个时期的表现为理论形态的教育意识，即组成教育学的概念、范畴是怎样产生和发展，怎样日益深刻，逐步接近地揭示教育的本质和规律的。

关于教育学史的研究对象，我们要明确以下几个问题。

首先，教育学史不是某一教育分支学科的历史，而是整个教育科学的发展历史。例如，教育哲学、教育社会学、教育经济学、比较教育学等都有自己的历史，也都可以作为一门历史科学加以研究。但是，它们所研究的是教育科学特定领域的历史，而不是整个教育科学的历史。它们的简单相加不能代替整个教育科学历史的研究。教育学史是从整体上考察人类教育科学的一般发展历史进程的。

其次，教育学史不同于某个教育学派或某种教育学体系的历史。历史上的各种教育学派，都不是离开人类对教育的认识过程偶然出现的。因此，我们对历史上各个教育学派，都应放在它们赖以产生和发展的历史条件下，当作人类教育理论发展进程上的一个环节、一个方面、一个阶段来考察。教育学史就是通过记述这些不同的教育学派别的斗争、更迭、演变和发展，探索人类教育理论是如何在错综复杂的斗争中逐步地发展起来的。

最后，教育学史的着眼点是历史的联系。前文说过，教育学是有历史联系的，任何一种教育学派都不是一个孤立的体系，也不是任何杰出人物的凭空创造。"每一时代的理论思维，从而我们时代的理论思维，都是一种历史的产物，在不同的时代具有非常不同的形式，并因而具有非常不同的内容。"① 恩格斯在这里说的是思维科学，其实教育学也不例外。研究教育学史，就是在教育科学的不同形式和内容之间，发掘它们的内在联系和发展规律。

教育学史不是各种不同派别、体系、学说的杂乱堆积，不是历代教育家教育思想的简单罗列，也不是各派教育学相互对立、相互驳诘的表面陈述。教育学史的任务，是通过各种纷繁复杂、相互对应的教育学形态，揭示整个人类教育理论产生、发展、前进和上升的历史过程。

三　教育学史的研究原则和方法

研究教育学史必须遵循正确的原则和方法，坚持历史与逻辑统一的原则，用马克思主义的立场、观点和方法，科学地说明教育学发展的历史和规律。

第一，要坚持唯物主义实事求是的精神。我们研究教育学史应从各个历史时期的社会政治、经济、文化、教育的实际出发详细地占有材料，进而运用辩证唯物主义和历史唯物主义的观点和方法，进行系统深入的研究，阐明教育思想发展的客观规律性。实事求是，最根本的就是要忠于历史事实，史料是研究历史科学的依据和前提。材料的选择是一个复杂的问题，必须慎重从事。教育思想家的著作是第一手资料，是我们研究的重点对象。除此以外，有关教育家的生平和学说的可靠记述以及各种书籍文献的有关引证，也是不可忽视的。有了史料，研究教育学史就有了客观基础。

第二，要坚持辩证分析法。收集和占有教育学史料固然重要，但有了史料并不等于掌握了教育科学的历史本身。任何一门科学之所以是科学，就在于它能够透过现象揭示其内在的本质和规律。教育学史的研究也同样如此。历史遗留给我们的史料纷繁复杂、浩如烟海。如果以为毫无遗漏地记述教育思想史料就是教育学史的全部工作，就会使自己淹没在史料之

---

① 中共中央马克思恩格斯列宁斯大林著作编译局编著：《马克思恩格斯选集》第 3 卷，人民出版社 1972 年版，第 465 页。

中，不可能发现教育学发展历史的内在本质和规律。因此，我们不能仅仅满足于占有材料，也不应当把教育学史研究停留在现象形态的描述水平上，而要借助教育学史料揭示教育学发展的逻辑进程。这就要求我们善于分析教育学的史料。如果说占有史料弄清历史事实，是实现逻辑与历史一致的基础，那么具体分析教育思想的内在矛盾及其演进，就是实现逻辑与历史一致的基本途径。教育学史不是各种教育观点的简单罗列，一切过去了的教育思想通过变化而形成一条发展之链，把前人创造的成果给我们保存下来。研究教育学史不仅要接受传统，而且要善于分析历史材料。这种分析方法，也就是辩证的方法，就是具体地分析教育思想的内在矛盾，抛开历史过程中偶然的东西，抓住其必然联系，找出它的客观规律性。

　　第三，要坚持历史主义的方法。严格的历史主义方法是实现逻辑与历史一致的保证。列宁说："在分析任何一个社会问题时，马克思主义理论的绝对要求，就是要把问题提到一定的历史范围之内。"① 我们不应动辄去责备过去的教育思想家。我们不能用今天的成就作为标准来评价教育学史上的教育学说。我们在评价它们的时候，应当着眼于它本身的目的和历史背景，着眼于同它直接的前身和后继体系相比较，着眼于它的前因后果以及由它引起的发展。如果我们在他们的教育学里找不到他们的时代尚未出现的思想，也不要主观地给他们妄加一些结论和论断，拿我们的思想方式去改造他们。对于历史上的教育家及其教育思想，必须采取历史主义的态度，做出符合实际的客观评价。一方面，对于过去的唯物主义教育思想不要随意拔高，不能用现代唯物主义教育学的"模子"去美化过去的朴素的或机械的唯物主义教育思想；另一方面，对于过去的唯心主义教育思想也不宜不加分析地全盘否定，不能因为他们的世界观是唯心主义的，就抹杀他们在某些教育理论问题上的成就。例如，尽管杜威的世界观是唯心主义的，但是他在教育学上的合理部分，我们不能置之不理，更不能全盘否定。又如对我国古代唯心主义教育思想家孟子、朱熹等，我们在批判他们的世界观时，也不应否定他们在教育学史上的贡献。对于任何教育家及其教育思想的考察，都要将他放在其所在的历史条件中做出恰如其分的评价。

---

① 中共中央马克思恩格斯列宁斯大林著作编译局编著：《列宁选集》第 2 卷，人民出版社 1972 年版，第 512 页。

教育学的内容体系：问题、构想与尝试 *

十多年前，教育学的编写和出版曾经成为一个高潮。据统计，截至1991 年 7 月，新编各种名目的《教育学》已达 165 种，此后又陆续出版了一些。有人估计，到现在有 200 多种。不过从内容体系看，绝大多数大同小异，鲜有自己的特色。这种现象曾招来不少批评和指责。最近几年，人们编写教育学教材的热情已大为降低，新出的版本已不多见，内容体系新颖的更难寻觅。① 笔者对教育学教材，尤其是教育学的内容体系问题有一些自己的想法，现在谈出来以就教于大家。

一　以往的教育学教材存在的问题及其后果

众所周知，长期以来教育学并没有发挥其应有的功效。学生对教育学的学习没有积极性、主动性，如果不是强制学习（教育学属必修课）、不是要应付考试和检查，恐怕没有多少学生愿意学习这门课程。造成这种现象的原因固然不能简单化，但与教育学教材本身存在诸多问题不无关系。

---

* 本文原刊于《江西师范大学学报》（哲学社会科学版）2006 年第 4 期。

① 有人认为，作为教材，有"雷同"现象是正常的，没有"雷同"反倒是个问题。理由是教育学教材不同于教育学专著，不能将教育学课程教材建设与教育学学科建设混为一谈。言下之意是教育学教材不必有自己的特色（参见孙振东《当前我国教育学建设中的几个问题》，《教育学报》2005 年第 5 期）。笔者不赞同这种观点，教育学教材和教育学专著之间并没有必然的鸿沟，教育学教材完全可以也应当追求自己的风格和特色，高水平的教育学教材必定具有较强的学术性。现在教育学教材之所以出现雷同现象，重要原因正在于编写者的素养和自我要求不高，没有将教育学教材的编写看成是一项严肃认真的教育科研工作。另外，教育学的学术声誉不佳，其实跟教育学教材的总体水平不高也有重要关联。

1. 内容庞杂，贪多求全

以往的教育学定位不准确。本来教育学只是教育理论学科体系中的一门学科而已，它有自己的职责和任务。但以往的教育学教材大多没有认识到这一点，对自己过于苛求，想做的事情太多，"以'教育学'一统教育理论的天下……教育学背上了沉重的翅膀"。① 面面俱到、蜻蜓点水，什么都想说，结果很多问题都没有说清楚；什么都想做，结果很多事情没有做好。例如，在内容安排上，除了一般的教育理论知识外，还讲班主任、学校管理、教育评价、教育研究方法，有的甚至还讲教育行政。教育学因此而成为包罗万象的"大教育学"，成为由教育学各分支学科机械还原而成的大拼盘、大杂烩。这种安排似乎是想让学生做到样样都通、样样都行：既能当好教师，又能从事班主任工作，会搞研究，又懂管理。这么多的任务都要由教育学来完成，显然是好高骛远，属于不切实际的奢望。

一本教育学或者说一门教育学课程（而且只有几十个课时）哪能承担这么繁重的任务，哪能解决这么多的问题。退一步说，即使只是为做一个教师做准备，仅从教育理论方面的课程设置来看，只靠一门教育学也还是远远不够的，应有多门课程的相互配合才行。教育学应当做好自己该做的事情，其他的任务应当由其他相应的课程去完成，不必自作多情地大包大揽，将本属于其他学科的任务硬往自己身上堆。否则，自己的事情没有做好，而别人的事情又做不好。通过这样的教育学教学所培养的学生，可能会出现这种情况：教学不行、班主任不会当、研究不会搞、领导也当不好。面对教育学的这种尴尬局面，有学者呼吁教育学应当"理直气壮地宣布：不再包打教育理论的天下了"②。应当说，这种观点是很有见地的，值得我们深思。

2. 缺少深度，逻辑性差

以往的教育学大多理论抽象概括程度偏低，缺少理性分析和严格论证，其中夹杂着不少浅层次的常识性内容或所谓老生常谈。罗列现象，堆积事实，图解政策，泛泛而论，没有理论深度，"以大量套话填补教育知识'体系'的空白"，③ 以致教育学的不少内容没有思考价值，不能给人以理智的满足，更不能启迪人的教育智慧。

---

① 陈桂生：《教育原理·序》，华东师范大学出版社1993年版，第1页。
② 陈桂生：《"教育学"辨——"元教育学"的探索》，福建教育出版社1998年版，第275页。
③ 陈桂生：《教育学的建构》，湖南教育出版社1998年版，第9页。

　　从内容上看，有些内容根本经不起推敲。比如，大多将马克思主义关于人的全面发展理论看成是我国教育目的的理论基础，其实两者之间并不存在必然联系。这可能是新近出版的教育学大多不再谈论这个问题的原因吧。从章节安排顺序看，有不少内容缺少内在的逻辑联系，随意性很大。比如，有的内容——如教师（与学生）、学校教育制度等——在某些教材中放在前面，而在另外一些教材中却放在中间或后面。这样安排的理由到底是什么，大多不予提及，或者虽然提了但缺少说服力。还有一个带有普遍性的现象，是将一些本来不是并列关系的内容作为并列关系来处理，不伦不类。典型的例子是不少教育学教材都将教育途径的教学、课外活动、班主任工作与教育的内容或称教育的组成部分（即德育、智育、体育、美育及劳动技术教育）并列。以上所列远非问题的全部，这主要还是就各章的安排顺序和逻辑关系来说的。其实各章的具体内容方面也存在类似问题，同时，还有不少内容出现重复现象（如教学和德育部分），有的内容前面讲了，后面从另一个角度不厌其烦地再来一次甚至几次。

　　3. 叙述枯燥，语言贫乏

　　以往的教育学绝大多数内容叙述枯燥乏味，表达方式单调呆板。到处都是抽象的议论，随处可见简单的说教，条条框框，烦琐哲学，语言贫乏，[①] 没有文采，缺少生气，没有可读性。结果教师教起来没劲，学生学起来没味，甚至令人望而生畏，学而生厌。

　　正是由于以往的教育学存在诸多问题，所以，这门课程没有应有的地位，甚至可以说没有应有的尊严，沦为学生最不愿意学习的课程之一。从实际情况来看，学生大多只是抱着很无奈的态度来学习教育学，他们只是教育知识冷漠的旁观者，甚至在内心里是抵触或排斥的。在课堂教学中真正投入、积极参与的很少，大多只是临到考前才无奈地突击强记，一旦考试过关即万事大吉。显而易见，这门课程没有收到应有的效果，学生的思想、观念、态度、情感等没有因此而产生影响，没有触动他们的灵魂，他们的精神面貌没有因此而得到改变。对此，可能有人不愿意予以承认，但这却是无情的事实。面对问题和困难，否认、掩盖、回避都不是我们应取的态度。唯有首先正视问题，我们才能寻求解决问题的办法。正视问题的存在，是解决问题的前提和基础。

---

① 陈桂生：《教育学的建构》，湖南教育出版社 1998 年版，第 49 页。

二　关于教育学内容体系的构想与尝试

1. 基本构想

教育学的内容主要应当围绕"如何做一个教师"这个主题来展开，其他的内容则能减少就减少，能删除就坚决地予以删除。由于受教育学教材编写延续下来的传统的影响，不少人在这个问题上还有犹豫或顾虑，总觉得以往教育学中讲了的内容好像都很重要，因而不忍心下手删去任何一项内容。结果可想而知。一方面，传统的内容不肯减少；另一方面，一些新的内容又不得不补充进来，结果造成现在的教育学内容越来越庞杂。为了使教育学的面貌得到较大的改观，我们必须进一步解放思想，大胆地突破以往的内容体系框架的束缚，对原有的内容予以必要的删减，同时增加必要的新的内容。

笔者认为，作为一个未来的教师通过学习教育学这门课程主要应达到三个目的：一是获得教育的基础知识和了解教育的基本规律；二是树立基本的教育理念；三是掌握教育的一般艺术。另外，在编写方式上，除了要保证内容的科学性、逻辑性以外，还要努力追求艺术性，应有一定的文采。在表述上要尽量做到生动活泼，编排方式灵活多样，使教材具有较强的可读性和吸引力。同时，理论阐述应具有相当的深度，对学生的思维具有一定的挑战性，应当引起学生积极的思考和探索的欲望。

这里重点探讨教育学的内容体系问题。基于上述考虑，笔者对教育学的内容体系有一些新的构想，并作了初步的尝试。笔者设想将教育学教材定名为《教育论——教育的原理、理念与艺术》。全书分为上、中、下三编，上编为"教育原理论"，中编为"教育理念论"，下编为"教育艺术论"。这里先简要介绍各编的基本构想。

教育原理是教育学的重要组成部分。但是对于什么是教育原理，学术界的认识并不完全一致。从现有的教育原理教材来看，大致有三种情况：第一种情况是从体系到内容都与以往的教育学相类似，没有大的区别；第二种情况是属于原来教育学内容中的一个部分，即所谓的教育基本理论部分;① 第三种情况大约是介于以上两者之间，从内容上看超出了以往教育学的原理部分，但却没有包含以往教育学的全部，如有的教材中删去了课程与教学、德育（或者还包括智育、体育、美育、劳动技术教育）、班主任工作、课外活动等内容，有的教材则大量缩减了这些内容的篇幅。② 笔者认为，第一种做法过于宽泛，而第二种做法又过于狭隘，第三种做法则兼顾了这两种做法的优点，它在有限的教材篇幅和教学时间之内，对教育的基础知识作一个概要的交代。笔者主要倾向于第三种做法。因为教育学毕竟是一门综合性的教育基础学科，应当具有较宽的理论视野，只谈教育基本理论显然失之过窄。在这个部分，主要应当探讨教育的实然状态：通过分析教育的事实揭示教育的客观规律。它所要解决的是"教育是什么"的问题，旨在为学生提供关于"教育是什么"的总体印象，这是"教育原理论"的主要任务。

教育理念是人们在长期的教育实践中形成的对教育的理性认识和思想观念体系。作为教师（含未来的教师）应当不断加强修养，树立正确而先进的教育理念。这是因为，教育理念对教师的教育活动具有重要的制约作用，它会影响教师对教育意义的认识，影响他们对什么样的教育才是好的教育的判断以及对好的教育的探索和追求，影响教师对师生关系的看法，影响他们对日常进行的教育和教学中的各种问题的处理。"有没有明确而先进的教育理念，有没有对教育理想的追求，有没有不断改进工作的意识和能力，是一个优秀的教育工作者和一个平庸的教育工作者的根本区别。"③ "教育理念论"主要阐述教育的应然状态，"即对教育事实做出价值判断、价值抉择，旨在确立教育实践的'思想规范'，指示教育实践的根本目标与方向"④。通俗地说，它要解决的问题是"教育应当是什么"的问题，也可以说是"什么样的教育是好的教育"的问题。因此，这个

---

① 前者如孙喜亭和金一鸣的《教育原理》（分别由北京师范大学出版社 1993 年出版和高等教育出版社 2002 年出版），它们除了阐述教育基本理论以外，还包括了课程、教学和德育等内容；后者如陈桂生的《教育原理》（华东师范大学出版社 1993 年出版），它没有专门论述课程、教学和德育问题。

② 如柳海民主编的《教育原理》（中国人民大学出版社 1998 年出版），该书虽然涉及了课程与教学问题，但并没有列专章展开论述，而只是将课程放入教育内容、将教学放入教育途径一章中加以简要阐述。

③ 袁振国：《教育新理念·代序》，教育科学出版社 2002 年版，第 1 页。

④ 陈桂生：《教育学的建构》，湖南教育出版社 1998 年版，第 70 页。

部分的内容属于教育的理想和信念层面，目的是为人们构建一个教育的意义世界和价值世界。教育理念是一个中介环节，是从教育原理到教育艺术的过渡。人们做什么事情都不能缺少理想、追求和信念，否则就没有前进的动力和努力的方向。教育也不例外，办教育事业和从事教育活动，都不能没有理想和信念。教育事业本身就是一种理想的事业、一种指向未来的事业；教育活动本来就是一种关注理想和信念的活动、一种面向未来和创造未来的活动。正是考虑到教育理念的重要意义，所以，我们认为应该在教育学中专门而系统地探讨这个问题。

教育学是一门实践性很强的学科，应当对教师的教育活动发挥有效的指导作用。"教育艺术论"作为教育学的重要内容，其价值就在于此。它要解决的问题是"教育应当怎样做"，它通过为教育活动提供指导和规范，而使"好的教育"得到具体的实现。人们常说，教育是一门科学，又是一门艺术。有人对这种说法有不同认识，主要是认为它的表述有问题：我们可以说"教育是一门艺术"，但不能说"教育是一门科学"，因为教育是一种活动，只有教育学才是一门科学。不过大家对这种表述所传达的内涵似乎并无异议。这句话的意思是说，教育工作（或活动）具有科学性，要遵循教育的客观规律；同时又具有艺术性，要讲究艺术，在教育过程中教育者需要结合自己的体验和感悟，需要融入自己的情感，需要发挥自己的想象，需要进行自由的创造。尽管人们都认同这种思想，但令人不解的是，以往的教育学却很少论及教育艺术问题。新近出版的少数教材虽然开始涉及该问题，但在分量上很不成比例，大多只是列一章简单带过，没有作较充分的展开。从全面的观点来看，教育学的任务除了研究教育问题，揭示教育规律和教育理念外，还要探索教育的艺术，目的在于有效地指导教育实践活动。学生通过学习教育学，除了要认识教育的内涵，把握教育的规律，树立基本的教育理念以外，还应该了解和初步掌握教育的一般艺术。

2. 初步尝试

笔者主编的《教育原理与艺术》① 对上述设想作了初步的尝试。下面拟就该书的尝试作一简要介绍。

我们在上编"教育原理论"中对传统的教育学内容作了较大的删减，

---

① 何齐宗主编：《教育原理与艺术》，中国社会科学出版社 2004 年版，2006 年重印。

并进行了重新整合。关于哪些知识属于教育的基础知识，恐怕有不同的意见。我们经过反复思考和比较，最终决定从众多的论题中筛选出七个，它们分别是：教育与教育学（含教育的概念、教育的发展历程、教育学的性质与对象、教育学的历史与现状）；教育功能（含教育功能概述、教育的个体功能、教育的社会功能）；教育目的（含教育目的概述、教育目的与教育价值取向、中国教育目的的理论与实践）；教育主体（含学生、教师、师生关系）；教育内容（含教育内容概述、教育内容的构成、教育内容的体现）；教育途径（含教育途径概述、教育的主要途径、教育的其他途径）；教育制度（含教育制度和学校教育制度、中国的学校教育制度、义务教育、终身教育）。选择上述几个论题的一个重要理由是，它们是长期以来教育学中反复提及、研究比较深入、成果相对较丰富的论题。当然，这几个论题是不是定得合理，选择的依据是否有说服力，是否还有更重要的论题未列入，或已列入的论题是否合适，还需要进一步研讨。

由于我们对教育理念问题考虑尚不够成熟，同时也为了避免与本人另一部同时出版的专著《审美人格教育论》[1] 内容相重复，我们在《教育原理与艺术》一书中暂时只是把它作为附录"当代教育新理念"简要地加以阐述。阐述的具体内容包括和谐教育、个性教育、自由教育、超越教育和创造教育五个方面。我们之所以在该书中论及这五种教育理念，原因有二：一是它们与教师的日常教育活动联系非常密切，是一个教师必须树立的基本的教育理念；二是这些教育理念我们研究得更多、了解得更深一些。当然，教育理念远不止这些。现在之所以没有将其他的教育理念纳入教材中，一是考虑到其中的某些理念与教师日常的教育教学有一定距离，二是有些教育理念目前学术界还有一些不同的意见。现有的教育理念体系不是封闭的，而是开放的。随着教育实践的发展和教育理论研究的深入，肯定还会出现新的可以纳入教材中的教育理念。

以往的教育学教材关于教育学的研究对象似乎已经达成了共识，即教育学是研究教育现象和教育问题，揭示教育规律的科学。笔者认为，这种认识不够全面，作为教育学其功能不能只限于揭示教育规律，还应该探索

---

① 何齐宗：《审美人格教育论》，人民教育出版社 2004 年版，2005 年重印。

教育理念和教育艺术。① 有鉴于此，我们编写的《教育原理与艺术》专门列了一编共五章讨论教育艺术问题。具体内容包括：教育艺术思想史略（含中国教育艺术思想简史、外国教育艺术思想简史）；教育艺术的本质与特征（含教育是一门艺术、教育艺术的内涵、教育艺术的特征）；教育艺术的内容（含教育语言艺术、教育气氛艺术、教育节奏艺术、教育机智艺术、教育合作艺术）；教育艺术的功能（含教育艺术与个体发展、教育艺术与教育改革）；教育艺术的创造与评价（含教育艺术创造的条件、教育艺术创造的过程、教育艺术创造的原则、教育艺术的评价）。

　　与以往的教育学教材相比，笔者设想的教育学从内容体系看，其主要特色体现在：压缩和整合了教育原理方面的内容，扩展和充实了教育艺术部分，增加了教育理念部分。另外，在理论深度和内容的逻辑关系以及表述方式的改进等方面我们都做出了自己的努力，某些内容（尤其是教育艺术论部分）还表现出了一定的文采，具有较强的可读性，得到了师生们的肯定。当然，上述设想和尝试，肯定还存在不少问题，有待今后继续探索和不断完善。

---

① 我们编写的《教育原理与艺术》一书关于教育学研究对象的表述是：教育学是研究教育现象和教育问题，探索教育规律和教育艺术的科学。现在看来，这个表述还是存在范围过窄的问题，与该书实际阐述的内容不相吻合。有鉴于此，我们考虑拟将该表述修正为：教育学是研究教育现象和教育问题，揭示教育规律和探索教育理念与艺术的科学。

教育人口学简论*

  教育学作为一门独立学科已有三百多年的发展历史了。在科学不断分化与综合的大潮中，现代教育科学已产生了一系列的分支学科，形成了一个庞大的教育学科群。但是，作为专门探讨教育与人口这两个重要的社会因素之间关系的学科——教育人口学，却未受到足够的重视。在我国，直至 20 世纪 80 年代末才开始有人涉足这个领域。一些教育学科方面的教材或专著在探讨教育与社会发展的关系时，除阐述教育与政治、经济、文化等社会因素的关系外，也论及教育与人口之间的关系。不过，由于这类探讨主要是限于教育基本理论的框架中，没有成为一个独立的学术领域。因而有关的阐释大多过于笼统、抽象，没有充分说明教育与人口之间存在的复杂多样的关系。现在我们应充分重视该学科的建设与发展，使它尽早成为教育科学大家族中的重要一员，以发挥其对我国教育与人口发展的积极指导作用。

一　教育人口学成立的客观依据

1. 当代科学发展的必然趋势

  随着现代科学的迅速发展，从原有学科中不断分化出相对独立的新学科，很多学科正在沿着"边缘效应"向科学间的无人区挺进，各学科相互渗透、相互转化产生具有新质的边缘学科。这种既分化又综合、既对立又统一的发展趋势，极大地推动了当代科学的发展，冲破了传统学科的围

* 本文由何齐宗与戚务念合著，原刊于《江西师范大学学报》（哲学社会科学版）2000 年第 2 期，《高等学校文科学报文摘》2000 年第 5 期和《教育文摘周报》2000 年 8 月 16 日转载，系作者主持的全国教育科学"九五"规划青年专项课题"教育人口学研究"的成果之一。

墙，建立和发展了富有生命力的、新兴的综合性学科，开辟了新学科的科学图景。

1778 年，英国国教会牧师马尔萨斯出版了《人口论》，至今已逾二百年。在这二百余年间，由于其他学科的不断渗透，人口学不断地分化和综合着。分化和综合的结果是人口经济学、人口社会学、人口地理学、历史人口学、地区人口学、经济人口学等交叉学科的涌现。在这些交叉学科的产生和发展过程中，教育学也在向人口学渗透。可以预计，教育学向人口学的渗透必将直接导致教育人口学的诞生。与此同时，教育学也处在各类学科的渗透中，由此而不断地分化和发展。随着人们对"教育与政治""教育与经济""教育与文化"等问题研究的不断深入，产生了教育政治学、教育经济学和教育文化学等学科。毫无疑问，发展着的人口学也必然会对教育学进行渗透，渗透的结果也将导致教育人口学的形成。可见，教育人口学的产生与发展是现代科学发展的必然结果。

2. 深刻的社会历史背景

当前人口问题和教育问题已成为世界上两大社会问题。社会人口再生产是一个连续不断的社会过程，教育又是以人为对象的永恒的社会现象。可见，人口与教育自从人类社会产生时起，就有着不可分割的内在联系。到了现代，由于社会经济发展对人才在数量和质量上的要求日益提高，专家学者、决策人士对于人口变迁、人口结构、人口政策等问题的不断思索，推动了教育的社会化和专业化迅速发展，使人口与教育之间的关系，无论在规模上还是在性质上，都与过去的情况有很大的区别。可是，长期以来我们对此问题重视不够，缺乏系统研究，导致了我国人口与教育发展两者的不协调。一方面人口多，文盲多；另一方面教育事业薄弱，人口素质下降，造成恶性循环。长此以往，将严重影响现代化建设事业的进展。因此，亟须对"教育与人口"的关系进行全面而深入的探索，建立教育人口学这一重要的教育分支学科也应当尽早提上议事日程。

二　教育人口学的研究对象和学科性质

1. 教育人口学的研究对象

任何一门学科都有它自己特定的研究对象，从而使它与其他学科相区别。科学研究的对象是根据科学对象所具有的物质运动形式而确定的。教育人口学要成为一门独立的学科，就必须有它特殊的研究对象和特殊的研究领域。教育人口学是一门介于教育科学与人口科学之间的边缘科学或交叉科学，其研究对象既不同于教育科学，又不等于人口科学。

那么教育人口学的研究对象究竟是什么呢？简而言之，教育领域中的人口问题和人口领域中的教育问题都属于教育人口学的研究范围，它着重于研究教育与人口的关系问题，揭示其内在规律，从而利用人口与教育各因素中的有利条件，有效地促进教育与人口的协调发展。"人口"这一概念是一个包含着多种要素的综合范畴，如人口具有数量、质量、结构、分布和迁移等因素。因此，教育人口学以公认的这些人口要素为出发点来展开探讨。

2. 教育人口学的知识体系

教育人口学的知识体系主要包括以下几个方面。

第一，教育人口学的学科问题。即揭示教育人口学的研究对象、性质、任务、功能及方法。

第二，教育与人口数量的关系。教育与人口数量的关系包括人口数量对教育的影响及教育对人口数量的制约作用两个方面。人口数量对教育的发展起着重要的影响作用。具体而言，即人口的数量决定着教育事业的可能规模，人口的增长速度决定教育事业发展应有的速度。反过来，教育又会影响人口数量的增长。教育是控制人口增长的重要手段。国内外人口和教育研究的结果证明，国民的受教育程度与人口出生率呈反比关系。换言之，国民受教育程度高，则人口出生率低，而国民受教育程度低，则人口出生率高。

第三，教育与人口质量的关系。人口质量是指社会人口总体所反映的身体素质、科学文化素质及道德素质等方面的一般状况。身体素质包括遗传素质和健康状况，是人口质量的物质要素。科学文化素质包括科学知识状况与智力发展水平。道德素质包括政治思想觉悟、道德修养等。科学文化素质和道德修养是人口质量的精神要素。教育与人口质量具有密切的关系。一方面，人口质量影响教育质量，入学者已有的水平是制约教育质量的一个重要因素。另一方面，教育对人口质量也具有重要的影响作用。众所周知，人口质量从来就是通过教育来提高的，在当今社会更是如此。

第四，教育与人口结构的关系。人口结构是指人口按照某一性质划分的集合及其不同性质人口集合之间的比例关系。人口结构包括人口的自然结构和社会结构。前者涉及人口的性别和年龄，后者涉及人口的阶级、文化、职业、地域等。比如，人口的年龄结构会影响教育的纵向结构，即影响各级学校在学校教育系统中的比例。人口的行业和职业结构影响教育的横向结构，即影响各种类型的学校和专业之间的比例关系，如普通教育与职业教育及普通教育与成人教育的关系等。此外，人口的地区分布会影响学校的网点布局。道理很简单，人口密度大的地区，自然要设立较多的学校，而人口密度较小的地区则教育规模也就小一些。与此同时，教育对人口结构也具有反作用，如教育可以调整人口的职业构成，还可以促进人口地域分布趋向合理等。

第五，人口教育。人口问题是一个世界性的问题。控制人口的增长，固然主要依靠国家的人口政策，但是人口教育也起着举足轻重的作用。正因为如此，所以越来越多的国家正在积极推行人口教育。什么是人口教育？一般认为，人口教育是指以人口学知识为主要内容的教育活动。人口科学既包括人口理论、人口与经济、人口政策等社会科学知识，也包括人口与生态、生殖生理、遗传与优生等自然科学知识。人口教育的目的主要包括以下几个方面：一是使学生懂得人口与经济、人口与教育、人口与家庭、人口与环境、人口与资源等的关系，认识到正确解决人口问题的重要性；二是使学生了解世界和本国的人口现状及发展趋势；三是使学生懂得青春期生理卫生以及节制生育和优生的基本原理；四是使学生了解本国的人口政策和实现这一政策的具体措施，自觉地执行和宣传人口政策。

3. 教育人口学的性质

教育人口学的性质可以从两个方面来说明。第一，教育人口学是一门边缘学科。它既是教育科学的组成部分，又是人口科学的一个分支。所谓边缘学科，是指一门学科与另一些学科有着密切关系。教育人口学不仅同教育学有关，还同人口学、社会学、教育经济学、教育社会学等具有密切的联系。第二，教育人口学是一门应用学科。一般来说，各种科学可以划分为基础理论和应用科学两大部分。基础理论科学主要研究事物的一般规律，它的成果常常在广泛的领域中具有指导意义，但它不直接解决在一个具体领域中的应用问题。应用科学则主要探讨某个具体领域中的特殊规律，它固然要阐述一般的原理，但更重要的是指导具体实践活动。教育人口学就是这样一门应用学科。它的主要任务不是对教育领域中的人口问题进行深奥的哲学思考，而是从人口学的角度对具体的教育问题进行探索。

三 教育人口学与邻近学科的关系

教育人口学具有独立的研究对象和范围，这是客观事实。但是，它的发展道路并不是封闭的，而是表现出显著的开放性。教育人口学涉及众多相关学科，它应当综合运用这些学科的研究成果、方法和手段。教育人口学同这些学科之间在某些方面存在交叉渗透现象，发生着各种各样的联系。但作为不同的学科来说，它们又存在诸多区别。明确它们之间的联系和区别，对于教育人口学的健康发展具有重要的意义。这里仅就与教育人口学关系最为密切的几门学科进行比较分析。

1. 教育人口学与教育学

教育学是研究培养人的规律的科学，研究怎样对人进行系统的教育的科学。教育学与教育人口学的共同特点都是以教育对象作为自己的研究对象。但是它们又有不同的特定的对象。教育学主要研究教育规律、教学规律、学校制度等。教育人口学的建立与发展，在很大程度上要依赖教育学的研究成果，借鉴其研究方法。但与将整个教育领域纳入考察范围，以揭示教育发展的一般规律为己任的教育学相比，教育人口学只是从人口学的角度来考察教育问题，以揭示教育与人口的关系，发现教育与人口的协调发展机制为己任。也就是说，教育学与教育人口学的关系是一般与特殊、全面与方面的关系。

2. 教育人口学与人口学

教育人口学与人口学的关系和教育人口学与教育学的关系一致，同属特殊与一般、部分与整体、方面与全面的关系。人口学是一门综合性的社会科学，实际上已上升为人口学体系，包括人口理论、人口统计学以及一系列分支学科，如人口经济学，人口社会学，数量人口学，等等。人口学体系的使命在于认识人口发展规律，这也是教育人口学得以建立和发展的基础。教育人口学也是建立在人口的多种要素与教育的关系的探讨之上，研究人口与教育之间的相互关系。与经济人口学等一样，是为了揭示人口学领域中某一个侧面的规律。

3. 教育人口学与教育社会学

教育人口学与教育社会学同属于教育科学的组成部分。教育社会学是主要运用社会学的原理和方法对作为一种特殊社会现象的教育进行研究的一门学科。它从宏观方面研究教育与整体社会之间的关系及其功能；从中观方面研究教育与区域社会之间的功能性关系及学校内部的社会关系；从微观方面研究教育过程中的有关社会学问题。研究教育与人口的基本关系，当然也属于教育社会学的题中之义，但这是否说明教育人口学是教育社会学的一个组成部分呢？回答是否定的。研究教育与社会现象之间的关系的学科很多，如研究教育与政治关系的教育政治学，研究教育与经济关系的教育经济学，研究教育与文化关系的教育文化学等，这些都不属于教育社会学。一门学科的性质，主要表现在它是用何种学理来研究某种事物和现象上。教育政治学、教育经济学及教育文化学都不是从社会学的角度来研究教育问题，自然称不上教育社会学。教育人口学也一样，它是从人口学的角度来研究教育现象和教育问题的。但不可否认的是，教育人口学与教育社会学具有一定的交叉性，虽然教育社会学对教育与人口的关系问题研究得不很全面和深入，但作为诞生于 19 世纪末 20 世纪初的教育社会学，其学科成熟程度远远高于教育人口学，其研究成果可以而且应当用来推动教育人口学的成长。

4. 教育人口学与教育经济学

认真研究并正确认识教育与人口之间的关系，对于寻求解决我国人口问题的教育对策，促进人口、教育、经济三者相互协调发展是大有裨益的。人口状况（数量、质量、构成、分布、流动）对教育有影响，特别是对教育需求、教育经费负担等有着密切的关系，这就决定了教育人口学与教育经济学有着密切的关系。教育对社会发展特别是经济发展的促进作用又必须通过人口社会构成的变动和人口社会流动的社会过程来完成。教育人口学和教育经济学的建立与发展，都必须服务于社会经济发展的总目标，两个学科具有共同基础，又都必须到教育学里去汲取营养。现代教育是国家大规模投资的对象，是经济与人口以特定方式结合而成的一种社会性的、有目的、有计划的活动。人口与教育的联系是以一定的经济条件为前提，经过学校教育的一代人，判定他们对社会发展的适应程度也主要是由社会经济效果来衡量，因此在分析研究社会人口—教育现象时，始终与社会一定阶段的经济因素有着不可分割的联系。实际上教育人口学并不只是研究人口—教育现象的科学，而是研究人口—经济—教育现象的科学。它所关注的是在一定的经济条件下，人口与教育以怎样一种联系方式是可能的，又是最佳的。这就告诉我们，教育人口学与教育经济学也有交叉的地方，因此教育人口学也应把教育经济学的研究成果吸收进来，作为开拓本学科的研究领域的依据。

四　教育人口学的功能

1. 丰富理论功能

教育人口学可以丰富教育科学和人口科学的内容，促进教育科学和人口科学的发展。交叉学科的不断出现，将推动各学科的发展，加深人们对自然和社会的认识。作为新兴的教育科学和人口科学之间的交叉学科——教育人口学，它的发展固然要以人口学、教育科学为基础；同时，它的发展也可以丰富教育科学和人口科学，并促进它们的发展。教育人口学作为与教育学有着千丝万缕联系的新学科，目前人们研究得还较少，它的建立和发展，必将为建立科学的教育学体系提供一定的理论准备。我们只有把教育学的相关学科逐步发展完善，才能使这一学科体系达到科学的高度。同样，单靠一门学科是无法阐明人口现象的，更无法揭示人口现象在今后历史发展中造成的后果。要研究制定新的人口学理论体系，就需要制定人口科学的整个学科体系，教育人口学的建立和发展必然为其添砖加瓦。

2. 影响决策功能

教育人口学并非纯粹的理论探讨，它要运用社会调查和统计的方法，对社会发展一定阶段的人口状况及其智力结构，做出科学的定性研究和定量分析，这项工作对于我们制定合理的教育发展规划，确定与经济条件相适应的教育发展规模和速度，寻求符合本国国情的教育结构，对未来教育发展进行科学的预测等都有重要的参考价值。

教育人口学是在参与教育决策中发展起来的，具有重要的决策功能。它能够弥补以往教育评价模式的缺陷，参与教育决策过程。一句话，教育人口学的兴起，必将进一步促进教育决策的科学化。

五　教育人口学的研究方法

研究教育与人口的关系，要坚持科学的原则，运用科学的方法。教育人口学的研究应当注意以下几个方面。

1. 定性分析与定量分析相结合

对教育与人口相互关系的研究，既要认识它的质，又要掌握它的量，所以必须把定性分析与定量分析结合起来。定性分析表现为运用马克思主义哲学抽象法，确定教育与人口相互关系质的规定性。定量分析法就是用现代数学方法揭示教育与人口相互关系的数量变化。定性分析是定量分析的基础，只有通过定性分析才能揭示教育与人口的本质关系及其在不同社会历史条件下的运动形式，才能使定量分析具有科学的依据。同时定量分析可以使定性分析更加精确和深入，使教育人口学具有应用的价值，为决策和实际工作服务。

2. 调查和统计相结合

通过调查和统计收集大量的教育与人口关系的原始资料，经过分类整理和分析，从中找出教育和人口各个方面的内在联系及其发展规律。统计在现代社会各个领域得到极广泛的应用。著名教育家、人口学家马寅初说过：学者不能离开统计而研究，政治家不能离开统计而施政，企业家不能离开统计而执业。马克思主义辩证法认为，一切事物都是质和量的对立统一，一定的质通过一定的量表现出来，一定的量总是和一定的质相联系。统计是在质与量的统一中，从数量方面认识事物的科学方法，它通过统计资料的收集、整理和分析互相联系的三个步骤，揭示事物的质，反映事物的发展规律。教育人口学是一门边缘学科，要运用教育统计、人口统计和社会统计的方法，并互相结合起来，揭示教育与人口的本质联系以及教育领域中的人口活动规律。

3. 动态分析和静态分析相结合

马克思主义辩证法认为，任何事物都是运动和静止的统一。因此，作为教育人口学的研究方法之一，可以采用静态和动态相结合的方法。同任何事物一样，教育与人口问题都具有相对稳定性，这是使用静态分析的基础。静态分析就是对某一时间和空间的教育人口情况进行分析，考察某一时间教育与人口发展的水平、规模、状况和特点。与此同时，任何事物又都处于运动中，要认识它就需进行动态分析。所谓动态分析，就是对某一历史时期内教育与人口的运动变化和发展过程进行分析，考察教育与人口发展变化的方向、趋势和速度。二者是互为前提、互为补充的。区别主要是，动态分析加入了时间因素的作用。教育人口学的研究应当把动态分析和静态分析很好地结合起来。

教育人口学还必须运用比较的方法，包括同一国家、同一地区不同时期的纵向比较和不同国家、不同地区间的横向比较，特别是国际间的比较。马克思主义认为，规律存在于大量的现象之中，只有从大量的现象中才能找出客观事物的运动规律。况且，教育与人口关系问题早已存在于世界各地，我们完全有必要放眼世界、博采众长。

自由教育的哲学思考[*]

　　自由是人类生命本质全面实现的最高境界，也是人类全部文化与文明的最高理想。从这个意义上说，人类发展的历史就是摆脱束缚而不断扩充自由的历史。青少年时期是人生的一个非常重要的时期，而教育生活又是他们在这个时期的主要生活形式，教育生活是否有意义，自由在其中起着关键作用。因此，学校教育应当是自由教育，在教育中要力戒强制或强迫，让学生自由地成长和发展。

一　自由与自由教育的界定

　　1. 关于自由的理解

　　"自由"这个词，在西方语言中与"解放"是同样的意思。例如，源于拉丁语 liberalis 的英语词 liberal，及其衍生词 liberate、liberation、liberty 等，我们既可以译为"自由"，也可以译为"解放"。而另一个现代英语词 free 及其衍生词 freedom，同 liberal 在含义上也是相通的。这主要是从词源的角度考察自由的意义。那么，究竟什么是自由呢？自由这个概念本身是有歧义的。据柏林（Isaiah Berlin）的说法，"自由"这个词有超过200种的意义。不同的人对它有不同的了解，不同的理论对它也有不同的看法。^① 人们对"自由"的理解之所以意见纷呈，重要原因在于它本身的复杂性。即使将这个问题尽量加以简化，也还有程度高低之分和内在外在之别。首先，自由具有程度之分，它与选择连在一起，选择越多就表示越

＊　本文原刊于《江西师范大学学报》（哲学社会科学版）2004 年第 1 期，中国人民大学报刊复印资料《教育学》2004 年第 6 期转载。

①　参见石元康《当代西方自由主义理论》，上海三联书店 2000 年版，第 3 页。

自由，反之则越不自由。自由又与强制相对，强制也是一个程度性的概念，强制程度越高就越不自由。其次，自由具有内在外在之别。外在自由是指人们可以不受强制地做他想做的事情，内在自由是指人们有能力做他想做的事情。从这个角度来看，自由是权利与能力的统一。具有自由权利意味着允许自己做主，即没有外部束缚、限制或强制。我们通常使用"自由"一词时，一个重要的因素就是没有外在的限制。当我的行为出自我自己的内在愿望和倾向时，当我的行为来自我自己的决定时，当我的行为没有受到任何外在压力和作用的限制时，我通常就被告知是在自由地和随意地行动。具有自由能力则意味着能够自己做主，即没有内部限制。真正的自由应当是自由权利与自由能力的统一。

　　我们现在谈论自由问题，一般主要强调外在自由，即要把人从束缚、限制或强制中解放出来，自己做主、自我决定、自我选择。一个人是否自由，就看他是否有自主权、自决权，亦即是否能自主地决定自己的行动。一个自由人是自己的主人，他不受别人的控制，他有权决定自己的行动。从这个意义来说，自由即自我控制权。主体的自主和自由是一个问题的两个方面，自主行动也就是自由行动。与此相适应，自由的人也就是自主的人，自由度的大小和自主性的大小是一致的。正是在这个意义上，柏林认为，"自由这个词的积极意义来自于个人希望能够做自己的主人。我希望我的生命及决定是依靠我自己的，而不是依靠任何外在的力量；我希望成为自己的工具，而不是别人意志行为所支配的；我希望自己是一个主体，而不是一个对象；我希望我是由自己的理性及有意识的目的所推动的，而不是被外来的原因所影响"。[1] 皮科在《论人的尊严》的演说中也认为，人没有使自身受限制的本质，人是自己的主人，人的唯一限制就是要消除限制，就是要获得自由，人奋斗的目的就是要使自己成为自由人，自己能选择自己的命运，用自己的双手编织光荣的桂冠或是耻辱的锁链。[2] 柏林和皮科关于自由的观点表明，自由乃是一个人能够控制自己的意志行为，而不受他人及外力的支配。自我引导及自我主宰，做自己的主人是自由最根本的意义。

---

[1]　转引自石元康《当代西方自由主义理论》，上海三联书店 2000 年版，第 11 页。

[2]　参见［意］加林《意大利人文主义》，李玉成译，生活·读书·新知三联书店 1998 年版，第102 页。

2. 自由教育的内涵

在不同的时代，人们对自由教育有不同的理解。① 最早提出这一概念的是古希腊哲学家亚里士多德。他认为自由教育是"自由人"（即奴隶主贵族）所应享受的，以自由发展理性为目标的教育。亚里士多德所谓的自由教育包括两层内涵：一是以受教育者具有闲暇为前提，又以受教育者充分利用闲暇为手段；二是其目的在于探索高深的纯理论知识。他认为，实施自由教育适合于"自由人的价值"，可以获得智慧、道德和身体的和谐发展；自由教育同职业训练截然不同，前者高尚，后者卑下。自由教育的内涵在中世纪发生了变化。当时的基督教教会改组了古代希腊、罗马学校中的一般文化学科，提出了七艺（即七种自由艺术）的教育。教会认为，七艺是为进一步学习神学以达于神明的基础学科。中世纪的七艺渗透着神学的内容，其"自由"已不是指充分发展人的理性，而是指摆脱尘世的欲望，皈依基督的神性。文艺复兴时代，由于人文主义者要求冲破教会的束缚，倡导解放人性，把谋求个人的自由视为教育的要务，所以意大利人文主义者韦杰乌斯在论述"自由教育"的理想时，提倡的是个人身心的自由发展。他把人文学科（主要是希腊文和拉丁文）作为自由教育的主要内容。他认为，"自由教育"是一种符合于自由人价值的教育；使受教育者获得德性与智慧的教育；是一种能唤起、训练与发展那些使人趋于高贵的身心、最高的才能的教育。18 世纪以来，自然科学兴起，并逐渐与人文学科并驾齐驱，自由教育的概念因此而又有所发展。1968 年，英国生物学家、教育家赫胥黎把自由教育解释为文、理兼备的普通教育。中国通常把这一时代的"自由教育"意译为"通才教育"或"文雅教育"，以区别于学习各种专门知识的专业教育。

综合起来看，自由教育主要有两种内涵。一种内涵是从教育的内容特点来说的。在这个意义上，自由教育有时也称为文雅教育、博雅教育、普通教育、文科教育、通才教育、通识教育等。这种教育与实用教育相对，不具有实用性或职业性，目的是培养和提高人的一般文化修养，促进人的智慧、道德和身体的发展。另一种内涵是就教育的形式性质而言的，它与强制或强迫教育相对，指学生在学习中自己能做主，是学习的主人，不受别人强制或强迫。这里主要从后一种内涵上探讨自由教育。自由教育从积

① 参见《中国大百科全书·教育》，中国大百科全书出版社 1985 年版，第 570 页。

极的意义上说，要培养学生自由的意识和自由的能力。"自由教育之所以称为'自由'，是因为它的目的是要把人从无知、偏见和狭窄的束缚中解放出来。"① 从消极的意义上说，要避免束缚、强制或强迫。在教育过程中，学生是学习、认识和发展的主体。我们可以为学生准备和提供各种学习条件，可以对他们进行指导和引导，但不能强迫学生进行某种活动。因此杜威指出："严格地说，我们不能强加给儿童什么东西，或迫使他们做什么事情。忽视这个事实，就是歪曲和曲解人的本性。"②

二　对人性的乐观估计与自由教育

从古至今，有无数哲人学者对人之美抒发过赞词、高唱过赞歌。早在古希腊时期，智者派的代表普罗泰戈拉就提出：人是万物的尺度，是存在者存在的尺度，也是不存在者不存在的尺度。他把人作为判断事物存在与否以及真假、善恶的唯一标准。德国宗教改革领袖马丁·路德对人的尊严歌颂道：人是一种特殊的被造物，是比天地间所有一切东西都更好一些的一种被造物。夸美纽斯在《大教学论》中甚至认为：人是造物中最崇高、最完善、最美好的。莎士比亚在其名著《哈姆雷特》中借剧中人之口对人称赞道："人类是多么了不起的杰作！多么高贵的理性，伟大的力量！多么文雅的举动，多么优美的仪表！在行为上，多么像一个天使，在智慧上，多么像一个天神！宇宙的精华！万物的灵长！"他们把最美好的言辞都用在了对人的赞美上。在这些人看来，人成了十全十美、完美无缺的存在物。

每一种教育观背后都隐藏着某种人性论，都有着对人性的某种假设。这里所说的人性假设主要是指教师对于学生人性善恶倾向的假设。作为生命体，人本来就有一种要求发展自己、提升自己、完善自己的自然倾向。这是生命力的一种内在需要。马克思将这种需要称为人类发展的"天然必然性"或"内在必然性"。人本主义心理学家马斯洛认为，每一个人的内部本性并不必然是邪恶的，它们或者是中性的，或者是纯粹好的。人的

---

① ［美］伍德林：《"自由教育"作为基本目的——对于美国教育目的之讨论》，载瞿葆奎主编《教育学文集·教育目的》，人民教育出版社 1989 年版，第 606 页。

② ［美］约翰·杜威：《民主主义与教育》，王承绪译，人民教育出版社 1990 年版，第 32 页。

本性远远不是像它被设想的那样坏。实际上可以说，人的本性的可能性一般都被低估了。罗杰斯也主张，只要人的真实的本质得以显露，人总是表现出亲社会而不是反社会，建设性而不是破坏性，积极而不是消极的特点。人天生是向上、向前、向善的，每个人都天生具有积极的、建设性的、创造性的倾向，在每个人身上都具有自我成长、自我完善、自我引导的力量。人的基本特性不是有敌意、破坏、反社会，或者邪恶的；相反，人的本性是倾向于创造，具有建设性，以及需要与其他人建立密切的个人关系的。他结合自己的心理治疗经验指出：人都具有一个基本上是积极的方向。从我的治疗中，从和我有最深刻接触的受辅者，包括那些带来最多困扰的人，那些行为最反社会的人，那些具有最不正常感觉的人在内，我发现上述的信念都很真确。当我能很敏感地了解他们所表达的感觉，当我能以他们的立场去接纳他们，承认他们有权利和别人不同，然后，我会发现他们都会愿意朝某些方向去改变。那么，究竟是朝哪些方向呢？我相信最能描述这些方向的字眼就是像积极性、建设性，或向自我实现而迈进、向成熟、向社会化而成长，等等。[①] 相信人性本来具有积极性、建设性，或简单地说相信人性本善的思想，是罗杰斯非常强烈的一个信念。在他看来，人具有"实现趋向"，具有一种求生存、求强大、求完满的趋势。

自由教育正需要这样一种对人性坚定的乐观信念。如果对人性抱悲观的态度，认为人性是坏的、丑恶的，在教育中就必然采取限制甚至压制的方法，而不会让人自由发展。对人性的估计要同时注意以下两个方面。（1）从总体上看，应当承认人性是善良的、建设性的、积极向上的。在这一点上，我们完全同意罗杰斯的上述观点。（2）对人性不应当采取盲目乐观的态度。人具有优越性，但同时也存在局限性。人性并非十全十美、完美无缺。人就是人，人有人的伟大与高贵之处，也有各种各样的问题与不足。正如英国哲学家布洛克所说："我们是生活在一个并不完美的世界上并不完美的生物。"[②] 在这一点上，我们对那些将人看成是完美无缺的存在物的观点持否定态度。乐观而不盲目的人性观对于自由教育的实施具有重要的意义。人性的优越性说明教育具有可能性，而人性的局限性

---

① Rogers，C. R.，*On becoming a person*，Boston：Houghton Mifflin，pp. 26–27. 参见江光荣《人性的迷失与复归——罗杰斯的人本心理学》，湖北教育出版社 2000 年版，第 69 页。

② ［英］阿伦·布洛克：《西方人文主义传统》，董乐山译，生活·读书·新知三联书店 1997 年版，第 278 页。

则说明教育的必要性。人具有局限性，但是，人却不会被动地停留在这种局限性上，不会对这种局限性无动于衷或束手无策。人固然是不完美的，但是却对未来充满希望与憧憬，能够不断地超越自我。巴西教育家保罗·弗莱雷说得好："人是处在变化过程中的存在——是不完美、不完善的存在，存在于同样不完美的现实中。其实，与其他不完美但没有历史意义的动物相比，人知道自己是不完美的；他们清楚自己的不完善。教育作为人类特有的现象，其真正的根基也正是在于这种不完善与这种清醒的认识之中。人类的不完美性与现实的改造性需要教育成为一种生生不息的活动。"①

三　自由教育的基本特征

1. 自由教育是解放学生时空的教育

《学会生存》一书中说："教育能够是，而且必然是一种解放。"②这里所说的解放包括时间和空间的解放。对于人的发展来说，自由的时间和空间是一种非常重要的资源。拥有这种资源，人的发展就有了基本的保障；而这种资源的失去或被剥夺，则会对人的发展造成重大的困难和障碍。

什么是自由时间？马克思曾经对这个问题有过深刻的阐述。他说，自由时间"就是可以自由支配的时间……，这种时间不被直接生产劳动所吸收，而是用于娱乐和休息，从而为自由活动和发展开辟广阔天地"。又说："自由时间，可以支配的时间，……一部分用于消费产品，一部分用于从事自由活动，而这种自由活动不像劳动那样是在必须实现的外在目的的压力下决定的，而这种外在目的实现是自然的必然性，或者说社会义务……怎么说都行。"③ 综观马克思的观点，可以看出它主要包括以下几

---

① ［巴西］保罗·弗莱雷：《被压迫者教育学》，顾建新等译，华东师范大学出版社 2001 年版，第 34—35 页。

② 联合国教科文组织国际教育发展委员会编著：《学会生存——教育世界的今天和明天》，华东师范大学比较教育研究所译，教育科学出版社 1996 年版，第 175—176 页。

③ 中共中央马克思恩格斯列宁斯大林著作编译局编著：《马克思恩格斯全集》第 26 卷（第 3 分册），人民出版社 1972 年版，第 281—282 页。

层内涵：第一，自由时间是主体可以自己支配和随意使用的时间，在自由时间所从事的活动不是来自任何外在压力、目的和义务，而完全是出于自我之目的；第二，自由时间所从事的活动内容主要是娱乐、休息和消费；第三，自由时间使用的目的在于促进人的自由发展。

自由时间现在一般也叫闲暇时间或业余时间，是指个人没有必须做的事情因而可以随意支配和使用的时间。正是由于自由时间具有这种特点，所以它对于人的发展具有重要的意义。亚里士多德曾经指出："人的本性谋求的不仅是能够胜任劳作，而且能够安然享有闲暇，这里我们需要再次强调，闲暇是全部人生的唯一本原。"① 爱因斯坦也认为：人的差异产生在业余时间。这是因为，业余时间为人们发展个人的多种兴趣、爱好和特长，不断充实和丰富自己，提供了客观基础和现实可能性。

对于学生来说，自由时间具有同样重要的意义。学生享有充足的自由时间，就等于享有了充分发展和发挥自己爱好、兴趣和才能的机会。苏霍姆林斯基在《帕夫雷什中学》一书中指出："拥有可以自由支配的时间，是个性发展的一个重要条件。孩子的素质和天资只有当他每天都有时间从事自行选择喜爱的劳动时才能得到发挥。因此，我们认为给学生提供空余时间就是创造宝贵财富……我们给自己的教育工作定了这样一条常规：学生应当拥有同花费在学校课堂上一样多的空闲时间。"② 他在该书的另一处又说："只有当孩子每天按照自己的愿望随意使用5—7个小时的空余时间，才有可能培育出聪明的、全面发展的人来。离开这一点去谈论全面发展、谈论素质爱好、天赋才能，只不过是一句空话而已。"③

现在学生的课余时间本来是比较多的。全年的双休日和节假日加在一起共有160多天，法定的学习时间还不到200天。但是，对于孩子们来说，真正属于他们自己、完全可以由他们自行支配和安排的时间则少得可怜。以往我们的教育对于时间看得过重、抓得太紧，师生几乎没有喘息的机会。减轻学生负担，推行素质教育已有不少年头了，但利用双休日及节假日补课仍然是一种非常普遍的现象。有人曾以"课余时间学生们想干什么"为题分别在中、小学进行了随机抽样调查。调查结果表明："玩

① 《亚里士多德全集》第9卷，颜一、秦华典译，中国人民大学出版社1992年版，第273页。

② ［苏］苏霍姆林斯基：《帕夫雷什中学》，赵玮等译，教育科学出版社1983年版，前言第14页。

③ 同上书，第171—172页。

耍"是每一个孩子最喜欢的，排序第一。包括跑步、打球、下棋、打扑克、郊游、看电影、骑自行车、跳橡皮筋、捉迷藏、与同学聊天、逛街、去游乐场、到公园去等，孩子们都称之为"玩耍"。但是孩子们说："玩的时间太少，玩的地方也不多。"① 孩子们所说的玩耍也就是我们一般所说的"闲暇活动"。闲暇活动作为学生的一种重要的生活方式，是其人格发展的重要手段。

闲暇活动包括一般性的读书活动（指没有直接功利目的的阅读）、娱乐活动、体育活动、旅游活动、社会交往活动、表达自己感受和兴趣爱好的活动，等等。这类活动具有重要的调节作用，可以使学生由于正规学习造成的紧张情绪得到有效的调整和放松。同时，还可以拓展他们的生活空间，丰富生活经验，增长见识，增加生活情趣。因为闲暇活动是凭兴趣进行而且是感到能胜任的，所以在从事这种活动的时候会感到轻松愉快、心情舒畅。在这类活动中，他们不会感到受限制和受约束，不觉得是压力和负担，因而会全身心地投入其中，甚至达到欲罢不能的境界。正因为如此，所以陶行知一再强烈呼吁解放学生的时间。他说："一般学校把儿童全部时间占据，使儿童失去了学习人生的机会，养成无意创造的倾向，到成人时，即有时间，也不知道怎样下手去发挥他的创造力了。创造的儿童教育，首先要为儿童争取时间之解放。"② 在他看来，儿童的时间得到解放后，他们就有空闲来消化学问，并且学一些自己渴望的学问，干一些自己想干的事情。陶行知的观点仍然具有现实意义。卢梭在《爱弥儿》一书中还曾提出一个独特的教育法则——"不仅不应当争取时间，而且还必须把时间白白地放过去"。如果我们对卢梭的这个观点不作极端或片面的理解，那么它还是有其合理性的。

儿童的活动不能只限于学校，更不能只限于课堂。我们应该为儿童提供足够的展现他们天性的生活空间，引导儿童对生活多向感知和领悟，而不把他们限制在课本、课堂、作业及考试的狭窄天地里。陶行知当年提出的"六大解放"，其中也包括解放儿童的空间。他打了一个比喻，从前的学校完全是一只鸟笼，改良的学校是放大的鸟笼。放大的鸟笼比鸟笼大些，有一棵树，有假山，有猴子陪着玩，但仍然是个放大的模范鸟笼，不

---

① 沈妙玲：《课余时间，学生们想干些什么》，《教育参考》2000 年第 5 期。

② 陶行知：《创造的儿童教育》，见《陶行知全集》第 3 卷，湖南教育出版社 1985 年版，第527 页。

是鸟的家乡，不是鸟的世界。鸟的世界是森林，是海阔天空。现在鸟笼式的学校，培养小孩用的是干腌菜的教科书。"鸟笼"的讽喻令人深思，至今具有警示意义。当今流行的应试教育也可以说是一种"鸟笼式教育"。现在我们提倡自由教育，就是要破除这种"鸟笼式教育"，使儿童有机会自由地观察、接触和了解自然与社会。

如果学生的自由发展只是表现为在自由时间里能够从事自己感兴趣的活动，而在他们必须参加的教育活动中仍然遭受束缚和强制，那么所谓的"自由"发展就仍然是很不充分的。因此，自由教育还必须包括教育活动本身的改善。从自由教育这个角度看，教育活动的改善是一个大课题，这里先谈师生关系，其他的问题后面再讨论。在教育中存在多种多样的人际关系，当然最主要的还是师生关系。教育的自由与否，在很大程度上决定于作为教育活动主要承担者的教师与学生的关系是否平等。

学生丰富的本质力量只有在自由的教育条件下才能够充分实现和切实展开。而在强制或强迫的教育条件下，学生的感受力会降低，情感会受到压抑，创造力会受到削弱。《学会生存》一书对传统的师生关系提出了尖锐的批评，认为："应该从根本上重新评价师生关系这个传统教育大厦的基石，特别是当师生关系变成了一种统治者和被统治者的关系的时候。这种统治与被统治的关系，由于一方在年龄、知识和无上权威等方面的有利条件和另一方的低下与顺从的地位而变得根深蒂固了。"[1] 该书从教师职责的角度对师生关系作了重新阐述，认为教师的职责现在已经越来越少地传递知识，而越来越多地激励思考。除了他的正式职能以外，他将越来越成为一位顾问，一位交换意见的参加者，一位帮助发现矛盾论点而不是拿出现成真理的人。他必须集中更多的时间和精力去从事那些有效果的和有创造性的活动：互相影响、讨论、激励、了解、鼓舞。如果教师与学生之间的关系不按照这个样子发展，它就不是真正的民主教育。该书还特别强调说："权威式的教学形式必须让位于以独立性、互相负责和交换意见为标志的师生关系。"[2] 关于这个问题，巴西教育家保罗·弗莱雷在《被压迫者教育学》一书中也作过精彩的论述。他在该书中强烈反对灌输式教育，同时极力提倡提问式、对话式教育。他认为，只有要求进行批判性思

---

[1] 联合国教科文组织国际教育发展委员会编著：《学会生存——教育世界的今天和明天》，华东师范大学比较教育研究所译，教育科学出版社1996年版，第107页。

[2] 同上书，第110页。

维的对话才能产生批判性思维。没有了对话，就没有了交流；没有了交流，也就没有真正的教育。他明确指出："通过对话，教师的学生（students of the teacher）及学生的教师（teacher of the students）等字眼不复存在，新的术语随之出现：教师学生（teacher-student）及学生教师（student-teacher）。"在这种新型的师生关系中，"教师不再仅仅是授业者，在与学生的对话中，教师本身也得到教益，学生在被教的同时反过来也在教育教师，他们合作起来共同成长。在这一过程中，建立在'权威'基础上的论点不再有效；为了起作用，权威必须支持自由，而不是反对自由"①。

2. 自由教育是学生自主选择的教育

自由意味着有选择的余地，无从选择是自由的大忌。学生的自由发展必然要求在教育中给他们提供较多的选择机会。在教育过程中，学生应当支配教材，支配自己的学习，而不是受教师和教材（知识）的支配。"更多地给予个人以自由，把个人的潜力解放出来，这个观念和这个理想是自由精神永远存在的核心。"②

马斯洛曾详细论述过自由选择的重要性。他说："人，甚至儿童，最终必须自己为自己选择。别人不能经常为他选择，因为这样做会使他衰弱下去，会削弱他的自信心，并会使他对于自己经验中的内在快乐、对于自己的冲动、判断和情感的觉察能力发生混乱，也会使他对于什么是自身内在的东西和什么是他人准则的内化不能区分了。"③在马斯洛看来，人不仅具有选择的必要，而且具有选择的能力。他说，在健康孩子的正常发展中，在许多时候，假如给儿童真正自由的选择，他会选择有利于他生长的东西。他之所以这样做是因为他所选择的东西使他体验到美好、感受到美好，并带来了愉快和欢乐。"这说明他比别人更'明白'什么东西适合他……为了让孩子很好地生长，成人一定要对他们和他们的自然生长过程充分信赖，就是说，不要过多地干涉，不要抑制他们的生长，或强迫他们适应预先定下来的设计，相反要以道家的而不是以权威主义的方式，让他

---

① ［巴西］保罗·弗莱雷：《被压迫者教育学》，顾建新等译，华东师范大学出版社 2001 年版，第 31 页。

② ［美］约翰·杜威：《人的问题》，傅统先、邱椿译，上海人民出版社 1965 年版，第 100 页。

③ ［美］马斯洛：《存在心理学探索》，李文湉译，云南人民出版社 1987 年版，第 46 页。

们生长并帮助他们生长。"① 在对待儿童自由选择这个问题上，杜威也发表过类似的意见。他认为，"给儿童以自由，使他在力所能及的和别人所允许的范围内，去发现什么事能做，什么事他不能做，这样他就不至于枉费时间去做那些不可能的事情，而把精力集中于可能的事情上了。儿童的体力和好奇心能够被引导到积极的道路上去。教师将发现，学生的自发性、活泼和创造性，有助于教学，而不是像在强迫制度下那样成为要被抑制的讨厌的东西"。②

对于人的发展来说，具有自己的兴趣爱好非常重要。兴趣爱好是一种动力，它使人坚持不懈，还会给人愉快感。人们在从事自己所喜爱的事情时，总是感到有一种莫名的兴奋感和满足感。兴趣和爱好是如何形成的呢？答案是：在自由选择中形成。如果一切都规定得死死的，不给儿童选择的机会，他们的兴趣爱好也就没有发挥和展示的机会。正是在这个意义上，《学会生存》一书呼吁将教育的中心转到学习者身上，充分尊重他们的自我选择和自我决定。该书指出："我们应使学习者成为教育活动的中心；随着他的成熟程度允许他有越来越大的自由；由他自己决定他要学习什么，他要如何学习以及在什么地方学习与受训。这应成为一条原则。即使学习者对教材和方法必须承担某些教育学上的和社会文化上的义务，这种教材和方法仍更多地根据自由选择、学习者的心理倾向和他的内在动力来确定。"③

当然，自主选择不等于不要指导，允许儿童自由选择并不意味着教师可以放弃作为帮助者、引导者的责任。"如果自由含有消极的、放弃精心调节和善意帮助的含义，如果它意味着拒绝一切纪律并造成混乱，那么这种自由将阻碍儿童的发展并导致幼稚行为。这无异于剥夺了儿童的自由，而不是给他们自由。"④

---

① ［美］马斯洛：《有关生长和自我实现心理学的若干基本观点》，载瞿葆奎主编《教育学文集·教育与人的发展》，人民教育出版社 1989 年版，第 408—409 页。

② ［美］约翰·杜威：《学校与社会·明日之学校》，赵祥麟等译，人民教育出版社 1994 年版，第 298 页。

③ 联合国教科文组织国际教育发展委员会编著：《学会生存——教育世界的今天和明天》，华东师范大学比较教育研究所译，教育科学出版社 1996 年版，第 263 页。

④ ［法］米舍莱：《教师和游戏》，见瞿葆奎主编《教育学文集·课外校外活动》，人民教育出版社 1991 年版，第 183 页。

3. 自由教育与纪律、责任的关系

自由是相对于束缚、规范、纪律、限制、专制等而言的。自由固然与规范、纪律、限制等相对，但是自由并不否定或排斥任何规范、纪律和限制，自由不等于放任。马克思在《1844 年经济学哲学手稿》中深入地揭示了人的能动与受动的关系："人作为自然存在物，而且作为有生命的自然存在物，一方面具有自然力、生命力，是能动的自然存在物；……另一方面，人作为自然的、肉体的、感性的、对象性的存在物，同动植物一样，是受动的、受制约的和受限制的存在物。"① 合理的纪律和规范是自由的前提和基础。纪律和规范意味着秩序，没有秩序只会有混乱，而不会有自由。如果取消任何纪律和限制，其结果自由将不是越来越多，而是越来越少。自由是相对的，世界上从来就不存在绝对的自由。如果试图追求绝对的自由，最终必将陷入绝对的屈从。原因在于，"当各种倾向都得到释放，而不受任何限制的时候，它们自己就会变得专横跋扈，这些倾向的第一个奴隶恰恰就是那个能够体验到它们的人"。② 在自由与限制的关系问题上，不能因为强调自由而否定所有的限制，应当否定的是那些不合理和不必要的限制，尤其要反对强制和专制。而对于必然出现必不可少的限制和约束，不应作无谓的反抗，而是理智地适应乃至服从它。

自由教育并不排斥教育中的纪律要求。自由是相对的，不是绝对的。一个人既享受自由，同时又必须用纪律约束自己。没有纪律就只是放任，而不是真正的自由。从一定意义上说，纪律也是一种束缚，但却是必要的束缚。自由并不是反对任何纪律，只是反对不必要的、专制性的纪律。管束过严固然不对，但放任不管同样是错误的。鲁迅曾对儿童放任不管或管束过严这两种教育偏向的后果作过比较分析。他说，前一种教育的结果：在门内或门前是霸主，但到外面，便如失去网的蜘蛛一般，立刻毫无能力。后一种教育的结果：儿童犹如一个奴才，一个傀儡，放他到外面来，则如出笼的小鸟，他绝不会飞鸣，也不会跳跃。③ 在鲁迅看来，对儿童的天性，无论是放纵还是禁锢，都将导致人格的畸形发展。对于儿童来说，既没有绝对约束的理由，也没有绝对自由的道理。"'自由'并非处于真空状态之中，而是处于受到各种制约的网络中……教育自由的问题，并不

① ［德］马克思：《1844 年经济学哲学手稿》，人民出版社 2000 年版，第 105 页。
② ［法］涂尔干：《道德教育》，上海人民出版社 2001 年版，46 页。
③ 《鲁迅全集》第 5 卷，人民文学出版社 1973 年版，第 160—161 页。

是在对教育毫无约束和规定的情况下产生的，而是在用符合目标的制度和规定来否定某种制度和目标的情况下产生的。"① 在教育中，如果没有任何约束，儿童将会处于一种骚动状态，这种状态使他们忍受不了任何制约，甚至在学校教育之外，他们的行为也会表现出这一特点。

自由与责任紧密联系在一起，它们两者可以说是互为条件、互为前提。没有自由也就没有责任，没有自由就用不着为自己的行为后果承担责任。这时应承担责任的是自由的限制者。"绝对不自由的人是没有责任的，因为对社会硬性规定要他做的行为，要负责任的不是他本人，而是社会。在扩大人的自由方面每前进一步，同时也就是在扩大和提高人的责任方面向前迈进了一步。"② 人越是感觉到自己是自由的，他就越是会勇敢地承担责任。一个人只有在他握有意志的完全自由去行动时，他才能对他的这些行为负完全的责任。里奇拉克认为，自由意志与个人责任"人类生活中的这两个方面必然相互结合，因为只有当一个人能够如他所期望的那样从一开始就自由地行动时，我们才能对这些实际上发生的事件追究责任"。③ 与此同时，没有责任也就没有自由，或者没有资格享受自由。鼓励自由并不等于不要责任。世间没有无责任的自由，也没有无自由的责任，作为权力的自由与作为义务的责任是不可分离的。自由的人不是一个自我中心的人，更不是一个唯我独尊的人，而是富于社会责任感的人。因此，在教育中既要给予学生充分的自由，也要培养其责任感。

---

① ［日］大河内一男、海后宗臣等：《教育学的理论问题》，曲程、迟凤年译，教育科学出版社1984 年版，第 217 页。

② ［苏］阿法纳耶夫：《社会管理中的人》，贾泽林译，知识出版社 1983 年版，第 342 页。

③ ［美］里奇拉克：《发现自由意志与个人责任》，许泽民译，贵州人民出版社 1994 年版，第1 页。

对人类教育起源的再认识 *

有关教育起源问题的研究在我国由来已久，一直以来它也是教育理论界颇具争议的问题。自 20 世纪 80 年代以来，我国学术界在已有的"劳动起源说""生物起源说""心理起源说"等基础上，又陆续提出了许多新的观点：如"需要说""前身说""交往说""知识传授说""超生物经验的传递与交流说""家庭起源说"等，真可谓仁者见仁，智者见智。我们对这个问题也有一些自己的想法，现提出来就教于大家。

一 "教育起源"概念的界定

"起源"一词应包含两层含义：一是指因何出现或产生，二是指从何开始。前者说的是事物产生的原因，亦即该事物为什么会出现或者说为什么会产生；后者说的是事物产生的源头，即该事物在哪里产生或者说从哪里产生。于是教育起源的问题就可以分为"促使教育产生的原因及教育产生的源头"这两个问题。但我们认为，对前一个问题的回答更为重要。因为"它研究的不仅是一种人类最古老、最原始的教育形态，而是要探明这种最古老、最原始的教育形态何以能够在人类社会出现与产生的终极原因"①。在界定了教育起源的内涵以后，我们便可以更好地去考察以往关于教育起源的各种假说的出发点，而不至于人云亦云，弄昏头脑。如"劳动起源说""需要说""人生发展说""社会化影响说"等主要是从教育产生的原因来认识教育起源的，而"心理起源说""生物起源说""交

---

* 本文由何齐宗与冯丽洁合著，原刊于《江西教育科研》2005 年第 10 期，《教育文摘周报》2005 年第 48 期转摘。

① 胡德海：《教育学原理》，甘肃教育出版社 1998 年版，第 174 页。

往说""前身说""文化起源活动说"等则更多地是从教育发端的源头来对它进行探讨的。

二　教育与人类其他社会活动的共同起源

教育与人类其他社会活动的共同起源是社会生活的需要。社会生活是多层次和多方面的。按人们需求的层次可分为物质生活、精神生活及人类的自身发展。① 按人们活动的领域又可分为经济生活、政治生活、文化生活等。人类所从事的各种活动都有其特定的目的与意义,它们各自体现了人类社会生活的一个主要方面,也是人们对不同层次生活需求的反映。例如,生产活动主要体现了人们对物质产品的需求;宗教活动则体现了人们希望借助信仰来消除内心不安与恐惧,以慰藉其心理的需求;艺术活动是为了在劳动、娱乐、祭祀过程中愉悦精神。相对于人类的其他社会活动而言,教育活动则是试图影响人的成长、促进人的发展,从而更好地认识世界和改造世界。倘若这些人类活动不能满足人的某种需求,它们也就没有存在的必要了。人类所有的活动都是出于人们各个生活层面的需要而产生的。我们不妨把人们所有这些对生活的需求概括为生活的需要。于是我们便可以说教育与其他社会活动共同起源于社会生活的需要。当然,教育与其他社会活动又有各自特殊的起源。下表说明了人类几种主要社会活动的特殊起源。关于教育的特殊起源下文将作进一步分析。

社会活动的类型	共同起源	特殊起源
教育		影响人成长的需要
生产		人类生存繁衍的需要
宗教	社会生活	生产力低下时,原始人面对未知现象而产生的精神安慰的需要
艺术		劳动、娱乐、祭祀过程中精神得到愉悦的需要
政治		原始社会中协调氏族或宗教内部各种关系的需要

---

① 陈信泰、王学义等:《教育起源于社会生活的需要》,《山东教育科研》1988 年第 2 期。

三　教育的特殊起源

在探讨教育的特殊起源之前，首先要明确教育是人类社会所特有的活动。只有在人类社会出现以后，教育才出现。不仅如此，教育还是有目的、有意识的社会活动。过去众多假说中的"生物起源说""前身说""心理起源说"等不是否认教育的社会性，就是否认教育的目的性和意识性，都难以让人信服。其次要始终认识到研究教育的起源实质上是对人类最古老、最原始的教育起源的探讨。这就要求我们必须以历史的眼光审视教育活动的产生过程，如"社会生活和人类自身生活的需要说""人生发展说"，似乎更多的是以现代的眼光来审视远古的教育，原始人是否意识到教育能使人得到全面发展，还有待于进一步考察。我们认为，根据当时的实际情况，人类最初的教育应当主要是着眼于提高人的生存能力。

1. 教育发端于年长一代向下一代传授劳动经验之时

众所周知，远古时代的生产力发展水平极为低下，人们处于愚昧的状态。原始人群首先需要解决的是诸如吃、喝、安全之类的生存问题。人类要生存，就必须从事生产劳动，于是劳动便成为人类生活的最重要的条件。同时，劳动也是人类生活的重要组成部分，它占据着当时人们日常生活的大部分时间。人们在劳动中求生存，在劳动中体味人生的辛酸苦乐，教育活动也在劳动生产过程中孕育产生，并在生产劳动中进行，与生产劳动紧密地结合在一起。当第一个原始人向另一个原始人或原始人群传授一些简单的生产劳动经验的时候，教育也就自然地产生了。

2. 教育产生于影响人成长的需要

在远古时代，人们同大自然进行着艰苦的斗争。人们在不断征服自然的过程中，积累了一些生产劳动和社会生活的知识经验。年长一代必须向下一代传授这些知识经验以提高年青一代的生存能力，因为生存是人类得以成长的前提和基础。同时他们所传授的内容应当是面向当时整个社会的全部生活。不可否认，当时的教育主要是传授生产劳动的知识经验，但并不是其全部的内容。另一个重要方面就是需要教给氏族成员理应遵守的行为准则，如道德规范、风俗习惯、宗教禁忌等，此外，还有语言。这些素质是社会成员得以被氏族或家族内部其他成员认同、接纳的必备条件。这也就是我们现在所说的人的社会化过程。自然人转变为社会人是人成长历程中的必经阶段。最初的教育正是基于使后一代具有更强的生存能力以及促成人的社会化而产生的。教育可以提高人们的生存能力，可以促使人社会化，这是教育影响人成长的具体表现。当然这只是最初的教育活动所要达到的最基本的目标。因此可以说教育是基于影响人成长的需要而产生的，或许他们自己也不知道他们这种影响人成长的活动是有别于人类其他活动的特殊活动。然而，正是他们的这种伟大之举才使得人类生命和人类社会得以不断延续，人类的文化和文明成果得以世代保存。试想一下，如果没有教育，每一代人都不得不从零开始，那么，我们的社会将永远处在原始状态，人类也不可能得到进化和发展。

四　教育起源新认识的特点

如前所述，国内教育理论界关于教育的起源有许多观点。与以往的各种观点相比，我们关于教育起源的认识大致有以下几个基本特点。

1. 全面性

教育产生于影响人成长的需要，发端于年长一代向年青一代传授劳动经验之时。这个观点既回答了教育产生的原因，又回答了教育产生的源头，比较全面地揭示出教育产生的终极原因和教育产生的过程。过去的假说要么只回答了教育产生的源头，如"心理起源说""生物起源说""交往说""前身说""文化起源活动说"等；要么只回答了教育产生的原因，如"劳动起源说""需要说""人生发展说""社会化影响说"等。

2. 独特性

教育是以影响人的发展为直接目的的社会活动，这个定义将教育活动同人类的其他社会活动区别开来了。教育的起源也应当具有其自身的特殊性以区别于人类其他社会活动的起源。不管是最初的教育还是现代的教育，都是以影响人的成长和发展为根本目的，都是为了提高人们认识世界和改造世界的本领。它们的区别只是在于最初的教育简单、低级、落后，而现代的教育复杂、高级、先进。教育产生于影响人成长的需要，与教育的内涵相吻合，同时也指出了教育起源的特殊性。"社会生活需要说""交往说""劳动起源说""生产劳动需要说""文化活动起源说"等，都没有揭示出教育起源的特殊性。如前所述，研究教育的起源，实际上是对最古老、最原始的教育起源的探讨，我们应以历史的眼光去考察教育的起源。原始人在人类进化的历史长河中，犹如初生的婴儿，无论在身体，还是心灵上，都需要教育对其施加必要的影响，以便他们更快、更好地成长，这也是为什么我们采用教育起源于"影响人成长的需要"，而不用"影响人身心发展的需要"的原因。因为在我们看来，"成长"比"发展"在层次上更低一些，从而也更符合原始社会的客观实际。

　　教育起源问题是一个历史问题，对它的研究有助于我们准确地把握整个教育的发展状况，我们应以历史和逻辑相统一、理论与实际相统一的方法来进行研究。作为教育基本理论问题之一的教育起源问题涉及教育研究的方方面面，如教育本质的研讨离不开它，教育规律的分析少不了它，教育价值与功能的探究也往往要顾及它。[①] 在教育理论研究中占据十分重要的地位。对教育起源问题进行不断的探讨，将有助于我们更好地认识和解决其他教育基本理论问题。

---

① 　瞿葆奎主编：《教育基本理论之研究》，福建教育出版社 1998 年版，第 145 页。

我国义务教育均衡发展研究述评 *

义务教育均衡发展既是一个重要的教育理论问题，又是一个与人们的切身利益紧密相关的教育现实问题。正因为如此，近年来它日益成为社会各界共同关注的教育热点话题。20 多年前，我国学者开始关注这个研究领域，至今已取得了不少有价值的成果。不过，该领域的研究也存在一些不容忽视的问题。本文将在分析我国义务教育均衡发展研究的缘起、总结研究取得的进展以及剖析存在问题的基础上，对该领域的未来研究提出若干建议。

一 义务教育均衡发展研究的缘起

我国义务教育均衡发展的研究始于 20 世纪 90 年代中期。这并不是偶然的，与国内公平、平等研究的推动和教育公平与平等研究的兴起，以及义务教育的特殊地位与严峻形势具有密切的关系。

（一）公平与平等研究的推动

公平与平等是人类的永恒理想，又是社会和谐的基本要求。同时，公平与平等既是一个紧迫的现实问题，也是一个重要的理论问题。我国关于公平与平等的研究始于 20 世纪 80 年代中期。改革开放以后，人们对于公平与平等的关注不断升温。到 20 世纪 90 年代，这方面的成果与日俱增。至今，其仍是讨论和研究的热点。学者们关注的主题包括平等观、平等

＊ 本文原刊于《中国教育科学》2017 年第 1 辑，系作者承担的国家自然科学基金项目 "县域义务教育均衡发展的推进机制及其绩效评价——基于江西省义务教育均衡发展示范县的实证研究" 的研究成果之一。

权、平等原则、法律平等、机会平等、收入平等、民族平等、性别平等，平等与效率、平等与公平的内涵，平等与公平的本质、平等与公平的关系、平等与公平存在的问题、平等与公平的机制、平等与公平的路径等。从学科来看，最初主要是政治学和法学对此较为关注，后来社会学、管理学、文化学、经济学、历史学、伦理学等纷纷参与进来。在学术界共同关注公平与平等的大背景下，教育学逐步意识到公平与平等的重要性，开始研讨教育公平与教育平等问题。

（二）教育公平与平等研究的兴起

教育公平与平等是社会公平与平等的重要内容，是社会公平与平等在教育领域的体现，一直被视为实现社会公平与平等的"最伟大的工具"。在公平与平等研究的有力推动下，教育学界有不少学者开始关注教育领域的公平与平等问题。我国关于教育公平与平等的研究始于 20 世纪 80 年代后期，兴盛于 90 年代中后期。研究的主题有教育公平的内涵与本质、教育公平与社会公平、教育公平与教育效率、教育公平的目标、教育公平的机制、教育民族平等、教育地域平等、教育阶层平等、教育性别平等。国外关于教育公平与平等的研究对我国教育界也有较大的影响。国外的相关观点主要有三种。

一是起点均等论。这是指入学机会均等，人人有受教育的机会。第一次世界大战以前，这种观点在西方占主导地位。目前，国际组织对发展中国家教育的期望，首先集中在保障儿童入学机会的公平上，并主要关注贫困地区儿童及女童的入学机会公平问题。

二是过程均等论。这主要指教育条件的均等，主张让每个儿童有机会享受同样的教育。这种观点盛行于 20 世纪 50—60 年代的西欧和北欧地区。至今不少高福利国家仍然沿用这种观点制定相关制度，通过强有力的公共财政支持免费的公共教育事业。

三是结果均等论。这种观点强调学业成功机会均等，主张向每个学生提供使其天赋得以充分发展的机会。20 世纪 60 年代中后期以科尔曼为代表的这种观点影响至今。目前，不少发达国家把教育公平的一部分重点放在儿童学业成功的机会上。[①]

---

① 毕正宇：《论教师资源合理配置与义务教育均衡发展之关系》，《天中学刊》2004 年第 3 期。

（三）义务教育的特殊地位与严峻形势

义务教育是国家用法律手段保证实施的国民教育，在教育体系中处于基础性地位，是整个教育事业的基石。义务教育对于人的发展具有基础性和持久性影响。它在很大程度上决定着一个人将来能否接受更高层次的教育以及接受什么样的更高层次的教育，还将在相当程度上影响一个人未来的发展水平和社会地位。义务教育对于国家经济和社会的发展同样具有基础性和全局性的作用。同时义务教育也是受教育人数最多的一个教育层次，影响面极为广泛。因此，毫无疑问教育平等首先是指义务教育的均衡发展，没有义务教育的均衡发展就没有真正意义上的教育平等。在义务教育的诸多特征中，公平性最为关键。如果失去了公平性，其他特性均会受到影响或破坏。

与此同时，当前我国的义务教育又面临着不平等的严峻形势。在义务教育阶段，地区之间、城乡之间、校际之间、阶层之间都存在不同程度的差距，违背了义务教育的本质和要求。受教育者由于地域不同、出身不同而接受水平不同且差距明显的义务教育。义务教育的公平性受到了冲击。

正是在上述背景下，我国有不少学者开始关注义务教育的均衡发展问题。对于这个问题的研讨始于 20 世纪 90 年代中期，到 21 世纪初逐渐成为我国教育理论界的热点论题。近十多年来，这方面的研究成果一直保持稳定的增长态势。

二 义务教育均衡发展研究的进展

（一）研究的概况

国内公开发表的关于义务教育均衡发展的研究成果最早见于 1994 年，但最初几年研究进展很慢，成果很少。不过，进入 21 世纪以后这方面的研究表现出快速发展的态势。截至 2016 年，共发表论文近 3000 篇。20多年来，我国关于义务教育均衡发展的研究大致可以分为起步、缓慢增长和快速发展三个阶段。1994—2001 年属于起步阶段。在该阶段，在期刊发表的论文数量很少，总数仅为 5 篇，其中有 5 年甚至为 0，最高的年份也仅有 2 篇。2002—2005 年为缓慢增长阶段。这个阶段的成果有一定的增长，每年发表的论文由上一阶段的个位数上升到两位数，最高的年份达到 51 篇。2006 年至今为快速发展阶段，平均每年发表的论文由上一阶段的两位数进一步上升到三位数，并从开始的 100 余篇增加到 200 余篇，最高的年份达 283 篇，平均每年 195.5 篇。除论文外，在此期间还出版了 30 余部相关的著作。从 2003 年开始，有不少研究生将义务教育均衡发展作为其毕业论文的选题。截止到 2016 年年底，已有 500 余篇这方面的硕士学位论文与博士学位论文，平均每年达 40 篇。1994—2016 年，关于该研究领域发表的期刊论文 2291 篇，研究生学位论文 559 篇，以上两项合计 2850 篇，平均每年 124 篇。具体情况见表 1。

表 1　　　　**1994—2016 年我国义务教育均衡发展研究论文统计**　　（单位：篇）

类别 ＼ 年份	1994	1995	1996	1997	1998	1999	2000	2001	2002	2003	2004	2005
期刊论文	2	0	0	1	0	0	0	2	21	38	25	51
硕博论文	0	0	0	0	0	0	0	0	0	3	7	8
小计	2	0	0	1	0	0	0	2	21	41	32	59

类别 ＼ 年份	2006	2007	2008	2009	2010	2011	2012	2013	2014	2015	2016	小计
期刊论文	105	128	144	135	249	238	240	207	220	202	283	2291
硕博论文	20	27	37	41	48	77	91	83	55	49	13	559
小计	125	155	181	176	297	315	331	290	275	251	296	2850
合计	2850											

综观整个研究过程，可以发现，我国关于义务教育均衡发展研究的问题主要集中在内涵界定、发展层次、意义阐释、评估指标、认识误区、非均衡问题、促进原则、推动对策等方面，研究的取向从最初的理论探索逐渐转向实证研究，关注的重点从义务教育的总体均衡转向义务教育的区域均衡及校际均衡。

20 余年来，义务教育均衡发展问题已成为我国教育研究中关注度最高的课题。可以预见，随着相关理论研究的逐步深化和实践的不断探索，今后义务教育均衡发展研究仍将继续保持平稳的发展态势。

（二）研究的主题及进展

1. 义务教育均衡发展的内涵

均衡发展是一个资源经济学的概念，指通过合理地配置人类有限的资源，达到市场需求与供给的相对均衡，经济中各种对立的、变动着的力量相当，形成相对静止的状态。资源经济学提出经济均衡发展理论，是基于这样一种认识：人类的资源是有限的，而人类的需求是无限的。要解决这一矛盾，就必须使有限的资源按照一定的比例分配到国民经济的各个组成部分，并使资源得到最充分、最有效的使用。该理论在解决国民经济发展中的不公平、不合理等问题中发挥了重要的作用。同时，这一理论受到了其他学科的青睐。教育均衡发展的理论就是对经济均衡发展理论的移植和借鉴。[①]

我们先就学界对义务教育均衡发展相关的几对概念进行简要的分析，再来看人们对义务教育均衡发展概念本身的理解。

（1）均衡与发展。均衡与发展经常处于一种冲突状态，不少人采用二元分割的视角来看待两者的关系。由此，学界的争论点集中在义务教育是保障均衡还是注重效率的提高上。不少人将社会经济发展的"发展阶段论"移植到义务教育中，持先发展再均衡，先经济后教育的思路。其背后的假设是义务教育注重选拔、筛选功能，注重精英教育。对于这种主张，有学者提出不同的看法，认为义务教育的发展应优先考虑均衡，优先考虑弱势群体，义务教育发展的重心应由"拔高"转向"兜底"。[②] 由此观之，其背后的假设是义务教育考虑全民性，注重教育公平。面对以上争论，我们或许可以从一元论或调和论的角度来看待均衡与发展的关系。均衡、发展具有内在的统一性，均衡是发展的基础，义务教育的基本属性决定了应优先考虑均衡。当然，均衡发展不是"削峰填谷"，不是"平均主义"，最终指向的是义务教育的发展。

（2）均衡与均等。应该说，均衡与均等有相似之处，均等是均衡的基础性条件。多年前，有研究者提出，从经济学的角度分析，教育均衡最

---

① 鲜万标：《对北京市义务教育均衡发展问题的分析与思考》，《北京教育学院学报》2004 年第 2 期。

② 杨启亮：《转向"兜底"：义务教育优质均衡发展的重心》，《教育研究》2011 年第 4 期。

重要的是教育资源配置的均衡。① 时至今日，不少人仍认为，实现人、财、物的供需平衡，就等于实现了均衡发展。这实质上是一种经济学思维。因此，不少学者在构建均衡发展的指标体系时，均等配置的物化指标占据核心地位，注重办学条件、经费投入、师资力量等显性要素。在后期的研究中，人们对均衡的认识日趋科学合理。有学者指出，"均衡"是"机会均等"与"发展平衡"的统一体。② 这样，就区分开了"均等"和"均衡"。还有研究者将均衡发展理解为自身"均衡态"的发展，赋予了均衡动态性。③

（3）教育均衡发展与教育一体化。教育一体化是均衡发展后期研究出现的概念。在实际运用中，不少人将两者混同，认为教育均衡发展就是教育一体化。有人认为，均衡是城乡教育一体化的阶段性目标，城乡教育一体化顺应当前的时代特征与城乡教育发展需求，又包含均衡之外的系统整合与良性互动特性，也在政府统筹调控之外具备独特的城乡教育系统自组织功能。④ 教育均衡发展与教育一体化既有联系，又有区别。两者都指向义务教育的和谐发展，指向义务教育的公平，旨在缩小教育差距。而教育一体化是均衡发展到一定阶段所呈现出来的新的状态，是城镇化进程中政府为解决新的教育难题而形成的新的治理思路。相对于均衡发展而言，教育一体化是更高级的发展阶段。

（4）教育均衡发展与教育公平。教育均衡发展与教育公平的关系也常常被误读。很多人陷入这样的认识误区：只要实现了教育均衡发展，也就实现了教育公平。事实上，均衡发展只能做到相对和动态的均衡，即使实现了均衡发展，也难以保证实现教育公平。因此，有人认为，教育公平的含义更为复杂，它包括均衡意义上的教育公平即教育均衡，还包括非均衡意义上的教育公平。⑤ 一句话，教育公平的内涵更丰富。教育均衡发展只是教育公平的基础，不是教育公平的全部，亦即教育均衡发展不等于教

① 翟博：《中国基础教育均衡发展实证分析》，《教育研究》2007 年第 7 期。

② 阮成武：《我国义务教育均衡发展政策的演进逻辑与未来走向》，《教育研究》2013 年第 7 期。

③ 李宜江、朱家存：《均衡发展义务教育的理论内涵及实践意蕴》，《教育研究》2013 年第 6 期。

④ 李玲等：《城乡教育一体化：理论、指标与测算》，《教育研究》2012 年第 2 期。

⑤ 苏君阳：《义务教育均衡发展基本策略分析》，《中国教育学刊》2005 年第 12 期。

育公平。

那么，究竟什么是义务教育均衡发展？有人认为，义务教育均衡发展是指实施义务教育单位区域范围内的均衡发展，其核心是要保证区域范围内每一位符合接受义务教育条件的成员都能接受基本均衡的义务教育，即享受均衡的义务教育机会、均衡的义务教育条件、均衡的义务教育过程。① 有人提出，义务教育均衡发展是指我国不同地区之间、同一地区不同学校之间、同一学校不同群体之间的义务教育均衡发展。它包括三个层面：区域之间（地区和城乡之间发展的问题）、学校之间（同一个区域内不同学校之间均衡发展的问题，这是实现区域教育均衡发展的基础和前提）和群体之间（不同学生群体之间，尤其是弱势群体的教育问题）。② 有学者指出，义务教育均衡是一个多层次的概念，不仅包含了区域义务教育均衡发展、学校均衡发展，而且包含了个体均衡发展。区域义务教育均衡发展是指地区间和城乡间义务教育发展水平的大致均衡，主要包括义务教育的普及程度、学校的布局、义务教育的总体质量等，是宏观层次的均衡。学校均衡发展是指一定区域内义务教育学校之间在办学条件和教育、教学质量上的大体均衡。个体均衡是指个体可以接受到大致相同的义务教育，不因所处的环境不同而接受不同的义务教育；同时被赋予个体全面发展的含义，即通过义务教育使受教育者的各种素质得到大致均衡的发展。个体均衡发展是义务教育均衡发展所追求的终极目的，而区域和学校均衡发展则是实现个体均衡发展的条件和途径。③ 还有人进一步从多个角度解释义务教育均衡发展的内涵，认为义务教育均衡发展是全面的、动态的、协调的和特色的发展。义务教育均衡发展应该是满足受教育者对受教育机会、教育资源、教育质量的全面需求的发展。由于人们对义务教育需求的层次、内容，尤其是教育质量的需求，以及教育供给方的提供能力和主观努力均会随着时间的改变而改变，义务教育的供需相应地会出现平衡—不平衡—平衡的螺旋上升，从而呈现出一种动态的发展。由于义务教育供给能力受经济发展水平的影响，而不同地方的经济发展水平不同，义务教育发展要与各地的经济发展水平相协调，而不是不顾经济发展水平差异，硬

---

① 戴亦明：《论教育法制与区域义务教育的均衡发展》，《教育评论》2003 年第 6 期。

② 柳海民、林丹：《本体论域的义务教育均衡发展》，《东北师大学报》（哲学社会科学版）2005 年第 5 期。

③ 鲍传友：《义务教育均衡发展：内涵和原则》，《国家教育行政学院学报》2007 年第 1 期。

性地进行平均发展、同步发展。义务教育均衡发展不是整齐划一的，更不是千校一面。由于各地的文化、习俗等方面存在差异，义务教育可以通过课程设置，主要是通过精心设计地方课程和校本课程，打造地方特色和学校特色。①

　　2. 义务教育均衡发展的层次

　　一般都将义务教育均衡发展的水平分为低、中、高三个层次，但具体的内涵有一定的差异。有人将义务教育均衡发展分为最低、中间和最高三个层次，并概括地解释了其内涵：最低层次是要确保人人都有受教育的权利；中间层次是要提供相对平等的教育机会和条件；最高层次是要人人达到教育成功机会和教育效果的相对均衡。② 有人将义务教育均衡发展水平分为低水平均衡、中水平均衡和高水平均衡三个阶段。③ 低水平均衡阶段即普及九年义务教育阶段。这个阶段主要是以追求教育机会的均等为目的，让每一个适龄儿童都能享有受教育的权利和均等的受教育机会。中水平均衡阶段主要以追求教育资源合理配置为目的，确保教育资源在区域间、城乡间、学校间、群体间优化配置，确保受教育群体和个体的权利平等、机会均等，具体体现为就学平等和受教育条件的均等。高水平均衡阶段的重要标志是教育资源丰富，区域之间、城乡之间、学校之间和不同受教育群体之间的差别极大缩小，教育资源在社会和学校得到合理优化的配置，给予每一个学生相对均等的教育，充分尊重学生的差异和个性，最大限度地发挥学生的特长和学习潜能，以期实现教育结果的均等。还有人将义务教育均衡发展的水平分为低、较高和更高三个层次。低层次的义务教育均衡强调所有的适龄儿童都要"有学上"，主要解决教育机会的均衡。较高层次的义务教育均衡强调所有的适龄儿童都要"上好学"，要全面解决教育机会、资源、过程、结果的均衡。更高层次的均衡强调所有的适龄儿童都要"上好的、有特色的学"。义务教育均衡发展是一个由不均衡到基本均衡，再由基本均衡到更高层面的不均衡的过程，是一个辩证发展、

---

① 王建容、夏志强：《我国义务教育均衡发展的内涵及其指标体系的构建》，《理论与改革》2010 年第 4 期。

② 柳海民、林丹：《本体论域的义务教育均衡发展》，《东北师大学报》（哲学社会科学版）2005 年第 5 期。

③ 郑友训、冯尊荣：《义务教育高位均衡发展的理性解读》，《江南大学学报》（教育科学版）2008 年第 4 期。

阶段交叉、综合连续、动态推进、螺旋上升的历史过程。①

　　3. 义务教育均衡发展的意义

　　有人认为，教育公平是和谐社会的重要基石，教育不公是最大的群体歧视和影响最远的社会不公，最终会影响到社会的整体稳定和持续发展。② 公正是维系社会稳定发展的前提之一，一旦有更多的人认为社会是公正的，就可以减少整个社会为司法、警察等付出的制度性成本。而教育，尤其义务教育，是最应该体现公平理念的。如果政府在义务教育阶段都不能保证每个受教育者权益的平等，那么社会的稳定就得不到保证。③有人进一步从多个角度阐述了义务教育均衡发展的意义。一是有利于更好地维护和保障个体人权的实现。根据人权在维护人类活动的必要条件方面的重要性来划分，可以把权利分为首要权利和次要权利。从这个意义上看，受教育权不仅是一种人权，而且是一种首要的、基本的人权。促进义务教育的均衡发展，就是为了更好地保障每一个人这种首要人权能够得到顺利的实现。二是有利于教育公平的实现。教育均衡能有效地拓展公平作为一种伦理范畴的普世性含义，有利于实现社会上大多数人的最大幸福。促进义务教育均衡发展就是要通过普世伦理含义的建构及个体幸福指数的提高有效地促进和保障教育公平的实现。三是有利于和谐社会的建构。和谐社会必须建立在公平的基础之上，没有公平根本谈不上和谐。教育公平是构建和谐社会的基础性工程，义务教育公平更是"基础中的基础"，是基石。促进义务教育均衡发展从表面上看是为了缩小区域之间和城乡之间教育发展及校际之间办学水平的差距，但从更深层次的意义来分析，主要是为了解决人类的发展问题，解决社会发展的稳定、公平和公正问题。推进义务教育的均衡发展在一定程度上能够消解社会公众对教育体制所产生的抱怨或抵制心理，这将有利于社会秩序的稳定，促进和谐社会的建构和发展。④

　　4. 义务教育均衡发展的指标

　　近年来，我国有不少人探讨了义务教育均衡发展的指标问题，其中代表性的成果见表 2。

---

① 李继星：《关于义务教育均衡发展指标体系的初步思考》，《人民教育》2010 年第 11 期。

② 黄茵茵：《均衡发展：义务教育之目标》，《公民导刊》2006 年第 2 期。

③ 李锋亮：《政府有义务对义务教育资源进行均衡化》，《教育科学研究》2005 年第 12 期。

④ 苏君阳：《义务教育均衡发展基本策略分析》，《中国教育学刊》2005 年第 12 期。

表 2　　　　　　　　义务教育均衡发展评估指标体系代表性成果一览

研究者	研究结论		
	一级指标	二级指标	三级指标
翟博[a]	教育机会	特殊教育学生入学率、城乡学生入学率、男女入学率	
	教育资源配置	教育经费、生均教育经费、生均预算内教育经费、生均校舍面积、危房所占比例、教学仪器达标率、图书资料达标率、教师学历合格率、教师合格以上学历率	
	教育质量	毕业生升学率、学生巩固率、学生辍学率、教师合格	
	教育成就	教育普及程度、城乡非文盲率、男女非文盲率、人口受教育年限的基尼系数、不同经济收入家庭学生入学率、不同民族学生入学率	
罗明东等[b]	教育机会	入学率、辍学率	
	教育投入	生均教育经费、生均公用经费、生均图书册数、生均校舍面积、生均专用设备、危房率	
	教育质量	升学率、巩固率、生师比、任课教师学历达标率	
张惠[c]	学校经费投入	生均教育经费、生均公用经费、生均教育装备值	
	学校资源配置	生均建筑面积、生均占地面积、平均班额数、生师比、中级教师比例、高级教师比例、骨干教师数	
	学校教育质量	学生巩固率、小学毕业考试各科全及格率、初中毕业考试各科全及格率、初中毕业升学率	
高智源[d]	教育机会	城乡入学率、男女入学率、特殊教育入学率	
	教育资源配置	城乡生均教育经费差异、城乡生均预算内教育经费、城乡教师合格率、城乡生均校舍面积、城乡生均图书、仪器达标率	
	教育质量	城乡学生巩固率、城乡学生辍学率、城乡毕业生升学率、城乡毕业生合格率	
	教育管理	城乡校领导管理能力、城乡班主任管理能力、城乡教师培训机制	

续表

研究者	研究结论		
	一级指标	二级指标	三级指标
崔慧广[e]	人力资源	生师比、专任教师学历合格率、专任女教师比例	
	物力资源	生均教室面积、生均图书册数、生均学校占地面积	
	财力资源	生均事业费、生均公用经费	
于发友等[f]	环境均衡	县域内全年国内生产总值、全年财政收入、全年财政总支出、全年人均财政总支出、全年义务教育经费总额、全年人均义务教育经费、预算内财政性义务教育经费、义务教育基建费和事业费、义务教育投入占财政总支出的比例	
	城乡均衡	城乡中小学生入学率和按时毕业率、城乡中小学生生均校产、城乡中小学生生均教育事业费和预算内生均公用经费、城乡教师学历达标率、城乡小学教师专科以上比例和初中教师本科以上比例、城乡中小学教师工资及城乡中小学校长接受资格培训的比例	
	结果均衡	小学毕业生的按时合格毕业率和初中毕业生按时合格毕业率	
徐露等[g]	教育机会	入学率	学龄人口入学率、女生入学率、男生入学率、特殊儿童入学率
		辍学率	学龄人口辍学率、学校原因导致辍学的比例、个人或家庭经济原因导致辍学的比例
	教育资源配置	财力资源投入	生均教育经费、生均教育事业费、生均公用经费
		物力资源投入	危房所占比例、生均教室面积、教学仪器达标率、图书资料达标率、多媒体设备达标率和体育运动场馆面积达标率
		人力资源投入	生师比、专任教师所占比例、专任教师学历合格率、每年接受培训教师所占比例、中高级职称教师所占比例和教师月平均工资
	教育质量	学业完成	初中毕业生升学率和学生巩固率
		学业成绩	小学/初中毕业生各科成绩及格率、小学/初中毕业生各科成绩优秀率

续表

研究者	研究结论		
	一级指标	二级指标	三级指标
徐露等	教育成就	学业成就	小学/初中毕业生拥有特长的比例、小学/初中毕业生素质教育达标率
		教育成就	普及率、文盲率
薛二勇[h]	教育资源配置	教育经费	生均教育经费支出、生均专项经费支出、师均工资性支出、师均培训经费
		教育设施	生均建筑面积、生均教育教学设备设施值、生均信息技术设备值、生均卫生健康设备值、生均体育设备设施值、学校网络建设
		教师队伍	班师比、专任教师合格率、学校教师专业对口率、学校教师中区级骨干和学科带头人数、学校教师中市级骨干和学科带头人数
	教育质量	学校管理	学生每周平均在校学习活动小时数、学校他评合格课比例、学校他评优秀课比例、学校学年班均开展社会活动实践次数、家校交流机制的建设、学校班均学科分组实验开课数、学校中层以上干部年均听评课数
		教育效果	学生体质健康达标率、学生学业水平测试合格率、学段巩固率、学生就近入学率、学生家长满意度、学生犯罪率
李宏君等[i]	办学经费	公用经费	公用经费总量、生均公用经费
		场地、场所面积	生均学校占地面积、生均校舍建筑面积、生均普通教学用房面积、生均辅助教学用房面积、生均体育运动场馆面积
	硬件装备	图书配备	生均图书册数
		教育教学设施设备仪器值	生均固定资产值、生均普通教学仪器设备值、生均音体美设备值
		现代信息技术装备	百名学生拥有计算机台数、配备电子白板的班级比例

续表

研究者	研究结论		
	一级指标	二级指标	三级指标
李宏君等	师资水平	专任教师数量	专任教师班师比、专任教师生师比、音体美专业教师生师比
		专任教师质量	学历合格率、高于规定学历专任教师比例、45 岁以下专任教师比例、市级及以上级别骨干教师比例
	生源状况	生源数量	学生人数
		生源质量	随迁子女学生比例、留守儿童学生比例、单亲家庭学生比例
		学生巩固率	毕业年级学生巩固率
	教育质量	学生综合素质	主要学科毕业考试成绩合格率、学生体质健康合格率、学校特色校本课程学生参与比例、学生参加志愿服务及公益劳动时间
		学生课业负担	学生作业时间

a. 翟博：《教育均衡发展：理论、指标及测算方法》，《教育研究》2006 年第 3 期。

b. 罗明东等：《区域教育发展及其差距实证研究》，北京大学出版社 2007 年版，第 5—7 页。

c. 张惠：《义务教育校际均衡监测指标的研究》，《宜宾学院学报》2008 年第 12 期。

d. 高智源：《县域义务教育均衡发展的评价研究》，《网络财富》2009 年第 9 期。

e. 崔慧广：《县域义务教育均衡发展测度指标与方法的研究》，《创新》2010 年第 2 期。

f. 于发友、赵晓玲、赵承福：《县域义务教育均衡发展的指标体系和标准建构》，《教育研究》2011 年第 4 期。

g. 徐露、杨岚清：《县域义务教育均衡发展指标体系的构建》，《科教导刊》（上旬刊）2012 年第 1 期。

h. 薛二勇：《区域内义务教育均衡发展指标体系的构建——当前我国深入推进义务教育均衡发展的政策评估指标》，《北京师范大学学报》（社会科学版）2013 年第 4 期。

i. 李宏君、何双梅：《县域内义务教育校际均衡发展监测评估指标体系构建》，《教育探索》2015 年第 6 期。

　　以上所列义务教育均衡发展指标体系大体反映了我国义务教育均衡发展指标体系研究的现状。这些指标体系从内容来看，有详有略；从具体的维度和指标来看，也有多有少。各种指标体系既有共同之处，又各具特色，表现出义务教育均衡发展指标体系的丰富性与多样性。

　　5. 义务教育均衡发展的认识误区

　　有人认为，关于义务教育均衡发展的认识误区主要有以下两种。一是平均论，认为均衡发展就是平均发展。这种观点认为，均衡发展就是在教育发展中"平均用力"，甚至是"削高就低""整齐划一"。这种认识实际上是降低了教育公平的水准，窄化了教育均衡的含义。均衡发展不能被简单理解为平均发展，更强调一种全面、协调和可持续的科学发展观。二是限制论，认为如果没有限制就不能实现均衡。这种认识会导致重点学校"消极发展"，丧失发展惯性；一般学校"等待发展"，形成发展惰性。实际上，均衡发展不是限制发展，不是低水平的静态发展，而是积极发展，是不断提升、与时俱进的动态发展。一方面，落后地区、薄弱学校需要发展；另一方面，发达地区、基础好的学校同样需要发展。它们都应在积极发展中互相促进、在互动中不断实现高位平衡。① 在义务教育均衡发展过程中，应当如何对待"名校"？有人提出，寻求教育资源配置的平衡，应主要在如何使薄弱学校变强上做文章，而不能人为地限制或阻碍"名校"的发展。我国现有的"名校"是国家的宝贵财富，它们的成长和发展是历史积淀与政策引导的结果，在引领教育改革与发展方面发挥了重要的作用。虽然客观上这些"名校"与薄弱学校存在较大的反差，反映了教育发展的不平衡，但我们在推进均衡发展中需要发挥它们的作用。否则就有可能会使高水平的学校被拉了下来，从而使教育陷入一种低水平的均衡状态。② 有人明确地指出，教育均衡不是简单盲目地"削峰填谷"，搞绝对的平均主义，应提倡公平竞争，要"造峰扬谷"，提高质量。③ 还有人进一步提出"填谷提升底线，造峰铸造品牌"的理念。④

在义务教育均衡发展中，应当如何对待"学校特色"？有人认为，由于学校在地域、民族、传统等方面的不同而形成的特色，不但不应消除，而且应发扬光大，成为学校发展的优势。⑤ 还有人认为，教育均衡发展不是划一发展，而是特色发展。均衡发展不能简单地理解为同一化发展。它不是低水平、低层次上的整齐划一发展，而是高水平、高层次上的多元化、多样化、特色化发展。要鼓励不同区域、不同学校、不同类型的教育

---

① 柳海民、林丹：《本体论域的义务教育均衡发展》，《东北师大学报》（哲学社会科学版）2005 年第 5 期。

② 郝淑华：《义务教育的均衡发展不等于"杀富济贫"》，《理论界》2007 年第 3 期。

③ 何金波：《胸中有均衡，发展有侧重》，《中国教育报》2006 年 12 月 1 日。

④ 冯世春：《推进义务教育优质均衡发展的实践与探索》，《科学咨询》（教育科研）2007 年第 2 期。

⑤ 文喆：《义务教育的均衡与差异发展》，《教育科学研究》2005 年第 4 期。

根据各自的实际情况，创造性地探索有自己特色的发展道路，最终实现优势互补、特色发展、整体提升。教育个性化、办学特色化不仅是国际基础教育发展的大趋势，也是实现更高层次均衡发展，深化教育改革，全面推进素质教育的迫切需要。① 还有人指出，学校的多样化实际上是学校对社会发展和家长与学生对学校的多样化要求所做出的反应。②

6. 义务教育的非均衡发展问题

有人认为，我国义务教育发展不均衡主要表现在三个层面：区域发展不均衡、同一区域内城乡发展不均衡及校际间发展不均衡。③ 有人将基础教育的差距分为发展中的差距和生存性差距。发展中的差距是指尽管某些地区教育投入低于发达地区，但这种投入仍然可以保证教育活动的基本需要。生存性差距是指某些发达地区教育资源可能非常富有，而贫困地区却在生存线上挣扎。④ 还有人指出，义务教育的差距主要体现在两个方面：一是学校基本设施和教学设备，二是师资力量。在具备了基本的办学条件，拥有够用、实用的教学设施和设备的情况下，区域之间、学校之间教学质量和办学水平上的差异，关键就在于师资水平上的差异。即使是硬件设施相对差一些，如果师资力量比较强，其办学水平同样会提高。因此，相对于教学设施和设备等硬件上的差距而言，师资力量上的差距更具有决定性。⑤

义务教育为何会出现不均衡现象？有学者认为主要有两个原因：一是经济社会发展不平衡，二是教育政策取向出现偏差。有人指出，义务教育发展不均衡的根本原因是经济社会发展不平衡。首先，我国区域间经济发展不平衡。义务教育发展不均衡是经济社会发展不平衡在教育领域的反映，因为各地经济发展的总体水平直接影响该地区支持教育发展的经济实力，特别是直接影响该地区教育发展的程度。其次，我国城乡之间发展不平衡。我国的城乡二元结构发展路径造成了城乡之间在发展程度和水平上的巨大差距。改革开放以来，农村经济虽然取得了重大成就，但城市发展

---

① 翟博：《教育均衡发展：理论、指标及测算方法》，《教育研究》2006 年第 3 期。

② 梁清：《均衡发展——义务教育异化的超越》，《教育理论与实践》2006 年第 11 期。

③ 朱家存：《论我国义务教育发展不均衡的成因及其矫正对策》，《教育理论与实践》2003 年第 12 期。

④ 钟宇平、雷万朋：《公平视野下中国基础教育财政政策》，《教育与经济》2002 年第 1 期。

⑤ 许云昭：《把重心放在义务教育资源的均衡配置上》，《求是》2006 年第 17 期。

相对要快得多，城乡差距进一步拉大。城乡差距的现实存在，影响着我国社会发展的诸多方面，当然也成为我国义务教育发展不均衡的现实原因。① 教育政策取向的偏差主要体现为重点学校制度。不论是人、财、物的投入，还是管理与服务，政府都特别偏爱重点学校。出现这种情形的重要原因是政府官员追求短期效应，热衷于搞教育形象工程。② 一些地方把建设重点学校、示范学校、"窗口学校"作为政绩工程。这种制度使重点学校处于优势地位，人为地造成了学校之间的发展差距。而且重点学校绝大多数分布在城市，农村所占的比重很小，这又从总体上加剧了城乡之间的教育发展差距。③

还有人认为，我国义务教育发展不均衡既有历史因素又有现实因素，既有客观因素又有主观因素。义务教育的现实差距是其历史差距的延续，其中的影响因素也部分地由历史延续到现实之中。从历史角度来看，我国教育的差距一直存在。这也说明推进义务教育均衡发展是一个长期的历史过程。从客观角度来看，我国义务教育非均衡发展的因素主要有自然地理因素、人口迁移因素、经济及义务教育财政体制因素。从主观角度来看，义务教育非均衡发展的原因在于一些地方政府没有真正认识到义务教育及其均衡化的重大意义，未能将其放在经济可持续发展和社会和谐发展的战略高度，未能切实落实教育尤其是义务教育的战略地位，政府没有依法执行义务教育公共财政预决算制度，造成一些学校办学经费严重短缺。④ 义务教育的非均衡发展将会导致什么样的后果？有人指出，义务教育非均衡发展会加剧教育系统内部竞争，影响学生身心健康发展。由于机会的不均等，义务教育系统内部竞争必将更加惨烈，学校、教师和家长都为此而承担着巨大的压力，这些压力最终转嫁到学生身上，它不仅扭曲了学生的精神和灵魂，也扼杀了学生的自然天性和创造活力。⑤

7. 促进义务教育均衡发展的原则

有学者认为，在促进义务教育均衡发展时要遵循平等、差异和补偿等

---

① 梁清：《均衡发展：义务教育异化的超越》，《教育理论与实践》2006 年第 11 期。

② 杜育红：《义务教育的均衡发展：过程、原因与对策》，《中国民族教育》2005 年第 4 期。

③ 梁清：《均衡发展：义务教育异化的超越》，《教育理论与实践》2006 年第 11 期。

④ 文新华：《我国义务教育均衡发展研究及政策制定中的两个理论问题》，《教育科学研究》2005 年第 12 期。

⑤ 阎光才：《均衡发展：义务教育制度的底线公平》，《教育科学研究》2003 年第 1 期。

原则。平等原则是我国推进义务教育均衡发展最基本的政策指向，是促进义务教育均衡发展的首要原则和底线原则。该原则主要包括入学机会平等、公共教育资源分配平等和教育质量平等，这是保障受教育者教育过程平等和教育结果平等的基本条件，是克服义务教育非均衡发展的基本路径。差异原则是指义务教育均衡发展不是一种模式，不是"一刀切"，要鼓励不同区域、不同学校、不同类型的教育，根据各自的实际情况创造性地探索，最终实现优势互补、特色发展、整体提升。补偿原则指国家要给予处于不利社会环境中的儿童额外的教育补偿和关怀。该原则要求关注区域间、城乡间和学校间教育资源条件的差距，对落后地区和薄弱学校在教育资源配置上予以额外补偿。补偿是对教育资源的再分配，目的是缩小区域经济差距和学校条件差距导致的结果差距。①

8. 推进义务教育均衡发展的对策

有人认为，推进义务教育均衡发展是一项系统性和战略性工程。因此，各级政府要采取一系列有效的策略。

（1）系统策略。系统策略是指在促进义务教育均衡发展的过程中，国家、学校、社会应共同发挥作用。国家的作用主要是对公共教育资源进行公平、合理、科学、有效地配置，并从宏观的角度缩小城乡之间、区域之间教育水平及学校之间办学水平的差距。学校的作用主要是充分利用各种途径与手段，努力筹措办学经费，提高师资素质，使学校的发展能够获得充分的人力、物力和财力的保障。社会的作用主要是通过社会捐助、参与管理、转变机制等方式，重点向城市薄弱学校、农村学校提供人力、物力与财力的支持，以切实提高义务教育阶段的整体办学水平。

（2）重点策略。全面实现义务教育的均衡发展是一项长期的战略性任务。因此，在进一步推进义务教育均衡发展的过程中，目标不能定得太多。目前，我国义务教育发展面临的最严重的问题是农村教育问题，尤其是偏远、落后地区的农村教育问题。因此，在进一步推进义务教育均衡发展中，应该重点解决的是西部偏远、落后地区的农村教育问题。

（3）渐进策略。义务教育均衡发展的目标不可能一蹴而就，必须遵守渐进的原则分步实现。要把推进义务教育均衡发展的重点放在缩小县域

---

① 鲍传友：《义务教育均衡发展：内涵和原则》，《国家教育行政学院学报》2007 年第 1 期；褚宏启、高莉：《义务教育均衡发展评估指标与标准的制订》，《教育发展研究》2010 年第 6 期。

内义务教育发展水平的差距上，把推进县域义务教育均衡发展的重点放在提高农村学校教育质量和改造城镇薄弱学校上，要逐步缩小办学条件的差距和尽量缩小师资队伍的差距。①

关于促进义务教育均衡发展的具体举措，学者们提出了如下建议。

第一，推进中小学标准化建设。学校标准化是推进义务教育均衡发展的基础。大力改善农村学校办学条件，实现农村义务教育学校标准化，对于整体提升义务教育质量和水平、促进城乡义务教育均衡发展具有十分重要的意义。② 目前我国义务教育非均衡发展且差距继续拉大的趋势得不到遏止的重要原因在于没有义务教育的底线标准。由于义务教育缺乏办学的底线标准，也就无法统计处于底线标准以下的人数和学校的数量，不可能制定满足最低办学标准的目标和步骤，也就不能明确消除最低标准线以下学校的责任，不可能形成消除最低标准以下学校的政策和措施，不能有效遏止义务教育差距不断拉大的趋势。建立义务教育标准应是促进县域义务教育均衡发展的一项基本政策。建立适合我国县域义务教育均衡发展的标准，可以将义务教育均衡化发展的目标具体化，可以在义务教育失衡状况加剧的时候采取有力的措施予以调节，切实促进县域义务教育的均衡发展。③ 有人认为，标准化学校建设具有"质"和"量"两个方面的意义。"质"的意义在于改变过去学校等级的区别，真正实现义务教育阶段学校的公平性；"量"的意义在于满足所有学校的基本利益诉求，克服过去极度重视少数学校需要而忽视大多数学校的基本需要的情况。④ 有学者就如何制定义务教育学校办学标准体系提出了具体的建议，即由教育部牵头，与国家发展与改革委员会、财政部、中央机构编制委员会办公室、人力资源和社会保障部、国土资源部、住房和城乡建设部等相关部门合作，在对现有标准进行整合的基础上，制定更加符合国情的城乡统一的国家义务教育学校办学条件标准体系，作为强制性的全国中小学办学条件基本标准。各省份应以国家标准为底线标准，根据各自的实际情况制定省标，省标只能高于国标或与国标相当，并按照基本标准和底线要求，全面改善贫困地

① 苏君阳：《义务教育均衡发展基本策略分析》，《中国教育学刊》2005 年第 12 期。

② 王定华：《中国义务教育改革发展的回顾与展望》，《中国教育科学》2013 年第 4 期。

③ 崔慧广：《县域义务教育均衡发展测度指标与方法的研究》，《创新》2010 年第 2 期。

④ 刘芳林：《标准化学校：城乡义务教育均衡发展的应然选择》，《基础教育研究》2013 年第 14 期。

区薄弱学校基本办学条件，补齐义务教育均衡发展的短板，推进义务教育学校标准化建设。①

　　第二，加大对薄弱学校和特殊群体的扶持力度。从现实的角度出发，考虑到现实政策的惯性与体制路径依赖，最为有效的措施是政府改变过去人、财、物等资源配置向重点学校倾斜的政策，使贫困地区、薄弱学校能够获得比重点学校更多的资源。中西部地区及落后区域无论从经济的实际，还是从促进教育发展机会平等的社会需要来看，国家都应该给予其特殊的扶持和帮助。政府应制定政策，通过政府行为建立经费转移支付制度和资助扶持政策，集中财力支持经济落后区域和农村地区，保证这些地区的学生接受相对公平的义务教育。改造薄弱学校的措施建议主要有：财政经费向薄弱学校倾斜；积极培养薄弱学校的学科带头人，加强名校和薄弱学校间的人才交流，尽快提高师资队伍的整体水平；通过学校布局结构调整，鼓励重点学校兼并薄弱学校，强校带弱校，弱校作为强校的分校，优化教育资源；进行学制改革，通过强弱合并，建设一批九年义务教育一贯制学校等。② 关于特殊群体的扶持，有学者提出要落实随迁子女义务教育本地待遇，强化随迁子女流入地政府责任，推动各地将常住人口纳入各地教育发展规划和财政保障范围，按照在校生数拨付进城务工人员随迁子女教育经费。在不断提高随迁子女在公办学校就读比例的基础上，在公办学校暂时不能覆盖地区，通过政府购买服务方式，委托经审批的民办学校接收随迁子女，保证随迁子女平等接受义务教育。③ 要扩大农村寄宿制学校规模，改善办学条件和住宿条件，优先满足双亲均不在身边的留守儿童寄宿、用餐、交通需求，同时保障不能寄宿的留守儿童就近上学。要把留守儿童工作纳入地方经济社会发展总体规划和社会管理创新体系之中，"按照纳入规划、政府主导、多种模式、明确分工、发挥优势、齐抓共管"的思路，建立和完善政府主导、社会广泛参与的关爱和服务体系，加强心理辅导和健康教育，解决好农村留守儿童的安全保障、身心健康、行为习惯培养等突出问题。④ 要加大普通学校随班就读和特教班工作力度，加强特殊教育学校建设，加大特殊教育师资培养，提高残疾儿童少年义务教育

①　王定华：《我国义务教育均衡发展之进展》，《课程·教材·教法》2015 年第 11 期。

②　段云桥：《义务教育均衡发展研究述评》，《湖北大学成人教育学院学报》2010 年第 6 期。

③　王定华：《我国义务教育均衡发展之进展》，《课程·教材·教法》2015 年第 11 期。

④　王定华：《中国义务教育改革发展的回顾与展望》，《中国教育科学》2013 年第 4 期。

普及率。要建立学生就学情况的监测制度，切实防止随迁子女、留守儿童、贫困家庭儿童、残疾儿童少年辍学，提高义务教育巩固率。①

　　第三，重视农村教师队伍建设。师资力量的均衡是义务教育均衡发展中最重要的环节。有学者提出，一些农村教师素质不高，教师结构性缺编突出，农村教师岗位吸引力不强，难以吸引优秀教师长期在农村中小学从教。② 为此，要改善教师的初次配置，采取有效措施鼓励新招聘的优秀大学毕业生到农村任教，新增高级岗位指标优先安排农村学校，动员一批高素质人才应聘农村学校教师，要探索出台提高农村教师待遇的各种有效政策措施，提升农村教师职业吸引力。③ 此外，还要切实落实教师交流轮岗制度，建立县域教师流动机制。建立县域教师流动机制有利于县域教师资源合理配置和教师队伍整体优化及城乡间义务教育均衡发展。从表现形式来看，教师流动包括教师和校长定期流动、城镇教师到农村支教或城乡学校教师对口交流、优势学校与薄弱学校结对子、优质教师资源共享、教师资源优化与整合等。④ 随着教师管理权限上收到县（区），为县（区）级教育行政部门推进教师交流制度的建立创造了有利的条件。⑤

　　第四，实施教育组团。有人认为，实施教育组团是促进义务教育均衡发展的一种新的思路。所谓教育组团是指在义务教育阶段，由县（区）一级教育行政管理部门在其行政管辖范围内，根据本区域内学校地理位置的分布和学校的不同层次，通过深度整合本区域内的教育资源，由多个学校联合形成的、资源共享的新教育单元或教育联合体。教育组团的目的在于提高优质教育资源的利用效率，发挥优质教育资源的示范、带动和辐射作用，从而缩小区域内学校办学水平的差距，培育更多的优质教育资源，促进义务教育的均衡、优质发展。教育组团的实施步骤是：通过"龙头带动、周边发展、资源共享、均衡优质"的机制创新的思维框架和运转目标，扩大优质教育资源的辐射面，以有一定历史积淀的龙头学校来带动周边学校的改造和发展，通过局部升级带动整体的布局结构调整和优化，

---

① 王定华：《我国义务教育均衡发展之进展》，《课程·教材·教法》2015 年第 11 期。

② 王定华：《中国义务教育改革发展的回顾与展望》，《中国教育科学》2013 年第 4 期。

③ 同上。

④ 马艾云、李保江：《县域教师流动机制实施框架——城乡义务教育均衡发展的构想》，《当代教育科学》2007 年第 9 期。

⑤ 汪明：《义务教育均衡发展与若干保障机制》，《教育发展研究》2005 年第 10 期。

促进教育资源共享，最后实现义务教育的均衡优质发展。教育组团不同于教育集团，教育组团是县（区）一级政府为实现义务教育均衡优质发展而进行的管理体制的改革与创新，是基于促进内部成员均衡优质发展的教育联合体；而教育集团更多的是在市场经济规律作用下基于利益发展而形成的共同体。教育组团强调教育行政部门的领导和管理，组团内的成员既相对独立又相互合作；而教育集团多采用连锁办学的形式，通常较多采用市场运行的管理模式，通过组建董事会来进行统一管理。①

　　第五，实行教育券制度。传统的教育经费拨付是自上而下的决策，即财政部门拨给教育部门，教育部门再拨给各办学单位，拨付过程缺少均衡化的约束制度，而教育券制度的拨付方式则把政府应支出的教育经费按照学生人数计算生均数，以教育券的形式发给学生，学生交给学校后由学校向教育部门换取教育经费。这种制度设计实现了教育经费拨付的客观性和均衡性。这种制度的基本框架是：各级政府负责审核落实对本行政区域范围内学生拨付的生均教育经费，在上一年度经费审计的基础上按"三个增长"的要求确定当年增长比例，并据此落实生均经费预算确定本级教育券的面值，将教育券发给每个学生家庭。教育券不分城镇与农村，所有学生都得到同样面值的教育券。这种教育券仅作为财政资金的支出凭证，不具备通常教育券理论所包含的择校功能。学生凭券抵费，就近入学，将教育券支付给学校，学校再向教育主管部门兑现教育资金。这样，每个学校按其在校生人数和办学规模，获得与其相应的公用经费投入，通过这一制度安排在教育经费投入上实现城镇与农村中小学的均衡化目标。②

三　义务教育均衡发展研究的展望

　　针对义务教育均衡发展研究存在的问题，在未来的研究中应从以下方面不断予以改进。

---

① 万华：《教育组团：促进区域义务教育均衡发展的新思路》，《教育研究与实验》2007年第5期。

② 俞云峰：《教育券：城乡义务教育均衡发展的新思路》，《现代教育科学》2006年第6期。

（一）拓展研究视野

这里所谓的拓展研究视野有两层意思：一是开展多学科联合攻关。义务教育均衡发展是一个涉及政治学、经济学、管理学、伦理学、社会学、教育学等多个学科的复杂课题，而现有的研究大多只是从教育学的立场出发，研究的视野较为狭窄，缺少多学科的综合审视和系统分析。未来的研究应以教育学为基础，综合运用各相关学科的原理与方法，为义务教育均衡发展问题的破解寻求多学科的支持，对义务教育均衡发展问题进行全面而系统的探讨。二是拓宽研究范围。义务教育阶段的校际均衡和生际均衡等微观领域应成为义务教育均衡发展研究的新课题。以往关于义务教育均衡发展的研究主要聚焦于地区之间、城乡之间等宏观领域的均衡发展问题。这类问题固然重要且仍需要投入力量继续进行探讨。但是，对于普通家庭和学生个体而言，他们深切感受到的均衡发展，是每天发生的亲身经历或体验。学校内、教学中的微观领域，大多是国家法律、政策等难以直接发挥作用的地方，却是学生个体能够直接获得体验的地方。因此，学校内部各年级和各班级之间教育资源配置的均衡、教师在教学中的平等待生等微观领域的教育均衡问题，应成为未来义务教育均衡发展研究的重要课题。①

（二）深化研究内容

义务教育均衡发展的深化研究需要做的工作很多，概念的整合和评估指标体系的优化尤其应当引起重视。

概念界定是任何一项研究首先需要面对和处理的问题。关于义务教育均衡发展的内涵理解虽然取得了一些共识，但也存在一定的分歧。概念界定的多样性反映了研究者对义务教育均衡发展内涵与外延理解的不一致。未来关于义务教育均衡发展的研究，需要进一步加强概念的整合。

在未来的研究中，还应特别关注义务教育均衡发展的评估指标体系问题。义务教育均衡发展的评估指标既是衡量义务教育均衡发展程度的标准，又对推动义务教育均衡发展发挥重要的导向作用。已有成果中有不少

---

① 李宜江：《义务教育均衡发展研究 10 年：回顾与展望》，《宁波大学学报》（教育科学版）2012 年第 1 期。

属于这方面的研究，但还远远不能令人满意，它仍然是一个亟待深化的重要课题。学者们提出的义务教育均衡发展评估指标体系差异很大，需要通过进一步的研究逐步达成共识。从人们提出的现有指标体系来看，有的指标随着时间的推移已经过时。有人将这类指标称为"饱和状态教育指标"，即长期以来已达到最大值或接近最大值的指标，它们对教育"发展"没有贡献或贡献不大。[①] 比如，入学率和危房率等指标虽然曾经是评价教育发展水平的重要指标，但近年来随着免费义务教育的实施和国家对农村校舍危房改造力度的加大，这些指标已逐渐过渡为饱和状态教育指标，不再具有鉴别差异的功效。在现有相关成果中，有的指标体系包罗万象、过于庞杂和烦琐，如有人提出的评估指标体系包括 15 个一级指标、72 个二级指标和 62 个三级指标。[②] 还有的指标体系中的某些指标数据不具有可获得性，是不能公开的或无法采集到的数据。义务教育均衡发展指标体系的研究要与时俱进，要把握时代的特点，反映时代的要求。具体来说，就是要在全面考虑义务教育发展水平不断提高的条件下，哪些指标要保留、哪些指标要删除、哪些指标要增加。此外，义务教育均衡发展的评估指标不可等量齐观，为了真实反映义务教育的均衡发展程度，要对核心指标与一般指标进行合理的区分。这种区分可以引导政府在促进义务教育均衡发展的过程中突出重点、保证核心，而不是平均使用力量。

（三）改进研究策略

关于义务教育均衡发展研究策略的改进，要重点强化以下几类研究：一是实证研究。在义务教育均衡发展研究中，要充分利用数量分析技术，揭示影响义务教育均衡发展的各个因素及其相互作用的方式和数量关系，以全面真实地反映义务教育均衡发展的状况，总结义务教育均衡发展的客观规律，并据此提出破解义务教育均衡发展难题的有效方略。二是团队研究。在义务教育均衡发展研究中，仅靠单打独斗难以取得突破，而开展团队合作、联合攻关则更易于获得创新性成果。义务教育均衡发展中的一些重大问题和难点问题，尤其需要相关学科学者的共同探索、协同攻关。三

---

① 褚宏启、高莉：《义务教育均衡发展评估指标与标准的制订》，《教育发展研究》2010 年第 6 期。

② 董世华、范先佐：《我国县域义务教育均衡发展监测指标体系的构建——基于教育学理论的视角》，《教育发展研究》2011 年第 9 期。

是微观研究。在继续关注义务教育均衡发展宏观问题的同时，要进一步强化义务教育均衡发展的微观研究。微观研究能更具体、更深刻地反映义务教育均衡发展的客观状况。四是国际研究。不少国家在基础教育均衡发展方面进行了积极的探索并积累了不少有益的经验，对我国义务教育均衡发展的实施具有积极的启示和借鉴价值。从现有成果来看，对国外义务教育均衡发展的研究较少，今后应加强这方面的研究。五是未来研究。对义务教育均衡发展现状的把握固然重要，但前瞻性和预测性研究也不能忽视。通过未来研究，可以把握义务教育均衡发展的动态，有助于科学预测义务教育均衡发展的未来趋势。①

① 段云华：《义务教育均衡发展研究述评》，《湖北大学成人教育学院学报》2010 年第 6 期。

论后现代教师观及其现实意义 [*]

　　后现代教师观是针对"现代性"教师观而提出来的，体现了后现代思想者在现代社会向"后工业社会"转换时期对教师内涵及其作用的重新认识，也体现了他们对近现代以来在技术理性基础上形成的"现代性"教师理念的批判和解构。他们描绘了一幅完全不同于笛卡儿、牛顿时代的世界图景，这个世界不再是决定性的、有序的、对称的，而是随机的、混沌的、非对称的。"当这种新的更为微妙的秩序引入学校教育之时，教师和学生之间关系将发生巨大的变化。"① 教师的内涵和作用发生了改变，教师作为"知识拥有者的地位"受到了挑战，教师角色相应地发生了转变。如同后现代思想本身的复杂性和矛盾性一样，他们的教师思想也是错综复杂的，有时甚至相互矛盾。但是，这并不妨碍我们勾画出后现代教师理论的基本思路。

一　后现代教师观的主要代表

　　后现代主义教育理论的代表人物多尔、利奥塔、罗蒂等人对教师的内涵、地位、作用、任务等一系列问题发表了各自独具特色的观点。

　　1. 多尔：后现代课程理论下的教师观

　　多尔是当代美国后现代课程论专家。他从后现代立场出发，对教师的角色与内涵作了重新阐释。多尔认为，现代课程观是以牛顿的形而上学观与宇宙观为基础的，它建立在一种现代范式之上。在他看来，现代范式是

＊　本文由何齐宗与曾水兵合著，原刊于《中国高教研究》2006 年第 8 期。

①　［美］多尔：《后现代课程观》，王红宇译，教育科学出版社 2000 年版，第 5 页。

一种封闭的观点，据此构建的课程具有因果确定性与线性序列性，所有的知识都是线性排序的和可确定的，围绕预定目标与教师经验而展开，教师是知识的代言人，是教育的控制者。这种控制其实体现了现代课程中的工具理性，源于现代主义对不确定性的恐惧以及通过秩序和控制创造美好世界的乌托邦理想。教育和课程被彻底工具化，教师也被工具化，学生角色基本上是接受者和旁观者，而课程的内在价值——促进人的心灵成长的价值则被泯灭。

多尔从混沌学原理和耗散结构理论出发，吸收了皮亚杰的生物学世界观以及自然科学中的不确定原理、非线性观点、怀特海的过程思想以及杜威的经验主义思想，从"后现代范式"勾画出了后现代主义课程的理论框架，以取代泰勒原理为核心的现代课程理论。后现代课程理论以"丰富性""回归性""关联性""严密性"为标准，实现对工具理性的"泰勒原理"的真正超越。这种作为过程的课程具有建构性和非线性的特点，文本/读者、教师/学生、体验/意识等构成课程本身。在这种课程中，学习和理解来自对话和反思。因此，后现代课程不只是知识体系的载体，更是探索未知知识的过程；它的内容不是预先设定固定不变的，而是在探索新知识的过程中不断充实和完善的；在教学过程中，教师和学生的相互作用存在许多不确定和不可预知的因素。

基于对现代课程观和后现代课程观的分析，多尔认为在技术理性为主导的课程中，教师被当作"车轮上的齿轮"，是生产线上的技术，仅仅是知识的传递者，教师无权考虑课程问题，教师的任务只是教学。教师外在于情境，对情境具有控制权，是学生价值的强加者。学生完全依赖于教师的教，教师是推动学生的外在力量。而在后现代课程中，教师不再是权威的代言人，而是探索过程中的参与者与协调者。为了使对话继续进行，使探索不断延续下去，探索过程中隐喻的、描述的、诠释的方式取代了逻辑的、分析的、科学的思想方式，而且这种转变可以使我们看到我们没有看到的，而不是让我们更清楚地看到我们已经看到的。因此，在后现代课程中，开放的、互动的、共同的对话是构建后现代课程的关键，这决定了师生是平等的，教师是"平等者中的首席"（first among equals）。"作为平等者中的首席，教师作用并没有被抛弃；而是得以重新构建，从外在于学生情境转化为与这一情境共存。权威也转入情境中……很明显，在此教师的作用至关重要，比机器式的角色界定更为关键——在机器式框架中，教师是他人价值的强加者，最多是解释者……教师是内在于情境的领导者，而不是外在的专制者（无论多么仁慈）。发展这种新角色是教师和教师教育计划必须面临的一个挑战。"① 教师不再是知识权威的代表，师生关系将更少地体现为有知识的教师教导无知识的学生，而更多地体现为一群个体在共同探究有关课题的过程中相互影响。

2. 利奥塔：论后现代知识状况下的"教师危机"

让-弗朗索瓦·利奥塔是当代法国著名哲学家，后现代理论的重要代表人物之一。利奥塔认为，随着社会进入后工业时代，文化进入后现代时期，知识的地位发生了改变。主要表现在：科学知识是一种话语；在一种普遍转型的背景下，知识的性质也不能不转变；知识对于"认识者"彻底外在化了，无论"认识者"处在知识过程的哪一点上；知识的获得同心智的训练不再密不可分，个人拥有知识的多少也不再与个人的年龄和阅历成正比；知识成为现代社会的主要生产力。

基于对这种知识状况的认识，利奥塔认为后现代敲响了教师时代的丧钟。由于信息网络技术的发达，教师的地位岌岌可危，教师"终结"的日子已经不远了。媒体和新技术的发展，改变了知识的性质以及知识的传播方式。"学术知识将转化为电脑语言，传统教师的地位将为电脑记忆库所取代，教师的教学也将委托给连接'传统记忆库'和'电脑记忆库'的机器，任学生在终端机器前随意使用。""在传播既有知识方面，教授的能力已不如记忆库中的工作网，而在创造新'步法'（moves）、新竞赛策略方面，单一的教授能力，比不上科技整合的团体。"② 在"信息"面前，传统的教师将无能为力了。尤其在知识经济时代，传媒高度发达，社会日渐开放。广播电视、报纸杂志、电子读物、互联网及各类开放学校、远程学校、网络学校各显其能。人们获取信息、学习知识的渠道日渐多元化。教师不再是唯一的，甚至不是主要的信息源，而仅仅是其中之一。传统的教师将失去其知识的拥有者和知识的权威者的地位。

利奥塔所认为的"传统教师"的终结，并不意味着他认为教师在教育过程中地位和作用的"终结"。教师在教育过程中的地位和作用并没有终结，只是其作用的形式发生了变化。正如他所指出的："教学不仅仅是

---

① ［美］多尔：《后现代课程观》，王红宇译，教育科学出版社 2000 年版，第 238 页。

② ［法］利奥塔：《后现代状态：关于知识的报告》，车槿山译，生活·读书·新知三联书店 1997 年版，第 111 页。

由信息的传递构成，而且即使是高效的能力，也不能归结为一种对数据的良好记忆或一种进入机器存储的良好能力。重要的能力是为了'当下'解决问题而使那些相关的数据现实化，并使它们形成一种有效的策略。"①由此可见，教师作用不再是信息的存储，重要的是运用知识解决问题的能力。数据库能够帮助人获得某些信息，但是，数据库并没有能力使这些信息产生意义，它无法教学生如何理解这些信息。"如果教学不仅应该保证能力的复制，而且应该保证能力的进步，那么知识的传递就不应该限于传递信息，而应该包括学习所有的程序，这些程序可以改善那种连接不同领域的能力，知识的传统结构小心翼翼地把这些领域相互隔开来了。"② 这就涉及对知识或者信息的理解，教师在其中的作用无人可以替代。例如，帮助学生学习关于程序的问题，学习那种连接不同知识或者信息领域的能力。因此，在后现代知识状况下，教师作用并没有被抛弃，只是以一种新的方式出现。

3. 罗蒂：论后现代教师的作用

理查德·罗蒂是当代美国最重要的哲学家之一。作为后现代阵营中的"新实用主义"代表人物，罗蒂有许多不乏真知灼见的教育主张，包括对教师的独特理念。

罗蒂关于教育和教师的论点是建立在其"教化哲学"基础之上的。罗蒂倡导的教化哲学是一种对话中的哲学。对话的首要目的是为了形成共识，但不一定能形成共识。但是对话肯定有利于沟通，有利于互通信息，有利于对自己和对方的处境有一个新的了解。哲学存在的理由不是为了让大家都静下来，不是为了让大家都聚焦到某一点上（如真理、实在、事物的本质等上），而是为了让大家对自己现在的处境都变得怀疑起来。罗蒂所倡导的未来的知识分子、未来哲学家的自我形象是处于一定约定之下（一定的历史背景中、一定的语境中、一定的范式中），对某个问题具有共同兴趣但是不一定有共同观点的形象。因此哲学家的首要任务是进行追问、质疑和诘难。

罗蒂认为，传统的教育理念认为教育的任务是传播"绝对真理性的知识和观念"，他反对这种教育理念。他认为，"无论是初等和中等教育，

---

① ［法］利奥塔：《后现代状态：关于知识的报告》，车槿山译，生活·读书·新知三联书店1997年版，第108页。

② 同上书，第109页。

还是高等教育，主要不是传授真理"。他认为，在低级层次（指的是初等教育和中等教育）上，我们可以向学生传授社会认为属于真理的知识，以便学生能够成为一个合格的公民，而在高级层次上（高等教育），即使抛开教育的职业训练功能不谈，教育的作用也不在传授真理，而在于"教化"，它不在于提供教学，而在于形成"教化"。他所言的"教化哲学"以进行谈话而不是发现真理为目标。教育的功能是以文化适应和符合为初始目标，也以此为终极目标，所以教师仍然有存在的理由。①

教师应当发挥什么样的作用？罗蒂认为，教师首先是"诱引"，必须向学生提供机会，以便学生能够对一些伟大的思想家产生英雄般的崇敬之情；教师要"引诱"学生进入知识传统，而不是仅仅教学生进入知识传统。其次，教师不在于传授真理，而在于激发学生的想象力。教师必须能够使学生产生对话；不仅仅是相互之间，还要求通过仿效知识英雄的"伟绩"与知识英雄产生对话。他并不像利奥塔那样认为后现代时期会产生教师危机，而认为后现代时期教师（教授）将大有作为。

二　后现代教师角色的内涵解读

现代性教师观认为教师是知识的传递者和社会的代言人。知识是外在的，教育目标是确定的，教师是生产线上的技术。知识外在于人的存在，是"输灌"和"塑造"的过程，教师是"灵魂的工程师""雕塑家"；知识是客观的、普遍的、价值无涉的，教师是知识权威，是社会的代表。后现代思想者则认为，教师不再是知识的权威，不再是教学过程的主宰者，教师的使命也很难称得上是无上的荣光和崇高。但是，他们并没有否认教师在教育过程中的地位和作用，只是认为教师的地位和作用发生了重要变革。

1. 绝对主体的消解与交互主体的形成

后现代思想者反对现代主义的个人主义观点，认为现代个人主义导致人与人之间控制与被控制、利用和被利用的关系，强调人与他人、他物的关系是内在的、构成性的，个人永远处于他人的关系之中，是关系网络中

①　［美］理查德·罗蒂：《哲学和自然之镜》，李幼蒸译，生活·读书·新知三联书店 1987 年版，第 322 页。

的一个交会点，人与人之间是非对立、非强制关系，"竞争不是最终的准则"。① 在教育过程中，师生关系是一种交互作用的共生关系。教育从本质上来说，就是教师和学生以"语言"为中介进行交互作用的过程。教育活动从本质上来说就是人与人之间的交往活动。交往不同于支配，交往体现了教师和学生处于平等共处的位置。支配是一方处于主体地位，而另一方处于被支配的客体地位。所以，师生的交往活动是教师和学生情感的沟通，心灵的平等交流。教师不是把对方作为客体去改变，而是共塑他们之间的"共同话语情景"；也不是把自己的观点强加于学生，而是通过交换看法，寻求共识，达到"视界的融合"；而在支配性的对象性活动中，教师是教育的控制者和主导者，教育的过程就是按照自己的意图进行设计、不断贯彻自己教导的过程，学生是知识的"容器"或"加工厂"。

后现代思想者主张以有机的共生关系来看待教师和学生在教育中的地位和作用，以相对于现代性教育主客二分所形成的占有和被占有、利用和被利用、控制和被控制的关系。教师和学生是两个独特的精神实体，相互赋予平等和尊重，这两个精神实体的相遇，就是"对话"。"对话的中心就是两个自主的人之间的会晤，他们不想给对方留下印象，或利用它。"② 在对话的交互关系中，教师不再是作为知识的占有者和给予者，而是通过对话启迪学生的智慧，因为对话是探索真理和自我认识的途径，对话是真理的敞亮和思想本身的实现。对话是教师和学生围绕共同的"话题"，相互走进"你""我"的世界，走进灵魂深处的"视域融合"。

2. 外在权威的丧失与对话关系的生成

现代性教师观认为：教师是社会的代言人，他们代表社会改造受教育者；教师还是真理的持有者和标准的诠释者，教师的话语拥有不可动摇的权威性。

后现代主义者对学校知识的权威进行了解构。首先，民主社会向纵深发展，使得来自意识形态赋予教师权威角色的可能性逐渐消失；其次，学校文化知识作为社会规范和社会意识的载体，不是完全预定和固定不变的；它不是单纯的社会历史认识的产物或结果，也不是终极的真理，而是

① ［美］大卫·雷·格里芬：《后现代科学——科学魅力的再现》，马季方译，中央编译出版社1995年版，第140页。

② ［以色列］卡尔曼·雅隆：《马丁·布贝尔》，达苑华译，载《世界著名教育思想家》第1卷，中国对外翻译出版公司1994年版，第111页。

师生在共同参与的探究活动中生成意义、精神、经验、观念、能力的过程。知识不再是客观的、静态的、唯一的，而是境遇的、动态的、生成的。教师的权威不再建立于学生的被动与无知的基础上，而是建立在教师借助学生的积极参与以促进其充分发展的能力之上。教师将从"真理"拥有者的"圣坛"上走下来，与学生处于平等的地位。于是，在教育过程中，教师不再是绝对权威，学生也不再是被动的知识"储存器"，他们通过平等的对话交流与协商的方式，共同营造一种探究式的教育参与氛围。多尔认为："在教师与学生之间的反思性关系之中，教师不要求学生接受教师的权威；相反，教师要求学生延缓对那一权威的不信任，与教师共同参与探究，探究学生所正在体验的一切。教师同意帮助学生理解所给建议的意义，乐于面对学生提出的质疑，并与学生一起共同反思每个人所获得的心照不宣的理解。"①

3. 从人性预设到生命价值创生

现代主义是一个"祛魅"化的过程，是一个用理性取代上帝、用物道代替神道、用世俗代替神圣的过程。"祛魅"的结果既为我们带来一个科技发达、物质繁荣的世界，也带来一个物欲横流、危机四伏的世界。现代主义把人看作经济动物，将性动机和经济动机的结合看成是人类一切行动的动因。人只是一种接受性的存在物，是塑成的、生产出来的。学校教育完全"祛魅"，被予以技术化和工程化的处理和改造，在最短的时间把最广泛的知识以最便捷的方式传授给学生。于是，精确化、实用化、标准化、高效化成为现代教育的标准和指导思想。学校考试的设计也仅仅旨在验证学生学了什么和学得怎样。教育在一切按部就班的过程中失去了生命的灵动和创造。

这种强烈的教师塑造思想体现了现代性思想对人性的理性设计，其实质是将人客体化，以强制的方式"修剪"人性。后现代思想家认为，人除了受接受性的价值驱动以外，还受成就价值或自我实现价值和奉献价值的驱动，而且"从根本上来说，我们是'创造性'的存在物，每个人都体现了创造性的能量"②。也就是说，创造性动机与接受性需要一样，也是人的一种本性。创造是人的生命本性的显现。教育过程不只是传递已知

---

① ［美］多尔：《后现代课程观》，王红宇译，教育科学出版社2000年版，第227页。

② ［美］大卫·雷·格里芬：《后现代精神》，马季方译，中央编译出版社1998年版，第223页。

过程，更是探索未知的过程。呈现在教师和学生面前的是一片险象无边、挑战无限同时又魅力无穷的世界，是一个奔腾不息、千变万化、生生不息的教育世界。教师的职责就是激发蕴藏在学生身上的不稳定的创造性潜能。教师帮助学生发现生命的意义和价值，激发学生的生命意识，让学生形成一个持续发展和不断完善的"自我"。教师要像对待艺术品一样来创造自己的人生，"寻求尽可能与他人不同的（生活）风格，活出风格，活出善良，活出优雅，活出美"①。

三　后现代教师观的现实意义

后现代教师观体现了后现代思想者在现代社会向"后工业社会"转换时期对以往的教师观念的批判和解构。后现代思想者针对现代性教育的弊端，提出了生态平衡和主客消融的教师观。知识不再是客观的、中立的、价值无涉的，而是相对的、价值关涉的；人性不再是预设的、塑造的，而是生成的、变化的；教师的活动不再是外烁的、强制的、灌输的，而是理解、唤醒、激活和发现。

1. 后现代教师观对教师中心地位的消解有利于教师树立正确的权威观

后现代教师观认为，教师不再是以知识的传递者和社会的代表者身份出现，学生在教师面前不再是一个无知者、一个纯粹的接受者，而是具有和教师同等地位的共处身份，意味着把教师从传统权威的圣坛上拉下来。一直以来，教师被当作绝对的权威，在教育教学中是控制者，他通过提出明确、硬性的要求和做出评价，将自己的观点强加给学生，学生则是绝对的服从者，甚至是盲从者。教师处于权力的中心地位，形成了现代性教育中的教师霸权。但是，教师从传统权威的圣坛走下来，从权力的中心走出来，并不意味着教师权威的消失和教师作用的抛弃。教师将从"外在"的权威，走向"内在"的权威，从"对立"走向"对话"。所谓"外在"权威，是指教师依靠传统、规则、制度等自身之外的因素而获得使学生信从的力量，而"内在"的权威则是教师依靠自身的品质和人格魅力而获

① 王治河：《福柯》，湖南教育出版社 1999 年版，第 151 页。

得使学生信从的力量。"外在"的权威通常是强制性的，甚至诉诸暴力的手段使学生信服。而"内在"的权威则通常是自发的，主要通过精神的感召和无形的影响而发生作用。后现代教师观通过对现代性教师"外在"霸权的消解，倡导教师树立起"内在"的权威观。

2. 后现代教师观对教师作用的重新认识有助于教师树立科学的教育目标观

后现代教师观认为，学生是一个充满生机、变化不定的生命体；人的生活是一种偶发性的生活，一种不确定性的、无法预测的生活，教师无法预定学生的未来是什么样子；在教育的历程中，充满着风险和无数的可能性，教师的职责在于帮助学生发现生命的意义和价值，激发学生的生命意识，促使学生不断完善，而不是按照自己的目的对他进行塑造。后现代教师观改变了现代性教育中"目中无人"的整端构建平等、开放的情境；它是具有一种特殊的个人品质的关系，教师和学生都以自己的个性参与教学情景，教师尊重差异，包容不同，达到和谐共处。总之，这是一种双向的、平等的、和谐和富有成效的师生关系。

4. 后现代教师观的教学过程不确定观有助于克服机械僵化的教学模式

在后现代教学理念下，知识不是人脑对客观事物或外界环境的机械反映，而是由外部客观刺激和主体结构相互作用而不断建构的结果。教学的主要任务不是特定信息的传输，而是意义的创生。教师和学生在阐释、理解教学文本时对其意义进行建构。在教学范式上，它反对教学活动的规划性，反对刻板地运用精确模式，主张打破常规，从实际出发，灵活多变地开展教学，由于教育本身的变动不居以及知识状况的不断变化，教师将成

……道。后现代教育
……的弊端。它认为，教育的对象是
人，而人既是一个自然存在物，也是一个社会存在物，人的本质既有其言说的一面，也有其缄默的一面。正是人的存在的这种复杂性，所以人的发展有其可预见的地方，也有其不可预见的地方。这样一来，教育的目标就不是传递已知，而是教师引导下的师生共同探索未知的过程。因此，在教育过程中，教师既要向学生传授知识经验和生存技能，更要培养学生的批判意识和创新精神。

3. 后现代教师观倡导的对话式师生关系有利于建立新型的师生关系

"对话"是后现代师生关系的本质特点。对话不仅是言语上的沟通，更是师生心灵的交流，是师生双方作为两个主体之间的平等"会晤"关系。后现代师生关系主张通过对话来进入彼此的心灵深处，达到深度理解。与此形成鲜明对照的是，现代性教师和学生之间是一种"独白"的关系。所谓"独白"，就是教师拥有话语权，学生是静听者。对话不同于独白，在独白关系中，教师和学生之间处于权力的不平等地位，进行的是信息的传递活动。而在对话关系中，教师将学生看作教学中的伙伴而不是受控制的对象。师生之间进行的不仅是信息的交流，更是真诚的合作。对话关系是对现代性教师与学生之间"独白"关系的抛弃。对话式师生关系的特点体现在：它是平等的，而非强迫的，"师生之间只存在善意的论战关系，而没有屈从依赖关系"①。它是一种双向的意向关系，师生积极

---

① ［德］雅斯贝尔斯：《什么是教育》，邹进译，生活·读书·新知三联书店1991年版，第8页。

为拥有实践智慧的创造者和发展……时，注重对学生进行精神熏陶，并不断追寻自我完善。教学方式更具色来性、丰富性、启发性和创造性。教学过程是一个主动建构的过程，而非"简单移植"的过程，是师生对话、交往、体验和探索的过程。

后现代思想者关于教师的论述，对于我们认识教师的地位和作用等问题具有重要的启示意义。我们今天所提倡的教师新理念，和后现代思想者的教师思想具有某种程度上的吻合。当然，由于其建立的思想基础——后现代主义自身的局限性，后现代教师观也存在不合理之处。它在消解教师中心的时候，在一定程度上削弱了教师在教育中应有的主导地位。教师相对于身心尚未成熟的学生而言，必须起主导作用，这是由教师的本质属性所决定的。毫无疑问，否定了教师的主导作用，教育将会失去方向。它夸大了人的发展的不确定因素，过分强调教育过程中的模糊性和不确定性，反对规律的探求和遵守，滑入相对主义的巢穴。它过分强调教师的独立个性而排斥其社会代表性，容易导致无政府主义。对此，我们必须保持清醒的头脑。

弹性学制质疑 *

学制改革是当前我国教育体制改革的一项重要内容。近年来，教育界有不少同志都在探讨这个问题，并且提出了各种学制改革的设想和建议。卯厚实同志在《教育研究》1987 年第 11 期发表了《论弹性学制》一文（以下简称卯文），作者在该文中提出了一种新的学制的设想。我们对于这种勇于探索的精神表示赞赏，但对于文中的观点却不敢苟同，特提出来与卯厚实同志讨论。

一　对卯文的异议

卯文的基本思想在于否定统一的学制，倡导弹性学制。卯文认为，所谓弹性学制就是各地的学校"要根据自己的具体情况和条件确定自己适宜的学制年限。条件好的可以缩短年限，条件差的可以延长年限，使全国的学制具有一定的弹性"。

对于卯文的观点，笔者从三个方面谈谈不同的看法。

（一）卯文对我国现行学制的看法与事实不符

卯文一开始就对我国现行的学制提出了批评，认为我国现行中小学学制的弊病是学制年限上的"一刀切"。我们认为，这种看法是没有根据的，也是不符合事实的。众所周知，我国目前的学制在年限上并不是完全统一的，更不存在什么"一刀切"。直到今天，我们仍然不能描绘出全国统一的学制图表，各种教育学教材也都没有我国现行学制图。学制年限上

＊　本文原刊于《教育研究与实验》1989 年第 1 期。

的不统一正是造成这种现象的主要原因。其实，这一点也可以从国家的有关决定与领导同志的有关讲话中得到证明。1980 年 12 月 3 日，中共中央、国务院公布的《关于普及小学教育若干问题的决定》指出："中小学学制，准备逐步改为十二年制。今后一段时期，小学学制可以五年制与六年制并存，城市小学可以先试行六年制，农村小学学制暂时不动。教育部应当尽快提出学制改革方案，确定统一的基本学制。"李鹏同志于 1986 年4 月在《关于〈中华人民共和国义务教育法（草案）〉的说明》中也明确指出：目前，我国小学和初中的学制有"六、三"制、"五、四"制、"五、三"制和九年一贯制等多种形式。多种学制并存，是我国现存的实际情况。从以上所述我们可以看出，我国当前实施的学制在修业年限上根本就不是"一刀切"，而是多种学制同时存在。

（二）卯文提出弹性学制的依据不足

卯文提出弹性学制的根据是所谓我国的国情，即七个不平衡：各地不平衡、城乡不平衡、学校不平衡、师资不平衡、幼教事业不平衡、家庭教育不平衡、学生的天资不平衡。我们承认，这些不平衡确实是我国客观存在的现实。但是，我们认为这些不平衡并不足以作为实行弹性学制的理由。经济、科学、文化、教育等各方面的不平衡，并不是我国特有的现象，它是世界上一切国家，尤其是大国的普遍现象。发达的国家有不发达的地区，同样的道理，发展中国家也有比较发达的地区。国家越大，各地的差别自然也就越大。因此，我们可以这样说，凡是大国，各个地区都毫无例外地在各个方面表现出较大的差异。美国、苏联、加拿大、印度等国均属此列。可是，这些国家的学制在修业年限上全国基本统一。尤其像美国这样典型的地方分权的国家是几种学制并存，即中小学学制的总修业年限统一（12 年），小学、初中和高中分段多样化。另外，根据对世界上70 个国家（其中亚洲 25 个国家、非洲 12 个国家、欧洲 21 个国家、美洲8 个国家、大洋洲 4 个国家）的统计，国家规定中小学统一学制的有 65个国家，占 92.86%；国家没有规定中小学统一学制的仅有 5 个国家，占7.14%。制定全国统一学制的国家占这么大的比例，这绝不是偶然的，而是教育发展的客观规律所决定的。

卯文认为，实行弹性学制的目的在于适应各种不平衡。但是，应该懂得，我们没有必要、也不应该消极地适应不平衡。正确的做法应当是采取积极的措施，不断削弱以至打破各种不平衡。因为如果一味地迁就不平衡，其结果只会带来恶性循环，扩大和加剧不平衡，从而出现教育事业上两极分化的不良现象。

（三）弹性学制有许多弊端

1. 弹性学制违反教育发展的基本规律

我们知道，教育与经济是相互制约的辩证关系，而经济是教育发展的必要条件。卯文认为，条件好的学校可以缩短学制年限，条件差的学校可以延长学制的年限。那么，条件好坏的标志是什么呢？我们从卯文中不难看出，学校条件好坏的一个重要标志是教育经费的多少和各种教学设施是否有保证。我们认为，如果说条件好的学校缩短学制年限这一点还可以研究的话，那么，条件差的学校延长学制年限则根本就没有讨论的余地。因为：一是缺少经费。条件差的学校本来经费不足，各种教学设施很差，要求他们延长学制年限，显然是不现实的。谁都知道，要延长学制年限，就必然要增加大量教育经费，添置大批教学设施。不知作者想过没有，学制年限延长一年需要增加多少教育经费？需要添置多少教学设施？更何况按卯文的设想，条件差的学校学制年限平均延长量肯定还不止一年。其实，与其增加大量教育投资以补充到延长的学制年限中去，不如将这一笔经费用来改善现有的办学条件。这样我们就完全可以使条件差的学校变为条件好的学校，实行弹性学制的经济依据就不能成立。二是没有师资。我们知道，学校教育质量在很大程度上取决于师资的水平。如果条件差的学校延长学制年限，合格师资短缺问题将会越来越严重。因为延长学制年限，必然要补充一大批教师。可是，我国中小学眼前就缺乏足够数量的合格师资，而条件差的学校尤为突出。其实，这一点卯文也不否认，它指出："现在全国尚有40％的小学教师、76％的初中教师不合格，而这些又主要在乡村、乡镇和小县城。"我们认为，条件差的学校只是将这一批人数众多的教师从不合格变为合格本身就已经是一项浩繁的工程。现在这些学校要延长学制年限，不合格教师自然会成倍地增加。没有足够数量的合格教师，学校教育质量就没有保证，延长学制年限又有什么意义呢？

当然，卯文也指出过，实行弹性学制会使一部分学校学制延长，也会使另一部分学校学制缩短。延长的当然要多支付一部分教育经费和教师的劳动，但是它会由缩短的那部分得到抵偿。不过，卯文忽视了这样一个基本事实，就是条件差的学校（即要延长学制年限的学校）在我国占大多数（大部分乡村和老、少、边、穷地区的学校均在此列），而条件好的学校（即可以缩短学制年限的学校）只占少数（主要是城市、沿海各省市中的经济发达地区和内地少数发达地区的学校）。因此，条件好的学校由于缩短学制年限而节省的教育经费和教师劳动，根本不足以补充条件差的学校由于延长学制年限而需要增加的教育经费和教师劳动。

2. 弹性学制违反青少年的身心发展规律

我们承认，一个国家的学制的建立（包括学制年限的确定），不仅要考虑到社会的需要和可能，也要顾及教育对象的身心发展规律。任何学制的建立（包括学制年限的确定）只能以大多数青少年儿童的平均发展水平作为依据。生理学和发展心理学告诉我们，青少年儿童的身心发展是有规律的，其发展阶段的次序及时距大体上是稳定的，具有一定的普遍性。可是，卯文却片面地夸大了学生身心发展的差异性，并且错误地将差异性当作建立学制，确定学制年限的依据。卯文将小学、初中和高中的学制年限分别确定为4—7年、3—5年和2—4年。只要认真地思考一下，就可以发现这是一个很荒唐的设想，这种学制自然也是违反学生身心发展规律的。我们可以算一下，这种学制小学、初中和高中学制年限的下限加起来是9年，而上限加起来是16年，上限与下限相差达7年。根据卯文所说的条件好的学校可以缩短学制年限，条件差的学校可以延长学制年限，我们可以得出这样的结论：即条件最好的学校中小学只需9年，而条件最差的学校中小学则需要16年，两者相差近一倍。无疑，这是违反学生身心发展的一般规律的。

3. 弹性学制不利于贯彻全面发展的教育方针

卯文指出，弹性学制有利于贯彻党的教育方针，并认为现行学制（即所谓统一的学制）使得条件差的学校为追求升学率，往往在基础课上增加时间，结果把体、美、劳挤掉或削弱了，从而影响了学生的全面发展。事实并非如此，甚至可以说是正好相反。片面追求升学率在很大程度上是由于教育思想不端正和普通教育的培养目标不明确造成的，它跟学制年限的长短没有必然的联系。片面追求升学率现象主要在于条件好的学校，这些学校往往只抓高考的相应学科，而体、美、劳则没有受到应有的重视。所以，削弱或取消体、美、劳等学科的现象在条件好的学校比条件差的学校更为普遍，也更严重。如果实行弹性学制，即条件好的学校缩短学制年限，那么这些学校就会以时间紧迫为由，只抓"主科"，放弃"副科"，片面追求升学率的现象将会比目前有过之而无不及。另一方面，条件差的学校如果没有很好地解决教育思想问题，就是延长了学制年限也不一定能够保证实施全面的教育，挤压体、美、劳的现象依然会存在。

卯文认为，实行弹性学制并不意味着各省、市、地、县、乡、校随心所欲、各行其是，并声言他所反对的仅仅是中小学学制年限上的"一刀切"，而不是反对教育内容的统一。我们认为，这只是作者的良好愿望，如果真要实行这种学制，就会带来一系列混乱，弹性学制跟统一的教育内容是不相容的，统一的教育内容必然要求有统一的学制作保证，否则，完成统一的教育内容就只能是一句空话。

二　学制改革的基本设想

我们认为，一个国家的学制（包括学制年限）应当是基本统一的。这是因为，一个国家建立学制，其目的是为了从制度上、从组织系统上保证教育方针政策的贯彻和培养目标的实现，以使教育更好地为其政治经济服务。大家知道，学制是教育发展到一定历史阶段的产物，而中外教育史上的任何学制都毫无例外地要明确规定统一的修业年限，否则就不能称其为学制。制度的实质就在于用统一的标准来规范行动。有了统一的标准，就能够克服随意性，使教育有制度可依，依制度办事，从而避免无所适从、各行其是。如果一个国家的学制在修业年限上各个地区可以长短不一，就等于不要统一的标准，实质上等于取消学制。

当然，统一的学制也有其不足的地方。问题是我们评价任何事物都应有一个标准，这个标准不是看它是否完美无缺，而是看它的利弊得失，即是利大于弊，还是弊大于利。如果是弊大于利，当然是否定；如果是利大于弊，则首先是坚持，然后才是改革和完善。拿这个标准来衡量学制，我们就应该坚持统一的学制，否定弹性学制。我们认为，统一的学制并不等于铁板一块和"一刀切"，也不等于不要灵活性。但我们所说的灵活性，绝不等于弹性。因为弹性学制实质上是不要学制，取消学制。我们所说的灵活性有两个方面的意思。一是在中小学学制总修业年限统一的前提下，学制年限在小学、初中和高中的分段可以多样化。比如，在城市可以采取小学和初中不分段的九年一贯制，也可以采取六三分段、五四分段或几种分段形式同时并存的做法。在还不能普及九年制义务教育的中等发达程度地区和经济落后地区，则可以根据近期能实行普及教育的年限和有利于分段普及的情况采取不同的分段办法，比如，可以是四五分段，也可以是五四分段。二是全国以一种基本学制为基础，多种学制并存。这里所谓的多种学制是指前述的总修业年限相同这个前提下的分段多样化。此外，为了照顾少数超常儿童和弱智儿童，还可以继续保留跳级制、留级制以及开办特殊学校。这样一来，我国的学制就是一个统一与多样相结合的适合我国国情的学制。

第二编
教育实践与教育改革

人的全面发展内涵新解 *

在教育学领域，"人的全面发展"是一个重要的教育基本理论问题，人们对它的探讨由来已久，十多年前甚至成为我国教育理论界讨论的热点问题。在那场讨论中，各种观点纷纷涌现，令人目不暇接。本文拟就我们今天应当提倡的全面发展，提出自己的浅见，以就教于大家。

一 人的发展的范围、结构与程度

1. 人的发展的范围

从发展的范围来看，人的全面发展包括身体和心理两个大的方面，身体的发展主要指体力的提高和体质的增强，心理的发展主要指智慧、道德和审美能力的拓展与提升。因此，就发展的范围或者内容来说，我们提倡的人的全面发展是指体、智、德、美等人的基本素质都受到培养和训练，得到发展和提高，不能只发展其中某个方面，而其他方面被荒废。

2. 人的发展的结构

从发展的结构来看，人的全面发展应当是和谐的发展。人的全面发展的结构要素包括前述的体、智、德、美等几个方面。人的全面发展不是这几个要素的杂乱无章的简单累积与拼凑，更不应当是相互矛盾、相互冲突的。其中任何一个要素对其他要素的发展都应当起推动和促进作用，而不应当起阻碍或损害作用。换句话说，体、智、德、美这几个要素应当相互协调、和谐统一。

---

* 本文原刊于《教育参考》2000 年第 6 期，这次收录时对内容进行了重新编排。

3. 人的发展的程度

从发展的程度来看，人的全面发展可分为两个不同的层次，即现实的层次和理想的层次。现实层次的全面发展是指人的上述各方面素质都得到了较好的发展，达到了一定的水平。这种发展水平无论对社会还是对个体的发展，都是必不可少的。具体而言，对社会来说，它能较好地满足社会发展的需求；对个体来说，能够较好地适应工作和生活。理想层次的全面发展是指人的一切方面或所有方面的素质发展都达到了很高的水平，是样样都出色的全知全能。现实层次的全面发展是一个真正的人所本来就应当具有的正常状态，是可以实现、可以达到的目标。理想层次的全面发展，是人的发展的一种理想状态，它不一定能够实现，而且很可能无法实现。不要说在当今社会，就是在未来社会，人恐怕也做不到全知全能，根本原因在于人"生有涯而学无涯"。为什么对人的全面发展的水平作这种水平区分呢？这是因为我们以往一般都把人的全面发展当作一种理想。将人的全面发展作这种理解显然会造成不良的后果：一种后果是在教育中会有意或无意地提高标准，拔高要求，从而造成学生负担过重。因为理想总是指向未来的，一般都是高标准、高要求。另一种后果是使人的全面发展看成是高不可攀的、只有在遥远的未来社会才能实现的东西，从而放弃眼前的努力，采取无所作为的态度。因此，就发展程度而言，我们应提倡现实层次的人的全面发展。

二　人的发展的目的与性质

1. 人的发展的目的

从发展的目的来看，人的全面发展既是为了社会，也是为了自己。我们之所以提倡和追求人的全面发展，原因在于全面发展的人比片面发展的人对社会、对个体自身更为有利。以往人们谈人的全面发展问题往往将它局限于生产劳动领域，将人单纯地看成劳动者，当作促进社会发展的工具和手段，轻视、忽视乃至否定人的全面发展的个人目的。人的发展既是手段，同时也是目的，是手段与目的的统一。人的全面发展也是这个道理。它对于社会来说是手段，但对于主体自身来说则无疑又是目的，社会的进步与发展固然是建立在全面发展基础上的个人的劳动与奉献，但是我们不能由此而否定个人的价值与需要。事实上，个人目的是社会目的的前提和基础，尊重个人目的，社会目的才有保证。反之，如果蔑视个人的目的与价值，社会的目的也不可能得到有效的实现。当然，在人的全面发展问题上，我们强调个人目的，无意走向另一个极端，不是要否定社会目的，而是希望将这两种目的有机地统一起来，以取得相互促进的效果。

2. 人的发展的性质

从发展的性质来看，人的全面发展应当是自由的发展。全面发展应当符合个性的内在要求，而不应由外界强制施行。按天性来说，人是希望并追求全面发展的。一个人如果发展不全面，他就会觉得是一种遗憾，就享受不到生活的快乐，其人性就不会圆满。因此，在人的全面发展问题上，教育所应做的只是引导和促进，而不是迫使和强制，任何违反个体意愿和本性的发展，即使很充分、水平很高，也不能算是真正意义上的全面发展。我们所提倡的全面发展是积极的、主动的、自由的发展。只有蕴含这种特点的全面发展，才有可能焕发出无限的生机和活力。

三　人的全面发展与个性发展的关系

从全面发展与个性发展的关系来看，人的全面发展与人的个性发展是相互依赖、相辅相成的。全面发展不等于平均发展，不等于不要个性。我们在处理它们两者之间的关系时，应当在全面发展的基础上发展个性，同时以个性发展推动人的全面发展。个性是指个体在精神面貌和行为方式方面具有差异性、独特性。人的差异性、独特性是客观存在的，应当承认并予以充分的尊重。不讲个性的全面发展是不人道的，因为它无视甚至扼杀客观存在于个体身上的独特品质。反之，不讲全面的个性发展有可能塑造极端个人主义的自私自利之徒，或者是不能与他人交往、沟通与共处的怪物，这样的人最终必然会被社会所拒绝。个性的发展对于人的全面发展具有异常重要的意义。一个人的个性得到了发展，具有自己的兴趣、爱好和特长，就可以从中体会到学习的快乐和成功的愉悦，就会产生强烈的求知欲望。在这种情况下，他的学习就会是主动的、积极的，是"我要学"，是"欲罢不能"，其他方面的发展就有了强劲的动力，从而形成可喜的良性循环。如果没有个性发展，没有自己的兴趣、爱好和特长，就不会有成功感、满足感，其他方面的发展就缺乏动力，其学习就会觉得兴味索然，甚至成为痛苦，从而厌学、逃学也就在所难免。因此，我们在抓学生的全面发展时，必须给他们的个性发展留下足够的空间。苏霍姆林斯基说得好：我们的任务就在于在学校里不要使任何一个学生成为毫无个性、没有任何兴趣的人。每一个学生就应当从事一件他自己感兴趣的事，每一个学生就应当有一个进行心爱的劳动的角落。

简论教育与生活的关系 *

教育与生活的关系，既是一个教育理论问题，也是一个教育实践问题。本文拟从教育与生活的距离这个角度谈点认识。这里所说的教育是指学校教育，而生活主要是指学校以外的社会生活。

一　教育与生活应当保持一定的距离

教育与生活无疑应当保持恰当的距离。与生活没有距离或者距离太小的教育，就只能是生活本身，而不是教育，至少不是真正意义上的教育。真正的教育必然与生活存在相当的距离。

从教育的演变历程来看，在学校产生以前，人类的教育与生活是融合在一起的。这种教育的缺点是效率低、见效慢。当人类的生活（含生产）经验还不是很丰富的时候，这种教育还可以勉强应付。但是，随着人类的文明不断发展，人类的生活不断复杂以后，这种教育就无法适应了。为了使年青一代尽快掌握人类的文明成果，以便快速地成长起来，于是就创设了学校这种教育形式。

从个体的成长过程来看，在早期（主要是婴幼儿期）的教育与生活也是结合在一起并在生活中进行的。这是因为他们这个时期的生活还比较简单。随着年龄的增长，儿童的生活将逐步走向复杂化。为了适应越来越复杂的社会生活，就必须进学校接受系统而全面的教育，学习和掌握既有的人类文明成果。

以上所述说明，学校教育从日常生活中分离出来，既是教育进步的表

---

* 本文原刊于《教育世界》2001 年第 2 期。

现，又是个体成长、发展的必须条件。教育应当保持对生活的超越，与生活保持一定的距离。

有的人考虑到教育必须接近于生活，而现行教育又已过时和僵化，于是建议干脆废除教育或者取消学校。我们同意《学会生存》一书对这种激进观点的批评。该书指出，废除教育或禁止办学的观点"通常是以进步的，甚至是革命的姿态出现的，但是如果把这些观点在任何程度上付诸实践，其效果将肯定是反动的"。① 该书还进一步强调说："学校，即向年青一代有条不紊地施行教育所设计的机关，在培养对社会发展有贡献并在生活中起着积极主动作用的人的方面以及在训练人们适当地准备从事工作等方面，现在是，将来仍然是具有决定性的因素。"② 因此，对于学校教育，正确的态度只能是改革与调整，而不是废除或取消。

二　教育与生活的距离不宜过大

教育的目的归根结底是为了生活。如果教育与生活的距离过大，学生不接触生活、不感受生活、不体验生活，他们就不可能了解和认识生活，从而也就难以适应、甚至无法适应生活。为了使教育与生活的距离不至于过大，可以考虑以下两个方面的措施。

1. 减少学校教育时间

道理很简单，学校教育与生活是有距离的，学校教育的时间越长，与生活的距离也就必然越大。因为它减少了学生了解、认识乃至体验生活的机会。减少学校教育的时间，包括两层意思，即缩短学习年限和减少在校学习时间。众所周知，青少年儿童脱离生活而到学校接受教育，其目的是为生活做准备。但是现在的问题在于，学校教育（生活准备期）有逐步延长的趋势。上学在人生中所占的比例在不断增加，人类几乎把整个青春年华用于连续接受学校教育。学制延长的理由是生活越来越复杂，因而需要准备的东西越来越多。实际上，这样并不能解决问题。过去有句话叫"学无涯，而生有涯"，现在这种情况显得更加尖锐和突出。一个人要想

---

① 联合国教科文组织国际教育发展委员会编著：《学会生存——教育世界的今天和明天》，华东师范大学比较教育研究所译，教育科学出版社 1996 年版，第 14 页。

② 同上书，第 15 页。

在走向社会生活之前完全做好准备是不可能的。再说，学制不可能无限地延长下去。事实上，相对于知识现状及其发展趋势而言，一个人即使用其一生来接受教育也是远远不够的。因此，企图通过延长学制来准备日益复杂且多变的社会生活，这条路走不通，只有另辟蹊径、另找新路。根据终身教育的观点，生活准备期不但不应延长，而且应适当缩短。正如《学会生存》一书所指出的，"既然知识是要在整个一生中加以修订和完善的，我们就不妨设想，修业期限可以缩短一些"。① 该书还形象地指出，如果"让学生呆在远离真实生活，远离生产劳动，不能自行作出决定和担负职责的候车室里消磨时间，一直呆至 25 岁以后，这的确是一个很反常的现象"。② 美国未来学家托夫勒在《第三次浪潮》一书中也表达了同样的观点。他说："从长远看，人们预期教育也将改革。更多的学习将在教室以外而不是教室之内进行……强迫教育年限将会越来越短，而不是越来越长……教育将更多地与工作穿插配合，并将逐步改为终生平均受教育。"③

从另一个方面讲，一个人在学校连续受教育的时间过长，还会造成学生无求知欲望、无生活情趣、对学习冷漠无奈等不良心态，而且学习目的不明确，完全听从学校及教师的安排，无学习主动性、自觉性，效率低下。如果学习一段时间后进入真实的生活、工作中，就会发现自己缺什么、需要补什么，再回来学习就会目的明确，效率大增。同时还会对学习有一种新鲜感，而不会觉得单调乏味、枯燥无聊。现在的问题是，一个人在走向社会生活之前，到底应该做多少准备，换句话说，到底应该接受多少年限的学校教育，这是一个有待进一步研究的课题。不过有一点恐怕可以肯定，就是现在的学制不应当再延长，相反应当考虑适当地缩短一些。

减少在校学习时间，也应当尽早提到议事日程上来。多年来，我国中小学生尤其是中学生一直存在在校学习时间过长的问题。据有人调查统计，有的中学生在校学习时间长达十几个小时，回家以后还要做几个小时的家庭作业。这种做法完全违背了教育规律，严重损害了学生的身心健

---

① 联合国教科文组织国际教育发展委员会编著：《学会生存——教育世界的今天和明天》，华东师范大学比较教育研究所译，教育科学出版社 1996 年版，第 12 页。

② 同上。

③ ［美］阿尔温·托夫勒：《第三次浪潮》，朱志焱等译，生活·读书·新知三联书店 1984 年版，第 480 页。

康。从教育与生活的关系来看，学生在校学习时间过长，就在很大程度上剥夺了他们了解和参与社会生活的机会。现在我们无论如何应当减少学生在校学习的时间，留出一些可以由学生自由支配的时间。这样他们就可以利用这些时间去了解生活、认识生活、体验生活。

2. 加强教育与生活的联系

人是为了生活而受教育的。具体而言，受教育的目的是为了提高生活的质量，为了生活得更有尊严、更有意义、更幸福、更美好。

既是如此，在学校教育期间就理应加强学生与生活的联系。联合国教科文组织教育丛书之一的《教育——财富蕴藏其中》提出了"教育的四个支柱"的著名观点，这"四个支柱"是：学会认知、学会做事、学会共处、学会生存。其中后三个支柱实际上讲的都是教育与生活的联系。该书对学校教育脱离生活的弊端提出了批评，认为"在一般情况下，正规教育仅仅是或主要针对学会认知，较少针对学会做事"。[①] 该书指出："在任何一种有组织的教育中，这四种'知识支柱'中的每一种都应得到同等重视，使教育成为受教育者个人和社会成员在认识和实践方面的一种全面的、终生持续不断的经历。"[②] 该书作者特别强调要给学生以全面的教育，而不仅仅是知识教育。"正规教育系统不顾其他学习形式，越来越强调获取知识，而现在十分重要的是应把教育作为一个整体来加以设计。"[③]

当前学校教育存在的重要弊端，正在于对书本知识的过分依赖乃至迷信。书本知识的重要性当然不容怀疑，它是青少年儿童成长和发展所必不可少的营养。这种知识有其鲜明的优点，它可以使学习变得更加简化，更有效率。但是我们没有理由将它提到独尊的地位，甚至也不一定要让它占绝对主导的地位。《学会生存》一书对于教育脱离生活的现实作了深刻的揭示："教育的内容与学生生活经验之间的脱节，它所宣扬的价值体系与社会目标之间的差别，教育的课程计划陈旧与科学现代化之间的鸿沟等方面，从根本上使教育受到了损害。"针对这种现状，该书还正确地指出："使教育与生活结合起来，把教育与具体目标联系起来，建立社会与经济的密切关系，发明或再发现一种适合于它的环境的教育体系——这肯定是

---

① 国际 21 世纪教育委员会向联合国教科文组织提交的报告：《教育——财富蕴藏其中》，联合国教科文组织总部中文科译，教育科学出版社 1996 年版，第 76 页。

② 同上。

③ 同上书，第 87—88 页。

求得解决的办法。"①

从学校教育的实际情况来看，书本知识在教育中的地位过高，占的分量过大，应当适当降低和减少，将空出的位置让给实践能力的培养及生活经验的体悟。

在教育过程中保持与生活的密切联系，可采取"引进来"和"走出去"的办法。"引进来"，即有目的、有计划地向学生介绍和分析现实的社会生活；各科教学要加强与生活的联系；减少静坐在教室中听讲和书面练习的时间，增加在活动中学习的机会。美国教育家杜威曾极力推崇这种方法。在《学校与社会》一书中，他明确提出应把学校创造为"一个小型的社会，一个雏形的社会"，② 使"每个学校都成为一种雏形的社会生活，以反映大社会生活的各种类型的活动作业进行活动"。③ 他强调把社会生活移进学校与课堂，让儿童在这种简化的社会生活中获得经验，通过经验的不断改组和改造而获得成长。杜威的观点和做法，长期以来一直受到否定乃至批判。现在看来，对于他的有关观点和做法，我们应当进一步认真研讨，吸收和借鉴其中有益的东西。打破书本知识一统天下的格局，将社会生活适当地引进学校，具有十分重要的意义。学生在学校的生活，将由此而变得更丰富、更充实、更有活力。

"走出去"，即学校与社会各界、各方面合作，努力创造条件、提供机会，让学生走出校门去参观和参与社会生活，使学生接触、感受、体验真实的社会生活。这样做的目的既是为了使学生了解和认识当前的社会生活，也是为了使他们能更好地适应将来的社会生活，并且为创造未来的美好生活而做出自己应有的贡献。

---

① 联合国教科文组织国际教育发展委员会编著：《学会生存——教育世界的今天和明天》，华东师范大学比较教育研究所译，教育科学出版社 1996 年版，第 98 页。

② 赵祥麟、王承绪编译：《杜威教育论著选》，华东师范大学出版社 1981 年版，第 21 页。

③ 同上书，第 28 页。

关于和平教育的思考 *

战争与和平是人类社会的一个永恒话题。战争给人类造成灾难与痛苦，而和平则为人类带来安宁与幸福。自古以来，避免战争、追求和平始终是人类最基本的价值诉求和美好愿望。但是，当今时代各种冲突乃至战争仍在不断出现，人类的和平之路步履艰难。在这种情况下，教育能为人类的和平做些什么？教育应当怎样促进人类的和平？和平教育应该如何开展？本文试图对这些问题进行初步的探讨。

一　和平教育的内涵与特征

什么是和平？什么是和平教育？和平教育具有哪些特征？这些问题是我们探讨和平教育首先需要明确的基本问题。

（一）和平教育的内涵

什么是和平？传统的观点一般认为，和平是一种"非战争状态"或"不存在物理性暴力的状态"。① 二次世界大战后，人们对这种认识提出了质疑和修正。被称为"和平学之父"的挪威学者约翰·加尔通（Johan Galtung）于 1969 年提出了积极和平和消极和平的概念，并对二者进行了区分。② 他认为，以往人们对和平的理解主要着眼于消弭战争或者暴力，

---

* 本文由何齐宗与万发盛合著，原刊于《教育研究》2012 年第 3 期，2015 年获江西省社会科学优秀成果一等奖。

① ［日］星野昭吉：《全球社会和平学》，刘小林等译，北京师范大学出版社 2007 年版，第 73—74 页。

② 王正青：《当代学校和平教育目标设计与实施策略研究》，西南大学，2010 年。

认为和平指的是没有战争或暴力。加尔通指出，这种和平更多地属于治疗性质，而不能有效地预防冲突。积极和平所要解决的是间接的、无形的结构性暴力（structural violence）——因为贫穷、疾病、压制性体制和社会歧视给人类带来的痛苦和灾难。他认为，只有在积极和平状态下，人才真正拥有充分的自由，人性才能得到充分的发挥和实现。日本著名学者池田大作也赞成将和平区分为积极和平与消极和平两种性质，并且极力倡导积极的和平观。他说："人类所要解决的课题，不单是实现没有战争这一消极的和平，而是要实现积极的、一种能从根本上改变威胁'人性尊严'的社会构造的和平。只有这样，我们才可以明白并享受到和平的真正意义。"① 池田大作认为，和平是通过同包括战争在内的各种暴力——贫困、饥饿、环境破坏、压制人权等做斗争，通过根绝各种暴力而实现的。因此，他指出：和平是相互之间不加任何恐怖于对方，衷心互信互爱的一种状态。这样的和平状态才是人类社会的正常状态。② 这就是说，和平不只是人们一般所理解的没有战争或暴力，它也被认为是一种良好的人际关系状态，是一种国与国和睦友好的关系，是一种人与自然的良性互促关系。不过我们也应当承认，没有战争或暴力仍然是和平的最基本的内涵。当然，我们也不能绝对否定武力手段，为了达到和平的目的有时也不可避免地要使用武力。如果是出于维护正义和惩罚邪恶的目的，在找不到其他更合适的办法的情况下也可以考虑动用武力。这里所说的武力，包括武器的实际投入使用，但更为核心的内涵是只以武力作为震慑的手段。如果不实际使用武器就能达到和平的目的，那当然是一种更为理想的结果，也是更值得我们追求的更高的境界。

什么是和平教育？和平教育可以分为广义和狭义两种含义。广义的和平教育领域较为宽泛，凡是能够增进人们的和平知识与技能、影响人们的和平观念与行为的活动都可以称为和平教育。它包括在家庭、社会和学校中实施的和平教育，大学的和平研究项目以及各类和平活动、和平研讨班、有关和平的培训项目、和平会议以及战争展览等。狭义的和平教育是指学校有目的、有计划、有组织地传授和平与冲突化解理论，传播和平知

---

① 转引自王学风、刘卓红《池田大作和平教育思想探讨》，载高益民主编《和平与教育——池田大作思想研究》，教育科学出版社 2010 年版，第 80 页。

② ［英］汤因比、［日］池田大作：《展望二十一世纪》，荀春生译，国际文化出版公司 1985 年版，第 250 页。

识与和平文化、提高人们的和平意识、塑造和平文明的教育。本文所探讨的主要是指这种狭义的和平教育。不过，学校和平教育并不是孤立的，它需要社会和家庭的配合。因此，学校的和平教育应多与社会、家庭沟通和协调，以形成三者的教育合力，促进学生和平素养的提高。

（二）和平教育的特征

和平教育的特征主要体现在三个方面，即跨学科、多层面和现实性。

1. 跨学科

和平教育涉及的学科非常广泛。西方大学在政治学、国际关系、战略研究、社会学、发展研究、心理学、历史学和宗教学等众多学科中开展和平教育。有的大学设有专门的和平研究系，开设的课程范围很广，涉及上述诸多学科的相关内容。在对人性、决策、冲突分析、裁军以及采取非暴力方式转化冲突等问题的教育上，和平教育试图打破各个学科之间的限制。我们今天所面临的许多复杂问题，很难用哲学、历史学、人类学、社会学和政治学等单一学科进行解释，这就决定了我们进行和平教育时，必须综合其他学科来展开教学。和平教育的跨学科特点还体现在它的课程设置中，西方和平教育的课程包括：后冷战时期的战争、冲突与和平，新的核计划，南北关系，冲突化解，国际法，心理与和平，和平与安全经济学，发展、债务和全球贫困，环境、人口增长与资源匮乏，人权、人种、种族与冲突，非暴力、和平运动与社会激进主义等课程。我们从这些课程中可以看出，和平教育已经超越民族和国家之间的界限，它将全球系统都包括在内。和平教育的时间跨度也很大，它往往要回顾历史，借鉴历史经验，吸取历史教训，分析当今世界形势，探究影响世界和平的各种因素，并关注可能期望的未来。[①]

2. 多层面

和平教育大致可以分为个人、国家和国际等三个层面。个人层面的和平教育主要关注人类的本性、公民个人的动机与主观愿望、政治领袖的意志与影响、人际关系的价值观念、个人对和平认知标准的差异与缺失以及决策者的个人背景、历史经验、价值选择和领导风格等，从而使和平真正成为每个人关注的事业。和平教育在国家层面重点关注国家特征对和平的

---

① 刘成：《和平学》，南京出版社 2006 年版，第 4 页。

影响、国内和平得以维持的条件以及国内和平与世界和平的关系等问题。从国际或全球层面来看，大多数国家在相当长的时期内倾向于和平合作以寻求稳定、秩序和平衡。尤其在当今相互依存不断深化的全球化时代，世界各国已经形成你中有我、我中有你的局面，面对诸如能源、人口、粮食、毒品、裁军、核扩散、气候变化、恐怖主义等全球性问题，单靠某个国家的力量已经无济于事，世界各国只能在相互合作中寻求共同解决的机制。和平教育要分析国家间权力分配的程度或不同权力结构对于全球和平秩序的影响，分析全球性问题对于世界和平的影响以及寻找全球和平治理的办法，分析国际法、国际机制和国际组织对于国家间互动模式及其对国际和平的影响等。

3. 现实性

和平教育所涉及的内容多与现实生活紧密相关，比如，非暴力教育、城市暴力、暴力防御和冲突化解等主题，有助于处理学生之间和师生之间的冲突问题以及校园暴力问题。欧美国家在中小学教学中增设调解工作课程也是出于同样的目的。开展和平教育可以提高学生的和平意识，掌握以和平的方式化解冲突的能力。和平教育中的冲突化解的理论与实践可以直接运用于我们日常的现实生活中，为增进社会及人际的和谐。

二　和平教育面临的机遇与挑战

当今世界的和平教育既具有良好的机遇，同时也面临着来自内外部的各种挑战。我们在实施和平教育时既要善于把握机遇，也要积极迎接挑战。

（一）和平教育的机遇

1. 人们对和平教育意义的认识在提高

20 世纪发生的两次规模空前的世界大战，给人类带来了巨大的破坏和损失。紧接着在美苏两个阵营之间又发生了长达几十年的冷战，人类一直处于战争的阴影之中。如今冷战虽然已经结束，但是世界并没有因此而变得太平，战争的威胁仍然存在。事实上，冲突和局部战争经常在各地发生。在目睹战争和冲突对人类的残酷破坏后，人们开始认识到和平的意义与可贵。和平环境的创造是以对人的尊重及主权国家间的理解、信任和宽容为前提的。康德在《永久和平论》一书中曾经指出："人与人生活于相互间的和平状态并不是一种自然状态，那倒更其是一种战争状态。"因此，他认为："和平状态就必须是被建立起来的。"① 那么，和平状态应当如何建立？历史的经验告诉我们，仅仅依靠签订军事停战条约还不可能彻底遏制人类的冲突从而实现持久的和平。最根本的办法是通过教育来培养人类相互理解的理念，发展其追求持久和平的人性。联合国教科文组织的组织法序言对此有精辟的论述："战争起源于人之思想，故务须于人之思想中筑起保卫和平之屏障。"②《教育——财富蕴藏其中》一书对于通过教育来促进世界的和平与进步充满信心："面对未来的种种挑战，教育看来是使人类朝着和平、自由和社会正义迈进的一张必不可少的王牌……人类可借其减少贫困、排斥、不理解、压迫、战争等现象。"③ 池田大作也曾深刻地指出："要抵挡'战争与暴力'的污流，掀起'和平与非暴力'的新潮流，首先必须回到人这一原点上，除此以外别无他途，所以一定要毫不犹豫地、毅然决然地从陶冶人的精神出发向前迈进。"④

2. 全球化浪潮的影响在加剧

近几十年来，全球化浪潮席卷了整个世界，各国的经济、科学、文化和政治方面的相互依赖关系正在日益加深。在这种情况下，人类的生存和生活方式不可避免地会受到各种各样的全球性问题的影响。日本和平思想家星野昭吉深刻地指出，全球化的发展加强了人们围绕政治、经济、社会、文化、军事、环境、技术等活动的相互关系，并且形成了一个全球性社会关系的体系。任何个人、团体、地方、社会、民族、国家、国际组织都不同程度地成为构成这一关系网络的一部分，并且与这一网络密切相联系，深受其影响。某些个人、团体、地区、国家、国际组织的行为或决策会对其他行为体带来影响，同时自己也会不可避免地受到其他行为体的影响。由于全球社会在时间和空间上进一步缩小，不论人们生活在什么地

---

① ［德］康德：《永久和平论》，何兆武译，上海人民出版社 2005 年版，第 13 页。

② 转引自联合国教科文组织《编者的话》，《教育展望》（中文版）1987 年第 12 期。

③ 国际 21 世纪教育委员会向联合国教科文组织提交的报告：《教育——财富蕴藏其中》，联合国教科文组织总部中文科译，教育科学出版社 1996 年版，第 1 页。

④ ［日］池田大作：《"和平与教育：池田大作国际学术研讨会"献词》，见高益民主编《和平与教育——池田大作思想研究》，教育科学出版社 2010 年版，第 3 页。

方，几乎没有了空间的距离和时间的差别，不论发生什么事情，几乎同时影响整个人类。① 人类的日常生活同国际社会的冲突、战争或和平的存在方式紧密相连，并为这些冲突、战争或和平方式所左右。人类发展的全球化客观上要求开展和平教育，以培养各民族国家公民的国际责任感、国际知识、国际交往能力以及对多元文化、多元制度的深刻理解。

3. 国际组织推动的力度在加强

正因为如此，联合国及联合国教科文组织都十分重视推动国际社会的和平实践，把战争文化转变为和平文化一直是联合国教科文组织优先而重要的工作。1982 年 11 月，第 37 届联合国大会通过决议将 1986 年确定为"国际和平年"（International Year of Peace）。这是联合国倡议的一项重要活动，得到世界上 100 多个国家和组织的支持。国际和平年的主要目标是：促进和平、国家安全与合作，以和平方式解决冲突；加强联合国作为致力于促进和维护和平的重要组织作用；集中注意并鼓励反映当今世界的基本和平要求。1985 年 10 月，在联合国成立 40 周年的纪念仪式上，各成员国一致通过了"国际和平年宣言"，要求各国人民与联合国一起共同努力，捍卫和平、保障人类未来。1994 年联合国教科文组织第 44 届国际教育大会把"为和平、人权和民主的教育"作为大会的主题，倡导通过教育促进和平、人权和民主的文化。经过讨论，大会提出了"和平文化"的理念和培养"世界公民"的目标。1995 年 11 月，联合国教科文组织第28 届大会指出，20 世纪末最大的挑战是从战争与暴力转向和平文化。1996 年 6 月在约旦安曼举行的全民教育国际会议通过的大会决议《全民教育的目标实现》指出，教育是人道主义的可持续发展的关键，是实现建立在相互尊重和社会正义基础之上的和平的关键。决议呼吁"我们必须学会如何用教育来预防冲突，并在危机一旦发生时，确保教育能出现在首批应急措施之中，从而使教育有助于希望和稳定的建立，有助于医治冲突的创伤"。② 1997 年第五届国际成人教育大会通过的《成人教育的汉堡宣言和未来议程》指出："我们这个时代最主要的任务之一就是消除暴力文化（culture of violence），建设一种基于公正和宽容的和平文化（culture

---

① ［日］星野昭吉：《全球社会和平学》，刘小林等译，北京师范大学出版社 2007 年版，第 87—88 页。

② 赵中建选编：《全球教育发展的研究热点——90 年代来自联合国教科文组织的报告》，教育科学出版社 1999 年版，第 241—242 页。

of peace）。在这一和平文化中，家庭和社区，以及国家内部和国家之间的对话、相互认识和磋商将代替暴力。"[①] 1997 年的联合国大会将 2000 年定为 "国际和平文化年"（International Year for the Culture of Peace）。1998 年联大通过决议，将 2001—2010 年定为 "建设国际和平文化与儿童非暴力文化十年"（International Decade for a Culture of Non-violence for the Children of the World），认为这项活动将有助于在尊重人权、民主和容忍的基础上促进和平文化；强调教育在建设非暴力与和平的文化，尤其是教导儿童实践和平与非暴力行为方面的作用；要求各会员国采取必要步骤确保在其社会各阶层（包括在教育机构里）进行关于实践和平与非暴力的教育。1999 年，联大通过《和平文化宣言和行动纲领》（Declaration and Programme of a Culture of Peace），至此，构建和平文化已成为国际共识。2001 年 9 月 7 日，联合国大会通过决议，决定自 2002 年起将 9 月 21 日定为国际和平日。决议要求此后国际和平日应成为全球停火和非暴力日，并要求所有国家和人民在这一天停止敌对行动，还要求所有会员国、联合国系统各组织、区域组织和非政府组织以及个人以各种适当方式（包括教育和公众宣传）庆祝国际和平日并同联合国合作实现全球停火。

（二）和平教育的挑战

从世界各国和平教育的发展来看，和平教育目前主要面临以下挑战。

1. 外部环境的不利影响

近年来影视节目中的暴力倾向越来越严重，甚至还被商家作为卖点向青少年推销。网络暴力文化的传播也甚盛，网络文化中夹带着许多暴力信息，如各种负载境内外暴力文化特质的影碟、暴力新闻，甚至有人在网上公然教授如何实施各种暴力犯罪等，这些通过网络有声有色地传输的暴力信息，无疑使青少年深受其害。当前流行的多数电子游戏其内容也充斥着种种暴力成分。在游戏中，青少年扮演着施暴者的角色，在虚拟世界中体验着屠杀的快感。而这种通过角色扮演参与暴力的游戏，有可能使一些 "武力解决问题" 的 "暴力" 思想，潜移默化地侵蚀着青少年的灵魂。久而久之，这种暴力价值观将渗透到青少年的品质之中，并有可能在现实生

---

① 赵中建选编：《全球教育发展的研究热点——90 年代来自联合国教科文组织的报告》，教育科学出版社 1999 年版，第 386 页。

活中得到体现，甚至走上违法犯罪的道路。一些文学作品和报纸杂志也存在大量的暴力情节描写，如武侠小说、侦探破案小说等，即使是某些名著也包含着"暴力"情节。不少孩子将作品中的"大侠""英雄"作为自己的偶像，而这些"大侠""英雄"往往具有"动辄杀人"的"鲜明性格"。大量的事例表明，在青少年的暴力犯罪中有不少就是出于所谓的"英雄崇拜"。这种"英雄崇拜"的结果是，一些青少年常常会因生活中微不足道的失意、挫折或哥们儿义气而大打出手，以暴力方式解决冲突和矛盾。

2. 学校教育自身的弊端

传统的学校教育是一种"金字塔形"的等级教育制度。在这种教育中，强调"师道尊严"的思想，公开主张保留体罚，以彰显教师的威严。另一方面，传统的教学评价方式片面鼓励学生彼此竞争，公布考试成绩排名。校际比赛时，校校彼此为敌；班际比赛时，班班彼此为敌；考试时，人人彼此为敌。赢则尖叫跳跃，输则抱头痛哭。在这种情况下，学校和教师只关注核心科目的教学，对其他内容则很少关心。如果学校在这些方面不加以改变，那么和平教育就很难在学校教育中找到自己的位置，更不可能得到真正的实施。① 此外，历史教科书中过多地描述对抗、冲突、战争、侵略、征服与失败等；许多文学作品也演绎着同样的内容；政治学教科书则围绕权力、竞争、输赢而展开；生物教学的重点内容往往是各种生命体之间的生存与竞争，而对于共存、依赖与合作等现象关注不够。学校教育中存在的这些弊端无疑与和平教育所提倡的民主、人权、宽容、合作等理念不相容。

3. 和平研究的问题与矛盾

和平教育建立在和平研究的基础之上，但现在和平研究本身存在诸多问题和矛盾，给和平教育的实际推行带来了困惑和困难。和平研究是一门以和平及其对立面（包括冲突、暴力和战争等）为研究对象的新学科。近年来，和平研究取得了一些进展，但在许多基本问题上并未达成共识，各种观点和意见纷争甚至相左。同时，和平研究在一定程度上还存在脱离现实的倾向。正如和平活动家所言：现有的和平研究太学术化，与和平工作者的实际需要没有多大关系。即使有一些与之相关的成果，也采用了枯

---

① 　顾彬彬：《和平教育的国际走向》，《南通大学学报》（教育科学版）2005 年第 3 期。

燥无味的学术性语言，让人费解。①

三　和平教育的实施策略

和平与发展是时代的主题，而和平是发展的前提和基础。我们的教育有责任和义务为维护世界和平做出自己的积极贡献。如何继承和平教育的优良传统，更好地开创新世纪的和平教育，使和平教育发挥更大的作用，是我们面临的艰巨使命。

（一）提高教师的和平素养

教师是实施和平教育的重要主体，他们在和平教育中占有不可替代的地位。联合国教科文组织对此曾有过深刻的阐述："对教师而言，为社会打下和平的基础如同签署和平协议一样重要……他们传授知识与价值观，培养学生的和平技能和行为，使得和平不仅仅是没有冲突，而成为所有人的生活方式，把社会这一概念融入人类的日常生活是普遍和持久和平的关键。"② 为了更好地实施和平教育，需要不断提高教师的和平素养。第一，要将和平内容纳入教师培训之中。教师的职前培养与在职培训都应当包括和平、人权和民主等内容。教师培训可以寻求在和平、人权和民主活动中有经验的人士（政治家、法学家、社会学家和心理学家等）进行教育。③政府也可以组织教师参加国际培训，如设在瑞士的"人权与和平教学国际培训中心"（International training center for the teaching of human rights and peace）。该组织每年召开一次国际教师培训会议，会议为与会者交流有关各国所应用的内容和方法的信息提供了机会，促进了成员之间的交流。政府还可以组织区域性的教师培训，为教师学习有关和平的内容以及传播和平、人权、民主的理念提供条件。第二，学校可以组织教师进行交流学习。为了更好地提高教师的和平素养，除了鼓励教师自学以外，学校还应组织他们进行相关的交流与研讨。通过交流和研讨，教师可以更好地

---

① 韩洪文：《20 世纪的和平研究》，《华东师范大学学报》（哲学社会科学版）2005 年第 5 期。

② 王正青：《当代学校和平教育目标设计与实施策略研究》，西南大学，2010 年。

③ 杨小玲：《国际理解教育的理论与实践研究》，福建师范大学，2006 年。

挖掘和利用和平教育的资源，改进和平教育的方法，提高和平教育的效果。

（二）重视和平教育的课程与教材建设

课程对于和平教育的开展具有重要的意义，没有必要的课程资源和平教育就无法得到有效的实施。综观国外和平教育与课程的关系，大致可以概括为三种模式：一是专门开设"和平教育"课程；二是将和平教育整合到有关课程或活动之中；三是既专门开设"和平教育"课程，又将和平教育贯穿到有关科目的教学或相关活动之中。依据和平教育的跨学科特点和我国当前教育的实际情况，中小学的和平教育应主要采取第二种模式，亦即可以将和平教育的内容有意识地渗透到历史、地理、语文、社会、外语、思想品德、艺术等大多数学校课程的教学中。事实上，在数学、物理、化学、生物、体育等课程的教学中同样可以渗透和平教育的内容。大学阶段的和平教育应主要采取第三种模式，既专门开设"和平教育"的课程，甚至可以设立专门的和平学学位，又将和平教育渗透到有关科目的教学或相关活动之中。教材是和平教育的重要载体，我们应当组织力量编写具有中国特色的和平教育教材。教材的编写当然要积极借鉴国外的有益经验，但同时也要努力发掘我国传统文化中的和平文化。中国是一个热爱和平的国度，在漫长的发展过程中积累了丰富的和平文化遗产。"和而不同""求同存异""以和为贵""家和万事兴"等思想观念早已成为共识，这些宝贵的资源在和平教育教材中应当得到体现。在教材中还可以引入我国和平解决国际争端的事例。新中国成立以来，我国一贯主张并实际推行通过对话和协商解决国家之间的争端。通过"一国两制"的方式解决香港问题就是一个典型的成功范例。在解决中国与周边国家存在的领土、边界纠纷上，中国一直提倡和平协商，互谅互让，对有主权争议的南沙群岛实行"搁置争议、共同开发"的原则，使中国的崛起有了一个和平与稳定的周边环境。

（三）探索和平教育的有效方法

和平教育的内容非常广泛，采用的教学方法也应该多种多样。

1. 问题式

在和平教育中运用问题法是指教师根据学生已有的对和平的认识基础

提出富有启发性的问题，引导学生积极思维、大胆质疑和探究的一种教学方法。在实际教学中，教师应引导学生把所学到的和平知识运用到生活实践中去，引导学生对现实生活中的冲突和暴力进行反思，以培养学生的认识、判断和决策的能力，使他们能多角度地理解问题，分析各种主张，反省自己的价值与信念，进一步提升自己的和平意识。

2. 合作式

合作学习是指学生为了完成共同的任务，有明确的责任分工的互助性学习。合作学习鼓励学生一起工作，在完成共同任务的过程中实现自己的价值与理想。通过合作学习，同伴关系将变得更为融洽，学生可从中学习人际沟通、交流和相处的技巧，提高解决冲突和分歧以便和平共处的能力，并体会到彼此相互信任、依赖、支持和协作的重要性。

3. 生活化

和平教育要贴近学生的生活世界，关注学生的生活经验，将课堂学习与社会生活紧密地结合起来。教师可以从日常生活中寻找与学生切身相关的人、事、物等和平问题的案例，使学生从学习中亲身体验贫困、饥俄、核战争、军备竞赛、南北问题、生态环境破坏、能源枯竭、地区冲突、民族和宗教、压制人权等各种各样的全球性问题，加深对冲突、暴力与和平的理解。

4. 活动化

和平教育的活动化，要求在和平教育中以各种和平资源为载体，通过各种自主性的活动，使学生亲身感受和体验和平的内涵与价值、增强和平意识并自觉地转化为"追求和平"的实际行动。

（四）注重多元文化的教育

多元文化事实上就是多种文化的共同存在与发展。塞缪尔·亨廷顿正确地指出："在 20 世纪，文明之间的关系从受一个文明对所有其他文明单方向支配的阶段，走向所有文明之间强烈的、持续的和多方向的相互作用的阶段。"① 多元文化教育的目的即是使所有学生（不仅仅是少数民族学生）认识、理解和尊重人类社会的各种文化，建构起各民族的"共生"

---

① ［美］塞缪尔·亨廷顿：《文明的冲突与世界秩序的重建》，周琪等译，新华出版社 2002 年版，第 39 页。

意识，其实质就是文化平等与社会民主的教育。《教育——财富蕴藏其中》一书认为，教育的使命就是教育学生懂得人类的多样性，在尊重多样性的基础上了解他人，致力于使他们学会尊重其他文化。同时还要引导他们认识到地球上所有人之间具有相似性而且相互依存，"帮助将事实上的相互依赖变成有意识的团结互助，是教育的主要任务之一。"① 该报告同时还建议，从幼儿时期开始，学校就应利用各种机会来进行这种教育，以增强不同文化的认同感和包容性，从而更好地促进语言和文化的发展，以及不同语言、文化间的交流与沟通。

（五）形成学校、家庭与社会的和平教育合力

和平教育目标的达成需要学校、家庭和社会的共同努力，需要三者在不同的场合互相支持。毫无疑问，学校在和平教育中应当而且可以发挥主导作用，但家庭的密切配合和社会的大力支持也很重要。没有家庭和社会的积极参与，和平教育将举步维艰，收效甚微。未成年人正处于成长发育阶段，他们分辨是非的能力较弱，而模仿力却很强。家庭、社会与学校应当共同承担起抵制暴力文化的责任，为青少年儿童创造一个非暴力的和平成长环境；同时采取有效的措施引导他们正确认识暴力的危害与和平的可贵，使他们学会理解、学会尊重、学会宽容、学会关心、学会合作、学会共处。

"和平不是自己不卷入战争就可以维护的。要实现世界和平，需要积极的创造性的努力……除了一部分要发动战争的当权者之外，全世界所有的人无疑都渴望和平。扩大民众这一朴素的愿望和团结，真正的世界和平、人类持久的和平并不是不可能实现的。"② 和平教育正是扩大民众和平愿望，培植人类和平精神的重要途径，现代教育理应将和平教育摆在重要的地位并将它真正加以落实。

---

① 国际 21 世纪教育委员会向联合国教科文组织提交的报告：《教育——财富蕴藏其中》，联合国教科文组织总部中文科译，教育科学出版社 1996 年版，第 34 页。

② ［日］池田大作：《人生箴言》，卞立强译，中国文联出版社 2004 年版，第 172 页。

试论邓小平的教育战略地位思想 *

邓小平同志作为中国共产党第二代领导集体的核心，在领导建设中国特色的社会主义过程中，始终以战略家的眼光，对教育予以高度的重视和极大的关心。他对我国教育问题，尤其是教育地位问题，作了一系列深刻的阐述。邓小平同志的教育战略地位思想，代表了党在新的历史时期对教育地位的正确认识，是社会主义教育事业的宝贵财富。本文试图对邓小平同志的这一思想进行初步的探讨。

一 四个现代化关键是科学技术现代化，科技人才的培养基础在教育

马克思主义一贯认为，科学技术是生产力。一百多年前，马克思在分析机器生产的特点时就说过，"整个生产过程不是从属于工人的直接技巧，而是表现为科学在工艺上的应用"，并且明确指出，"生产力中也包括科学"。[①] 科学技术是生产力，但是科学技术要由人来创造发明，要由人来掌握使用。教育就是使科学技术与人结合起来的桥梁。马克思主义者从来都很重视教育在革命和建设中的地位和作用。马克思指出："工人阶级的最有教养的一部分完全了解，他们阶级的未来，也就是人类的未来，

---

* 本文原刊于《江西师范大学学报》（哲学社会科学版）1992 年第 1 期，中国人民大学报刊复印资料《教育学》1992 年第 4 期转载，《高等学校文科学报文摘》1992 年第 4 期转摘。

① 中共中央马克思恩格斯列宁斯大林著作编译局编著：《马克思恩格斯全集》第 46 卷，人民出版社 1972 年版，第 211 页。

完全取决于正在成长的工人一代的教育。"① 马克思的这一著名论断，充分反映了对教育作用的高度评价，同时也说明了马克思主义创始人所以一贯重视无产阶级教育的根本原因。工人的教育问题，既关系到社会发展，更关系到无产阶级和人类未来的命运，因而正确解决工人阶级的教育问题，就成为无产阶级解放事业的战略性措施。马克思还说过："要改变一般的人的本性，使他获得一定的劳动部门的技能技巧，成为发达的和专门的劳动力，就要有一定的教育和训练。"② 人能劳动，这是区别于其他动物的人的一般本性。要使人能从事一定劳动部门的劳动，就要经过一定的教育和训练，掌握该劳动部门的技能和技巧；而要成为发达的熟练劳动力，则要接受较多的教育。马克思认为，随着生产力的进步，特别是大工业生产力的发展，社会对教育的需要会日益增加。

当今国际上普遍认为，生产力的竞争，主要依赖于科学技术的竞争，科学技术的竞争又主要依赖于教育的竞争。教育的普及和发达程度已成为衡量一个国家国力强弱的重要标志。第二次世界大战后，美国所以能在生产和科技上始终处于领先地位，日本所以能在战争的废墟上很快振兴，成为世界经济强国，都在于他们重视发展教育，开发智力，并把教育作为基本国策。现在，随着科学技术的发展，现代生产对劳动者的要求越来越高，教育的作用也越来越大。

邓小平同志正是根据马克思主义的基本原理，在总结国外现代经济和教育发展的经验基础上，同时结合我国的实际情况，高瞻远瞩，精辟地论述了教育在我国社会主义建设中的重要地位和作用。他认为，人才是建设社会主义具有决定意义的一个因素，培养人才的教育事业是整个国家建设的一项最重要的事业。

众所周知，"十年动乱"教育战线的灾难非常沉重，教育方面的问题成堆，如何理出个头绪来，这是一个全国人民都非常关注的大问题。

当时，邓小平同志以非凡的胆识，亲自挂帅抓教育，并且对教育问题，尤其是教育的地位问题，发表了一系列重要的观点。值得注意的是，邓小平同志不是就教育论教育，而是从指导全党工作的角度，从现代化建

① 中共中央马克思恩格斯列宁斯大林著作编译局编著：《马克思恩格斯全集》第 16 卷，人民出版社 1972 年版，第 217 页。

② 中共中央马克思恩格斯列宁斯大林著作编译局编著：《马克思恩格斯全集》第 23 卷，人民出版社 1972 年版，第 195 页。

设战略全局的高度来观察和处理教育问题的。他把教育同社会主义现代化建设密切联系起来，并把它看成关系到社会主义现代化建设成败的极为重要的事业。1977年8月，邓小平同志重新出来工作不久就强调了科学和教育的重要性。他说："我们国家要赶上世界先进水平，从何着手呢？我想，要从科学和教育着手。"① 同年9月，他又指出："不抓科学、教育，四个现代化就没有希望，就成为一句空话。"②

邓小平同志为什么把科学和教育摆到如此重要的位置呢？对于这个问题，他有深刻的认识和阐述。他根据科学技术发展的自身特点和对我国经济发展水平的科学分析，充分肯定了科技发展对现代生产的制约作用。他说，当代"社会生产力有这样巨大的发展，劳动生产率有这样大幅度的提高，靠的是什么？最主要的是靠科学的力量、技术的力量"③。"科学技术正在成为越来越重要的生产力"。④ 当谈到我国的科学技术现状时，他以高度的求实精神指出："必须清醒地看到，我们的科学技术同世界先进水平的差距还很大，科学技术力量还很薄弱，还不能适应现代化建设的需要。"⑤ 鉴于这种情况，邓小平同志提出，进行社会主义建设，必须抓紧、抓好科学技术工作。他一再强调："四个现代化，关键是科学技术的现代化。"⑥ 这是邓小平同志根据马克思的科学技术是生产力的观点和世界近几十年来生产发展的客观事实所做出的科学论断。

邓小平同志还进一步论述了教育对科学技术发展的作用。他说："科学技术人才的培养，基础在教育。"⑦ 又说："发展科学技术，不抓教育不行。靠空讲不能实现现代化，必须有知识，有人才。"⑧ 正是基于这样的认识，所以早在1977年，他就向全党和全国人民发出了振聋发聩的呼声：尊重知识，尊重人才！1979年，邓小平同志在一次报告中又说："现在我们国家面临的一个严重问题，不是四个现代化的路线、方针对不对，而是

① 《邓小平文选》（1975—1982年），人民出版社1983年版，第45页。
② 同上书，第65页。
③ 同上书，第84页。
④ 同上书，第85页。
⑤ 同上书，第87页。
⑥ 同上书，第83页。
⑦ 同上书，第92页。
⑧ 同上书，第37页。

缺少一大批实现这个路线、方针的人才。道理很简单，任何事情都是人干的，没有大批的人才，我们的事业就不能成功。所以，现在我们搞四个现代化，急需培养、选拔一批合格的人才。"① 1985 年 3 月，邓小平同志在全国科技工作会议上再次强调了人才问题的重要性。他说："改革经济体制，最重要、我最关心的，是人才。改革科技体制，我最关心的，还是人才。"

二　教育是一个民族最根本的事业，各级领导一定要把教育抓好

邓小平同志在 1985 年 5 月召开的全国教育工作会议上作了题为《把教育工作认真抓起来》的重要讲话。他在这次讲话中，从战略的高度阐述了搞好教育工作的重要意义。他说："我国的经济，到建国一百周年时，可能接近发达国家的水平。"这样说有什么根据呢？他说："根据之一，就是在这段时间里，我们完全有能力把教育搞上去，提高我国的科学技术水平，培养出数以亿计的各级各类人才。我们国家，国力的强弱，经济发展后劲的大小，越来越取决于劳动者的素质，取决于知识分子的数量和质量。一个十亿人口的大国，教育搞上去了，人才资源的巨大优势是任何国家比不了的。"邓小平同志认为，中央提出要以极大的努力抓教育，这是有战略眼光的一着。他还严肃地指出，全党一定要把教育抓好，否则"就会误大事，就要负历史的责任"。1986 年 4 月，邓小平同志在会见香港知名人士时，再次指出了知识和人才的重要性。他说："教育是一个民族最根本的事业。四化建设的实现要靠知识、靠人才。"在这以后，邓小平同志又多次强调了教育的战略地位。1987 年 11 月，党的十三大闭幕不久，他在会见朝鲜贵宾时说："现在要为将来的发展打好基础，第一位的是发展教育和科技。要从现在的娃娃抓起。因为将来管事的是他们。"1989 年 3 月，他在会见乌干达总统时又指出："从长远看要注意教育、科学技术，否则已耽误了 20 年，还要耽误 20 年，后果不堪设想。"话语不多，但说得非常明确，很有针对性。其主要意思就是要在通货膨胀、经济

① 《邓小平文选》（1975—1982 年），人民出版社 1983 年版，第 193 页。

紧缩和改革遇到很大困难的严峻形势下，优先保证教育。这说明，不论是在经济情况较好的时候，还是在经济情况较差的时候，邓小平同志始终极其重视教育，始终坚持把发展教育事业放在突出的位置。

与此同时，忽视教育的问题，尤其是一些领导干部轻视教育的问题，至今并没有得到真正的解决。针对这方面的问题，邓小平同志尖锐而又中肯地指出："还有相当一部分同志，包括一些高级干部，对于发展和改革教育的必要性，认识不足，缺乏紧迫感，或者口头上承认教育重要，到了解决实际问题时又变得不那么重要了。"他还进一步指出，我们已经实现了全党全国工作重点的转移，这个重点，本来就应当包括教育。他说："一个地区、一个部门，如果只抓经济，不抓教育，那里的工作重点就是没有转移好，或者说转得不完全。"他告诫各级党政领导干部"要像抓好经济工作那样抓好教育工作"，并且严肃地指出："忽视教育的领导者，是缺乏远见的、不成熟的领导者，就领导不了现代化建设。"① 邓小平同志的这段话，明确而深刻地阐明了教育工作和经济工作的内在联系，及时澄清了那种把两者割裂开来的错误观念。

回顾历史，在我们党的领导人中，像邓小平同志这样关注和重视教育事业，并把它提到现代化建设全局的高度加以认识，可以说是前所未有的。他关于教育地位和作用的精辟论述，丰富和发展了马列主义和毛泽东教育思想。今天我们欣喜地看到，邓小平同志深谋远虑的见解，已经转化成了党和政府的共识，转化成了党和政府的一系列决策行动。党的十二大明确把教育和科学列为经济发展的战略重点之一，十三大又进一步提出了"百年大计，教育为本"的口号，并且指出要"把发展教育事业放在突出的战略位置"。李鹏同志 1991 年 4 月在《关于国民经济和社会发展十年规划和第八个五年计划纲要的报告》中再次重申了科学技术和教育的战略地位。他说："科学技术是第一生产力。当今世界各国生产力的发展，综合国力的提高，在很大程度上都取决于科学技术的发展。国际经济竞争也越来越表现为科学技术和人才的竞争。我们要显著地提高经济效益，增强综合国力，逐步缩小同发达国家的差距，就要真正把发展科技和教育放在十分重要的战略地位，使经济建设转移到依靠科技进步和提高劳动者素质的轨道上来。"这一系列科学论断，正是邓小平同志教育战略地位思想

① 《邓小平论教育》，人民教育出版社 1995 年版，第 171 页。

的结晶和体现。邓小平同志关于教育地位和作用的科学论述，为我们党和政府的上述认识和决策行动提供了重要的理论依据。

三　教师队伍建设和增加教育经费是保证教育战略地位的基本条件

教育战略地位确定以后，如何保证这个战略重点，这是一个亟待解决的现实问题。邓小平同志曾经说过："美好的前景如果没有切实的措施和工作去实现它，就有成为空话的危险。"① 要保证战略重点，就要提供必要的条件，使它优先得到发展。一般来说，战略重点必然是人力、物力、财力投入的重点。教育作为战略重点优先得到发展，也必定要在人力、物力、财力上予以充分保证。教师队伍建设和增加教育经费，就是保证教育战略地位的两个基本条件。

邓小平同志一直强调要加强教师队伍建设和增加教育经费，他把这两大问题作为国家的重大政策问题和战略措施来看待。

师范教育问题，是关系到教师队伍是否后继有人的大问题。邓小平同志非常关心师资队伍建设。早在 1977 年，他就指出："师范大学要办好"，"不办好师范教育，教师就没有来源。"② 又说："一个学校能不能为社会主义建设培养合格人才，培养德智体全面发展、有社会主义觉悟有文化的劳动者，关键在教师。"③ 邓小平同志对广大教师勤勤恳恳地为社会主义教育事业服务，给予了很高的评价。他称赞教师是 "崇高的革命的劳动者"，他们 "为民族、为国家，为无产阶级立了很大功劳"④，"人民教师是培养革命后代的园丁。他们的创造性劳动，应该受到党和人民尊重"⑤。他大声疾呼："我们要提高人民教师的政治地位和社会地位。" 他还特别指出，"不但学生应该尊重教师，整个社会都应该尊重教师"，而

① 《邓小平文选》（1975—1982 年），人民出版社 1983 年版，第 107 页。
② 同上书，第 66 页。
③ 同上书，第 105 页。
④ 同上书，第 106 页。
⑤ 同上书，第 92 页。

且"对于优秀的教育工作者，应该大张旗鼓地予以表扬和奖励"①。

邓小平同志还一再强调，要提高教师的物质待遇，改善教师的工作条件。这是提高教师地位的物质基础，不做好这方面的工作，所谓提高教师地位就是一句空话。在这方面，我们存在很多问题，教师工资偏低，物质待遇较差，中小学教师尤其突出。所以邓小平同志主张，在工资改革中"要研究教师首先是中小学教师的工资制度"，"要采取适当的措施，鼓励人们终生从事教育事业"②。除工资待遇外，还必须在其他方面为教师创造良好的条件。他说，要调动教师的积极性，"光空讲不行，还要给他们创造条件，切切实实地帮助他们解决一些具体问题"③。

师资队伍建设的一项重要任务是提高在职教师的水平。邓小平同志对此十分关心，提出了许多明确的要求和具体的措施。他殷切期望广大教师努力在政治上、业务上不断提高，走又红又专的道路。他还指出，教育战线的任务越来越重，各级教育部门一定要努力提高教师队伍的教学能力和教学质量。他要求教育部和各地教育行政部门，采取切实有效的措施，比如，充分利用广播、电视、举办各种训练班、进修班，编印教学参考资料等，大力培训师资。④

应当说，党的十一届三中全会以来，党和政府在教师队伍建设方面做了大量的工作。尤其是在提高教师的地位和待遇方面做了很大的努力，如恢复职称评定，表扬和奖励优秀教师，规定教师节；在改善教师物质待遇方面，经过几次工资调整，教师首先是中小学教师工资有了明显的提高，教师队伍逐步趋向稳定。不过，据国家教委1990年年底对全国部分省市的调查结果表明：中学教师工资水平在全民所有制十二个行业中仍然偏低，国家有关提高中小学教师工资待遇的政策在一部分省、自治区尚未完全落实，民办教师报酬偏低，并有拖欠现象。⑤ 教师职业远远没有成为社会上最受人尊敬、最值得羡慕的职业之一。1988年9月，邓小平同志在一次听取汇报时就曾指示，不论怎么困难，也要提高教师的待遇，要作为一个方针、一个战略措施。

---

① 《邓小平文选》（1975—1982年），人民出版社1983年版，第105页。

② 同上书，第106页。

③ 同上书，第53页。

④ 同上书，第106—107页。

⑤ 见《中国教育报》1991年5月14日。

当前，我们在改革和发展我国教育事业的过程中，应当遵循邓小平同志的有关指示精神，高度重视师范教育的发展，改善教师的社会地位，努力建设一支宏大的、高质量的师资队伍。这是提高教育质量的根本保证，也是发展我国教育的根本大计。

关于教育经费问题，这不仅是一个迫切的现实问题，也是一个重要的理论问题。马克思曾在《哥达纲领批判》中预言："社会总产品中用来满足共同需要的部分，如学校、保健设施等，和现代社会比起来，这一部分将会显著增加。并将随着新社会的发展而日益增加。"[1] 列宁也曾强调，要"使整个国家预算首先去满足初级国民教育的需要"，甚至不惜缩减"其他部门的开支，以便把缩减出来的款项，转作教育人民委员部的经费"。[2]

增加教育经费，也是近几十年世界各国的普遍趋势。二次世界大战后，科学技术突飞猛进，要提高劳动生产率，主要是依靠采用先进的科学技术和提高工人的科学文化水平。在这种形势下，世界上许多有识之士都认识到教育在生产中的地位和作用。他们称教育是"人力投资"，认为"现在的教育就是十年后的工业"，提出"教育投资先行论"。联合国教科文组织国际教育委员会提出的教育报告也指出："多少世纪以来，特别在发动产业革命的欧洲国家，教育的发展一般是在经济增长之后发生的。现在，教育在全世界的发展正倾向先于经济的发展，这在人类历史上大概还是第一次。这种倾向首先大胆和成功地出现在诸如日本、苏联和美国这些国家。许多别的国家，特别是发展中国家，在过去几年中，不顾由此带来的沉重的牺牲和一切困难，也选择了这条道路。"[3]

邓小平同志根据马列主义的原理，总结国外教育发展的历史经验，也很重视教育经费问题，并且提出了解决这个问题的重要主张。早在 1977 年 8 月，邓小平同志在推倒"两个估计"的同时，就提出"教育经费应该增加"。[4] 1980 年初，他又进一步具体指出："经济发展和教育、科学、

---

[1]　中共中央马克思恩格斯列宁斯大林著作编译局编著：《马克思恩格斯全集》第 19 卷，人民出版社 1972 年版，第 20 页。

[2]　中共中央马克思恩格斯列宁斯大林著作编译局编著：《列宁选集》第 5 卷，人民出版社 1972 年版，第 677 页。

[3]　联合国教科文组织国际教育发展委员会编著：《学会生存——教育世界的今天和明天》，华东师范大学比较教育研究所译，教育科学出版社 1996 年版，第 35—36 页。

[4]　《邓小平文选》（1975—1982 年），人民出版社 1983 年版，第 54 页。

文化、卫生发展的比例失调，教科文卫的费用太少，不成比例。甚至有些第三世界的国家，在这方面也比我们重视得多。"他接着举例说，印度在教育方面花的钱就比我们多。像埃及这样的国家，按人口平均计算，他们在教育方面花的钱，也比我们多几倍。所以，邓小平同志总结说："我们非要大力增加教科文卫的费用不可……无论如何要逐年加重这方面，否则现代化就化不了。"① 他的这一呼吁，引起了强烈的反响，得到了广泛的支持。1985 年 5 月，《中共中央关于教育体制改革的决定》指出："发展教育事业不增加投资是不行的。在今后一定时期内，中央和地方政府的教育拨款的增长要高于财政经常性收入的增长。"虽然这几年我国财政仍有困难，但教育经费确实逐年都有增加。国家预算内教育经费占财政支出的比例，1978 年为 7.7%，到 1988 年提高到 12.1%；绝对数从 76.23 亿元提高到 321 亿元，增长 3.2 倍；年平均增长率为 15.6%，高于财政增长速度。但是，我们也要看到问题的另一面。由于原有教育经费基数偏低和财政收入占国民收入的比重不断下降，教育经费占国民生产总值的比例，却由 1987 年的 2.6% 下降到 1988 年的 2.47%；同时，由于物价上涨和教职工调整工资等因素，教育经费中人头费的比重日益增大，学生平均公用经费呈下降的趋势。1988 年与 1984 年相比，公用经费占事业费的比重，中学由 35.1% 下降到 23.5%，小学由 24.33% 下降到 14.9%。在公用经费中，大部分又用在水电费和修缮费等公务费上，而用于教学业务的费用则下降得更为厉害。1990 年年底，国家教委对全国部分省、市的调查结果表明："教育经费紧缺问题仍很突出。预算内教育拨款占地方财政支出的比重普遍偏低；中小学公用经费占教育事业费的比重普遍呈下降趋势……由于公用经费紧缺，一些学校仍无法摆脱难以为继的困境，不得不把必不可少的开支分摊到学生头上，收费偏高，成为部分学生流失的原因。"② 从长远看，适当提高教育经费在国民生产总值中的比重，逐年增加预算内教育经费，仍然是我们今后的一项重要任务。

邓小平同志关于教育在我国社会主义现代化建设中战略地位的论述，党中央把教育列为战略重点的决策，标志着我们党对教育与社会主义建设关系的认识产生了一次飞跃。

---

① 《邓小平文选》（1975—1982 年），人民出版社 1983 年版，第 214 页。
② 《中国教育报》191 年 5 月 14 日。

论教育同生产劳动相结合的实施原则*

　　教育同生产劳动相结合，是马克思主义教育思想的基本原理，也是我国社会主义教育的一贯方针。但是，究竟应当怎样贯彻执行这一方针，我们在思想认识上至今仍然存在不少问题。当前，深入探讨教育同生产劳动相结合的实施原则，对于更好地促进教育同生产劳动的结合，无疑具有重要意义。笔者认为，教育同生产劳动相结合主要应当遵循以下几条基本的原则。

一　双向性原则

　　教育同生产劳动相结合，是指教育过程和生产劳动过程这两个独立的社会过程的联系和合作。它包括教育与生产劳动相结合（简称"教劳结合"）和生产劳动与教育相结合（简称"劳教结合"）两个方面。

　　教育同生产劳动相结合的这两种形式，在诸多方面都存在差异。一是结合的具体目的不同，教劳结合的主要目的是提高教育水平，而劳教结合的目的则是提高劳动生产率。二是结合的主体和对象不同，教劳结合的主体是教育部门，教育对象（结合的承担者）是正规学校的学生；而劳教结合的主体则是生产部门，教育对象是生产劳动者。三是结合的内容不同，教劳结合是在文化科学知识的基础上将生产原理和技能引入学校；劳教结合则是将文化知识和科学技术引入生产劳动之中。四是结合的方式不一样，教劳结合是在以正规的学校教育活动为主要任务的基础上，加强与生产劳动和社会生活的联系；劳教结合则是在以生产劳动为主要任务的基

*　本文原刊于《江西教育科研》1992 年第 1 期。

础上，积极开展继续教育，提高劳动者的文化和科技水平。

现代生产和现代教育的发展经验证明，只有实行两者的双向结合，生产和教育才能得到共同发展和提高。否则，无论是教育或生产，都不能取得理想的效果。列宁早就科学地预见到了这一重要发展趋势，他告诫说："无论是脱离生产劳动的教学和教育，或是没有同时进行教学和教育的生产劳动，都不能达到现代技术水平和科学知识现状所要求的高度。"① 由此可见，教育同生产劳动相结合，绝不单纯是学校教育部门的事，同时也是生产劳动部门的事。如果把教育同生产劳动相结合仅仅看作学校单方面的任务，认为生产劳动部门可以置身于结合之外，这是对教育同生产劳动相结合双向性原则的违背。

"结合"就意味着双方相互都有需要，缺少了对方，自身就不能有效地发展，所以我们说结合是双向的。1985 年 5 月，中共中央颁布的《关于教育体制改革的决定》明确指出："教育必须为社会主义建设服务，社会主义建设必须依靠教育。"这是对教育与生产劳动双向结合关系的新概括。当前，我们一方面要不断强化教育的"服务"功能，不断提高劳动者与科学技术结合的程度，促进科学技术与劳动过程的进一步结合；另一方面又要不断增强经济发展对教育的"依靠"意识，促进劳动过程与教育的紧密结合。

近年来，不少农村地区实施的"农科教统筹"已为这种双向结合提供了成功的经验。"农科教统筹"是顺应农村教育发展和农村经济体制改革及商品经济发展而产生的一种新生事物，是对农村教育体制的深层变革。前些年，跨部门的联合办学方式，农业、科技等部门同教育部门的联合，打破了教育系统的封闭性，具有了初步统筹特点。企业参与办学以后，教育的发展突破了部门联合的范畴，探索了双元制办学的体制，于是在较深层次上实现了教育同生产及科技的结合。这种结合促进了教育新发展，也促进了教育与生产劳动的新结合。②

---

① 中共中央马克思恩格斯列宁斯大林著作编译局编著：《列宁全集》第 2 卷，人民出版社 1972 年版，第 413 页。

② 参阅王克勤《论农科教统筹》，《教育研究》1991 年第 9 期。

二　多样性原则

众所周知，我国幅员辽阔，经济发展又极不平衡，所以当前各地的教育同生产劳动相结合，在形式上不可能整齐划一，而应当从各地的实际情况出发，因时因地制宜、不拘一格，采取切实可行的多种多样的形式。

前几年有人指出，马克思所说的教育同生产劳动相结合，是建立在大工业生产的基础上的，它是指教育与现代化生产劳动相结合，不是指教育与落后的原始的手工劳动相结合。这当然是事实。但是，马克思那时主要是就儿童在用机器生产的大工厂中劳动来研究这个问题的，而且马克思也没有预料到在工业生产落后的国家有可能实现社会主义革命和建设。但马克思并没有说过教育不能和手工劳动相结合。实际上，被马克思肯定的当时工厂法的教育条款中所实施的教育与生产劳动相结合，其中也有许多劳动并未脱离手工劳动方式。而且，马克思还发表过应该普及劳动的意见。他说："在合理的社会制度下，每个儿童从 9 岁起都应当像每个有劳动能力的成人那样成为生产工作者，应当服从普遍的自然规律，这个规律就是：为了吃饭，他们必须劳动，不仅用脑劳动，而且用双手劳动。"[1] 显然，每个儿童为了吃饭就该劳动，不仅参加用机器生产的劳动，必要的话也应当参加手工劳动。所谓"劳动"，按其本义来说，它是指劳动者操作劳动工具作用于劳动对象，直接创造物质财富的活动。从这个意义上说，我们不能排斥体力劳动和手工劳动。在我国当前大工业生产还不十分发达，手工劳动、体力劳动仍是生产劳动的主要形式的情况下，实行教育同手工劳动、体力劳动的结合，这是理所当然的事情。我们不能离开我国的基本国情，离开各个地区的具体条件，以没有大工业生产条件为借口而不安排学生的生产劳动。如果在实践上拘泥于机器大工业生产的客观前提，而无视我国以农业、手工业为主体的劳动者就业结构的客观实际，势必把教育同生产劳动相结合的实践局限在一个相当狭窄的范围之内。任何理想主义或教条主义都是错误的和有害的。我们应当采取现实主义的态度。我

---

[1] 中共中央马克思恩格斯列宁斯大林著作编译局：《马克思恩格斯全集》第 16 卷，人民出版社 1972 年版，第 216 页。

国青少年，尤其是农村青少年，他们毕业以后，从事的多数职业仍是以手工工具为主的体力劳动。退一步说，即使他们将来要从事脑力劳动的工作，也多少要包含用手操作的劳动因素。所以学校，尤其是农村学校，不能排除手工劳动和体力劳动的劳动形式。

不过，我们也要注意，在实施教育同生产劳动相结合时，不能保守地停留在手工劳动的水平上，不能满足于组织和指导学生参加手工劳动。我国正在进行社会主义现代化建设，实现工业、农业的现代化，有计划地推进技术改造，推广和采用新技术、新设备、新工艺、新材料。为了使学生走出校门后能承担起社会主义现代化生产的重任，我们应该积极创造条件，使学校教育同机械化生产和自动化生产结合起来。

总之，教育同生产劳动相结合是一个历史发展过程。在一定的历史条件下，教育同生产劳动结合的具体形式，受当时的生产力和科学技术状况以及教育发展水平的制约，它的存在和发展并没有一个固定不变的模式。教育同生产劳动相结合，不是人们想怎样结合就怎样结合，而是历史条件允许怎样结合就怎样结合。对教育同生产劳动相结合的评价，其标准不是形式的高下，而是效果的好坏。凡是有利于教育和教学的生产劳动，就要积极促进结合，否则就不能结合。

三　科学性原则

教育同生产劳动相结合的科学性原则，是指我们在实施教育同生产劳动相结合的过程中，必须以科学技术为基础。

对于教育同生产劳动相结合的方针，我们不能作简单化的理解。首先，不能将"结合"理解为"相加"，教育同生产劳动相结合，不等于教育加生产劳动，不是机械相加，不是一半时间受教育，一半时间参加生产劳动。其次，不能将"结合"理解为"融合"。教育同生产劳动相结合并不是教育与生产劳动这两个独立过程的融合，更不是回到未分离前的原始状态中去。而要使教育和生产劳动这两个相互独立的过程在科学教育的基础上联系和结合起来。原始教育以及后来奴隶社会和封建社会中劳动者的教育与生产劳动是融合在一起的，而奴隶社会和封建社会的学校教育与生产劳动则是分离的。现代教育和生产劳动的关系，既不像古代劳动者的教育与生产劳动的融合状态，也不像古代学校教育与生产劳动的脱离状态，而是处于一种独特的状态：它们既作为两个过程相互独立，又不可分割地联系在一起。这种现象的出现并不是偶然的，其根本原因在于现代生产是以科学技术为基础的。

马克思曾经指出："随着大工业的发展，现实财富的创造较少地取决于劳动时间和已耗费的劳动量，较多地取决于在劳动时间内所运用的动因的力量，而这种动因自身——它们的巨大效率——又和生产它们所花费的直接劳动时间不成比例，相反地却取决于一般的科学水平和技术进步，或者说取决于科学在生产上的应用……例如，农业将成为这样的物质代谢的科学的应用，这种物质代谢能加以最有利的调节以造福于整个社会体。"[①]马克思在这里充分肯定了科学对生产发展的重大作用。我们从这段分析中可以清楚地看到，不仅现代大工业需要以科学技术为基础，就是农业的发展也同样要依靠科学技术的应用。先进的工业要靠科学技术来发展，落后的农业和手工业也要靠科学技术来改造。所以我们说，科学技术是一切生产劳动的基础，因而也是教育同生产劳动相结合的真正基础。

现代科学技术既然是现代教育同生产劳动相结合的基础，那么，现代学校教育理所当然应当以科学技术教育作为自己的中心任务。离开科学技术基础的教育同生产劳动相结合，无论是教育，还是生产劳动，都不可能达到预定的目的。这也是我们过去实践中的严重教训，在今天仍应引以为戒。

在一段时期内，我国学校所开展的生产劳动严重失控，学校的正常教学秩序被打乱了，文化科学教育被削弱了。这种情况的出现，重要原因在于我们对于马克思主义关于教育与生产劳动相结合的原理作了简单化的理解。当时，我们没有认识到科学技术是教育同生产劳动相结合的基础，没有认识到科学技术是独立于生产劳动之外的完整体系，也没有认识到教育过程是存在于生产劳动过程之外的独立过程，不是把教育和生产劳动相结合理解为两个独立过程之间的联系与合作。而是相反，认为生产和实践本身就是科学，认为教育应当融合到生产劳动中去。理论认识上的偏差，导致了教育实践上的失误。当时学校普遍忽视文化科学知识的系统学习，忽

[①]　中共中央马克思恩格斯列宁斯大林著作编译局：《马克思恩格斯全集》第 46 卷（下），人民出版社 1972 年版，第 217—218 页。

视教学秩序的稳定。后来甚至公开宣扬生产即教育，劳动即学习，学校即工厂，工厂即学校，将教育同生产劳动相结合蜕变为在生产中学习和在劳动中改造思想。"文化大革命"期间更进一步将这种思想推向极端，出现了许多错误的提法和口号，如"劳动越多越好""劳动越艰苦越好""宁要没有文化的劳动者"等等，与此同时，又推行所谓"开门办学""以干代学""以任务带教学""结合典型产品进行教学"，并且动不动就停课，随意增加生产劳动，甚至停办、撤销学校，使教育和生产劳动倒退到未分离的原始状态中去。这样一来，就从根本上背离了教育同生产劳动相结合的精神实质。①

四　教育性原则

在学校教育中实行教育同生产劳动相结合，它服从于一般教育原理。实践经验告诉我们，学校组织的生产劳动必须辅之以德育、智育、体育和美育等各方面的教育，并且要以育人为根本目的。

学校组织学生参加生产劳动是学校统一教育过程的一个组成部分，是实现教育目的的一个必要手段。但是，生产劳动并不能自然地保证学生的发展，而且倘若组织得不好，反而会妨碍学生的健康成长，所以我们要强调学校生产劳动的教育价值。在安排学生劳动时，我们应当以教育目的为原则，而不能以利润多寡为转移。教育价值的大小是组织实施劳动的主要依据，教育价值的实现程度是评价劳动效果的主要标准。这一点反映了学校生产劳动与经济部门的生产劳动在主要目的上的区别。在这个意义上，我们可以把学校的生产劳动称为教育性劳动。

当然，教育性的劳动也不能排斥经济效益，因为只有具有一定价值的劳动才能获得实际的教育效果。如果学校的生产劳动置效益于不顾，盲目开展，就有可能将校办工厂办成废品工厂，将校办农场办成赔钱农场。这样，学生的劳动不仅不能转化为价值，反而要浪费资财，学生在生产劳动过程中不但不能培养劳动情感，反而会养成不爱惜生产资料和劳动成果的坏作风。一句话，如果不能把学生的劳动转化为价值，不能为社会增加财

① 参阅成有信《论教育和生产劳动相结合的实质》，《中国社会科学》1982 年第 1 期。

富，劳动就失去了意义。对此，苏联教育家马卡连柯深刻地指出："不注意创造价值的劳动，不会成为教育的积极因素。因为劳动就是生产学习，它应当由劳动所能创造的那种价值观念出发。"①

但是，当学校生产劳动的教育价值和经济效益这两者发生矛盾时，我们应当毫不犹豫地优先保证教育价值，使经济效益服从教育价值。如果对教育目的不利，那么，即使是有高额利润的生产劳动，我们也不能安排。这是学校生产劳动不同于一般社会生产劳动的重要特征。

此外，要保证教育同生产劳动相结合的教育性，还要求我们尽量使学校生产劳动成为吸引学生的活动。在组织和指导学生参加生产劳动的过程中，要努力激发学生的劳动热情，调动他们的积极性和主动性，使他们确实体会到劳动是一种非常有意义的创造性活动。

要使学校的生产劳动成为积极的、创造性的活动，关键在于充分发挥学生的才能和创造性。劳动本来就是一种需要才能和创造性的活动。人们只有感到在劳动中能够全面施展自己的才能、能够充分发挥自己的创造性，才能深刻体会劳动的重要意义和价值，并对劳动产生深厚的感情和浓厚的兴趣。青少年学生正处于成长发育时期，精力充沛，斗志旺盛，他们迫切需要各种机会来充实和发展自己。学校的生产劳动正是他们发展才能的重要途径。苏联教育家苏霍姆林斯基在他的著作中经常提到这样一句名言："儿童的才智反映在他的手指尖上"②，这话是很有道理的。学校的生产劳动如果能很好地调动学生的积极性和创造性，他们的才能就会不断获得新的发展。

五　量力性原则

教育同生产劳动相结合的量力性原则，是指学校生产劳动的内容、方法、分量及进度等要适合学生的身心发展水平，是他们能够接受的，但又有一定的难度，需要他们通过努力才能完成。我们在贯彻这一原则时，要

---

① ［苏］马卡连柯：《论共产主义教育》，陈昌浩、沈颖译，人民教育出版社 1954 年版，第317 页。

② ［苏］苏霍姆林斯基：《给教师的一百条建议》，杜殿坤编译，天津人民出版社 1981 年版，第89 页。

注意以下两个方面。

一是生产劳动要符合学生的年龄特征和身心发展规律。我们在组织和指导学生参加生产劳动实践时，要从他们的年龄特征和知识、能力实际出发，引导他们从学习手工劳动开始，逐步过渡到学习机械化劳动和自动化劳动的知识、技能。从国内外的实践经验来看，小学生可以参加一些手工制作和植物栽培以及小动物的饲养，培养他们的劳动兴趣、劳动观点和劳动习惯，掌握初步的劳动技能。初中阶段的学生已开始学习物理、化学和生物等自然科学知识，这时我们可以组织和指导他们参加一些比较复杂的手工劳动和比较简单的机械化劳动。高中阶段的学生所学的物理、化学及生物知识已经比较深入和系统化了，这时可以进一步组织和指导他们参加一些机械制造或农作物栽培与管理、农副产品的加工等方面的劳动，也可以指导学生适当学习、参加一些自动化生产劳动。由浅入深、由易到难、由简到繁，这是量力性原则的一般要求，是行之有效的宝贵经验。

二是生产劳动要照顾学生的个别差异。学生在生产劳动方面不但有体力强弱的差别，而且在劳动的能力和技巧、兴趣、爱好以及发展倾向等方面也不尽相同，有时甚至还会表现出巨大的区别。我们组织学生参加生产劳动不只是要培养其一般的良好的劳动素质，而且要培养和发展他们具有显著个性的劳动兴趣和特长。只有从学生的实际情况、个别差异出发，有的放矢地安排生产劳动任务，学生才能获得最佳的发展。所以，我们在组织学生参加生产劳动时，既要面向全体，又要照顾个性。这样教育同生产劳动相结合才能取得较为理想的效果。

个性与个性教育新探*

　　个性与个性教育既是一个基本的教育理论问题，也是一个重要的教育实践问题。以往这方面的探讨已很多，但却仍有继续探讨的必要，因为其中还有一些认识需要进一步剖析和澄清。

一　个性的内涵与价值

　　什么是个性？个性是指一个人的精神属性中区别于他人的独特性。具有个性的人，他身上的各种精神属性的组合与别人具有不同的特点。从大的方面看，所谓个性人格是指一个人的感性、理性和非理性这几大要素的组合与别人不一样，有的人可能这几个方面都表现出色，有的人则可能只是某个方面比较优秀，而其他方面表现一般。这种人或者感性方面比较发达，而理性和非理性这两个方面一般；或者是理性发达，而感性和非理性表现一般；或者是非理性发达，而感性和理性表现一般。从微观方面说，感性、理性和非理性这三个要素中每一个要素内部的次一级要素的组合也可能存在不同的情况。感性包括感觉、知觉和表象等成分，这几个成分可能存在不同的组合。理性包括记忆和思维等成分，它们同样可能存在不同的组合。理性包括记忆和思维等成分，非理性包括情感、意志、想象、灵感、信念、信仰等成分，它们同样可能存在不同的组合。具体而言，有的人可能在所有的成分上都有很高的发展水平，有的则只是在某个成分上有特别的发展，而其他成分则显得一般。

　　与社会性一样，个性也是人的真实存在形式。每个人都是一个独特的

＊　本文原刊于《当代教育论坛》2005 年第 2 期，《基础教育情报》2005 年第 1 期转摘。

世界，有着与别人不同的认知、感受、思想、情感及意志。尊重个性正是因为每个人本来就存在个别差异，都是有尊严的个性存在，这些个别差异都有其存在的权利，应当受到珍视。如果在教育中无视主体的个别差异，用一个模式、一种标准去限制原本具有多样特性的个体的发展，这是与人的天性相违背的，而且也是不人道的。鼓励和发展个性是因为健康而积极的个性无论是对于自己、对于他人或社会，都具有重要的价值。"如果所有的人都能真正发挥自己的本领，为自己的使命而奋斗，施展了自己的才能，各得其所，不用说是本人的幸福，也是国家和世界的文化所期待的。"① 对于个体自身来说，一个人只有在某一方面取得了与众不同的成绩，显示了自己独特的才能，从而体验到成功感和自豪感，他才能真正体会到人生的价值和快乐。如果一个人在各方面都很平庸，碌碌无为，他就摆脱不了自卑、苦恼和失望，就会终日陷入挫折感和失败感。同时，每一个人的独特性还是人类丰富而多样的文化得以产生和不断发展的重要源泉。社会的进步从根本上来说取决于最大限度地发挥每个个体所特有的潜力。如果一个社会或群体是由没有个性的人组成的话，那么它就没有生机和活力，就会丧失前进的内在动力。个性解放也是人类的解放，个性的发展也就是社会的发展。只有多样化的个性和无数个人的独特性的发展，才能构成一个五彩缤纷、生机勃发的社会文明。

当然，个性并不是纯粹个人的，个性并不是孤立存在的东西，个性的实现必须以社会性为基础和前提。"一个人只有把他人所创造的社会总体的实践能力变成自己可以利用的能力，把他人创造的社会共同财富变成自己可以享用的财富。也就是说，只有把自己完全融进人类活动中去、把自己变成社会合成力量的化身，才能真正独立、成为独立的个人。"② 在个性与共性、个人与集体的关系问题上，爱因斯坦的观点很有见地。他说："学校应该在年轻人身上培养那些对于公共福祉来说有价值的品质和能力。这样说并不意味着要牺牲个性，要个体成为集体的工具，就像一只蜜蜂或蚂蚁那样。对于一个集体来说，如果它是由那些缺乏个人原创性和个人目的标准化的个人所组成，那么就会是一个很糟糕的集体，根本没有

---

① ［日］小原国芳：《小原国芳教育论著选》（下卷），刘剑乔等译，人民教育出版社 1993 年版，第 245 页。

② 高清海等：《人的"类生命"与"类哲学"——走向未来的当代哲学精神》，吉林人民出版社 1998 年版，第 387—388 页。

发展的可能。相反，学校教育的目的一方面应该是使年轻人成为有独立的行动和思考习惯的人，另一方面应该使他们将为集体服务当成是自己最高的生活目标。"①

因此，在人的发展中，社会化与个性化具有同等重要的意义。社会化是人们在一定的社会关系中学习形成共同的思想意识和行为方式的过程，个性化则是个体在一定的社会关系中发展自我的独特的思想意识和行为方式的过程。社会化是从特殊向普遍、个别到一般的发展，个性化则是从普遍向特殊、一般到个别的发展。前者注意的是共同性，后者则着眼于差异性。

我们现在之所以特别强调个性的发展，主要的原因在于个性在过去不被重视，甚至在多数情况下被否定、被压抑甚至被压制。但是，个性与社会性（普遍性）毕竟是既对立又统一的。矫枉不能过正，强调个性不能否定社会性。黑格尔在谈到艺术美时曾经指出："只有在个性与普遍性的统一和交融中才有真正的独立自主性，因为正如普遍性只有通过个别事物才能获得具体的实在，个别的特殊的事物也只有在普遍性里才能找到它的现实存在的坚固基础和真正内容（意蕴）。"② 对于人格来说也是这个道理。人格的个性特征与共性特征（社会性）也应当是统一的、交融的，而不是对立的、冲突的。

二　塑造鲜明的个性：当代教育的使命

个性的培养需要依靠个性教育。个性教育与模式化教育相对，模式化教育将个性看成问题和包袱，设法予以压制和抹杀，而个性教育则将个性看成资源和财富，努力予以发掘和充实。通过个性教育塑造学生鲜明的个性是当代教育的必然使命。

1. 个性教育的意义

什么是个性教育？简单地说，个性教育就是尊重、鼓励和发展学生独特性和优势的教育。个性教育从本质上来说是扬长教育，而不是补短教

---

① 石中英：《知识转型与教育改革》，教育科学出版社 2001 年版，第 218 页。

② ［德］黑格尔：《美学》第 1 卷，朱光潜译，商务印书馆 1979 年版，第 230—231 页。

育。发现学生的优点和长处，并且对他们的优点和长处给予积极的鼓励和发展，这是个性教育的基本特征。

个性化的人格表现在自我评价上的首要一点，就是肯定自我，肯定自己作为人存在的尊严和价值。对于儿童来说，自我肯定首先依赖成人，尤其是教师的评价。教师的积极评价对他们形成自我认同、自我肯定、自我欣赏的人格特征，具有特别重要的作用。对肯定、欣赏和赞美的需要深深地植根于每个人的灵魂之中。在人本主义心理学家马斯洛的需要层次理论中，自尊的需要是仅次于自我实现需要的一个需要层次。他认为这种需要具有似本能的性质。所谓似本能，是指人类的基本需要和动物的本能有相似之处，有先天的和人种遗传的因素。但是，人类的本能与动物的本能又有极大的区别，它们不像动物的本能那样固定不变。这里所谓的自尊实际上也包括他人对自己的尊重。在马斯洛看来，自尊需要的满足对于个体的自我实现具有特别重要的意义。人们往往只有在自尊需要得到了相当的满足之后，才会让自己的潜力和创造力得到充分的发挥。

每个学生都有自己的优点和长处，我们在教育中应当努力发现他们积极与优秀的一面，而不能只看到他们消极与平庸的一面。这是我们的教育真正影响儿童心灵的前提，也是每个教育工作者献身于教育活动的基础。德国哲学家鲁道夫·奥伊肯说得好："倘若教育工作者不相信在每个人的心灵中都有某种正在沉睡而可以唤醒的真与善的成分的话，教育工作如何能进行，它又如何能要求教育工作者的全部忠诚呢？"[1]

个性教育与共性教育是什么关系呢？众所周知，个体是个性化与社会化的统一。教育的重要功能在于使受教育者个性化和社会化，教育过程是使受教育者个性化和社会化的过程。杜威在《我的教育信条》一书中指出：受教育的个人是社会的个人，而社会便是许多个人的有机结合。如果从儿童身上舍去社会的因素，我们便只剩下一个抽象的东西；如果我们从社会方面舍去个人的因素，我们便只剩下一个死板的没有生命力的集体。[2] 因此，教育的使命在于，一方面要最大限度地尊重个性，尽可能地发展每一个儿童的个性潜能；另一方面又要使儿童掌握作为一个社会成员

---

[1] ［德］鲁道夫·奥伊肯：《生活的意义与价值》，万以译，上海译文出版社 1997 年版，第 108 页。

[2] 华东师范大学教育系、杭州大学教育系编译：《现代西方资产阶级教育思想流派论著选》，人民教育出版社 1980 年版，第 6 页。

所必要的知识、技能和态度，使之成为社会（组织、集体）的出色成员。

本来统一性并不排斥个性的自由发展，社会化并不排斥个性化。但长期以来，我国教育在指导思想上却把这两个方面对立起来，以统一性排斥个性自由发展，把社会化看作驯服工具化。所以，不承认受教育者的主体地位，不爱护学生的独立人格，不尊重学生的个人价值，把受教育者只是当作工具。在这种思想指导下，受教育者不能生动活泼地得到发展，有相当一部分人程度不同地存在唯唯诺诺、墨守成规、不思进取、平庸度日的心态。① 这里特别强调个性教育，目的在于扭转以往我们过于重视统一教育而忽视差异教育，过于重视社会化而轻视个性化的偏向。

2. 个性教育的实施

在班级上课制的教学形式下，实施个性教育存在先天不足。众所周知，班级上课制的主要缺点正在于不利于因材施教，不利于照顾学生的个别差异。而现在普遍存在的班级人数过多，更成为个性教育的重大障碍。但是既然我们提出的这个问题就是基于目前的现实，那么探索现有条件下个性教育的具体实施策略就是我们的必然选择。个性教育的实施是一个非常复杂的课题，涉及方方面面。限于篇幅，这里仅论及制度和课程两个层面。

从制度层面看，实施个性教育，应逐步缩小班级规模，实行小班化教学。当代发达国家学校的班级规模有逐步缩小的趋势。初等教育阶段的班级规模为：法国 22.5 人，美国 24.5 人，英国 26.8 人，德国 27.4 人，苏联 40 人，日本 40 人；中学班级规模为：英国 21 人，法国 24.3 人，美国 24.5 人，德国 27 人，苏联 35 人，日本 40 人。我国学校教育在班级规模方面一直存在过大的问题，城市中小学问题尤其突出。小学一般为每班 60—70 人，而中学则更大一些，有的班级甚至达到 80 人以上。令人高兴的是，我国上海、北京等地区已在开展小班化教学的改革实验。由于客观条件的限制，要求全国各地同时推行小班化教学当然不太现实。但是，想办法先将目前过于庞大的班级规模尽可能地缩小一些，然后再创造条件逐步实行小班化教学应当是可行的。

从课程层面看，实施个性教育应当开发学生本位课程。学生本位课程是指依据学生个体特点和需要而设计的课程，它可以在教师指导下由学生

---

① 王道俊、郭文安：《让学生真正成为教育的主体》，《教育研究》1989 年第 9 期。

自己设计，也可以由教师与学生共同设计。[1] 个性化是个体课程的出发点和归宿，设计个体课程首先要依据学生自己的个性发展特点。其他类型课程都是相对统一的，而个体课程则是为学生个体而设置的。个体课程把教育的自主权交给学生自己，它是在教师的指导下，通过学生自己来定位和定向，确立自己的学习与发展目标，并付诸实施，从中培养与建构自己的独立人格、自主学习意识、个别化学习方式、个性化发展取向，同时培养自我评估、自我负责的能力与精神。我国现有基础教育课程由国家课程、地方课程、学校课程（校本课程）三部分构成。三级课程主要考虑的是共性要求，对于学生个性特点和需要仍然关注不够。为了充分照顾学生的个别差异，还应当在已有的三级课程的基础上，再开发第四级课程——学生本位课程。只有建构起四级课程结构，才能使课程既保证共性要求，又照顾到个体的特点和需要。国家课程、地方课程、学校课程这三种课程侧重于关注学生的共性要求和基础学力，而个体课程侧重于关注学生个体的特点与需要，推动学生构建自己的学习方式，寻求适合于自己发展的途径。个体课程是以学生个性发展为逻辑起点和价值旨归的课程，它对于促进学生的个性发展将发挥积极的作用。

---

[1]　黄伟：《让每位学生拥有自己的课程》，《教育科学研究》2001 年第 6 期。

对学生的学习负担要区别对待[*]

学生的负担问题是一个复杂的社会问题。我们在处理这个问题时，不能简单化，更不能一刀切。具体而言，即不能笼统地提减轻负担，应当具体分析，区别对待。从当前我国中小学的教育实际情况看，学生的负担有的应该取消，有的要减轻，有的要保持，有的还要增加。

一　应当取消的负担

在学生的负担中，有的是非法的、不合理的，应当予以取消。这类负担是指在国家教育部规定之外，由各地区、各学校或各个教师自行确定的违反学生身心发展规律的那些负担。如占用本应由学生自由支配的时间补课，任意延长学生在校学习时间，布置超量的、尤其是惩罚性的作业，擅自组织名目繁多的考试和竞赛等，都属于非法的、不合理的负担。这类负担对学生的发展非但无益，反而有害。对这类负担，应当采取行政手段，严令禁止，坚决取消。当务之急是要健全制度，明确职责，对于违规者要追究责任，严肃查处。

二　应当减轻的负担

在学生的负担中，有的是合法的，但并不合理，应当予以减轻。这些负担是指教育部规定学生应当承担但不合理而需要调整的负担，包括学科

*　本文原刊于《江西教育科研》2000 年第 10 期。

的门类及其内容要求。从总体上看，我国中小学开设的学科门类太多，并且各年级、各学科的内容分量过大、程度过深，超过了学生的承受能力，从而造成学生的负担过重。对于这类负担，教育部应当尽快组织力量进行深入的研究，科学地确定中小学各年级所应开设的学科数量及各年级、各学科的内容分量及程度要求，切实地将学生的这部分过重负担减下来。这项工作的目标是消减学科门类，减少课程内容，降低教材难度。

三　应当保持的负担

学生的学习作为一种特殊的劳动，必然存在一定的负担。必要的学习负担是学生为实现教育目的而应承担的任务和责任，是学生成长和发展的推动力。因此，"减负"是指减去那些妨碍学生身心健康发展的不必要、不合理的过重负担，并非将学生必要的、正常的学习负担也减去。换句话说，减轻学生的负担并不是不要负担，并不意味着可以放松对学生学业的应有要求和降低教育教学质量。必要合理的学习负担无疑应当予以保持，否则将给社会及学生自身的发展带来严重的后果。在知识学习这个问题上，我们曾经发生过偏差，出现过"读书无用论"的倾向，甚至还流行过"知识越多越反动"的谬论，对知识的价值公然予以否定。在当时的学校教育中，没有给学生以足够的，甚至是起码的知识学习负担，教育质量由此而一落千丈。沉痛的历史教训，我们不应当忘记。当然，学生现有的学业负担究竟应当如何保持，即保持多少，保持到什么程度，这要通过认真的研究才能得出科学的结论。保持负担与前述的减轻负担实际上是一项工作的两个方面，应当同时开展，事实上也无法分开进行。道理很简单，中小学开设的学科门类及各年级、各学科的内容分量与程度，应当减去多少和降低多少，一经确定，意味着应当保持的东西也已明确。

四　应当增加的负担

有的负担对于学生来说本来是必需的，但目前却还不够、甚至严重缺乏，对这类负担不但不能减轻，相反却应当增加和加强。在我国中小学教育中，过去的一个重要弊端是要求学生死啃书本，过分重视知识传授，轻视能力培养和潜能开发。当前中小学生的学习，从内容上看，基本上是学科性书本知识，很少有活动性的实践知识；从方式上看，绝大部分限于"预习、听讲、阅读、复习、作业"等，很少有"查阅资料、参观访问、实地调查、独立实验与制作、社会活动"等形式。学生的学习生活基本上被限制在学校内，限制在教室里，限制在书本知识的接受上，走出学校接触社会、从事实践活动的机会实在是太少了。国家教育督导团办公室关于学生负担的调查结果也证明了这一点。该调查报告指出，当前我国中小学生的课业负担是"活动不重学科重"。可以说，现在中小学生的学习基本上属于"静坐被动式"，即安静地坐在教室的座位上听教师讲课、完成教师布置的书面作业。学生在学习中缺少主动性和创造性，没有自由选择。有鉴于此，我们在减轻学生过重的学科知识负担的同时，应当增加独立性、活动性、探索性、创造性的学习负担。一句话，"减负"的一个重要出发点，就是使学生从单一的书本知识教育走向更广阔的发展空间。

当前中小学生学习负担过重除了负担的量大以外，还有一个重要特点在于有些负担是成人从外部强加给学生的，从根本上违背了学生的意愿，学生从心底里厌恶，甚至憎恨。如果学生有兴趣，是他们喜爱的，即使事实上负担较重，即负担的量较大，他们也会毫无怨言，乐意承担，甚至是"欲罢不能"。在这种情况下，他们学习的主动性、积极性将大为增强，根本用不着督促，更不需要强迫。在中小学生的学习负担中，符合学生个性特点、符合他们的兴趣、爱好与特长的学习负担还很不够。普遍的情况是，学生不愿学的东西太多，而他们喜爱学习的东西又太少。因此，在调整学生的学习负担时，一方面要减轻违背学生个性特点的学习负担，另一方面又要设法创造条件增加符合学生个性特点，有利于发挥其潜能的学习负担。

总之，"减负"不仅是减少、减轻学生学习负担的数量，还应当包括调整其学习负担的类型与性质。从负担的类型来看，要将书本知识占绝对主导地位的负担转变为书本知识与活动经验相结合的负担。从负担的性质来看，要将消极、被动、强制的负担转变为积极、主动、自由的负担。这就是说，在学生负担问题上，既要做"减法"，即减去不合理的过重负担；也要做"加法"，即增加尚不足或缺乏的必要负担。

当代学校教育若干弊端评析*

在现代社会，学生要在学校度过很长一段时间。这是人生中一个非常重要的时期，这个时期的生活状况将影响人的一生的生活和命运。学校生活理应成为人生中最值得珍视和留恋、最值得回忆的一段美好时光。使学生拥有完满而幸福的生活，是学校义不容辞的责任。但是，当今的学校生活远没有人们所希冀的那么美妙，它还存在许多弊端。主要的弊端有理性主义、模式化、强制性、功利主义和机械主义。关于理性主义教育，笔者另有专文（见第159—165页）探讨，① 因此本文只分析其他几种弊端。

一 模式化教育

模式化教育是指按照统一的要求或标准影响受教育者，以使之形成相同素质的活动。这种统一的要求或标准既体现在教育目标上，也体现在教育的内容与方式等方面。模式化教育不同于教育模式。教育模式可以多种多样，可以有不同的选择。不同的教育时空、不同的教育对象、不同的教育内容，可以有不同的教育模式。模式化教育则不然，它意味着只有一种选择、一个模式、一套做法，明显地体现出单一、刻板和程式化的特点。杜威对于模式化教育曾进行过深刻的揭露："试想象40名儿童全都忙于读同样的书本，而且日复一日地准备和背诵相同的课文，试想这种过程构成他们工作的绝大部分……几乎没有机会进行任何社会分工，没有机会让每个儿童完成一点专属于他自己的东西……全体儿童都被安排恰恰是只做

* 本文原刊于《江西师范大学学报》（哲学社会科学版）2002年第4期，中国人民大学报刊复印资料《教育学》2003年第4期转摘，《教育文摘周报》2003年第3、4、5期转摘。

① 何齐宗：《当代教育的理性主义倾向评析》，《中国教育学刊》2002年第5期。

同样的工作，制造同样的产品。"① 这种教育的特点在于 "以牺牲精神自由为代价"，"按照标准化的模式塑造人。"②

作为主体的人，是特殊的、具体的人。只有特殊的、具体的人，才能拥有自我，才能谈得上独立自主性，才能体现人的价值。每个人本来都具有与众不同的独特的个性，但是模式化教育却无论在它的机制方面还是在它的精神方面，都不把个人看作具有特性的人。它把各具特色的人强行纳入一个统一而固定的模式之中，像生产加工标准件一样对学生进行训练。这种教育就像法国学者 E. 塞甘所指责的，它 "把成千上万的儿童关在像兵营一样的大房子里，不考虑他们的体力、不同的生理需要以及智力差异，每天都不加区别地、清一色地给所有孩子配给四五种精神食粮"③。

模式化教育由于其固有的弊端而引来不少批评和指责。卢梭曾经就模式化教育对个性的损害批评道："我们往往不加区别，使具有不同爱好的儿童从事同样的练习；他们的教育毁灭特殊的爱好，留下死板的千篇一律的东西。所以，在我们消耗阻碍儿童真正的天赋的努力之后，我们用来代替的短命的和虚幻的才华化为乌有，而我们所扼杀的儿童的天赋能力也不能复活。"④ 杜威在《民主主义与教育》一书中指出，每个人的观点、喜欢学习的对象以及处理问题的方式，都存在个别差异。如果这些差异为了所谓一致性的利益而受到压制，并且企图使学校中的学习和答问都必须按照一个单一模式，就不可避免地使学生造成心理上的混乱和故意矫揉造作。"学生的独创被逐渐摧毁，对自己心理运作的质量的信心被逐渐破坏，被反复灌输要驯顺地服从别人的意见，否则就是胡思乱想。这种情况所造成的损害比过去整个社会受习惯信念的统治的危害更大。"⑤

存在主义也是模式化教育的激烈的反对者，他们对机械文明下那种扼杀个性的模式化和工厂化教育深恶痛绝。尼采就是其中的著名代表。他认为现在的学校制度把教育工厂化了，它用灌输的方法将千篇一律的知识塞

---

① ［美］约翰·杜威：《学校与社会·明日之学校》，赵祥麟等译，人民教育出版社 2005 年版，第 143 页。

② ［德］卡尔·雅斯贝尔斯：《时代的精神状况》，王德峰译，上海译文出版社 1997 年版，第 99 页。

③ ［法］昂热拉·梅迪契：《新教育》，侯健译，商务印书馆 1998 年版，第 35 页。

④ ［美］约翰·杜威：《民主主义与教育》，王承绪译，人民教育出版社 1990 年版，第 128 页。

⑤ 同上书，第 321 页。

给许多不同的学生。在他看来，教育的根本目的是造就人格，使人成为独一无二的个人，成为"完全的自己"。现代教育的弊端就在于它把人变成了机器，变成了知识的奴隶、金钱的奴隶、听命于国家的奴隶，扼杀了人的个性。他认为，西方现代教育所造就的人无非是这么几种：一种是驼背的学者，一种是听命于国家的公务员，一种是借文化牟利的市侩，还有一种是庸庸碌碌的自命不凡的凡夫俗子，再有一种是上面四种类型的混合。现代教育制度之所以会产生这样的恶果，根本原因在于它的教育原则是强调培养社会所需要的第二天性，而扼杀了人的第一天性，即人的本能和个性。

从以上所述可以看出，模式化教育的根本危害在于导致个性的泯灭。原因是这种教育限制个人的充分发展，强迫所有儿童接受同样的文化和知识模式，而不考虑个性的多样性。"儿童的天赋和天生兴趣从他们出生之日起就是各不相同的，因此他们不可能从社区的教育资源中得到同样的好处。他们甚至可能因为学校不适于发挥自己的才能和实现自己的愿望而处于困难境地。"① 事实正是如此，模式化教育就像古希腊神话中所说的普洛克路斯忒斯的床。② 或许有些学生的身高刚好与此床的长度吻合，但更多的人到了这张床上恐怕都得被面条一般抻长或挨上一刀。每个学生都不得不把自己的个性淹没在大众潮流之中，不得不按照某种平均化、一般化的要求来对自己的个性加以割舍。在这种教育的磨练下，学生将逐渐失去其灵性和锐气，变得没有个性、没有特色，更不会创造。长此以往，最终将影响整个民族的精神境界。简单模仿，人云亦云，这已不是个别现象，而是具有相当的普遍性。

二　强制性教育

强制性教育是指教育者不顾学生的兴趣、需要和愿望，迫使他们按照

---

① 国际 21 世纪教育委员会向联合国教科文组织提交的报告：《教育——财富蕴藏其中》，联合国教科文组织总部中文科译，教育科学出版社 1996 年版，第 41 页。

② 在古希腊神话中有这样一则故事：一位名叫普洛克路斯忒斯的人终日守在路边，迫使每位过路人躺到他设置的那张特殊的床上丈量身长，身体超过床长的要被锯掉，不及床长的则要被硬拉成与床一样的长度。

自己的意志成长和发展。在现实中，这种教育具有相当的普遍性。"教育这一概念通常是与所谓'强制'的观念联结在一起的……不管对感觉还是对精神，教育都被认为是'强制'推行预先被决定了的接受方式和作用方式。"① 强制性教育的一个重要措施就是惩罚。教师惩罚学生可以说是当今学校教育的一大顽症。

强制性教育何以产生？其根源何在？其实每一种教育观的背后都隐藏着某种人性论，都有着对人性的某种假设。这里所说的人性假设主要是指教师对于学生人性善恶倾向的假设。强制性教育的人性假设在于，认为学生是偷懒贪玩、不愿学习、不肯付出努力的。"如果认为人的内心深处基本上天生是恶的，那么必然意味着压抑性统治、不信任、控制和警戒。"②教育中的强制性正是由此而来。

我国的教育观从总体上可以说是建立在性恶论的人性假设基础之上。在中国古代固然有人主张性善论，如孟子即是著名代表。他说："恻隐之心，人皆有之；羞恶之心，人皆有之；恭敬之心，人皆有之；是非之心，人皆有之。恻隐之心，仁也；羞恶之心，义也；恭敬之心，礼也；是非之心，智也。仁义礼智非由外铄我也，我固有之也。"③《三字经》的开篇也提到"人之初，性本善"。不过，性善的观念基本上只存在于思想理论中。在实际的社会生活中，性善的理念从来就没有成为过主流。在人性论问题上，真正的主流是性恶论。这种人性论在教育领域中具有明显的反映。④ 在教育实践中，教育者往往把受教育者设想得比较"恶"一些。具体表现在，总是认为学生不懂事、不听话、不自觉、不守规矩，所以对他们要严加控制、管束和防范。因此，在教育中，教师对学生的怀疑大大多于信任，苛求大大多于宽容，压制大大多于鼓励，约束大大多于自由，批评大大多于表扬。在不少教师的潜意识中，如果不对学生多提防着点，学生就有可能出问题。从某种意义上讲，我们的教育可以说是一种防范性教育，充满着防范与反防范的较量。越是负责的教师，越是时时刻刻对学生保持着高度的警惕性。教师们似乎经常都处于"担惊受怕"之中，怕学

① 瞿葆奎主编：《教育学文集·美育》，人民教育出版社 1989 年版，第 193 页。

② 瞿葆奎主编：《教育学文集·教育与人的发展》，人民教育出版社 1989 年版，第 409 页。

③ 《孟子·告子》（上）。

④ 扈中平：《中西教育观的若干比较与思考》，1999 年全国教育基本理论年会交流论文（打印稿）。

生偷懒、怕学生耍滑、怕学生调皮、怕学生闹事，总之，学生就是那么令人不放心。长此以往，学生就慢慢习惯了教师对他们的怀疑和管束，自觉性、自制力和责任感差，教师稍微一放松，学生真的就会做出一些不该做的事情来。教师越是怀疑学生，就越是要力图进一步防范和控制学生，学生越是受到防范和控制，自觉性、自制力和责任感就越差，学生的自觉性、自制力和责任感越差，教师便更加怀疑、防范和控制学生……由此形成恶性循环，师生关系愈益对立和紧张。加拿大学者迈克尔·富兰（M. Fullan）对此深刻地揭示道："有效的纪律是一种文化而非暴君；在每一个关于纪律不能得到保证的比较研究中，都存在这样一种模式：暴君式的抓纪律者只要在场顿时鸦雀无声，但只要一离开又顿时一片闹哄哄，根本没有任何训练文化可言。"①

　　强制性教育的另一个根源在于对教师的错误认识。《学会生存》一书曾指出："学校是为儿童而设立的，而不是儿童为学校而生存的。"② 笔者认为，对这个观点还可作进一步的发挥，即教师是为学生而存在的，教师的存在是为学生服务的。没有学生，教师也就没有存在的必要。这本来是一个非常简单的道理，但我们过去对此却一直没有正视，更谈不上深入的理解。一切为了儿童，为了儿童更好地发展，这应该是教育的直接目的，同时也是教育的终极目的。可是在不少人的意识中，师生关系却被完全颠倒。好像学生是为教师而存在的，学生沦为教师谋生的手段或工具。既然如此，教师就不可能真正理解、尊重和体谅学生。一些教师之所以体罚或心罚学生，是因为他们认为学生根本就没有什么尊严可言，自己在学生面前拥有至高无上的权威，所以当自己的权威面临挑战或威胁时，对学生进行身体惩罚或人格侮辱就是天经地义的事情。

　　强制性教育还有一个重要理由是认为未来比现在重要，这样做是为了使儿童好，是为他们的未来着想。在这种观点看来，儿童还小，还不明白事理，还不懂得什么是他们必需的东西，为了获得美好的未来，他们现在必须付出代价、做出牺牲。换句话说，现在的不自由是为了换取将来更大的自由。现在的自由与将来的自由相比是不值一提的，因此，要求儿童放

① 　[加拿大] 迈克尔·富兰：《学校领导的道德使命》，中央教育科学研究所等译，教育科学出版社 2005 年版，第 47 页。

② 　联合国教科文组织国际教育发展委员会编著：《学会生存——教育世界的今天和明天》，华东师范大学比较教育研究所译，教育科学出版社 1996 年版，第 88 页。

弃眼前的自由是合理的。美国教育家巴格莱指出："未成年人选择他所必须学习什么的自由，同他们日后免于匮乏、恐惧、欺诈、迷信和错误……的自由对照起来，它的重要性是微不足道的。"① 正因为如此，所以人们在教育中"经常注意的总是儿童的明天，他将来的生活。现在从来没有被严肃地考虑过"②。在教育中，人为地将现在与未来割裂开来，必然缺少激发和鼓励的力量，结果不得不采用威逼和惩罚的方法。正如杜威所说："为预备将来而忽视现在可能性的教育制度，基本上都不得不诉诸各种惩罚的制度。"③

强制性教育将产生什么后果？这种教育会严重伤害学生的尊严，而且很可能使他们养成服从、驯服乃至奴性人格。所以就连传统教育的主要代表人物赫尔巴特也反对使用强制手段。他说："……强制可能使儿童无所适从，可能抑制他们的情绪，毁灭他们的乐趣；同时这还可能毁灭他们今后对童年的美好回忆。"④

有人说，我们的教育过程是以牺牲人的尊严为代价求得功利目标实现的过程。所谓受教育实际上就是学习怎样接受压抑、怎样接受别人对自己的强制。学校说什么就是什么，老师说什么就是什么。当这个教育过程完成的时候，所有那些强制学生接受的东西，都变成了学生自愿遵守的东西。笔者认为，事实上，可能还不用等到教育过程的完成，学生就会认同老师的强制性教育措施。他们因此而不再有质疑、批判和反抗，有的只是适应、认同和服从。奴性人格正是这样从小开始逐步塑造出来的。

强制性教育的这种弊端从根本上降低了人的价值，使人日益丧失人之为人丰富的本质力量。有鉴于此，法国社会学家涂尔干强烈呼吁："我们不仅必须避免体罚，而且必须禁止所有可能损害儿童健康的惩罚。"⑤

---

① 华东师范大学教育系、杭州大学教育系编译：《现代西方资产阶级教育思想流派论著选》，人民教育出版社 1980 年版，第 157 页。

② 同上书，第 91 页。

③ ［美］约翰·杜威：《民主主义与教育》，王承绪译，人民教育出版社 1990 年版，第 64 页。

④ ［德］赫尔巴特：《普通教育学·教育学讲授纲要》，李其龙译，人民教育出版社 1989 年版，第 34 页。

⑤ ［法］涂尔干：《道德教育》，陈光金等译，上海人民出版社 2001 年版，第 190 页。

三　功利主义教育

功利主义教育是指片面追求功效和利益的教育。教育有没有功利？回答当然是肯定的。教育的确与功利有关，因而我们在办教育或接受教育的时候考虑功利是理所当然的。但是，如果只考虑功利或片面追求功利，这样的教育就成为功利主义教育。现在的问题正在于对教育的功利性过分重视。17世纪末西方一位律师向他儿子提出的忠告是："不要学习任何东西，除非它能帮助谋利。"类似这样的观点，现在仍有相当大的市场。当今学生的学习实用化、功利化倾向非常明显，他们学习知识的主要目的就是将其运用到社会交换中，因而"热衷于学习可带来实际效益的知识，而排斥那些不能操作化、实用化的知识，只关注知识作为问题、信息所能带来多少效益，而不关心知识如何转化为智慧。接受教育只是为了将来消费做好准备"[①]。当前大学生逃课奔证书的现象就体现了这个特点。一份调查表明，在一些大学校园已出现了一群"逃课族"，基础课逃课率在25%以上，专业课逃课率在20%左右，而哲学、政治经济学等公共课的逃课率则大多在50%以上。大学生逃课后去了哪里呢？据了解，有人在复习英语，有人在学电脑，有人在准备司法考试和注册会计师考试，有人在准备公务员考试、海关报关员考试，有人忙于学开车拿驾照……这一切都是为了就业增加筹码。

在教育目的的价值取向上，功利主义教育过分强调教育的功效和利益，它被国家和个人当成只是追逐利益的工具。在功利主义教育看来，教育的目的不是为了探索真知、追求真理，不是为了人的发展和完善，而是为个人找工作、谋生做准备，接受教育就是为了获得更多、更好的实际利益。雅斯贝尔斯把功利主义教育看成现代教育的重要危机。他说，本来学生的学习目的是求取最佳的发展，现在却变成了虚荣心，只是为了求得他人的看重和考试的成绩；本来是渐渐进入富有内涵的整体，现在变成了仅仅是学习一些可能有用的事务而已；本来是理想的陶冶，现在却只是为了通过考试学一些很快就被遗忘的知识。在他看来，人们"对科学的关心

---

① 金生鈜：《论学校教育价值的消费化形态》，《教育参考》2000年第6期。

事先确定的答案。在这样的课堂里，不存在知识的好奇、理智的探险和精神的愉悦。机械主义教育不需要创造性，甚至创造性还会成为障碍、成为有害的因素，这一点尤其体现在标准化考试中。实践证明，这种考试的后果弊大于利。

机械主义教育的最直接也是最主要的后果在于削弱学生的批判意识，扼杀他们的创造力。《学会生存》写道："人们不断要求教育把所有人类意识的一切创造潜能都解放出来。但是千百万人们今天却正在发现，他们创造活动的两个组成因素（思想和行动）都已经瘫痪了。"[①] 弗洛姆更形象地指出："我们制造出了像人一样的机器，也生产出了像机器一样的人。"[②] 无论是"创造因素的瘫痪"，还是"机器一样的人"，都是机械主义教育所致。在机械主义教育的作用下，学生没有批判意识，丧失了反思能力和创新能力。1998年，教育部科技司、团中央学校部和中国（科协）科普研究所共同组织并进行了首次全国范围的"青少年创造能力培养"的社会调查。从调查结果来看，青少年创造能力现状有三个特点:[③] 一是绝大多数青少年对创造实践活动的价值认识是积极和肯定的，但实际参与程度较低。实际参加过小发明这一类活动的人仅占被调查对象的33%；二是具有初步创造人格和创造力特征的青少年比率较低。调查结果表明，具有初步创造人格特征的青少年仅占被调查者的4.7%，具有初步创造力特征的被调查者只占14.9%；三是多数被调查者的创造性思维受到过于严谨、思维定式、从众心理及尊崇权威等因素的严重影响。"当某位学生在课堂上对老师的讲解提出异议时"，48.1%的被调查者认为"大多数同学会予以沉默"，更有16.5%的被调查者认为"大多数同学会予以非议"。此外，对被调查者的年龄分析显示，不同的年龄段在创造性的几个方面显示出相反的趋势。这反映出随着年龄的增长，青少年的观察、想象能力日渐削弱，而思维定式和对权威的服从却日益增强。

以上从四个方面评析了当前学校教育中存在的主要弊端。从总体上

---

① 联合国教科文组织国际教育委员会编著：《学会生存——教育世界的今天和明天》，华东师范大学比较教育研究所译，教育科学出版社1996年版，第188页。

② ［美］埃里希·弗洛姆：《人的呼唤——弗洛姆人道主义文集》，毛泽应等译，上海三联书店1991年版，第144页。

③ 马抗美、翟立原：《全国青少年创造能力培养系列社会调查和对策研究报告》，《科普研究》1999年第2期。

看，模式化教育压抑学生的个性、强制性教育使人养成驯服乃至奴性人格、功利主义教育使人丧失超越性、机械主义教育则扼杀人的想象力和创造性。我们应当充分认识学校教育中存在的这些弊端及其造成的不良后果，在教育改革中努力予以矫正和克服。

当代教育的理性主义倾向评析*

人本来是一个感性、理性及非理性的统一体。人的生命是完整的、不可分割的，一旦分割了，生命也就完结了。完整的生命需要完整的教育，才能更好地得到发展和完善。但是，现实中的教育却大多是一种片面强调理性而忽视感性和非理性发展的理性主义教育。这种教育使得学生在学校中过的是一种不完全的、有重要缺陷的教育。

一 理性主义教育的哲学基础

理性主义教育的重要根源是理性主义哲学思潮。什么是理性？理性（reason）是哲学的一个重要概念，关于它的内涵现在还有不同的看法。在西方哲学史上对理性的理解主要有两层含义：[①] 一是从认识论意义上说的，理性是指人们认识事物本质与规律的抽象思维形式和思维能力。如唯理论哲学和康德、黑格尔哲学就是在这种含义上使用理性的；二是从人性论意义上说的，理性是指人的抽象思维能力所支配的人的理智的、合理的、自觉的和合乎逻辑的能力和存在属性。如18世纪法国启蒙思想家和唯物主义哲学家就是在这个意义上使用理性的。《国际社会科学百科全书》对理性解释道："理性是逻辑指引下的思考，它可以更广义地定义为问题的解决和批判的思考，但只有在强调了逻辑成分时，它才成其为有价值单独讨论的特定思想方法。无论直觉、想象、试错法（trial and error）

---

* 本文原刊于《中国教育学刊》2002年第5期，中国人民大学报刊复印资料《教育学》2003年第2期转载。

① 参见胡敏中《理性的彼岸——人的非理性因素研究》，北京师范大学出版社1994年版，第50—51页。

这类思想活动有着怎样出色的成果，是被排除在理性之外的。"① 尽管人们对理性有不同的认识，但透过这些不同的意见，仍然可以发现其中所包含的共同性。这就是基本上都把理性看成抽象逻辑思维，它具体包括概念、判断、推理等思维活动或能力。抽象是理性的功能，对事物的本质、运动规律和分类的沉思是人类理性的使命。本文所说的理性主义及理性主义教育中的"理性"就是取这种含义。

从哲学史上看，重视理性可以说具有悠久的传统。早在古希腊时代，人们就非常重视理性。柏拉图认为，人是由肉体和灵魂构成的，人的灵魂分为三部分，即理性、意志和情欲。三者之间具有统属关系，理性最高，意志其次，情欲最下。亚里士多德认为，理性是人的最好的东西，理性所接触的是人们认识的对象中最好的东西。在古希腊哲学的主要概念中，如阿那克萨哥拉的"奴斯"（nous）、赫拉克利特的"逻各斯"（logos）、柏拉图的"理念"（idea），都包括了后来哲学发展中"理性"的基本内涵。在近代，文艺复兴时期的文学家、艺术家、思想家也高度评价了知识和理性的价值。培根明确提出了"知识就是力量"的著名口号。在他看来，知识具有无可比拟的威力，是人类一切力量中最为强大的力量。笛卡儿在17世纪上半叶从推崇数学推理方法出发，将理性看成知识的唯一源泉。他说："那种正确地判断和辨别真假的能力，实际上也就是我们称之为良知或理性的东西。"它是"唯一使我们成为人并且使我们与禽兽有区别的东西"。② 启蒙时代的思想家将理性推崇为万能，以为用理性为武器可以达到人的一切目的。德国古典哲学家都是理性的崇尚者。康德强调人的理性的存在，认为人之所以高贵、尊严、有价值，就在于人有理性。黑格尔更是把理性的能动作用推向了极端，认为人之所以为人，全凭思维在起作用。并且指出，"理性是世界的主宰……是无限的权力，它自己的无限的素质，做着它所创造的一切自然和精神生活的基础"。③

理性主义的基本特点是颂扬人的理性，推崇理性思维，把理性当作人的最高本质，忽视甚至否定非理性的价值。

理性主义教育，也叫唯理智教育，或唯理性教育，正是在理性主义哲

---

① *International Encyclopedia of the Social Science*, New York, 1968, Vol. 13-14, p. 344.

② ［法］笛卡儿：《谈方法》，载王太庆编《西方哲学原著选读》上卷，商务印书馆1984年版，第362页。

③ ［德］黑格尔：《历史哲学》，王造时译，生活·读书·新知三联书店1956年版，第47页。

学思潮的影响下发展起来的。

二　理性主义教育的特点

在理性主义教育观看来，教育的任务只有一项，这就是促进人的理性发展。因此，理性主义教育是指以传授理性知识、发展理性能力为主要目的的教育，这种教育的关注点突出表现在以下两个方面。

1. 重认知、轻情感

理性主义教育只重视个体的认知发展。教育的主要时间及其他物质条件等都集中在认知发展这个目标上，其他方面的发展要么受到轻视或忽视，要么只是作为认知发展的条件而不承认是教育的目标。这种偏向具体表现为，在教育中只重视与科学技术有关的学科，而冷落人文学科，尤其是艺术学科。面对教育中这种过分重视认知而严重忽视情感的状况，有不少有识之士提出过尖锐的批评。早在 20 世纪上半叶，我国美学家朱光潜就指出，德育、智育、美育"三育对于人生本有同等的重要，但是在流行的教育中，只有智育被人看重，德育在理论上的重要性也还没有人否认，至于美育则在实施与理论方面都很少有人顾及"①。麦克默林在评述美国教育时也指出，美国教育是以认知目标及其职能为核心，目的是要崇尚理论智慧的兴趣，给予普遍化的理论知识以最高的价值地位，给予获取这种知识所必不可少的工具如推理能力以最高的价值地位。自然科学是成功的技术的必要基础，它所起的主要作用不但增强了强调认知目标的见解，而且把它同阅读书写技能和属于知识的技术一并确定为学校课程的基础。专注于知识、理智、语言技能和数学技能的结果，造成了非常普遍地忽视教学中非认知目标及其职能的现象。艺术在课程中只起到点缀的作用，学校中普遍存在的弊病是不能编制有效的教学大纲，去着意培养情感和意动方面的人格和经验。② 美国美学家阿恩海姆在《视觉思维》一书中也指出：迄今为止，整个西方教育系统仍然建立在对词语和数学的研究上，理性思维能力或逻辑能力的培养，被看作整个教育的最终目标。除了

---

① 《朱光潜全集》第 4 卷，安徽教育出版社 1988 年版，第 144 页。

② ［美］麦克默林：《教育目的概述》，载瞿葆奎主编《教育学文集·教育目的》，人民教育出版社 1989 年版，第 297 页。

幼儿园之外，对感知的训练或对艺术的学习无论在中小学还是在大学，都没有得到应有的重视。

2. 重知识、轻经验

理性主义教育的另一个基本特征在于，过分依赖乃至迷信书本知识，而对活动与经验则不予关心。它把教学过程理解为主要是知识的积累过程，以掌握知识的数量和精确性作为教学质量评价的基本标准。正如英国教育哲学家约翰·怀特所指出的，"人们总是倾向于掌握更多、更多的知识，掌握知识体系中分枝的分枝，直至无穷，这种'全面狂'是过度强调教育的一种价值——以知识为目的，而忽视其他价值的结果"。①

书本知识的重要性当然不容怀疑，它是青少年成长和发展所必不可少的营养。这种知识有其鲜明的优点，它可以使学习变得更加简化，更有效率。但是我们没有理由将它提到独尊的地位，甚至也不一定要让它占据绝对主导的地位。"我们已经养成用书页封闭我们心灵之窗的恶习，书籍里的词语像膏药一样贴在心理的皮肤上，使我们的心灵不能与真理直接接触。书本真理的整个世界成了外面有墙圈的一个坚固堡垒，我们就栖身于其内……当然，贬低书本的用处是愚蠢的。然而，同时应该承认，书本有它的局限和它的危险。"② 泰戈尔的上述观点无疑是正确的。书本知识确实有它的局限性甚至危险性，尤其当这种知识被强调过头的时候更是如此。

20 世纪 80 年代以来，我国的学校教育在不断地进行着改革，但仍然存在严重的问题。在教育理论界，最初关注的主要是给学生传授知识，后来强调在给学生传授知识的同时要发展他们的能力和智力。再后来人们又提出，除发展学生的智力因素（即理性因素，包括传授知识、发展能力和智力）外，还要重视他们的非智力因素（即非理性因素）的发展。但是，从总体上看，这种思想观点对于教育实践并没有产生实质性的影响。直到今天，我们的教育实践基本上还是在走重认知（理性）、轻情意（非理性）的道路。

---

① ［英］约翰·怀特：《再论教育目的》，李永宏等译，教育科学出版社 1997 年版，第 139 页。

② ［印］泰戈尔：《世界名家短论集——人格的世界》，周国平等译，中国言实出版社 1999 年版，第 88 页。

三　理性主义教育的后果

理性主义教育由于它的片面性而不断受到来自各个方面的批判。德国文化教育学家威廉·狄尔泰（W. Dilthey）认为传统教育学是"没有人的教育学理论"。他对传统教育目标中仅以知识作为人才的标准深恶痛绝，认为是"扼杀人的生命的教育"。《学会生存》一书对这种教育也有过深刻的揭示，认为现代教育"过分地依赖理论和记忆。它给予传统的、书面的和复述的表达方式以特殊的地位，损害了口语的表达、自发精神和创造性的研究"①。在该书作者看来，目前的教育方式会造成人格的分裂。因为在这种教育中，为了训练的目的而将一个人的理智认识分割得支离破碎，而其他的方面则不是被遗忘就是被忽视。"对许多青年人原来应该进行的充分而全面的培养被弄得残缺不全。为从事某种内容分得很细或某种效率不高的工作而进行的训练，过高地估计了提高技术才能的重要性而损害了其他更有人性的品质。"② 在理性主义教育中，由于学生的理性是在损害感性和非理性素质（如想象、灵感、情感、意志等）的情况下得到强化的，因而不可避免地会带来严重的后果。

1. 感受力衰退

在理性主义教育模式中，知识被看成是对学生只有益而无害的东西，所以想方设法往学生的头脑中装尽量多的知识。实践证明，学生接受过量的知识，不但无益，反而有害，它会阻碍学生感受力的发展。感受力是指属于个人的那种整体性的感悟能力，即人的直觉、想象、情感、理解、态度高度协调后达到的能力。这种能力并非随着理性的发展而自然地得到提高，往往还会出现衰退的情况。赫胥黎说："随着一个人的成长，他的认识在形式上日益发展成概念性的，日益变得有系统起来……但是人们原来的那种对事物进行直接把握的能力却会出现某种退化，人的直觉能力也会变得迟钝起来，甚至会荡然无存。这样一来，他所取得的那些收获就被抵

---

① 联合国教科文组织国际教育发展委员会编著：《学会生存——教育世界的今天和明天》，华东师范大学比较教育研究所译，教育科学出版社1996年版，第13页。
② 同上书，第193—194页。

消了。"① 只重理性而忽视感性发展的理性主义教育对人的感受力具有严重的损害作用。在人的生命中，感受力是一种非常重要的能力，这种能力的损伤会导致整个生命力的下降。

在理性主义教育中，书本知识隔开了他们与周围世界的活的联系，儿童只能囿于非常有限的生活领域，只是与文字符号打交道，学生的精神生活因此而变得单调而贫乏。一个原本完整的人只能作为残缺的片段和单维的机能而在生活中发挥作用。达尔文的体会充分证明了这一点。他自述道："在三十岁左右的时候，我对弥尔顿、格勒、拜伦、华尔华兹、克勒律治、雪莱等人的诗是那样入迷（当然，对莎士比亚的诗，尤其是他的历史剧，从学生时代起，就已经入迷了）。我还敢说，自己对绘画和音乐也很感兴趣，但是现在就大不一样了。这许多年来，我竟没有读完过一首诗，一度我试着去重读莎士比亚的诗，但一拿起来就感到它乏味和厌烦。到现在，我对绘画和音乐的兴趣也开始丧失了……我的思想似乎已经变成了一种机器，它只是机械地从无数事实和原料中提取出一般规律。我真的不明白为什么对艺术爱好的丧失会引起心灵的另一部分能力——能够产生更高级的意识状态的那一部分能力——的衰退。我在想，一个具有比我更高级和更为全面统一的意识的人是断然不会像我现在这样的。假如我能够从头再活一次，我一定要给自己规定这样一个原则：一星期之内一定要抽出一定的时间去读诗和听音乐。只有这样，我现在业已退化的那一部分能力和才能在持续不断地使用中保持下来。事实上，失去这种趣味和能力就意味着失去了幸福，而且还能进一步损害理智，甚至可能会因为本性中情感成分的退化而危及道德心。"②

2. 情感冷漠

理性的过分扩张，必然会导致情感的冷漠、扭曲甚至出现残暴心态。苏霍姆林斯基认为，"冷漠是一种最可怕的心理状态"③。事实的确如此。在现实中，有一些人其学科成绩（即理性方面的发展）很好，但在情感、态度、良心等非理性方面却出现严重的问题。教育哲学家吴俊升曾经指出："现在学校教育，仅偏顾理智与意志两端，而情感生活，往往不遑顾

---

① Huxley, A., *The Perennial Philosophy*, New York: Harper & Row, 1944.
② 转引自滕守尧《审美心理描述》，四川人民出版社 1998 年版，第 330 页。
③ ［苏］苏霍姆林斯基：《教育的艺术》，肖勇译，湖南教育出版社 1983 年版，第 39 页。

及，不能满足其需要，使学生生活，徒为畸形的发展，而流为机械枯寂，索然无味。此种缺陷，影响很大，学生在校活力减少，生趣毫无，这是极残酷之事！他们出校以后，入于社会，也必定是拘执板滞，局天蹐地，非但无人生乐趣，社会效率也必因是减少。"① 对于完整的生命来说，理性与情感都是不可缺少的。

　　总之，理性是重要的，但不是唯一的；理性是有意义的，但感性和非理性同样不可缺少。理性的价值众所周知，感性和非理性的意义却尚未得到普遍承认。只重理性而忽视感性和非理性的教育是片面的教育，片面的教育当然不可能培养出和谐发展的人。

---

① 见俞玉兹等编《中国近现代美育论文选》（1840—1949），上海教育出版社 1999 年版，第122 页。

对教育惩罚的理性思考 [*]

学校教育中的惩罚问题历来是人们广泛讨论而又意见纷呈的一个话题。无论对惩罚持赞成态度还是反对态度，作为一种教育手段，它一直广泛地被教师使用着。在大力提倡赏识教育的今天，再提教育惩罚会不会不合时宜？如果要保留惩罚，那么什么样的惩罚才是合理的？本文对这个问题进行重新探讨，以深化对该问题的认识。

一 教育惩罚的内涵与分类

（一）教育惩罚的界定

教育惩罚是指对个体或集体的不良行为给予否定或批评处分，旨在制止某种行为的发生。[①] 我们可以将教育惩罚分为狭义和广义两种。狭义的教育惩罚是指在学校中，针对个人或集体的不良行为给予否定或批评处分（不包括体罚），以制止某种行为的发生。狭义的惩罚与奖励相对，是学校教育中经常采用的一种教育方法，目的是使学生分清是非善恶，改正缺点和错误。这类惩罚的具体方式由轻到重依次为：口头批评、警告、记过、留校察看、开除学籍等。但在学校教育中，有的教师会使用体罚、讽刺、挖苦等惩罚形式来达到教育目的。这种包括体罚（含变相体罚）在内的惩罚就是我们所指的广义的教育惩罚。

为了更好地认识教育惩罚的内涵，我们可以将狭义的惩罚与体罚作一

* 本文由何齐宗与肖庆华合著，原刊于《中国教育学刊》2004 年第 9 期，中国人民大学报刊复印资料《教育学》2005 年第 1 期转摘。

① 顾明远主编：《教育大辞典》（增订合编本，上卷），上海教育出版社 1998 年版，第 176 页。

比较。什么是体罚呢？体罚是指使学生身体遭受痛苦并损害其身心健康的惩罚。狭义的惩罚与体罚是有区别的。一是程度不同。惩罚是引起一种不愉快感；而体罚所引起的是身体上的痛苦。二是手段不同。惩罚是以对事物或活动的否定、限制、剥夺等可接受性的方式和方法，旨在引起受罚者行为的变化；而体罚则是采取击打或者限制身体自由等强制性的手段，来使受罚者达到行为的可能变化。三是影响不同。惩罚是以不损害学生身心健康为原则的一种教育方式，是教师的职业权利之一，造成的是受罚者行为的变化，甚至心灵的可能转变；而体罚虽然可能引起受罚者行为的改变，但对学生的身心造成了伤害，是一种违法行为。

（二）教育惩罚的分类

以是否具有合理性为标准，我们可以将教育惩罚分为合理的教育惩罚与不合理的教育惩罚两大类。合理的教育惩罚具有以下几层含义。

第一，合乎法律规范。教育惩罚应该在法律所允许的范围内施行。

第二，合乎道德规范。教育惩罚应该在道德所允许的范围内施行。

第三，具有教育性。教育惩罚应该符合教育要求，具有教育意义，这是指在实施教育惩罚时，惩罚方式、手段、内容的选择要注意时间、地点、情境、学生的个性及承受力等。

因此，合理的教育惩罚是指惩罚既是合法的、合道德的，又是有教育性的。

不合理的教育惩罚是指违反法律规定、道德规范或违背教育规律的惩罚。违反法律规定的惩罚，比如说体罚，当然也可能会达到一定的目的——使受惩罚者的行为得到改变，但它仍然被认为是不合理的惩罚，因为它使学生的身心受到了伤害；同样，违反道德规范的惩罚，比如说讽刺、挖苦、嘲笑、贬损等，虽然可能达到使受处罚者的行为改变，但也被认为是不合理的教育惩罚，因为它使学生的心灵受到了扭曲。

不合教育性的惩罚，是指那些虽然合乎法律和道德规范，但在实施的过程中没有考虑到具体的教育情景和学生的身心发展特点，而使学生的身心受到伤害的惩罚。

二　不合理的教育惩罚及其预防

（一）不合法律的教育惩罚及其预防

不合法律的教育惩罚是指惩罚者所实施的惩罚行为违反了国家相关的法律，给学生造成了不良的后果。在我国，体罚是违法的行为。1986 年颁布的《中华人民共和国义务教育法》第十六条明确规定："禁止体罚学生。"

对于不合法的教育惩罚的预防措施有：（1）教师加强对法律法规的学习：通过学习，使教师懂得体罚和变相体罚的行为是违法的。如果体罚造成了严重后果，比如说使学生致死、致伤、致残，教师应承担相应的法律责任；（2）保证监督制度的有效运行。监督机关应对教师的惩罚行为进行监督，发现不合法的惩罚行为要按照有关规定进行处理：设立教师违法惩罚的监督举报制度，鼓励社会成员对教师的行为进行监督；（3）建立健全学生申诉制度，维护学生的正当权益；（4）建立咨询组织。学校与社会应合作建立咨询组织，给学生及家长以相应的咨询指导，帮助学生及家长在面对教师惩罚的行为时，正确地利用法律武器来维护自己的合法权益。

（二）不合道德的教育惩罚及其预防

有些教师不体罚学生，却讽刺、挖苦和歧视学生，或者暴露学生的隐私、损害学生的自尊等，这些惩罚行为是违反教师道德规范的，应该得到禁止。1984 年发布的《中小学教师职业道德要求》第 4 条规定：教师应该不歧视、讽刺学生。

对于不合道德的教育惩罚的预防措施是：（1）加强教师的师德修养。作为一名教师，其所作所为应当符合教师的道德规范。讽刺、挖苦和歧视学生，有悖于师德规范；（2）学校建立监督机制。学校进行师德建设的关键是建立监督机制，要对教师中不符合师德的言行进行监督，对于教师歧视、讽刺和挖苦学生的不良行为要及时纠正；（3）建立家长委员会。因为违反道德规范的教育惩罚，相对于违反法律的教育惩罚来说，比较难于界定，因此应建立家长委员会加强监督和协调，配合学校对当事教师进行批评教育，并责令其改正。

（三）不合教育性的教育惩罚及其预防

由于学生具有个体差异性，合乎法律和道德规范的惩罚，具体到学生个体身上不一定都能发挥教育的作用。如果在惩罚时考虑到了法律和道德的规范，但是没有考虑到不同学生的身心发展特点，没有考虑到不同的教育情景以及学生当时的心理感受，惩罚就可能会引起学生的逆反心理，甚至会对学生造成伤害。这种惩罚是不合教育性的惩罚。同样一个惩罚，对于某个学生来说是合适的，具有教育效果，但对于另外一个学生来说，却可能是不适宜的。比如，对于大大咧咧的学生来说，受到当众的严厉批评，能使其心灵受到震撼而改正自己的不良言行。然而，对于性格内向、自尊心强的学生来说，这样的惩罚只会加剧其抵触情绪。相反，私下的批评或警告之类的惩罚也许更适合他们，更有利于他们改正自己的缺点和错误。

不合教育性的惩罚往往不会引起教师的重视。其实，这种惩罚与不合法律及不合道德的惩罚具有同样的危害。为防止此类惩罚的发生，教师应注意以下两点。一是尊重学生的身心发展特点：对于不同个性特征的学生在实施惩罚时要区别对待。二是惩罚要对事不对人：针对学生而不是针对学生所犯错误的惩罚，容易使教师走向偏激，往往把学生当作泄气、泄愤的对象。惩罚应该是就事论事，而不是就人论事。通过对学生所犯错误的惩罚，达到教育学生的目的。

三　合理教育惩罚的意义与要求

（一）合理教育惩罚的意义

在提倡赏识教育的今天，我们的学校是否还需要保留惩罚呢？我们认为，在学校教育中应当保留合理的惩罚，因为合理的惩罚对于青少年的成长具有积极的意义。

1. 使学生养成遵守制度的习惯

人要生存下去，离不开社会；社会要存在下去，离不开制度，离不开制度对人的言行的要求和规范。学生只有在学校中习惯了制度，在走上社会之后才能适应各种各样的工作制度。纪律既是对人的言行的限制，又是对人的权利和自由的保证。对违犯纪律的学生进行惩罚，旨在使他明白某些界限是不能逾越的，逾越了就要受到惩罚。

2. 有利于个体的社会化

学校教育是为学生将来走向社会做准备的。学校要使学生明白如何处理与他人、集体及社会的关系，懂得个人的自由不能妨碍别人、集体和社会的利益。学校中合理的惩罚就是从一个侧面告诫学生，只有对自己的言行节制，将来才能更好地适应社会。同时，学校通过合理的惩罚告诫学生，学校中有规章制度的存在，社会和国家有法律的存在，违反规章制度、违反道德和法律规范，就会受到相应的惩罚。校纪校规、道德和法律是个人自由及集体与国家利益的保证，逾越了这些界限就要受到相应的惩罚，这样就使学生树立了纪律观、道德观和法律观。所以说，合理的教育惩罚，是个体社会化的重要手段。纪律观、道德观和法律观内化成学生的观念是个长期、反复的过程，既要靠说服教育，也要靠适当的、合理的惩罚。

3. 让学生感受真实的生活

德国教育家博尔诺夫在其《教育人类学》中曾提出非连续性的教育主张。他认为，人生在世总会有遭遇，人有时会处于危机之中。因此，在教育中应当正视遭遇和危机，使教育起到告诫和唤醒的作用。当学生有错误、缺点时，我们应该抓住这个教育时机，使学生受到合理的教育惩罚。合理的教育惩罚能使学生醒悟，使学生的心灵受到震撼，使其生命深处沉睡的自我意识得以唤醒，最终使精神得到升华。要让学生去感受真实的生活，生活中既有甜蜜和成功，也有痛苦和挫折。谁的言行不检点，就要让惩罚去告诫他，让他去品尝自己所酿造的苦酒，从中吸取教训。

4. 使学生学会负责

合理的惩罚是使学生学会负责的重要手段。学生由于自己的错误言行而受到了惩罚，学生就会深刻地体悟到哪些事情是该做的，哪些事情是不该做的；哪些界限是不能逾越的，逾越了就会造成不良的后果，就会受到相应的惩罚。与惩罚教育相比，赏识教育也能在某种程度上使学生学会负责。但在一个学生身上，总是既有优点也有缺点，通过惩罚使学生从缺点和错误中吸取教训，往往其体验更深刻，也更能促使他去深刻反思，从而真正学会对自己的言行负责。

（二）教育惩罚的实施要求

教育惩罚只有遵循一定的要求，才能取得应有的效果。具体而言，教师在实施教育惩罚时，应当考虑如下要求。

1. "可不可以惩罚"：教育惩罚的法律要求

任何惩罚都要遵守法律的规定，这是惩罚最起码的要求。《中华人民共和国教育法》第 28 条规定，学校及其他教育机构有"对受教育者进行学籍管理，实施奖励和处分的权利"。这一条款肯定了教师的惩罚权，即教师惩罚权是法律赋予教师的一种管理职能。但是教师不能滥用这种权力，教师的惩罚应尊重学生的合法权益，应遵守相应的法律法规，不能超越其法定的权限。因此，当教师对学生实施惩罚时，首先要问的一个问题是"可不可以惩罚"，即对学生的惩罚是不是在法律许可的范围之内，对学生的惩罚会不会侵犯学生的合法权益。

2. "该不该惩罚"：教育惩罚的道德要求

教师实施教育惩罚应该考虑的第二个问题是"该不该惩罚"，即教育惩罚应当符合教师的职业道德规范。如果教师借机会打击或报复学生，因人论事，故意给学生难堪，可能没有违法，但却有悖于教师的职业道德。教育惩罚的道德要求主要体现在以下几个方面。第一，惩罚的动机应该是美好的。教师应本着爱护学生，出于使学生的言行变好的良好愿望去惩罚。只有这样，教师才能公正合理地进行惩罚，在该使用惩罚时才去惩罚。第二，以尊重学生为前提。教师在惩罚学生时要考虑到学生的隐私权和名誉权等。第三，惩罚的方式和方法应该符合道德规范。教师虽是从良好的愿望出发，但使用的却是讽刺、挖苦、歧视等不道德的方式和方法，这也是不符合教育惩罚的道德要求的。

3. "值不值得惩罚"：教育惩罚的目的要求

对于"值不值得惩罚"这个问题，我们可以作两个方面的理解。其一，惩罚固然有其独特的教育作用，但要尽量少使用。如果用赏识教育或其他较平和的教育手段能达到使学生改正缺点和错误的目的，则尽量不使用惩罚，因为学生毕竟更乐于接受赏识教育。赏识教育能更好地发挥学生的积极主动性，也能使学生身心愉快，有利于建立和谐、融洽的师生关系。其二，如果必须使用惩罚手段，就应大胆地使用惩罚。马卡连柯曾经指出："凡是需要惩罚的地方，教师就没有权利不惩罚。在必须惩罚的情况下，惩罚不仅是一种权利，而且是一种义务。"① 学生身上的某些缺点和错误，有时通过说服教育不能使其改正，但通过合理的惩罚却能奏效，这时教师就应该大胆地使用惩罚。

4. "会不会用惩罚"：教育惩罚的艺术要求

一个符合法律和道德规范，也符合教育目的的惩罚，并不见得是真正合理的惩罚。真正合理的惩罚还应当讲究教育艺术。惩罚的教育艺术要求体现如下。一是惩罚的方式具有可接受性。教师在选择惩罚的方式时，要考虑到学生的年龄、性别、个性特征等。惩罚要符合其身心特点，具有可接受性。二是惩罚内容公正合理。教育惩罚应当轻重适当，惩罚过轻达不到告诫和唤醒的目的，惩罚过重则会引起学生的反抗情绪。惩罚不公正会引起学生的逆反心理，使师生之间走向对立，起不到教育的作用。三是惩罚时机恰当。充分把握惩罚的时机是极其重要的。惩罚时机的把握取决于教师的教育机智。这是教师的良心、熟练的技术、丰富的经验和对学生身心特点的了解的综合运用。如果惩罚具有可接受性，内容又是公正合理的，再加上时机把握得好，那么惩罚就能获得良好的教育效果。

---

① 吴式颖等编：《马卡连柯教育文集》（下卷），人民教育出版社 1985 年版，第 57 页。

第三编
教育美学与美育思想

对教育美学几个问题的探讨 *

对于任何一门学科，尤其是一门新的学科来说，首先无疑要就该学科的基本问题进行分析和讨论。本文试图探讨教育美学产生的科学背景与现实基础、教育美学的学科性质与研究对象、教育美学的任务与作用。

一　教育美学产生的客观必然性

现代科学发展的一个重要趋势是众多学科之间相互渗透。学科之间相互渗透的结果是交叉性边缘学科的大量涌现。这种趋势在教育学和美学中同样具有明显的反映，当代教育学和美学也在发生深刻的变革。

从教育学的发展来看，独立形态的教育学从 1632 年捷克教育家夸美纽斯的《大教学论》出版算起，至今已有三百多年的历史。在这个过程中，教育学一直处在不断变化之中。尤其是发展到现代，其他学科如政治学、经济学、哲学、伦理学、社会学、文化学、心理学、管理学、科学学、技术科学、统计学、测量学、生态学、人类学、医学等都已渗透到教育学之中。教育政治学、教育经济学、教育哲学、教育伦理学、教育社会学、教育文化学、教育心理学、教育管理学、教育科学学、教育技术学、教育统计学、教育测量学、教育生态学、教育人类学、学校卫生学等众多交叉性教育学科的出现，就是其他学科向教育学渗透的产物。与此同时，美学作为一门与教育学具有密切联系的科学，也必然会渗透到教育学中来。

＊　本文原刊于《江西师范大学学报》（哲学社会科学版），1993 年第 2 期；系作者承担的全国教育科学"八五"规划青年专项课题"教育美学研究"的成果之一。

教育美学的形成不仅符合科学发展的时代潮流，而且也具有坚实的现实基础。

首先，当前的教育实践客观上对教育美学有强烈的要求。凡是成功的、优秀的教育，实质上都可以说是教育领域的审美创造，都是运用有关美学原则的结果。这里的区别只在于对美学原则的运用是自觉或是不自觉。但是，在实践中，教育的成功率，尤其是优秀率还远远不能令人满意。非优秀的甚至不成功的教育还占有相当大的比例。这是不可否认的事实。有些人做了一辈子教师，但充其量不过是个"教书匠"——知识的搬运工、教科书的传声筒。他们在教育过程中总是穷于应付，没有认识到教育活动实际上也是一种美的创造活动，不考虑发挥自己的创造精神。就是那些成功的或优秀的教育，其背后也或多或少隐藏着各种各样的问题。有些教师的教育工作之所以能取得成功或达到优秀的高度，并不是他们自觉地、有意识地运用美学原则的结果，而是经过了漫长的摸索过程，走过了许多弯路之后才实现的。如果有一门学科能够提供教育审美创造的原则和方法，那么教师就可以更自觉、更有效地使教育朝着更高的境界迈进。显然，这门学科只能是教育美学，只有它才能担当起这一重任。这说明，教育美学的建立已势在必行。

其次，当前的教育改革已普遍重视教育中审美因素的价值。现在，广大教育工作者在教育的审美化问题上已经取得了前所未有的共识。近年来我国各地进行的教育改革实践出现了一个共同的趋势，这就是都开始认识到教育的审美属性，都尝试运用美学原理和方法来指导教育实践。具有广泛影响的"愉快教育"实验，就是一个典型的例子。愉快教育是指那种气氛生动活泼、形式丰富多样、内容引人入胜，从而使学生乐学不倦、流连忘返，使教师信心充分、情绪饱满，教师和学生共同沐浴于愉快的感受之中的教育。[①]"愉快教育"的倡导者和实验者都关注教育的审美因素，讲究教育的艺术性，使学生在掌握知识、发展能力、陶冶情操的同时获得美的享受。如辽宁本溪市某小学提出的实施愉快教育的实验报告就明确地指出："要提高教育质量，最关键的问题是如何使学生感到学校是他们的乐园，学习是他们的乐事，即如何把学生的苦学变成乐学。"为此，他们还进一步提出了愉快教育的模式，即"寓教于美、寓教于乐的辩证结合

---

① 　钟以俊：《对现代教学艺术的一些思考》，《教育研究》1990 年第 12 期。

为主要特征，以全面提高学生素质为培养目标，主要是由创美导趣的课堂教学模式、智趣互渗的课外活动模式、美观典雅的环境陶冶模式等三个子模式有机构成"①。陕西省蒲城县苏坊乡中心小学教师赵米香提出的"快乐教学法"也体现了这个特点。这种教学方法的主要精神是"教师运用各种教学手段创造出快乐教学的情境，让学生在这种情境中最大限度地表现出各自的认识需要，并主动积极地开展生动活泼的学习活动"。在"快乐教学"的课堂上，学生的整个脑力劳动都被探求智慧的热情所照亮，他们不再是为任务的重压而是为充分体味思考的乐趣主动地、生气勃勃地学习，去创造性地探求知识的奥秘并带来精神上的无比满足。② 上海第一师范学校附属小学指出，"愉快教育"具有四个基本要素，即"爱""美""兴趣""创造"。他们认为，"如不能激起学生的学习兴趣和积极性，即使没有作业，学生坐在课堂里，也会感到负担很重。所以教师必须从情感入手，改革教材和教法，调动学生内在的学习积极性，这样，学生就会主动地去学习，去钻研"③。有人还将教育的审美度和艺术性列入"愉快教育"的教育策略之中，认为实施"愉快教育"要尽可能地拓展课程体系中的美育领地，努力丰富和发掘教材中的审美因素，使科学教育中科学美的涵蕴得到充分显现；在教学过程中，要努力使社会美的因素能够深刻展示，从而使教育内容成为真善美的统一体，使学生通过学习获得真的、善的观念和获得美感享受熔为一炉。④ "愉快教育"的实验以及成千上万优秀教师的先进教育经验，为教育美学提供了丰富的源泉和充足的养料，它们使教育美学的建立不仅具有迫切的必要性，而且具有现实可能性。毋庸置疑，人们对教育审美价值的重视和对教育审美属性的发掘与利用，这是教育美学建立的最深刻的现实基础。

---

① 本溪市溪湖区彩一小学：《实施愉快教育实验报告》，《普教研究》1992年第1期。

② 田养梧：《赵米香和她的"快乐教学法"》，《陕西教育》1989年第2期。

③ 晓旭等：《变"苦学"为"乐学"，让学生愉快地成长》，《上海教育》（小学版）1990年第10期。

④ 李善初：《"愉快教育"的教育策略》，《中国教育报》1991年11月28日。

二　教育美学的学科性质和研究对象

（一）教育美学的学科性质

教育美学是教育学与美学相互渗透的产物，是一门边缘性学科。对这门学科性质的理解要防止两种偏向，即片面化和简单化。一方面，我们不能把教育美学仅仅看成教育学的一个分支，也不能将它单纯地看成美学的一个分支。如果把教育美学只看成教育学的分支学科，不注意引进美学的原理和方法，不从美学的角度对教育进行全面的审视，就不可能揭示出教育领域的审美规律；反之，如果只把教育美学看成美学的分支学科，不顾教育的客观情况，盲目地套用美学的一般理论来分析教育现象和教育问题，就会使教育丧失其本身所固有的特殊性。换句话说，教育美学不是其中任何一门学科的附属品或派生物，它始终保持着自己的独立性，是教育学和美学这两门学科有机结合而形成的独具特色的学科。另一方面，我们也不能把教育美学看成教育学与美学的简单混合物。如果把它看成教育学与美学的简单相加，教育美学就会陷入肤浅和空虚的泥潭。正确的看法应当是，教育美学是教育学与美学高度融合的结晶。因此，我们在研究教育美学时，既要充分尊重和运用教育学和美学的知识，又要保持对它们的超越。尊重和运用的目的是为了借鉴和吸收，超越的目的则是为了开拓和创造。

与此同时，教育美学又是一门应用学科。一般来说，各种科学可以划分为基础理论和应用科学两大部类。基础理论科学主要研究事物的一般规律，它的成果常常在广泛的领域中具有指导意义，但它不直接解决在一个具体领域中的应用问题。应用科学则主要探讨某个具体领域中的特殊规律，它固然要阐述一般的原理，但更重要的是指导具体的实践活动。教育美学就是这样的一门应用学科，它的主要任务"不是去探讨深奥的美学或美的哲学问题，而是对具体的教育工作作可行的审美考虑，即探讨美的法则对具体教育活动的指导意义"①。

---

① 钟以俊：《教育美学简论》，《教育研究》1991 年第 6 期。

当然，我们也应该认识到，应用科学并不等同于工作指南或工作手册，它的根本任务是探讨事物的发展规律，对实践做出理论的概括。教育美学虽然提供教育实践所应遵循的美学原理，但要把这些原理具体运用到教育实践中去，则还有一个从理论到实践的转化过程。我们不能指望教育美学的基本理论可以直接搬用到某一具体学校或某个教师的特殊情况中去；也不应要求从教育美学中获得适用于每一所学校或每一个教师创造教育美的具体的方法。各个学校、每个教师都应当在实践中根据各自的实际情况，创造性地去运用教育美学原理。

（二）教育美学的研究对象

教育美学的对象问题是教育美学必须研究的一个重要理论问题。这个问题解决得如何，直接关系到教育美学作为一门学科能否成立，关系到它将来的发展方向以及其他一系列有关问题能否得到正确的解决。

众所周知，作为重要社会现象的教育现象及其发展规律，是普通教育学和教育科学各分支学科共同的研究对象，自然也是教育美学的研究对象。但是，教育美学的研究对象除有各门教育学科研究对象的共同性以外，它还有自己的特殊性。也就是说，教育美学有自己特定的研究对象。那么，教育美学作为一门独立的学科，它的研究对象是什么呢？简单地说，教育领域的美学问题就是教育美学的研究对象。教育美学是运用美学理论研究存在于教育领域的审美现象及其发展规律的科学。它主要探讨如何使教育按照美的规律来进行，使之达到审美化的境界，从而提高现代教育的质量。正如有人所说的："它是以教育为立足点，带着美学的眼光思考一系列教育问题，把人类的审美理想引入教育领域，赋予教育过程美的属性，把美的问题自然地扩展到教育领域，从而使教育活动在一种较全面的意义上（而不仅仅是艺术教育）展示出美的风采。"[1]

（三）教育美学的知识体系

教育美学的知识体系一般由理论和应用两大部分构成。理论部分主要包括教育美学学科的基本问题、教育美的本质和特性、教育美的形态与功能等；应用部分主要研究教育美的鉴赏和评价、教育美和教育艺术的创造

[1]　钟以俊：《教育美学简论》，《教育研究》1991 年第 6 期。

等。当然，这两个部分的划分只具有相对的意义。实际上它们是互相联系在一起的。理论部分和应用部分虽然各有侧重，但是，从根本上来说，它们都是应用性的。可以说，前者是应用理论，后者是应用技术，二者是密不可分的。

三　教育美学与相关学科的关系

教育美学具有独立的研究对象和范围，这是客观事实。但是，它的发展道路并不是封闭的，而是表现出显著的开放性。教育美学涉及众多相关学科，它综合运用多门学科的研究成果，在某些方面存在一定的交叉渗透现象，发生着各种各样的联系。但作为不同的学科来说，它们又存在诸多区别。弄清楚教育美学与其他相关学科的联系与区别，对于教育美学的健康发展具有重要的意义。这里仅就与教育美学关系最为密切的几门学科进行比较分析。

（一）教育美学与教育学

教育美学是现代教育科学的重要分支学科，所以它与教育学紧密相连。教育学主要研究教育的本质、功能、目的、内容、形式与方法等，教育美学同样要涉及这些问题。教育美学的建立和发展，在很大程度上要依赖教育学的研究成果，借鉴教育学的研究方法。教育美学是一门新的教育学科，是教育理论发展到一定历史阶段上的产物。离开了教育学基础，教育美学就失去了赖以生存的土壤。但是，教育美学毕竟不能等同于教育学。教育学与教育美学的关系可以说是一般与特殊、整体与部分、全面与方面的关系。教育学以整个教育领域作为其研究对象，它的任务是揭示教育发展的一般规律。而教育美学则主要是从美学的角度对教育进行考察，它的研究对象是教育领域的特殊问题——审美问题，它的任务是探索教育审美化的规律。

（二）教育美学与美学

教育美学与美学同样既相联系，又有区别。它们的联系体现在，教育美学需要运用美学的原理和方法，美学对教育美学的研究具有重要的指导意义。如果我们不掌握美学的基本原理，不理解美的本质和特点，就难以解释教育美的本质和特点，更不可能阐明教育美的创造规律。一句话，离开了美学的指导，我们就不可能建立起真正意义上的教育美学。与此同时，美学也可以从教育美学的研究成果中汲取有益的养分。教育美学作为美学的分支学科，它的不断发展与成熟也将使现代美学得以充实与提高。它们的区别体现在，美学作为人们世界观组成部分的审美观、艺术观的系统化和理论化的学说，它是从总体上研究客观世界中的美以及人们对美的主观反映的普遍规律；教育美学的研究对象则是客观世界中的教育这种特殊现象的美以及人们对这种美的主观反映的规律。美学研究的范围很广，它包括自然美、社会美及艺术美的本质和特点，人的审美心理及美的创造等，而教育美学研究的范围却小得多，它仅仅研究整体美中的教育美的本质和特性、教育美的鉴赏与创造等问题。从这个意义上说，美学与教育美学的关系，也可以看成是一般与特殊、整体与部分、全面与方面的关系。

（三）教育美学与美育学

美育学又称审美教育学，它是一门研究教育中的美育问题的学科，它介于教育学与美学之间，既是美学的应用理论，又是教育学中相对独立的重要部分。它探讨如何运用自然、社会及艺术的美对学生进行教育。教育美学和美育学都是教育学与美学相互渗透的结晶。因此，它们之间具有诸多相同或相似的地方。教育美学和美育学在研究目标上是一致的，它们都是试图通过揭示培养人的规律以指导教育实践，为培养全面发展的人服务。同时，它们各自的发展对对方都具有制约作用：一方面，美育学的研究成果及其对某些教育问题的探讨，将为教育美学的研究提供有益的启示和借鉴；另一方面，我们知道，美育是教育的一个组成部分，而教育美学又是以整个教育领域的审美问题作为自己的研究对象。这样一来，教育美学就不可避免地要把美育问题纳入自己的视野，要研究美育本身的审美化问题。这种研究当然会深化人们对美育的认识，从而促进现代美育理论的发展与完善。但是，教育美学与美育学的区别也是客观存在的。首先，从研究对象来看，美育学是研究如何运用自然美、社会美，尤其是艺术美对学生进行美育，归根结底它是研究如何"借美育人"的。而教育美学则是研究教育自身的美的特点及其创造的规律，它研究的中心问题是如何立足于教育本身的美来培养人，即研究如何"立美育人"。其次，从研究范围来看，教育美学是从美学的角度，将教育总体作为审美对象来审视，它研究全部教育（含德育、智育、美育、体育和劳动技术教育等）的审美化问题。教育的各个方面和各个环节都应当按照美的规律来组织和实施。而美育学则只是涉及美育这一种教育活动，它是从教育学的角度，在教育内部探讨某些审美对象的教育价值。再次，从各自承担的任务来看，虽然教育美学和美育学都研究如何培养人，但两者的重点却并不一样。美育学主要是为指导各门艺术学科和某些特定的美育活动服务，目的是培养个体的审美心理结构。教育美学的任务则要复杂得多，它要指导学校各门学科的教学和各个教育环节的开展，目的是更好地建构个体的全面的文化心理结构（自然已包括审美心理结构）。因此，与美育学相比，教育美学更具有整体性和综合性的特征。

（四）教育美学与心理学

教育美学与心理学，尤其是与心理学的两个分支学科——教育心理学和审美心理学，有着密切的关系。如果说教育学必须以心理学作为教育的理论基础，美学必须以心理学作为审美的理论前提，那么教育美学就必须以教育心理学和审美心理学作为理论依据。教育心理学是研究教与学的心理学规律的科学，它主要探讨教育和教学过程中的各种心理现象及其变化，揭示在教育、教学影响下，受教育者学习和掌握知识、技能、发展智力和个性的心理规律，研究形成道德品质的心理特点以及教育和心理发展的相互关系等等。教育美学与教育心理学关系十分密切，这两门学科的功能是一致的。归根到底，它们都是通过探索教和学的规律来为提高教和学的效果服务。同时，教育美的创造实质上是一项复杂而又细致的培养人的工作，要切实有效地实现教育目的，就需要借助教育心理学的指导，以深入发现和掌握学生的心理变化和发展的规律。审美心理学是研究人们在审美过程中产生各种心理现象及其变化的科学，它论及的很多问题，如审美心理的结构、形态、功能、过程和效应等，实际上教育美学在探讨教育美感时也要涉及。具体而言，教育美学需要运用审美心理学的成果，探讨学生在教育过程中对教育美这种审美对象的审美心理特点及其变化的规律。只有这样，我们才能创造出适合学生审美心理需要的教育美，从而有效地发挥它在学生发展中的作用。当然，我们也不能将教育美学与教育心理学及审美心理学等同起来，它们之间不是完全重叠的关系，而是部分交叉的关系。教育美学并不具体研究教育心理和审美心理的本质、特征和结构，它主要是将教育心理学和审美心理学所揭示的教育心理和审美心理规律运用于教育美的创造，从而使人们创造的教育美既符合教育的外在要求，又适应学生的内在需要。

（五）教育美学与教学艺术论

教学艺术论是美学、艺术原理与方法在教学领域中的运用，是现代教学论的一个新的分支和重要组成部分。它主要研究教师的备课艺术、教师的语言和非语言艺术、课堂提问艺术、教学手段的使用艺术、教学方法的选择艺术、板书艺术及课堂的组织与管理艺术等，它跟教育美学是同源互补的关系。这两门学科都要受教育学、美学及艺术原理与方法的指导，教育学、美学及艺术原理与方法是它们共同的理论基础。教育美学和教学艺术论的一致目标和共同使命均在于使教育、教学活动符合美学的要求，从而达到审美化、艺术化的高度。正因为如此，所以，它们在发展过程中彼此可以达到相辅相成、相互促进的效果。从这两门学科的发展情况看，教学艺术论的研究起步比教育美学更早。目前这门学科已有较大的进展，取得了不少有价值的成果。教育美学可以将教学艺术论的成果和材料融入自己的研究之中，使之成为自己的有机成分，从而达到尽快丰富和壮大自己的目的。但是，教育美学对于教学艺术论并非单纯的索取关系。随着自身的逐步发展与成熟，它必将加深人们对于教学艺术论的认识，教学艺术论的研究水平由此可以跃上更高的层次，进入更高的境界。它们两者最主要的区别是研究对象和范围不同。教学艺术论主要探讨课堂教学的艺术，其中心是教师的授课艺术。它研究的问题一般只限于课堂教学之内，课堂以外的艺术问题不属于它的考虑之列。而教育美学的研究对象却是整个教育领域的美学问题，其研究范围虽然包括课堂教学艺术，但又远不限于此。除课堂教学艺术外，它还要研究其他众多教育因素的审美问题。研究对象和范围的不同决定了它们的任务的差异。教学艺术论的任务是指导课堂教学，为提高课堂教学水平服务。教育美学的任务则是指导教育的各个方面和教育的整个过程，目的是改善整个教育的质量和提高教育的整体水平。

正是由于教育美学与上述诸学科存在相互渗透和相互促进的辩证关系，所以教育美学可以而且应当加强横向沟通，把自己的触觉伸向相关的众多学科领域，以便从中汲取各种有益的营养成分。

四　教育美学的任务与作用

（一）教育美学的任务

教育美学研究不同于一般的美学探讨，也与其他的教育研究相区别。它是一门有其独立研究对象的科学。根据上文对研究对象的界定，我们可以将教育美学研究的任务概括为以下三个方面。

1. 分析教育审美现象

教育领域中存在大量的美的现象，从教育主体到教育成果、从教育内容到教育手段、从教育环境到教育活动，所有这些教育要素都蕴含着丰富多彩的美。同时，这些教育美对于学生的学习具有重要的推动作用。他们由于对教育美的亲身感受而表现出愉悦、兴奋与满足，学生对教育美的这种情感会成为他们学习的积极动力。教育领域的这些审美现象是客观存在的事实，但这些事实长期以来并未受到应有的重视。近年来，虽然有人开始对其中的某些问题进行了探讨，但总的来说并不令人满意，还存在起点低、视野窄、理论开掘浅、重复劳动多等问题。我们知道，任何一门科学都是建立在一定的事实基础之上的。只有广泛搜集和全面整理客观存在于教育中的各种教育审美现象，才能为教育美学的建立和发展奠定坚实的科学事实基础。因此，全面总结和科学地解释教育领域的审美现象，是教育美学研究的基本任务。

2. 揭示教育审美规律

教育美学能否作为一门独立学科而存在，除了看它是否具有独立的研究对象外，关键在于它自身研究的深度，在于它是否能揭示教育的审美规律。因此，揭示教育的审美规律是教育美学研究的又一重要任务。当我们将教育领域的审美现象发掘和整理出来以后，接下来的主要任务就是进一步探索隐藏在这些现象背后的本质规律。这是一个由表到里、从现象到本质的认识过程。这个认识过程具体表现为，在全面分析大量的教育美的现象和事实的基础上，综合运用历史考察、哲学思辨、系统比较、心理分析等方法以及教育学与美学的研究成果，阐明教育审美活动各个方面和各个环节的内在联系，揭示教育审美活动的规律，然后以一系列的概念和范畴加以逻辑表述，从而形成客观阐述教育审美活动实际过程的科学理论体系。

3. 指导教育审美创造

教育美学作为一门应用学科，它不仅要从教育的审美实践中概括出一个科学的理论体系，而且还要为教育的审美实践提供有效的技术和方法。我们潜心研究教育的审美规律并建立起一门独立的教育美学学科，其根本目的无非是试图运用这些理论去指导教育领域的审美创造。如果教育美学确实能够为教育的审美创造提供某些规律性的东西，提供某些实施原则和方法，那就可以在一定程度上加快教育、教学改革的步伐，并有可能将学校的办学水平和教师的教学水平提到一个新的、更高的层次。因此，我们认为，指导教育美的创造既是教育美学研究的最终目的，同时也是教育美学理论的具体落实和实际应用。

（二）教育美学的作用

教育美学作为一门新的教育学科，它具有重要的理论价值和实践意义。

1. 有助于发展现代教育科学

前些年，我国教育理论界有人呼吁建立新的教育学体系，而且提出了相关的建议和设想，还有人进行了尝试。不可否认，这些建议、设想和尝试包含了一定的合理成分，但说到底还是不能令人满意。其中的原因固然不能简单化，但是准备不充分不能不说是重要的原因之一。这里所谓的准备，主要是指理论的准备。我们知道，一门科学要想达到理想的高度，只有当与它相关的学科群体得到相应发展的时候才有可能。换句话说，只要与它相关的学科仍处于落后状态，我们就不能奢望建立起该门科学的理想体系。教育学的发展也是这个道理。所以我们认为，当务之急并不是去建立所谓理想的教育学体系，而是花大力气老老实实地先做好理论准备工作。这项工作的一个重要方面就是深入研究与教育学有关的各门教育分支学科，尤其是那些过去我们关注较少的新学科。教育美学即是一门亟待开拓发展的具有重要理论价值的新的教育学科。

长期以来，教育领域的审美现象及其发展规律，没有受到足够的重视。在过去，美学所探讨的主要是文学、绘画、音乐等艺术形式的审美因素，很少关心教育中的美学问题。当代美学的研究范围大大地扩展了，它已经涉及生产劳动、科学技术及社会生活等各个领域，但教育领域却至今仍然少有人问津。以往的教育学同样没有系统考虑教育自身的美，没有探讨教育究竟怎样进行才美，教育自身的美对于造就美的新生一代到底具有什么价值等问题。传统的教育学对美的态度是只关心如何"借美育人"——将美仅仅当作教育的工具，而不重视"立美育人"——把美当作教育自身的重要属性。目前兴起的教育美学正是为了弥补传统教育理论结构中的这一重大缺陷，它的建立将填补教育科学理论的一个空白。教育美学研究正在开辟一个考察教育的崭新领域，它对于深化和拓展人类对教育的认识，丰富现代教育理论体系具有重要的意义。

2. 有助于提高教育实践质量

教育实践表明，由于缺少教育美学的指导，很多教师不能自觉地和切实有效地提高自己的教育艺术水平。"良药苦口利于病，忠言逆耳利于行""学海无涯苦作舟"的古训和"头悬梁，锥刺股"的故事，更使人们得出片面的结论：教育是一种外在的强迫行为，学习是一件折磨人的苦事。这种观念至今仍很有市场，所谓"虎妈""狼爸"故事的传播并得到不少人的认同，就是例证。这种强制性教育使学生处于消极被动的地位，将学习当成沉重的负担，并产生怕学、厌学以至逃学、弃学的现象。教育美学研究可以纠正这种错误的认识，它会使人们正确地认识到，教育和学习活动并非只有艰辛和劳苦，而且也有欢乐和满足。在教育美学的指导下，教育过程完全可以成为一种审美过程。教育美学研究将使教育工作者充分认识教育领域中的美学问题的重要意义，使他们自觉地追求教育的审美价值。同时，教育美学并不是单纯的理论探讨，它是同教育领域的审美实践紧密结合的产物。因此，我们完全有理由相信它能够回到教育实践中去，为使教育达到审美化的高度、为教育美的创造提供有效的指导。可以预计，将美的原则和方法渗透到教育中去，必定会给教育、教学的改革带来深远的影响，学生的学习主动性和积极性会因此而充分地调动起来，他们的学习潜力也会由此而全面地发挥出来。到那时，变"苦学"为"乐学"，变"要我学"为"我要学"，将不再是美好的理想，而是可喜的现实。

中国教育美学研究三十年：回顾与反思[*]

教育美学是一门相对较为年轻的教育学科，从提出至今不过三十年的时间。应当承认，通过众多学者的潜心探索，教育美学研究取得了不少有价值的成果，这些成果为该学科的进一步发展奠定了良好的基础。当然，该学科从总体上看毕竟还处于初始阶段，因而在发展过程中不可避免地会存在不足之处。本文拟通过探讨我国教育美学的发展过程、分析该学科取得的进展与存在的认识问题，旨在为该学科的未来发展提供一定的参考和借鉴。

一 教育美学的发展过程

我国的教育美学学科发展大致经历了提出概念、学科构想、学科创立与学科发展等四个阶段。

1. 教育美学概念的提出

尽管自古以来中外历史上都有着丰富的教育美学方面的思想观点，1921 年范寿康在《教育哲学大纲》中还曾将教育美学作为教育哲学的一个组成部分与教育伦理学及教育论理（逻辑）学相列。不过，从实际内容来看，该书中所谓的教育美学其实应称为美育学（审美教育学），与我们今天所说的教育美学并不是一个概念。教育美学作为一门独立学科和一个明确范畴的出现始于 20 世纪 80 年代初。戴树英在《福建师大学报》（哲学社会科学版）1983 年第 4 期发表了《师范教育工作者与教育美学》

———————

* 本文原刊于《教育研究》2014 年第 9 期，《新华文摘》2015 年第 2 期转载，中国人民大学报刊复印资料《教育学》2015 年第 1 期转载。2015 年获江西省社会科学优秀成果二等奖，2016 年获第五届全国教育科学研究优秀成果三等奖。

一文，这是迄今发现的国内最早明确提出教育美学概念的文献。作者提出，教育必须遵循教育科学和教育艺术的规律办事，使之达到科学化和艺术化。教育科学化的研究已经取得了巨大的成就，但对教育艺术化的研究则逊色得多。究其原因并不在于教育没有艺术规律可循，而是没有得到足够的重视。在他看来，教育工作者不掌握教育美学，就不能按照美的规律来进行教育实践。他认为，教育美学研究具有必然性和必要性，其主要任务在于探讨如何发现、鉴赏和利用教育实践中的美的因素，提高教育质量，取得最佳效果，从而达到教育的艺术化。

2. 教育美学的建构设想

关于教育美学学科建构的具体设想始于 1987 年，当年发表了多篇相关的论文，探讨的问题主要包括教育美学的性质、对象、任务和内容。孙章认为，教育美学是一门新兴的边缘学科，由教育学与美学相互渗透而成，旨在运用美学原理研究教育问题；该学科的任务是总结教育的审美经验、揭示教育的审美规律和探讨教育的审美素质；其研究内容主要包括教育的宏观美学特征，教师的审美评价、审美理想和审美心理、审美原则在教育过程中的体现，教育的审美形式以及教育环境美、教育节奏美、教育风格美等。① 陈志云等人指出，教育美学是研究人在教育实践中的审美关系，研究在教育审美关系中产生和形成的教育审美意识和教育美感经验，研究各种形态范畴的教育美，包括教育主体美、教育内容美、教育环境美和教育艺术。② 郑钢在关于教育美学建构的专文中提出，教育美学的研究对象是教育本身所具有的美的特性，其任务是从审美的角度观察、改造和设计教育，其内容体系包括教育美在教育过程中的意义、教育美的本质和根源、教育美产生和发展的历史、教育美的形态及其创造、教育美的欣赏与评价。③

3. 教育美学学科的创立

教育美学学科正式创立于 20 世纪 80 年代末至 90 年代。第一部教育美学专著是叶学良于 1989 年在四川人民出版社出版的《教育美学》。这个时期出版的代表性著作有：王焕武、宫立都、高文超的《教育美学》

---

① 孙章：《提倡研究"教育美学"》，《铁道师范学院学报》1987 年第 1 期。

② 陈志云等：《浅论教育美学研究的对象及意义》，《苏州科技学院学报》（社会科学版）1987年第 1 期。

③ 郑钢：《关于建立教育美学的构想》，《湖南师范大学社会科学学报》1987 年第 2 期。

（黑龙江教育出版社 1992 年版）、何齐宗的《教育美学》（重庆出版社 1995 年版）、郑钢、郑新援的《教育美学论稿》（湖南教育出版社 1996 年版）、冉铁星的《贫困的教育美学》（湖北教育出版社 1999 年版）。上述著作的出版标志着教育美学这门新的教育学科的正式创立。这些著作大多对教育美学的基本问题进行了较为系统的探讨。综观这一时期我国教育美学研究的成果，可以看出该学科所研讨的问题已经形成了比较完整的体系，主要涉及教育美学产生的背景、教育美学的学科性质、教育美学的研究对象与发展历史、教育美的本质与特性、教育美的范畴（内容）、教育美的功能、教育美感、教育美（或教育艺术）的创造等。此外，这一时期还出版了几部相关的著作，如钟以俊、焦凤君的《教学美学导论》（广西教育出版社 1991 年版）、檀传宝的《德育美学观》（山西教育出版社 1996 年版）、张相轮、钱振勤的《教学美学》（江苏教育出版社 1998 年版）。以上几部著作从美学的角度分别对教学和德育问题进行了探讨。值得注意的是，1997 年我国出版的大型教育辞书《教育大辞典》正式收录了"教育美学"词条，并将其定义为研究教育中的美学现象及其规律的学科。①

4. 教育美学学科的发展

进入 21 世纪以来，关于教育美学的研究逐步出现深化与拓展的趋向。在这期间，已陆续出版了多部相关的著作，如袁鼎生主编的《教育审美学》（广西师范大学出版社 2001 年版）、王枬的《美丽教师——教师职业美的研究》（广西师范大学出版社 2002 年版）、何齐宗的《审美人格教育论》（人民教育出版社 2004 年版）、钟以俊的《美学视野中的学校教育》（广东教育出版社 2006 年版）、孙玉丽的《教育管理审美价值论》（天津教育出版社 2006 年版）、彭文晓的《教育美学散论》（华中科技大学出版社 2009 年版）、周义的《教育美学引论》（天津教育出版社 2010 年版）、张月昆的《教师的审美情趣与教育艺术》（东北师范大学出版社 2010 年版）、孙俊三的《教育过程的美学意蕴》（湖南师范大学出版社 2011 年版）、孙玉丽的《自由实践的教育管理——美学的视角》（高等教育出版社 2011 年版）、李剑的《教育审美与教育批判》（中央民族大学出版社 2011 年版）、叶碧的《审美渗透论：高校人才培养中的审美渗透研究》

---

① 　顾明远主编：《教育大辞典》（增订合编本·上卷），上海教育出版社 1997 年版，第 764 页。

（浙江大学出版社 2012 年版）等。与此同时，还发表了大量的相关论文。这些成果中有不少是继续深化人们原来关注的一些教育美学问题，如教育美的本质与特征、教育美的形态、教育美的功能、教育美感、教育美（教育艺术）的创造等。同时，也有不少研究将视野进一步扩展到从美学的视角研究人格的培养、学生的学习以及教育管理等众多新的领域，在审美人格建构、学习审美、教育管理审美化等方面取得了不少有价值的成果。

二　教育美学研究取得的主要进展

经过三十年的不懈探索，我国的教育美学研究取得了丰硕的成果，在诸多方面取得了重要的进展。

1. 关于教育美学的对象和任务

教育美学研究的对象问题，是教育美学作为一门学科首先面临和必须回答的基本问题。这个问题解决得如何，直接关系到教育美学作为一门学科能否成立，关系到它将来的发展方向以及其他一系列有关问题能否得到正确的解决。关于这个问题有不少人进行了探索。孙章认为，教育美学是运用美学原理研究教育问题的学科，它研究审美心理的各方面与教育的相互关系。[①] 叶学良提出，教育美学的研究对象是在学校教育中，人对教育活动的审美体验、审美欣赏和审美创造以及学校教育过程本身的审美创造的规律。[②] 钟以俊认为，教育美学是一门研究教育领域中的美学问题的学科，它着重探讨如何使教育活动达到审美的水平，在教育过程中创造出美并有效地发挥其功能，从而改善现代教育的面貌。[③] 何齐宗指出，教育美学是运用美学理论研究存在于教育领域的审美现象及其发展规律的科学，它主要探讨如何使教育按照美的规律来进行，使之达到审美化的境界。[④] 郑钢等认为，教育美学的研究对象主要是教育美在教育过程中的发生和发

---

① 孙章：《提倡研究"教育美学"》，《铁道师范学院学报》1987 年第 1 期。

② 叶学良：《教育美学》，四川人民出版社 1989 年版，第 58—59 页。

③ 钟以俊：《教育美学简论》，《教育研究》1991 年第 6 期。

④ 何齐宗：《教育美学：一门亟待发展的新学科》，《中国教育报》1993 年 3 月 11 日。

展，教育美的形态及其对受教育者心理结构作用的规律性。① 上述观点的具体表述虽然存在一定的差异，但基本内涵无疑是一致的。这就是都将教育中的审美现象与问题作为教育美学的研究对象。

　　教育美学的任务也是教育美学的一个重要理论问题，它为教育美学研究指明追求的目标和努力的方向。关于教育美学的任务，一般认为主要包括以下几个方面。② 一是分析和总结教育领域的审美现象。教育领域中存在大量的审美现象，从教育主体到教育成果，从教育内容到教育手段，从教育环境到教育活动，所有这些教育要素都蕴含着丰富多彩的美，同时这些教育美对于学生的发展具有重要的推动作用。教育美学要全面总结和科学地解释教育领域的这些审美现象。二是要揭示教育的审美规律。当我们将教育领域的审美现象发掘和整理出来后，要进一步探索它们的内在联系及其变化和发展的规律。三是要指导教育美的创造。教育美学不仅要从教育的审美实践中概括出科学的理论体系，而且还要为教育的审美实践提供有效的策略和方法。

　　2. 关于教育美的本质与特性

　　什么是教育美？教育美具有哪些特性？教育美学界对于教育美的本质理解已基本达成共识，认为教育美是人的本质力量在教育领域的感性显现，换言之，教育美是教育者的本质力量的感性显现。③ 凡是教育者在创造性的教育活动中显示出来的聪明才智以及理想、信念、情感和意志等，都是教育者本质力量的具体表现。教育美与其他形式的美一样，也是形象的、具体可感的。离开了感性形式，教育美也就无从依附了。如果教育者在教育实践过程中，将自己掌握教育客观规律和实现教育目的的本质力量，通过具体可感的形象显示出来，为人们所观照，引起人们情感上的愉悦，这个过程就具有审美价值。教育美的特性是教育美显露自己本质的特有方式。一般认为，教育美的特性主要体现为形象性、新颖性（创造性）、多样性、和谐性、愉悦性和教育性。具体而言，教育美是具体的和形象的，必然诉诸人的感性直观，是凭借人的感官可以直接感受到的。教

---

① 郑钢、杨新援：《教育美学论稿》，湖南教育出版社 1996 年版，第 7 页。

② 陈建翔：《略论教育美的创造》，《教育评论》1988 年第 4 期；叶学良：《教育美学》，四川人民出版社 1989 年版，第 61—63 页；何齐宗：《对教育美学几个问题的探讨》，《江西师范大学学报》（哲学社会科学版）1993 年第 2 期。

③ 同上。

育美总是伴随新颖的、创造性的教育实践，因循守旧和盲目照搬从来就与教育美无缘。教育美的本质寓于丰富多彩的教育形象之中，凡是具有审美意义并能推动个体发展和社会进步的教育形象就是教育美，就有其存在的权利和价值。教育美是一个复杂的统一体，包含各种各样的因素，这些因素只有按照一定的秩序协调一致，形成整体和谐感，才具有审美价值。凡是美的事物都有一种能引起人们产生爱慕、喜悦之情的属性，教育美也具有这种愉悦的特性，它能引起学生的审美情感，使学生获得美的享受。在教育美的领域，美的价值是以教育价值为前提和基础的，教育中的审美并非单纯的娱乐，而是人类认识真理、培养品德和增强体质的特殊方式。[①]

3. 关于教育美的形态

教育美的形态即教育美的表现形式。在教育美学研究中，教育美的形态是人们关注最多的问题，大部分教育美学论著都将教育美的形态作为中心问题加以探讨。人们对于教育美的形态的研讨主要集中于教育主体美（含教师美和学生美）、教育环境美、教育内容美、教育活动美（教育艺术）、教育成果（产品）美等方面。在探讨这些教育美的形态时，除明确阐发各种教育美的内涵外，还从其构成要素、基本特性与创设要求等方面进行了具体的分析。

4. 关于教育美的功能

审美并非无涉功利，教育美无疑有其自身的功能。关于教育美的功能，也有人将其表述为教育审美效应。[②] 学者们认为，教育美的功能主要体现为它对于个体、教育与社会的积极作用。[③] 教育是培养人的活动。教育美的创造，其根本出发点和最终归宿都是为了人，为更好地促进个体的发展服务。教育美对个体发展的功能从总体上看主要体现在育德、促智和审美等方面。教育美对教育活动的功能主要表现为增强教育的审美情趣和内在吸引力，激发学生的学习热情，使学生从中体验到学习的欢乐和满足，从而提升学习的效果。教育美对于社会的进步也具有巨大的推动作

---

① 何齐宗：《论教育美及其基本特性》，《江西师范大学学报》（哲学社会科学版）1990 年第 4 期；郑钢、杨新援：《教育美学论稿》，湖南教育出版社 1996 年版，第 25—33 页。

② 叶学良：《教育美学》，四川人民出版社 1989 年版，第 58—59 页。

③ 何齐宗：《教育美的功能试探》，《江西教育科研》1990 年第 5 期；叶学良：《教育美学》，四川人民出版社 1989 年版，第 124—159 页；张永昊：《审美化教学及其功能》，《山东工业大学学报》（社会科学版）1992 年第 2 期。

用。马克思曾指出："社会的进步，就是人类对美的追求的结晶！"① 教育的审美化必将促进整个社会的向前发展，并将为人类社会趋向于完美的理想境界做出积极的贡献。

5. 关于教育美感

在教育美学研究中，人们除了探讨客观的审美对象——教育美以外，还研讨了作为审美主体的人对教育美的感受，即教育美感。关于教育美感的研究主要集中在教育美感的本质与特性、教育审美心理要素及过程、教育审美评价等方面。② 教育美感从本质上看是人对美的教育的反映中所得到的精神上的愉悦和享受，其特性体现在它是感性与理性的统一，同时又是认识与情感的统一。人们认为，教育美感的形成过程涉及感觉、知觉、表象、记忆、想象、情感、理解等多种心理要素。教育美感的产生，正是这些心理要素相互诱发、相互渗透、相互补充所构成的一种审美体验。关于教育审美心理过程，学界的理解存在一定的差异。叶学良将教育审美心理过程分为审美期望、审美实现和审美弥散等三个阶段；③ 何齐宗将教育审美心理活动分为准备、实现和效应等三个阶段；④ 郑钢等将教育美感的心理发生过程分为悦耳愉目的适宜刺激、知识信息的理解接通、认知结构的扩充和重组、陶情移性的情感升华等四个环节。⑤ 其实这三种观点基本上是一致的，前两种观点虽然表述略有差异但内涵却相同，第三种观点的区别主要是将教育审美的实现阶段细分为两个小的阶段。在教育美感问题上，何齐宗还进一步阐述了教育审美的评价问题，认为教育审美评价具有客观的标准，即教育审美对象应当蕴含"真"和"善"，其内容与形式要和谐统一。⑥

6. 关于教育艺术

在教育美学研究中，教育艺术也是人们关注较多、探讨较深入的问

① 转引自陆一帆主编《爱美名言与轶事》，海南人民出版社1988年版，第8页。
② 叶学良：《教育美学》，四川人民出版社1989年版，第73—119页；何齐宗：《教育美感刍议》，《江西教育科研》1995年第4期；郑钢、杨新援：《教育美学论稿》，湖南教育出版社1996年版，第46—58页。
③ 叶学良：《教育美学》，四川人民出版社1989年版，第120页。
④ 何齐宗：《教育美学》，重庆出版社1995年版，第194—196页。
⑤ 郑钢、杨新援：《教育美学论稿》，湖南教育出版社1996年版，第46—58页。
⑥ 何齐宗：《教育美学》，重庆出版社1995年版，第196—201页。

题。叶学良将教育艺术作为教学过程的一种审美机制，主要研讨了教学结构、教学语言、教学节奏和教学氛围等方面的艺术特点与要求。① 郑钢等在研讨教育美的形态时系统地阐述了教育艺术的内涵、教育艺术产生的条件、教育的言语艺术、教育中的体姿动作艺术和教育活动的组织艺术。② 何齐宗除在阐述教育活动美时论及教育气氛美、教育节奏美、教育机智美和教育合作美外，还进一步对教育艺术的创造进行了全面的探讨，系统阐述了教育艺术创造的条件、过程与原则。③ 此外，在教学艺术研究方面也取得了不少成果，出版了多部专著，论文更是不计其数。

三 教育美学研究需要澄清的认识问题

我国的教育美学刚到"而立"之年，对于一门学科的发展来说三十年的时间显然还很不充裕。正因为如此，所以教育美学在发展过程中不免还存在一些问题需要进一步探讨。限于篇幅，这里仅对教育美学的几对基本概念的关系进行简要的辨析。不少人对教育美学与美育学、教育美学与教学艺术论、教育美与美育的关系的认识存在模糊甚至误解的现象。令人忧虑的是，这种情况不只是出现在学科发展的早期，也还常见于近年来的研究中。我们应当对这些问题做出明确的辨析和澄清，否则将在很大程度上影响教育美学的健康发展。

1. 教育美学与美育学的关系

在教育美学研究中存在的一个重要问题是不少人在研究对象上没有弄清教育美学与美育学（或称审美教育学）的关系。具体有以下两种表现。

一是模糊或混淆两者的关系。在某些研究中，虽然冠之以教育美学的名目，但实际阐述的却既有教育美学问题又有美育学问题。比如樊德三等在《教育美学二题》一文中除讨论教育美学（主要是教学艺术）问题外，还以较大的篇幅阐述了美育问题。④ 石磊的《教育美学的几个问题》一文

① 叶学良：《教育美学》，四川人民出版社 1989 年版，第 265—401 页。

② 郑钢、杨新援：《教育美学论稿》，湖南教育出版社 1996 年版，第 145—180 页。

③ 何齐宗：《教育美学》，重庆出版社 1995 年版，第 202—236 页。

④ 樊德三、柏文猛、温潘亚：《教育美学二题》，《盐城师专学报》（社会科学版）1987 年第 2 期。

的主体是介绍美育方面的基础知识，只是在最后一部分简单地提及教学内容有科学美、教学方法有艺术美、师生关系有社会美。① 冉铁星的《贫困的教育美学》一书阐述的主要是一般美学问题和传统意义的美育问题，其中也论及教育美和教育美学问题。出现这种情况的原因主要是没有意识到两个学科之间的界限，望文生义，相互混淆。不过也有人由于认识上的偏差而有意为之。如有人将教育美学区分为广义的教育美学和狭义的教育美学，并认为广义的教育美学包括审美教育学和狭义的教育美学。② 这种将教育美学随意泛化、把两门显然是独立的学科硬捏在一起的做法使教育美学成为一种不伦不类的东西。

二是以美育学取代教育美学。有一种"新美育观"在批评传统美育观时指出，它只是把教育所利用的外部对象的美放在自己的视野之内，而将教育自身的美遗漏在视野之外；它考虑到用各种各样的美来培养人，唯独没有考虑教育自己应该怎样做才美这个根本问题。因此，"我们的美育都是外在地'借美'的教育，是'借美育人'，而不是自身'立美'的教育，不是'立美育人'"③。作者所提倡的新美育观的实质是"教育按'美的规律'来实施"，亦即"立美育人"。应当说，这种观点发现了问题，但却找错了原因，并开错了"药方"。"立美育人"没有受到应有的重视不能错怪美育学，因为这不是美育学的责任。造成这种现象的主要原因在于研究"立美育人"的教育美学起步较晚，发展相对滞后。因此，解决这个问题的出路在于重视教育美学研究，尽快提高教育美学的水平。

教育美学作为一个新的规范的概念，必然有其自身特定的内涵，不能与其他概念相混淆。我们固然承认教育美学与美育学之间具有内在的联系，但我们更应该看到它们之间的本质区别，因为学科独立性是任何一门学科得以生存和发展的基本前提。从研究对象看，美育学关注的是如何运用自然美、社会美和艺术美对学生进行审美教育，归根结底，它是研究如何"借美育人"。而教育美学则是研究教育自身的美的特点及其创造的规律。它关注的焦点是如何立足于教育本身的美来培养人，亦即研究如何"立美育人"。从研究范围看，教育美学要研究整个教育（教育的各个环

---

① 石磊：《教育美学的几个问题》，《高等教育研究》1990 年第 4 期。

② 冉铁星：《教育美学与审美教育学的对象异同》，《湖南师范大学教育科学学报》2002 年第 2 期。

③ 陈建翔：《美育是教育的一种境界》，《争鸣》1992 年第 2 期。

节和各个方面）的审美化问题，其中当然也包括研究美育的审美化问题。而美育学只是研究教育的一个部分或一个方面即审美教育的问题。从研究任务看，美育学主要是为指导美育这一种教育活动服务，目的是培养和提高个体的审美素质；教育美学的任务则更为复杂，具有整体性和综合性的特征，它要指导各个教育教学环节、各种教育教学活动的有效开展，目的是更好地培养和提高个体的整体素质，当然也包括审美素质。

2. 教育美学与教学艺术论的关系

教学艺术论是现代教学论的一个重要分支，它以教学艺术为研究对象，主要研究教师的教学组织艺术、教学启发艺术、教学语言艺术、教学非言语表达艺术、教学板书艺术、教学提问艺术、教学幽默艺术、教学艺术风格等。但有些人将教育美学简单地等同于教学艺术论，其具体表现是一些成果借教育美学之名而行教学艺术之实。比如自在的《关于教育美学》一文实际上只是讨论了教师的教学艺术问题。① 陈军的《教育美学》一文中真正与教育美学有关的内容也只限于简单地涉及教学艺术问题。②

教育美学与教学艺术论是既有联系又有区别的两门学科，其主要区别是研究的对象和范围不同。教学艺术论主要是探讨课堂教学的艺术，其中心是教师的授课艺术。它研究的问题一般只限于课堂教学之内，课堂教学艺术以外的问题不属于它的考虑之列。而教育美学的研究对象却是整个教育领域的美学问题，其研究范围虽然包括课堂教学艺术，但又远远不限于此。它还要研究其他教育因素和教育的其他方面的审美问题。研究对象和范围的不同决定了它们的任务各不一样。教学艺术论的任务主要是指导教师的课堂教学，为提高课堂教学质量服务。教育美学的任务则是指导教育的各个方面和教育的整个过程，目的是改善教育的整体质量和提高教育的整体水平。因此，教育美学与教学艺术论的关系可以说是整体与部分的关系，教学艺术论研究的教学艺术问题属于教育美学中教育活动美的范畴。

3. 教育美与美育的关系

将教育美与美育两者混淆的现象一直存在于教育美学的发展过程之中。这种观点来源于赵宋光。赵先生于 1981 年发表的《论美育的功能》一文指出："美育远远不仅是艺术教育，它有更重要的基础部分，关系到

---

① 　自在：《关于教育美学》，《江西教育科研》1988 年第 3 期。

② 　陈军：《教育美学》，《中山大学学报》（社会科学版）1995 年第 4 期。

引导受教育者主动建立美的形式。建立美的形式的教育活动，是人类'按照美的规律来塑造物体'的宏伟历史在教育领域中的缩影，我称之为立美教育。"① 赵文虽然没有明确使用教育美学的概念，但他提出的"立美教育"的观点毫无疑问对后来的教育美学研究产生了重要的影响。不过显而易见的是，他没有对美育和教育美（立美教育）进行必要的区分。在随后的不少相关成果中经常可以见到这种情况。戴树英的《师范教育工作者与教育美学》一文就特别列了一部分专门讨论美育问题，其间也夹杂着论及教育美。樊德三等人在《教育美学二题》一文中首先用了较大篇幅讨论美育问题，具体涉及美育的内涵、意义与途径等。随后转到教学的美学问题，认为教学中有美学，教学要讲究艺术性，并提出教学过程的各个环节都要体现美。再后来又转回到语文教学与美育的关系，重点从美育特点的角度考察语文课实施美育的优越性。显然，作者是将教育（教学）美等同于美育。② 这种现象即使是在后来的研究中也还反复出现，如袁鼎生主编的《教育审美学》在前言中指出，美育是教育的一个部分，但长期以来美育成为艺术教育的一个代名词，显得狭隘、片面，难以实现其既定的功能，达不到其预定的目的。作者倡导除艺术教育外还要发掘、提炼、升华德育、智育、体育、劳动技能教育中的审美因素，使美育渗透到这些教育中，并要"使一般的教育活动转化为教育审美活动，使美育从教育的局部走向教育的整体，从而形成完备意义上的教育美育"③。彭文晓的《教育美学散论》一书在"'教育美'思辨"一节中除阐述教育美本身外，还谈到了不少美育问题，涉及美育在学校教育中的地位、美育的价值及其实现策略、学校美育的心理健康功能等问题。④

　　教育美与美育是两个不容混淆的概念。从内涵看，教育美是教育者的本质力量的感性显现，它表明教育的一种性质、特点或状态，即教育具有审美的特性。而美育是培养学生审美观，发展其感受美、鉴赏美和创造美的能力的教育。从所属范围看，教育美是众多的美中的一种，与自然美、

① 赵宋光：《论美育的功能》，中国社会科学院哲学研究所美学研究室、上海文艺出版社文艺理论编辑室合编：《美学》第 3 期，上海文艺出版社 1981 年版，第 31 页。

② 樊德三、柏文猛、温潘亚：《教育美学二题》，《盐城师专学报》（社会科学版）1987 年第 2 期。

③ 袁鼎生：《教育审美学》，广西师范大学出版社 2001 年版，前言。

④ 彭文晓：《教育美学散论》，华中科技大学出版社 2009 年版，第 114—159 页。

社会美、艺术美等相并列；而美育是整体教育的一个组成部分，与德育、智育、体育等相并列。

以上是笔者对我国教育美学研究的简要回顾与反思。限于篇幅，难免挂一漏万。总之，我们对于教育美学研究取得的进展应予以充分的肯定，同时对于存在的问题也应有清醒的认识。只有这样，教育美学学科才能获得更好、更快的发展。

审美化：当代教育的新境界 *

人类的审美活动随着人类社会的进步而不断地拓展着自己的地盘，也必然发生在作为人类基本实践活动之一的教育领域。审美化理应成为当代教育新的追求和应达到的新的境界。

一 问题的提出

马克思在分析人类劳动与动物本能活动的区别时曾指出："人也按照美的规律来塑造物体。"① 教育作为人类的自我建造活动，更应按照美的规律来进行。如果说美的因素在教育中暂时还比在其他艺术中（文学、绘画、音乐等）所发挥的作用要小的话，其原因绝不在于教育本来在审美方面就有缺陷。苏联美学家叶果洛夫深刻地揭示道："在人的任何活动中……都有着这样或那样的审美价值。问题的实质并不在于美在有些地方表现得多些，有些地方表现得少些。而是在于怎样为最充分地表现美创造条件，无论是在物质生产领域，还是在任何其他领域。"②

教育领域理应成为充分展示美的最重要的场所，教育美也理应成为人类所创造的全部美中最杰出的美。车尔尼雪夫斯基说过，人的主体性和个

---

* 本文原刊于《教育研究与实验》1990 年第 3 期，中国人民大学报刊复印资料《教育学》1990 年第 11 期转载，《教育科学报》1990 年第 1 期转摘，系作者承担的全国教育科学"八五"规划青年专项课题"教育美学研究"的成果之一。

① ［德］马克思：《1844 年经济学哲学手稿》，刘丕坤译，人民出版社 1979 年版，第 51 页。

② ［苏］叶果洛夫：《美学问题》，刘宁等译，上海译文出版社 1985 年版，第 31 页。

性"是我们的感觉所能感到的、世界上最高的美"①。也许就是在这个意义上，乌申斯基认为教育艺术是"最高级的一种艺术，因为它力求满足人类最伟大的要求——人的本性的完善"②。

但是，长期以来，美学所探讨的主要是文学、绘画、音乐等艺术形式的审美因素，而不关心教育中的审美问题。以往的教育学同样没有关注教育自身的美，没有研究教育究竟怎样进行才美，教育自身的美对于造就美的新生一代到底具有什么价值等问题。传统教育学对美的态度是只关心如何"借美育人"——将美仅仅当作教育的工具，而不重视"立美育人"——把美当作教育自身的重要属性。

系统地研究教育领域的审美现象及其发展规律，具有十分重要的意义。它将为当代教育改革提供新思路、新方向，成为推动教育发展的巨大力量。这样，人类的教育实践将发生重要变革，人类的教育水平从而可以跃进到一个新的高度。

基于这个原因，本文试图对于教育的审美化问题进行初步的探讨。

二　教育审美化的基本范围

教育的审美化首先是指教育活动的审美化。但是，教育活动又离不开一定的教育环境，所以教育的审美化又包括教育环境的审美化。

1. 教育环境的审美化

学校教育活动总是在一定的教育环境中进行的，教育环境不仅仅是教育的必要条件，从教育美学的角度来看，它也是师生审美感知的对象。美的教育环境可以使师生怡目悦情、身心舒畅。苏霍姆林斯基强调教育环境审美化的意义。他说："环境美就是要达到天然美与人工美两者的协调，这种协调能激起人们的喜悦感。我们力求使孩子们在校园里到处都看到天然美景，并使这种美景在孩子们的精心护理下显得更加绮丽。"③

---

① ［俄］车尔尼雪夫斯基：《车尔尼雪夫斯基美学论文选》，缪灵珠译，人民文学出版社 1959 年版，第 41 页。

② 转引自［苏］阿·德米特里耶娃《美学和伦理学》，冯湘一译，知识出版社 1983 年版，第 45 页。

③ 转引自仇春霖《美育原理》，中国青年出版社 1988 年版，第 385 页。

　　教育环境一般可分为物质环境和精神环境两大类。教育物质环境包括教育建筑设施、校园里的其他物质条件（如音响、空气、光线等）以及绿化状况；教育精神环境主要指校风、学校人际关系等。

　　什么样的物质环境才是美的教育环境呢？卫生、绿化与和谐是构成教育物质环境美的三个基本要素。（1）教育环境的卫生。整洁干净的校容，体现学校的精神风貌。这种教育环境可以激发师生积极乐观的情绪，产生清新舒服之感，并对学生的思想情操起着潜移默化的作用。反之，如果一个学校到处堆放着零乱的杂物，满地都是尘土和垃圾，墙壁和桌椅上乱涂乱抹，这样的脏、乱、差的环境，会使师生心情烦躁、郁闷不快，厌恶之感油然而生。（2）教育环境的绿化。绿色，是生命的颜色，又是美的颜色。绿色之所以惹人喜爱，是因为它意味着盎然的春意与蓬勃的生机。当我们走进一所树木茂盛、芳草遍地、繁花似锦的校园时，会感到生机勃发、赏心悦目。诚如苏联美学家万斯洛夫所说，绿色"能激起我们感情的反应和精神的共鸣，给人以审美享受……它表示大自然的生命力的旺盛，而这一点在人们的生活中却是相当珍贵的。它对人起潜移默化的作用，而且能引起各种与人的生活有关的联想"①。绿色对于教育环境来说，也具有重要的意义。学校教育环境的绿化，既能形成良好的生态环境，有益于师生的健康，又有利于师生在紧张的教学之余调剂精神，消除疲劳，并获得美的愉悦。（3）教育环境的和谐。教育环境和谐包括的范围很广，主要的有学校建筑与教育环境色彩的和谐。建筑历来被人称为"凝固的音乐"，意在强调它与音乐相同的节律感。学校建筑是从事教育活动最基本的环境条件。环境美的感染力，不仅表现在自然景观方面，也表现在建筑的造型和空间关系以及建筑与其他环境的协调等各个方面。学校的建筑同样能在某种程度上表现建筑艺术水平，因为它除了实用性以外，还具有一定的观赏性。学校建筑不光是教育的场所，还是观赏娱乐和精神享受的重要对象。因此，学校建筑美也是教育环境美的基本内容。学校的各种建筑设施应当按照实用、经济、美观统一的原则，对它们进行整体规划和布局，全面考虑它们的造型和外部装饰，做到自然、协调，既要方便实用，又要体现审美要求。再者，"色彩的感觉是一般美感中最大众化的形式"②。当各种色

① ［苏］万斯洛夫：《美的问题》，雷成德、胡日佳译，上海译文出版社1986年版，第29页。
② 中共中央马克思恩格斯列宁斯大林著作编译局编著：《马克思恩格斯全集》第13卷，人民出版社1979年版，第145页。

彩和谐地组合在一起时，更具有审美价值。合理地使用色彩，在创造和谐的环境中占有重要地位。

学校精神环境的审美化大致可分为学校风气的审美化和学校人际关系的审美化两类。学校风气（简称校风），是指学校集体在长期的教育实践中逐步形成的一种具有心理制约作用的自觉的思想行为倾向。个性鲜明的校风不仅具有教育意义，而且具有审美价值。一个学校如果具有有条不紊的教学秩序、紧张活泼的生活作风、强烈求知的读书风气，它就会使人充满喜悦感，从内心发出赞叹，受到感染。学校的人际关系是多方面的，师生关系和同学关系是其中最主要的两种。这两种人际关系是构成学校精神环境的重要内容。苏霍姆林斯基在谈到师生关系的意义时指出，"教师和儿童的相互关怀，是联结心灵的极细的线索"。[①] 教育实践证明，良好的师生关系是促进学生健康成长重要的精神环境因素，它会使学生从小体验到人与人之间彼此信任、尊重、关怀和互助的真诚关系，感到社会的温暖，从而培养出健康的人格。同学关系的审美化也具有重要地位。由于学生生活的中心是学习，同学之间没有根本性的政治、经济地位的利害冲突，他们较少受到社会交往中消极因素的影响，所以学生之间的关系具有纯洁性的特点。正是这种同学间的纯洁关系维系着学生集体，使学生在这种充满爱意和美的集体中受到陶冶。

总之，优良的校风和良好的人际关系，是学校教育精神环境美的灵魂。勤奋、严谨、进取、求实、创新的校风，尊师爱生的师生关系以及团结友爱的同学关系，这一切都使学校环境富有美的生机，并深刻地影响着青少年儿童的心灵，激发他们热爱学校、热爱生活的美好情感。

2. 教育活动的审美化

教育活动审美化的范围十分广泛。从横向看，它包括课堂教学与课外教育，德育、智育、体育、美育和劳动技术教育，所有这些都涉及美的创造。从纵向看，教育活动过程各个环节都蕴含着美的因素，概言之主要有三个方面。（1）教育活动气氛的审美化。在教育过程中，凡是能满足学生需要的教育情境，学生就会产生轻松、愉快、喜爱等肯定的情绪和情感体验；凡是不符合学生需要的教育情境，学生就会产生焦躁、烦闷、厌恶

[①] ［苏］苏霍姆林斯基：《给教师的一百条建议》，周蕖等译，天津人民出版社 1981 年版，第 16 页。

等否定的情绪和情感体验。与此相适应，教育气氛大致也可以分为两种基本类型：热情活跃型和冷漠沉闷型。前者的基本特征是教育情境符合学生的需要，学生产生了理解、信任、愉快、满意等积极的态度和体验；后者的基本特征是教育情境不符合学生的需要，学生产生了不满、烦闷、厌恶、紧张、恐惧等消极的态度和体验。美的教育气氛指的是前者，即热情活跃的教育气氛。这样的教育气氛不仅有利于提高教育效果，而且可以使生活在其中的师生获得精神上的满足。要创造美的教育气氛，首先教师应当保持热情活跃的情绪和情感。德国教育家第斯多惠说过："教学的艺术不在于传授的本领，而在于激励、唤醒、鼓舞。"他进一步指出："没有兴奋的情绪怎么能激励人，没有主动性怎么唤醒沉睡的人，没有生气勃勃的精神怎么能鼓舞人呢？只有生气才能换来生气；死气只能从死气而来。"所以他要求教师"尽可能多地使自己习惯于蓬勃的生气！"①

（2）教育活动节奏的审美化。节奏是指事物运动过程中有秩序的连续，它是美的一种重要因素。教育活动的节奏是增强教育艺术感染力的重要手段。它通过动静、张弛、疏密等多种对比和转化，形成强烈的节奏感，并把教育艺术的节奏转化为学生的心理节奏，引起共鸣，产生美感。在整个教育活动中，教育活动应当是动与静的和谐配合。所谓"动"，指的是教育活动中的一种活跃状态，如学生在教育过程中积极参与，踊跃发言，热烈讨论与争辩。所谓"静"，指的是教育过程中的一种相对安静的聆听与沉思。如果整个教育活动过程，动得近似混乱，或自始至终的"静"以至沉寂，都不可能取得好的教育效果。符合教育美学要求的教育活动节奏应是动与静的交替出现和有机结合，既能保持课堂的朝气，又能维持教育的秩序。张与弛也是教育节奏美的重要因素。所谓"张"，就是紧张、急促、强烈；所谓"弛"，就是轻松、舒放、从容。张与弛既是对立的，又是统一的。一味地张或单纯地弛，都有损于教育活动的完美。心理学实验表明，某种强度的刺激信号如果长时间作用于我们的感官，便会产生疲劳，感受性就会发生障碍。人的一般感觉是这样，人的美感也是如此。教育美感调节的重要方式是使教育活动的强度富于变化。具体来说，有张无弛，不能突出波澜和高潮；有弛无张，则显得平淡无奇。波澜起伏，才能引人入胜。有张有弛，张弛相间，既有"大弦嘈嘈如急雨"，又有"小弦

---

① 张焕庭主编：《西方资产阶级教育论著选》，人民教育出版社1979年版，第387页。

切切如私语"，这样才能使教育具有起伏有致的韵味美，并使学生的审美情绪得到松紧适度的调节。教育活动同样要讲究节奏的疏密变化和结合。通过教育传授的信息量有疏有密，时间分配有多有少，密处使学生感到兴奋和紧张，疏时使学生感到和缓与轻松。疏密相间，会给学生带来精神上的振奋和愉悦。反之，如果密而不疏，学生的精神长时间处于兴奋和紧张状态，就会出现疲劳现象；疏而不密，学生的情绪过于松弛，则难以集中精力。在这个问题上，我们同意于漪的看法："有疏有密，疏密得当，不是密不通风，令人窒闷，也非东零西散，给人以支离破碎之感。"①

（3）教育活动机智的审美化。机智是指善于发挥个人的智慧和创造性而能够随机应变的意思。教育机智是指教师根据教育活动中新的，特别是意外的情况，迅速地做出判断并及时采取恰当措施的能力。它是教师观察的敏锐性、思维的灵活性和意志的果断性以及措施的创造性的有机统一。教育机智是教师优秀的教育艺术才能的典型表现形式，是教师的教育"灵感"的体现。灵感是一种客观存在的思维现象，并且是一种普遍存在的思维现象。不仅科学家、艺术家在从事科学研究或艺术创作过程中能产生灵感，教师在教育过程中也常常会获得灵感。教育灵感是教师的一种特殊的创造心理状态。在这种状态下，教师的思路明晰，联想迅速。教师的教育机智是在教师丰富的知识和经验的基础上形成的。只有在孜孜不倦的学习和探索中，才能发现创造的秘密，才能调动自己的创造能力。任何教师要想获得教育机智，就必须进行辛勤的耕耘，不能坐等教育灵感的光临。黑格尔对此曾作过形象的说明。他说："最大的天才尽管朝朝暮暮躺在青草地上，让微风吹来，眼望着天空，温柔的灵感也始终不光顾他。"② 教师的知识、经验越丰富，在各种教育情境中提取有关知识和经验的可能性就越大。知识经验丰富的教师，他们在教育活动中总是挥洒自如，富有机智。教育机智为什么会具有审美价值？这是因为它体现了教师为了处理某个问题时高度的理智感和责任感，而学生也会感受到来自教师的温暖和蔼，欣赏从教师内心迸发出来的智慧火花，进而在心中荡漾起一种美的情感。因此，教育机智之美是一种智慧之美。

---

① 于漪：《语文教苑耕耘录》，福建教育出版社 1984 年版，第 54 页。

② ［德］黑格尔：《美学》第 1 卷，朱光潜译，商务印书馆 1979 年版，第 364 页。

三　教育审美化的重要功能

马克思指出："人们奋斗所争取的一切，都同他们的利益有关。"① 人的审美创造活动也是这个道理。鲁迅先生说过："在一切人类所以为美的东西，就在于他有用——于为了生存而和自然以及别的社会人生的斗争有着意义的东西……美底愉乐的根底，尚不伏着功利，那事物也就不见得美了。"② 教育美自然也不例外。如果教育审美活动不能给人带来益处，那它就难以生存和发展。我们之所以倡导追求教育美，是因为它具有重要的功能。所谓"功能"，它指的是一个事物所具有的对其他事物施予影响的一种属性。教育美的功能就是它对于个体发展和教育改革的意义。

1. 教育审美化与个体发展

教育是培养人的活动。教育的审美化的出发点和最终归宿都是为了更好地促进个体的发展服务的，它对个体的发展主要有两个方面的功能。（1）愉悦功能。任何美的事物，都能激发人的感情，使人们在精神上得到愉悦和满足。教育领域的美也是这样，无论是身处优美的环境中或是聆听一堂精彩的课程教学，都觉得是一种享受，从内心唤起一种喜悦的感情。教育的审美化之所以具有愉悦的功能，关键在于它能满足学生的审美需要。如果整个教育真正做到了内容与形式的高度统一，达到了审美化的要求，这样的教育就能符合学生的情感需要，使他们产生满足感和愉悦感。（2）激励功能。教育审美化的激励功能，是指它能有效地激发学生的学习动机，增强学生的学习兴趣。因为美感是一种愉悦人的身心和谐的情感体验，是一种最高层次的积极情感，它对人的各种心理能力以及人的行为具有重要的调控作用。别林斯基甚至认为："只有在美的情感下，才能有智慧，只有美的感情，学者才能提高到宇宙的思想，并了解自然和一切现象的总体。"③ 人类审美是主体全身心参与的过程，当一个人处于审美状态时，他总是体验到整个生命的和谐和自由运动。但是，在整个审美过程中发挥

---

① 中共中央马克思恩格斯列宁斯大林著作编译局编著：《马克思恩格斯全集》第 1 卷，人民出版社 1995 年版，第 82 页。

② 《鲁迅全集》第 4 卷，人民文学出版社 1981 年版，第 263 页。

③ 见吴世常主编《美学资料集》，河南人民出版社 1983 年版，第 469 页。

效能的主要机制，则是主体的各种心理因素。正是主体的多种心理因素的综合运动，驱使主体的整个身心进入审美状态。在教育美的审美活动中，学生同样是以自身全面的心理能力参与其中的。审美不能脱离学生的积极主动的感知、想象和思维，它要在统一的精神振奋中联合起学生的所有能力和力量。由此，学生从教育活动中获得的美感必然有利于学生的感知，刺激学生的想象，活跃学生的思维，这时美感便成了学生学习行为的内部诱因。它强化学生的各种心理能力的活动，将它们导向一种最佳的状态，使学生产生强烈的学习动机和浓厚的学习兴趣，从而为学生接受知识、探索真理创造适宜的心理条件。一般地说，那些在学习中表现出极大热情的学生，大多与积极情感的强大推动力分不开，而并非仅仅出于对学习目的的理性认识。

2. 教育审美化与教育改革

教师如果能采取积极的教育态度，认识到教育工作不再是简单的谋生手段，而是自身智慧、才能、力量的表现，是美的创造，他就能对自己的职业产生浓厚的兴趣，充满奔放的激情，他就会努力发扬创造精神，提高自己的教育才能和教育艺术水平，最终"成为艺术家，人类关系的艺术家，成为人的问题这个艰难领域中的美的创造者"。① 这样的教师就会深深地陶醉在自己的职业享受之中。就像美国学者奥恩斯坦所说的："一个好的教师得到比他的工薪高几倍的酬劳。但是，最好的教师得到深刻的内心的愉快。这种愉快是无法用言语形容，也是不能用金钱来折算的。"② 正因为如此，所以许多优秀教师不计生活条件清苦，而乐于终身从事教育工作。他们一天离开讲台，半天不见学生，就感到空虚和惶惑。这除了虔诚的事业心之外，自有职业之乐在其中。

总之，使教育达到审美化的高度，这既是一项长期的任务，更是当代教育改革理应追求的崇高目标。人们对于教育美的普遍追求，必然会成为从总体上推动教育发展的无穷力量，人类的教育水平从而可以跃升到一个崭新的境界。到那时，教育工作就将不再只是谋生的手段，而真正成为构建人类灵魂的高尚艺术，教育职业也将真正成为令人羡慕和受到社会普遍尊重的职业。同时，学生的学习也不再是一种负担，而变成一种美的享受。

① ［美］克莱德·E. 柯伦：《教学的美学》，《教育研究》1985 年第 3 期。

② ［美］A. C. 奥恩斯坦：《美国教育学基础》，刘付忱等译，人民教育出版社 1984 年版，第 327 页。

教育美感刍议 *

教育美学是近年来刚刚兴起的一门新的教育分支学科，它除了研究客观的教育审美对象——教育美以外，还要考察作为审美主体的人对教育美的感受，即教育美感。本文主要探讨教育美感的本质和特性、教育审美的心理要素及教育审美心理过程等问题。

一　教育美感的本质和特性

（一）教育美感的本质

教育美感是人对教育美的反映中所获得的精神上的愉悦和享受。具体来说，它包括以下几层含义。

1. 教育美感是一种精神上的愉悦和享受

马克思把美感看作人在创造对象世界的活动中由于"享受"到个人的"生命表现"，由于在他所创造的对象（即产品）中直观到自己的本质力量而产生的一种精神上的享受。美感不同于感官的生理快感。美国美学家乔治·桑塔耶纳指出："不是一切快感都是美感。快感确实是美感的要素，而这要素就是我们所知所说的美感和其他快感之间的根据。"① 那么，生理快感和美感的区别究竟在哪里？两者的区别在于：生理快感是一种生理本能的低级快感，它是感官由于获得物质上、生理上的满足而产生的一种舒适的感觉；美感则是心理上和精神上的满足，它反映了人们对精神文

---

* 本文原刊于《江西教育科研》1995 年第 4 期，中国人民大学报刊复印资料《教育学》1995
年第 9 期转载，系作者承担的全国教育科学"八五"规划青年专项课题的成果之一。

① ［美］乔治·桑塔耶纳：《美感》，缪灵珠译，中国社会科学出版社 1982 年版，第 24 页。

化的需要。一句话，生理快感偏重于实用价值和物质享受方面，美感则偏重于审美价值和精神享受方面。教育美感与一般的美感一样，它也是指人的精神上的满足和享受。人们常说，听一堂精彩的课是一种享受。显然，这里所谓的"享受"，并不是指物质上、生理上的满足，而是指心理上、精神上的愉悦。教育美感虽然不同于生理快感，但它必须以感官的生理快适为基础。比如，教师杂乱无章的板书、声音沙哑的语音，会使学生视、听感官产生不快，因而难以引起美感。教育美感必须是"赏心悦目""悦耳动听"，由感官快适进而使精神需要获得满足的那种愉悦。

2. 教育美感来源于客观存在的教育美

教育美感是人的一种意识现象，是一种心理活动。这种意识和心理活动的根源是什么？这就涉及教育美和教育美感的关系问题。教育美感既然是一种意识现象，它的来源就不能从意识本身，而要从意识以外去寻找。这是因为，人的意识和心理现象的产生，首先是由于作用于人的客观现实的存在。只有当客观现实作用于人的时候，意识和心理现象才有可能产生。列宁说过："我们的感觉、我们的意识只是外部世界的映象；不言而喻，没有被反映者，就不能有反映，被反映者是不依赖于反映者而存在的。"① 教育美感作为对于客观存在的教育美的主观反映形式，它的根源只能是教育美的客观存在。教育美和教育美感的关系，就是客观存在和主观意识的关系。没有客观存在的教育美，就不会有教育美感。为什么人们身处洁净的校园会产生美感，而遇到脏乱的教育环境却不能产生美感？道理很简单：前者美，而后者丑。由此看来，教育美感总要有一个美的客观对象才能引起。从根本上来说，一切教育美感都不过是人脑对客观存在的教育美的反映。马克思说，只有音乐才能激起人的音乐感。同样的道理，只有教育美才能引起人的教育美感。欣赏教育的美感是由教育的美作用于人所引起的，是人对教育的美的反映。

3. 教育美感是人对教育美的积极能动的反映

教育美感同教育美的关系，不是一种简单的反映与被反映的关系。人的教育美感固然是由客观的教育美所引起的，是来源于客观的教育美，但又不能单纯地归结为教育审美对象。教育美感对教育美的反映是通过作为

---

① 中共中央马克思恩格斯列宁斯大林著作编译局编著：《列宁选集》第 2 卷，人民出版社 1972 年版，第 65 页。

教育审美主体的具体的人来进行的。在反映过程中，审美主体的主观条件起着重要的制约作用。审美主体的文化基础、生活经验、思想情感以及个性心理特征，都影响着对于客观的教育美的反映，影响着教育审美心理活动。主观条件不同的人，对于同一个教育审美对象所产生的反映不可避免地会表现出一定的差异。这种差异，就教育美的认识来说，有正确与错误、深刻与肤浅的差异；就教育美的感动来说，存在有反映与无反映、强烈与淡漠的差异。概言之，教育美感的认识内容及情感的反映，均可因人而异。甚至同一个人面对同一教育审美对象，在不同的条件下也可能有不完全相同甚至差异很大的感受。对此，我们试以心境为例进行分析说明。所谓心境，是指使人的各种体验和活动都感染上情绪色彩的、比较持久的情绪状态。心境具有弥散性的特点。当一个人处于某种心境中，他往往以同样的情绪状态看待所有事物。人的心境不同，对周围事物的反映也会有差异。如一个人处在欢乐的心境下，对事情容易产生肯定的、愉快的情绪体验，当他欣赏美的事物时，往往会感到事物更美，产生更为强烈的愉悦的感情。但是，如果一个人处于忧虑、悲伤的心境下，对事物就容易产生否定的、不愉快的情绪体验，当他看到美的事物时，往往不容易感受到它的美，难以产生愉快的情绪体验。

人的教育美感尽管可以因个人主观条件不同而有种种差异，但它毕竟是来源于客观存在的教育美的反映。因此，它必然要受到客观存在的教育美的制约，包含着客观的教育美的内容。在教育美的欣赏中，欣赏者的感知、想象、情感及理解尽管存在个性差异，但它必须以教育美的具体形象作为客观依据，不能脱离教育美的具体形象胡思乱想。审美主体对教育美的反映是主客观的统一。教育美感的个性差异同它所包含的客观内容应当辩证地统一在一起。教育美感中的主观判断与感情态度必须与客观的教育美的认识和反映相符合、相一致，才是一种正确的教育审美判断。所以，我们在承认教育美感的个体差异性的同时，不能否认教育美感的客观标准。

（二）教育美感的特性

教育美感作为人的一种意识活动，与其他意识活动相比，具有自己的特殊性，这种特殊性构成了教育美感的特征。要深入认识教育美感，不仅要掌握它的一般本质，还要了解它的特殊属性。

1. 教育美感是感性与理性的统一

教育美感的一个主要特征是它的直觉性，即它是以直接的感知方式去感知对象，从而获得美感。具体而言，人们在感知教育美时，似乎并没有经过理智的考虑，不需要有意识地进行推理，立即就能认识到它的美，并引起相应的美的感受和感动。这就是教育美感的直觉性。普列汉诺夫说："一件艺术品，不论使用的手段是形式或声音，总是对我们的直观能力发生作用，而不是对我们的逻辑能力发生作用。"① 这个观点也符合教育审美活动。有时，人们虽然能够感受和欣赏教育的美，却不能马上明确地说出为什么喜爱和欣赏它的理由，甚至感到来不及进行自觉的理性思考活动，仅仅在直接感知对象的活动中就已经对它产生了美的感受。比如，当一个穿戴得体、举止优雅的老师一出现在眼前，我们立即会感到很美；当一踏进整洁幽静、绿树成荫的校园，我们会迅速地被它所吸引。教育美总是通过具体的、可感的形象表现出来的，教育美感的产生也只有在生动、具体、直观的形式下才能实现。因此，教育美感无疑必须基于人的感性活动，即审美者必然以感性的方式去把握客观的教育美。教育审美过程始终处于具体形象的直接感受中，一旦脱离具体形象的感受，教育审美心理活动也就不存在了。例如，某位教师教育艺术高超，如果只是听别人介绍是不会产生美感的。只有当你身临其境，亲自去聆听他的讲课，才能体会到其教育艺术魅力之所在。

　　以上所述说明，教育美感的直觉性是客观存在的。但是，我们在承认直觉性的同时，也不能排斥教育美感中的理性认识。教育美感的直觉性，实际上包含了理性成分，只不过在产生教育美感时，我们对它没有觉察罢了。教育美感虽然是诉诸感性的精神活动，以直观和感性的方式表现出来，但同时又伴随着理性思考活动，包含着理性的认识，它融理解于感性之中。在人的教育审美活动中，所谓纯粹的感性直觉是根本不存在的。车尔尼雪夫斯基关于美感认识与感性认识关系的观点，有助于我们正确理解教育美感的特点。他说："美感认识的根源无疑是在感性认识里面，但美感认识毕竟与感性认识有着本质的区别。"② 这就是说，美感的认识虽然以感性认识为基础，但不能把它简单地归结为感性认识。它是感觉与理解、感性与理性互相联系、互相作用的结果。

---

① ［俄］普列汉诺夫：《论艺术》，曹葆华译，生活·读书·新知三联书店 1974 年版，第 107—108 页。

② ［俄］车尔尼雪夫斯基：《车尔尼雪夫斯基美学论文选》，缪灵珠译，人民文学出版社 1959 年版，第 36 页。

在许多情况下，人们往往一接触到美的对象就立刻引起美感。但这并不意味着审美活动是一种无理性作用的"直觉"活动。实际上，它是一种在理性制约下的形象感受。在教育美感中经过感知就能立即感受到对象的美，是因为在这之前早已有理性作用的准备。人们对于教育的美的认识，是以过去所获得的有关的理性认识为前提的。一个人看到一个优美的公式或一幅精美的教学挂图，立即就能感觉到它的美而产生美感，这是他以往有关的文化知识积累的结果。而对于没有这种文化知识积累的幼儿或其他的人来说，就不可能对同一公式或教学挂图的美产生美感，不可能马上欣赏到它的美。这说明，人们对于教育美的感觉，是以理解为前提条件的。尤其是在认识和感受较为复杂的、内容深刻的教育美，如教师人格美、教育精神环境美以及相当一部分的教育内容美等，更需要深入的理性认识活动的参与。

2. 教育美感是认识与情感的统一

从教育美感的整个心理过程来看，一方面它是以对教育美的认识为基础，反映着教育美的客观内容；另一方面，它又表现为对于教育美的感动，采取主体对客体的情感反应的主观形式。这就是说，教育美感是认识与情感的统一。

在教育美感中，教育美的认识过程和情感过程是紧密联系在一起的。情感是人们对于客观事物的主观态度。客观事物能否满足人们的需要，决定着人们产生肯定的或否定的情绪反应。教育美之所以能使人动情，从根本上来说，是由教育美本身所决定的。作为审美对象的教育美，总是以新颖独特的感性形式充分表现出普遍的理性内容，是现象和本质、个别和一般、真和善高度统一的具体形象。因此，通过教育美的欣赏和创造能满足人的精神需要。如果主体对教育的美无动于衷、麻木不仁，就不会获得美感。无论是教育美的欣赏，还是教育美的创造，都必须有情感因素的参与。如果在教育美的欣赏中，教育美不能激起欣赏者的情感活动，这样的"欣赏"就不能成为审美的享受。如果在教育美的创造中，教师没有由教育的美的认识而引起强烈的情感活动，就难以创造出真正的教育艺术。

我们肯定情感在教育美感中具有重要作用，但是不能过分夸大这种作用，不能把教育美感中的情感特点和认识作用对立起来。从教育审美心理活动来看，情感的作用固然很重要，但它不能脱离教育美的认识而孤立存在。心理学研究表明，情感和认识尽管属于不同的心理过程，但它们之间具有密切的联系。情感是人对客观事物的主观态度。人对客观事物采取怎样的态度，是以客观事物对人的意义如何、是否符合人的需要为转移的。与人的主体需要毫无关系的事物，人对它是无情感可言的。只有那种与人的需要有关的事物，才能引起人所特有的情感。而客观事物对人的意义以及与人的社会需要的关系，则是依靠人的认识活动来了解。所以，人的情感总是伴随认识活动而出现的，是在认识的基础上产生的。

在教育美的欣赏和创造过程中，人的情感反应总是和对于教育美的认识互相交织在一起的，是以对于教育美的认识为基础的。从教育美的欣赏看，欣赏者必须对美的教育形象所蕴含的理性内容有一定的理解，才能对它产生相应的情感体验。从教育美的创造看，教师对他所讲授的内容理解得越是全面和深刻，其情感反应就越是恰到好处。所以，教育美感中的情绪激动和情感愉悦是以认识为基础的，并且渗透着认识的理性内容。教育美的性质不同，引起审美主体愉悦感动的情况也不完全一样。有的教育美，人们一见到就立即引起愉快的感动，认识的理性内容往往不够明显；有的则需要在深入理解的基础上，才能产生美的感动。前者多见于对于诸如教师的仪表美、教育物质环境美以及内涵浅显的教育内容美等的欣赏所产生的美感，后者常见于对于教师的人格美、教育精神环境美以及内涵深刻的教育内容美等的欣赏所产生的美感。但是，不论哪种情况，教育美感都是认识和情感的有机统一。

二　教育审美的心理要素

教育美感的形成似乎是非常直觉的，有时候几乎会在瞬间完成。但事实上，教育美感的形成过程涉及感觉、知觉、表象、记忆、想象、情感、理解等多种心理要素。教育美感的产生，正是这些心理要素互相诱发、互相渗透、互相补充所构成的一种审美体验。

（一）感知

感知包括简单的感觉和较复杂的知觉。感觉是客观事物直接作用于人的感觉器官，在人脑中产生对这些事物的个别属性的反映。教育美感是由教育美作用于审美主体引起的，而审美主体对于教育美的反应以感觉为起点。那么，人们通过感觉能得到什么呢？我们通过感觉能感受到美的教育的色彩、声音、形状等，如校园美丽的景色，教师优雅的仪表和动听的语言，丰富多彩的教育内容，等等。感觉是人们一切认识活动的基础，同样也是教育审美感受的基础。教育美作为客观存在，它是以感性的形式呈现出来的。只有首先感觉教育美的感性形式，才能反映和认识教育美。教育美感和听觉、视觉不可分离地结合在一起，脱离了对教育美的感性形式的感觉，就不可能有教育审美过程中的想象、情感和理解，也就无法实现具体的教育审美心理功能。由此可见，感觉是教育美感中其他一切心理活动的基础。

在教育审美活动中，审美感觉与感官快适具有密切的关系。就教育美的欣赏而言，从观赏美丽的校园景色或教师精美的板书，到聆听一堂节奏分明的课堂教学，伴随着对于这些审美对象的感性形式如色彩、线条、形态、音调、节奏的感知，都会引起审美主体的"愉目""悦耳"等感官方面的快适感受。这种感觉是一种因外物的物理刺激而引起的生理反应，正是这种反应为人的教育审美活动打下了物理基础。如果舍弃这种反应，教育审美感受便失去依附条件。但是，教育审美中所获得的感官快适只是教育美感产生的一个条件和因素，它本身并不等于教育美感。正如对教育审美对象的感性形式的感知仅仅是教育美的认识的初步阶段一样，感官快适的感受也只是教育美感的情感感动的基础。所以，真正深刻的教育美感不能只停留在感官的快感上。随着教育美的认识的深入，教育美感的体验也必然由感官快适的感受进入情感的愉悦和感动。

知觉是在感觉的基础上形成的。感觉所感到的事物的个别属性，经过大脑分析综合为完整的形象，这就是知觉。人在实际生活中总是以知觉的形式直接反映事物，很少有对事物孤立的感觉。在教育美感中，教育审美对象总是作为整体以知觉的形式在审美主体的头脑中呈现出完整的印象。没有对于教育审美对象的知觉，就不可能把握教育的美的形象。教育审美知觉是人脑复杂的分析综合活动的产物，一般是由多种分析器如视分析器、听分析器等联合活动产生的。由于多种分析器的共同参与，才能反映教育审美对象的多种多样的属性，产生综合的、完整的教育审美知觉。我们欣赏课堂教学艺术，是视分析器与听分析器联合活动的结果。课堂教学艺术是一门综合艺术，欣赏教师的仪表和板书要靠视觉，欣赏教师的语言表达要靠听觉。可以说，一切教育美的感受都不能没有知觉的作用。教育审美知觉和一般的知觉一样，它具有整体的特性。教育美的形象是由许多部分组成的有机统一体，由各个部分及其相互关系构成的整体结构体现着教育美的规律。如果离开了教育审美对象的整体结构，把它感知为许多个别的孤立部分，就不能认识和感受教育美的形象。实际上，人们对教育审美对象的知觉都不是孤立地"知觉"到它的各个部分，而是知觉到它的有机整体。如看一幅地图，欣赏者不是孤立地感知一块块色彩或一个个符号，而是感知它的整个画面。只有将地图的色彩、符号、线条、文字等作为一个有机统一的整体来欣赏，才会感到它的和谐与完美。

（二）想象

在教育审美心理活动中，想象是最重要的构成要素之一。如果说感知的作用是为进入教育审美世界打开大门，那么想象就是为进入这个世界插上了翅膀。被马克思称为"人类的高级属性"的想象，其实质是建立在记忆基础上的表象运动，是对已有表象进行加工改造从而创造事物新形象的过程。人们在社会实践中，不仅能感知当时作用于主体的形象，回忆过去曾经经历过的事物，而且还能在主体已有的知识经验的基础上，在头脑中创造出没有直接感知的新的形象、新的事物。无论是教育美的欣赏，还是教育美的创造，都需要想象活动的参与。

在教育美，尤其是在教育内容美的欣赏中，审美主体需要根据语言（含教师口头语言和教材书面语言）描绘和各种直观教具的显示，在头脑中形成没有感知过的人物和景物的形象。我们在欣赏语文教材中的文学作品时，对于其中描绘的人物、情节和环境，会产生如见其人、如闻其声、身临其境的感受，这一方面是因为形象本身描绘得具体、鲜明而生动；另一方面，从欣赏者主观方面讲，就是由于欣赏者依靠自己的生活经验和已有表象，对形象作了相应的想象的结果。语文教材的文学作品之所以具有强烈的感染力，欣赏者之所以受到它的感染，正是由于形象描绘的生动、鲜明、传神引起了欣赏者相应的想象活动。当欣赏者以自己的经验、表象去"想象"作品所描绘的形象的时候，他才能被形象吸引到它所构成的美的境界之中，因而对形象产生深切的感受和体验。

教育美的欣赏需要想象，教育美的创造同样要依靠想象。只有通过教师的想象活动的参与，才能对教育内容进行艺术的加工改造，进而实现从教育内容美到教育艺术美的转化。只有在想象的作用下，教师才能选择、提炼、概括、综合从各种方式、各种途径中获得的种种表象，按照对教育的美的认识，对教育素材进行重新组合，才能让构思中的教育艺术形象清晰地浮现在头脑中。一句话，教师只有依靠想象，才能创造出理想的教育艺术形象。

不但教育美的创造本身需要重视想象的作用，而且在教育美的创造过程中也要注意给欣赏者以发挥想象作用的机会。为什么那些"满堂灌""注入式"的教育会使人感到枯燥乏味呢？其中的一个重要原因在于，教师对学生的主观能动性估计不足，以至把以少胜多、寓实于虚、寓显于隐等艺术表现规律抛在一边，把本不必和盘托出的东西说尽讲绝，不给学生的想象活动留下足够的余地，使学生不能从中引起更多的联想和想象，得不到有所补充又有所发现的审美享受。

（三）情感

情感是教育审美心理中最活跃的因素。它广泛地渗入其他心理因素（感知、想象、理解等）之中，使整个教育审美过程染上情感色彩，并且是触发其他心理因素的诱因，起着推动它们发展的动力作用。

情感在教育审美心理活动中的作用大致有以下三种情况。一是以情取舍。无论在教育美的欣赏还是在教育艺术构思中，都明显地表现出以情取舍，即按照自己的情感挑选、突出或者舍弃客观对象的某些属性。如语文教材中的同一篇文学作品，这是人们形成美感的共同的依据，但实际上却可以形成各自不同的美感。造成这种情况的重要原因是他们以自己的情感对同一篇文学作品实行了各自的取舍。有的人可能偏重于思想内容，有的人则侧重于语言艺术技巧，有的人是注意人物性格，有的人则取其故事情节。发生这种取舍过程，也就是人们对这篇小说按照各自的观念、情趣感受的过程。再如，对于庸俗的插科打诨和油腔滑调等所谓的"教育幽默"，之所以有人鄙视它，有的人追求它，其中的重要原因就是以他自己的健康的情感或不健康的情感为指导。二是以情评价。在教育审美活动中，人们还会依照自己的情感对审美对象做出评价。如有的人喜欢生动活泼的教育气氛，他们一置身于这样的教育气氛便陶醉其中，显然他会对这一审美对象做出肯定的评价；而当他身处扎实严谨的课堂秩序之中时，他可能觉得紧张、压抑、浑身不自在，从而做出否定的评价。当然，这其中有很多原因，情况也比较复杂，如审美趣味、个性特点、心境等，但不能否认其中存在一个情感问题。因为受着不同情感的支配，必然会做出不同的评价。三是以情而作。教师创造教育艺术都是以自己的情感为推动力支配进行的。没有情感就没有真正的教育艺术。只有对教育工作、教育对象及教育内容充满感情，才能踏上教育艺术创造之路。反之，如果教师对教育采取冷漠的态度，那么他至多只能成为一个教书匠，而不可能成为一个创造者。

（四）理解

理解是教育美感中不可缺少的一种心理活动。不同水平的理解在教育审美意识中，都具有重要的作用。人在对客观事物的知觉活动中，就已经有了理解的作用。知觉是在过去的知识和经验的基础上产生的。由于过去知识和经验的帮助，人对知觉对象产生理解，才能获得对客观事物的整体反映。对事物的理解是知觉的必要条件。在教育美感中，对教育审美对象的感知，同时要借助过去的知识和经验。人们在观赏某些教育审美对象时之所以迅速地感到它的美，是以理解作为先决条件的。

在教育美感的想象活动中，理解的作用尤为明显。想象与思维密切相关，具有深刻的理性因素。对现实事物的认识，对事物间的本质联系的深入理解，是在想象中改造已有表象而创造新形象的前提和基础。无论是再造想象，还是创造想象，都是主体在已有的知识和经验基础上进行的，而不是任意地胡乱想象。同样的道理，教育美感中的想象也必然要依靠对教育审美对象的理解。如果对教育审美对象知之甚少，甚至一无所知，想象活动就会偏离方向以致无法进行。

总之，教育美感是多种心理因素互相推动、彼此渗透的过程。教育审美中的情感是以感知为基础，以想象、理解为动力的，同时，这种感知又带有一定的理解和情感因素。而在感知的基础上进行的想象活动，本身又是形象的思考和理解。理解渗透在情感、想象中，而情感又对各种心理因素起推动和中介的作用。从以上对教育美感心理过程的描述中可以看出，教育美感是直观与理解、感性与理性、情感与认识矛盾统一的心理过程。

三　教育审美心理过程

在考察了教育审美心理要素的特点和功用后，我们有必要进一步探讨教育审美心理活动的整个过程。教育审美心理作为个体的心理活动，大致经历了准备、实现和效应三个阶段。

（一） 准备阶段

教育审美的准备阶段，是指即将进入教育审美状态的预备阶段。这个阶段的特点是主体将自己的思绪集中于教育审美对象，唤醒或点燃教育审美热情。因此，审美注意在这个阶段占有重要地位。所谓审美注意，是指那种使精神集中于某一审美对象的过程。它是使整个教育审美活动得以顺利完成的基本条件。试想，如果学生在课堂上不是紧跟教师的教学活动，而是思想开小差，想着与教学无关的事情，就不可能欣赏教师的教学艺术。与审美注意相伴随的是审美期望。这种期望是一种精神上的渴求，是对美好的教育的渴望状态。如学生期待从教师的教育中获得理智上的满足和精神上的愉悦，就属于教育审美期望。审美注意是这个阶段上的行为，而审美期望是这种行为的情感效果，二者结合起来就形成了教育审美活动所特有的教育审美态度。审美注意的出现，使主体的情感得到了发动，产生了一种动力性的希冀和期望，从而使教育审美心理由准备阶段进入了实现阶段。

（二） 实现阶段

审美期望的产生，自然地使人开始对审美对象仔细观察，也就是进行审美知觉活动。这种知觉活动是对最初的审美注意所获得的形象的综合，但它又不是简单的累加，其中还包括已往的审美经验和情感体验，这些经验和体验会一起发生微妙的作用。具体来说，在教育审美过程中，主体在感知的基础上，会运用审美判断力去理解教育的美。与此同时，主体还会调动自己的情感去体验教育的美。教育美无论是形式还是内容都深深地拨动了主体的心弦，激起了主体感情上的冲动。这时，主体同审美对象之间心物两契，产生情感上的同振共鸣状态。因此，在教育审美过程中，想象、情感、理解等一系列心理活动也在同步展开。教育美感正是经过感知、想象、情感和理解等多种心理功能的综合而产生的。

（三） 效应阶段

在由某种教育美所引起的愉悦中，审美主体的判断性反应就是感到这是人的智慧和才能的结晶，它那么完美，那么富有魅力。于是，教育审美过程便宣告结束了。而教育审美对象的美和自己在欣赏这种美时的愉悦情绪，却深深地印在脑海里。通过教育审美心理活动，主体获得了丰硕的成果。首先，教育审美主体自身的情感世界得到了充实和丰富。长期沐浴着教育美感的人，必定是一个热爱学校、热爱教育（或学习）的人，他不会因教育（指教师）或学习上（指学生）的困难和挫折而沮丧，因为他的内心世界充满美好的记忆。不仅如此，情感世界的丰富，还完善人的心理结构，激发人的想象力和创造力，提高人的思维力。这是因为，教育审美活动总是与感知、想象、理解等紧密联系在一起。其次，提高了人对教育美的欣赏能力。长期的教育审美经验的积累，会形成一定的教育审美趣味和教育审美理想。教育审美趣味是指在欣赏和创造教育美时所表现出来的喜好或偏爱，它不仅有高低之分，还有进步与落后之别。因此，它可以被看作主体教育审美能力的标志，这种能力的培养和提高，就是不断地感受教育美的结果。至于教育审美理想，是指对完美的教育境界的向往和追求。尽管它的形成要受到各种客观因素的影响和制约，但归根结底也是个体教育审美经验不断积累的成果。

试论教育美的评价及其标准*

教育美是指存在于教育领域的美，它是人的本质力量在教育领域的感性显现。教育美的评价是审美主体从一定的教育审美要求和教育审美理想出发，去把握教育审美对象并判断美丑的综合思维活动。

一 教育审美评价的客观标准

教育美的欣赏活动是通过个体的直接感受和情感反应实现的。因此，它不可避免地带有个人爱好的主观倾向性。但是，这并不意味着教育审美判断和评价没有客观的标准。实际上，人们在教育审美实践中，总是自觉或不自觉地运用某种相对固定的尺度去衡量教育审美对象。所谓教育审美标准，指的就是这种尺度。它是鉴别教育美丑的标准，同时又是考察教育审美价值高低的尺码。要进行正确的教育审美评价，审美主体就必须科学地把握教育审美标准，对教育审美对象给予恰如其分的分析和评价，准确地揭示教育审美对象孰美孰丑的客观内容。

教育美的创造不是按照某种固定的规则和僵化的模式进行的，而是创造者充分发挥自身的智慧和才能的结果。因此，它具有明显的自由特性。但是，这种自由并非随心所欲或毫无规则与尺度可言。不可否认，教育审美评价需要一定的标准。对如何认识和评价一种教育美，人们应该而且可以掌握基本一致的客观标准。如果否认教育审美评价有一个相对稳定的客观标准，就势必抹杀教育审美评价的客观性，混淆教育艺术优劣的界限，

* 本文原刊于《教育评论》1993 年第 6 期，系作者承担的全国教育科学"八五"规划青年专项课题"教育美学研究"的成果之一。

甚至颠倒教育的美丑关系。否认教育审美评价的客观性固然会给教育美的创造和发展带来不良影响，但是把教育审美标准凝固化、绝对化，同样会阻碍教育美的创造和发展。毫无疑问，我们应当重视传统的教育审美经验，但如果把传统的经验当作凝固不变的绝对模式，则是一种形而上学的观点。将传统视为至尊，一味地模仿，亦步亦趋，不敢越雷池半步，必然会妨碍人类教育审美经验的丰富和发展。普列汉诺夫正确地指出："绝对的美的标准是不存在的，并且也不可能存在。人们对美的概念在历史过程中无疑在变化着。"① 教育美的评价标准也不是一成不变的。随着教育水平的提高和教育审美意识的发展，教育审美评价的标准也会发生相应的变化：旧的教育审美标准会得到扬弃，而新的教育审美标准会应运而生。

客观的教育审美标准是人类教育审美经验的科学总结。人们在教育美的创造和鉴赏过程中，会逐渐总结出一系列的经验。通过对这些经验的科学概括和总结，便形成了具有普遍意义的教育审美标准。教育美的创造既然不是随心所欲的产物，就会有一个基本的出发点和依据，这个出发点和依据就是他进行教育美创造的要求和准则。以教育艺术的创造为例，如果教师主观上想要表现的东西根本不包含客观的美的内容，甚至以丑为美，那么，他的教育活动就必然缺乏符合学生审美需要的客观的审美价值。教育美的创造是如此，教育美的鉴赏也是这个道理。人们在对某种教育美进行欣赏和评价的时候，虽然会见仁见智，带有主观性。但是，从根本上来说，其中总还有一个大致的分界线和客观标准。凡是真正的教育美，都会得到欣赏者的普遍认可；而那些格调不高的教育，却毫无例外地会受到欣赏者的否定。

二 教育审美评价标准的基本内容

教育审美标准与教育美的本质密切相关。正确的教育审美标准，都会在某些方面或一定程度上反映教育美的本质。教育审美客观标准的基本内容主要体现在以下三个方面。

1. 教育审美对象应当蕴含"真"

在哲学范畴里，"真"是指客观事物运动、变化、发展中表现出来的

---

① ［俄］普列汉诺夫：《论艺术》，曹葆华译，生活·读书·新知三联书店 1964 年版，第 128 页。

规律性以及人们对这种规律性的如实反映。在教育美学范畴里，则是指教育审美对象表现出来的规律性以及人们对它的如实反映。各种教育要素以及教育过程所激起的美感，正是来自人类符合规律性的创造智慧与才能，正是对人类遵循教育规律推动社会进步、促进个体发展的自我观赏。教育美体现了教育固有的本质和规律。离开了真，就是虚假，而虚假是与美无缘的。真是教育的重要审美属性之一，是教育审美对象所具有的客观属性。教育审美判断和评价要以教育审美对象是否充分体现了教育的本质规律为前提。以教育内容美为例，客观真实地反映事物的本质和规律，是衡量教育内容是否具有审美价值的重要标准。各门学科的实验、动植物标本的制作、教学图表的设计等，都应当充分体现事物的本来面目，做到真实无误。鲁迅在日本仙台医专留学时，藤野先生教他解剖学。有一次鲁迅把人的下臂的血管画错了位置，藤野先生对他说："你看，你将这条血管移了一个位置了——自然，这样一移，的确比较好看些，然而解剖图不是美术，实物是那么样的，我们没法改换它。"这个例子从一个侧面告诉我们，教育内容的美不仅仅是指美观，它要以真实为前提。离开真实这个基本的前提而片面追求审美价值，这不是真正的教育美。教育美的其他形态同样要符合这个标准。如教师的语言，要想使语言具有审美价值，首先得保证语言准确无误。尽管教师的语音优美动听，节奏抑扬顿挫，但却漏洞百出，错误不断，显然，这样的教育语言就不能说是美的语言。再如，教师的表情，教师的表情美是教师真挚情感的自然流露，而矫揉造作、装腔作势的表情则从根本上违背了表情美的基本要求，因而不可能受到学生的欢迎。

2. 教育审美对象应当包含"善"

"善"，在哲学范畴里是指人与客观物质世界的实践关系中客观事物对人的功利性。在教育美学范畴里，善是指教育者的本质力量对象化的客观事物所具有的社会功利性。这里所说的社会功利性，它包括对社会和对个体发展的促进作用。教育美作为教育者的本质力量的感性显现，实质上又是人类有目的性的教育实践被肯定。因此，是否符合人类的功利目的，是否有利于社会和个体的发展，就成为判断教育是否美的又一个客观标准。凡是美的教育都必然对社会和个体的发展有促进作用，至少要求没有阻碍作用，否则就不能称为教育美。

教育美的社会功利性集中体现在教育性上。在《教育美感刍议》一文的第一部分"教育美感的本质和特性"中，笔者曾经较为详细地讨论过这个问题。其基本意思在于，教育美的审美价值与教育价值是有机统一的，不能脱离教育价值而单纯追求审美价值，否则就不是教育美。为了说明问题，我们这里再稍加展开。先以教师美为例，教师的服饰美不等于时装艺术，教师的表情美也与演员迥异，教师的语言美不能跟相声、说书艺术混淆。有位历史教师，长于语言表达，口才很好。他上历史课时，经常引入大量的历史故事。学生十分爱听他的课，盼着上他的课，甚至把他当成了"说书人"。他一上讲台，学生就在下边说："来一段儿，来一段儿！"但是一到历史考试，许多学生不及格。学生平时光尽兴于听故事，一些基本的历史事件、历史人物等基础知识却没有掌握。这样一位教师，其教学艺术水平是高还是低？答案不言自明。虽然这位教师擅长言谈，学生爱听，但最终的教学效果不佳，没有达到预定的教学目标，这违背了教师运用教学艺术的宗旨。另外，教育内容美，尤其是语文教材中的文学作品不是为了给学生消遣之用，校园环境建设也不能照搬公园的模式……一句话，教育美的所有形态无不以教育性为出发点和最终目标。任何人在创造教育美的时候，都必须将促进学生的发展这个目标放在首位。我们应当力争使教育美的审美价值与教育价值处于良好的协调状态。二者一旦发生矛盾，则应当首先考虑教育价值。换句话说，就是要使教育美的审美价值服从于教育价值。这是教育美与一般的艺术美的区别所在。反之，如果将审美价值置于教育价值之上，那么，它可以是别的什么美，但绝不是教育美。

3. 教育审美对象的内容与形式要和谐统一

教育美是以感性形式显示的教育者的本质力量，教育美感是人们通过感性形式观照教育的本质力量获得的精神愉悦。因此，教育审美对象的内容与形式所达到的和谐统一程度，也是教育审美评价的重要标准。并非教育者的本质力量对象化的所有形式都是教育美，如一般的教育教学方面的科研成果就不能说是教育美。只有教育者的本质力量在教育领域里感性地显现出来，才是教育美，才具有审美价值。所有的教育美，都是由于其形式对教育者的智慧才能的显现而激发人们的美感。当然，我们在教育美的欣赏和评价活动中，不能片面地强调形式因素。因为形式只是内容的形式，它是由内容决定的。判断形式是否美，其重要依据是它与内容统一的完善程度。脱离内容的形式就是再完美，也只是形式主义的东西。我们在创造教育美的时候，不能不顾教育对象、教育内容和教育目标，而一味追求表现形式的美。我们这样说，丝毫没有否定形式的价值的意思。实际上，形式并不完全是被动和消极的，恰当的形式可以增强教育美的感染力量。正因为如此，它也成为教育审美评价的一个重要标准。

　　总之，凡是真正的教育美，都有这样的特点：它符合教育的发展规律，亦即蕴含"真"；它有利于社会的进步，尤其是有利于个体的发展，亦即包含"善"；它具有优美动人的形式并且和谐统一地体现其内容。这就是我们对于教育审美标准的最一般的规定。当然，由于教育美具有多种多样的形态，我们不可能定出一个包罗万象的统一模式。因此，在对具体的教育审美对象进行评价时，还应当有与之相适应的具体的教育审美标准。这些标准还有待我们进一步去探索和总结。

审美人格论纲 *

人类对自身的思考和探索从来就没有停止过。在当代，人的问题更是得到广泛的关注，并且日益深入人格这个深层领域。人格的现状与未来走向，成为人们普遍关注的一个焦点问题。针对达尔文提出的"适者生存"的观点，我国有的学者提出了一个很有意义的新命题——"美者优存"。他们认为，"适者生存"以"适"求"生"只是人类低层次的生物特性，是人与动物的共性；而真正驱动人类从动物提升出来的规律，则是基于"适者生存"的"美者优存"。① 笔者认为这种观点很有启示意义，并想就何为"美者"的问题从审美人格这个角度作进一步的思考。

一 审美人格：当代人格建构的选择

从根本上来说，人类社会的进步和世界文明的发展，都必然表现为人类的普遍人格层次的提高。人类未来的命运不仅取决于对自然和社会的改造，也取决于人类自身的不断完善。美国人类文化和社会心理学家英格尔斯在论述人与现代化的关系时曾经指出："先进的科学制度要获得成功，取得预期的效果，就必须使运用它们的人具有现代人格、现代品质。在整个国家现代化发展的过程中，人是一个基本因素。他并不是现代化过程结束后的副产品，而是现代化制度与经济赖以长期发展并取得成功的先决条

* 本文原刊于《教育研究与实验》2004 年第 4 期，系笔者承担的全国教育科学规划课题"中小学审美人格教育的理论与实践研究"的成果之一。

① 张宇、张涵：《经济学和美学在新世纪的崇高使命》，《哲学研究》2000 年第 6 期。

件。"① 罗马俱乐部也认为："从今后，对于人类的每一件重要事情来说，精髓是人的素质和能力，决定人的命运的最重要因素是人的素质，不仅仅是某些社会中坚的素质，而且是几十亿地球居民的一般素质。"② 追求幸福是人类的崇高理想，而人类的幸福在很大程度上取决于人类自身的发展和完善。

美是人类的生活理想，又是人类重要的力量源泉。因为有了美，人生才有情趣，生活才有意义，世界才有生命的冲动和热情。"人只有在美的追求中，才能把自己的灵性呈现出来，使我们的世界笼罩上一个虔诚的，富有柔情的，充满韵味的光环。"③ 审美在人类生活中是一种必不可少的精神需要，是人类近乎天性的一种追求。梁启超甚至提出："我确信'美'是人类生活一要素，或者还是各种要素中之最要者，倘若在生活全内容中把'美'的成分抽出，恐怕便活得不自在甚至活不成。"④ 生活中没有美就活不成倒不一定，但活得不充实、不圆满、不愉快却是必然的。人类的审美需要，就是人类表现自己生命的需要，就是从这种生命表现中获得享受的需要。这种需要能否得到满足，无疑主要取决于人自身的素质，只有具有审美素质的人才能真正过上审美的生活。

马克思在《1844 年经济学哲学手稿》中指出："人也按照美的规律来构造。"⑤ 苏联美学家布洛夫也说过："人直接需要美，因此审美因素渗透到他的整个生活中，人不仅按照物质必然性，而且也按照美的规律进行创造。"⑥ 无论是按照美的规律来"构造"，还是按照美的规律来"创造"，其对象或领域不仅要指向物质，更应当指向主体自身。换句话说，主体的人格也完全应该按照美的规律来塑造，并朝着审美化的方向发展和提升。应当承认，当代人格的发展还存在不少困难和障碍，但由此而对人格发展的未来抱悲观态度则是没有道理的。人格发展的总的趋势是乐观的，人的

① ［美］英格尔斯：《人的现代化——心理·思想·态度·行为》，殷陆君编译，四川人民出版社 1985 年版，第 5 页。

② 转引自许金声《走向人格新大陆》，工人出版社 1988 年版，第 375—376 页。

③ 张应杭等：《人生的美学意境》，浙江人民出版社 1990 年版，第 18 页。

④ 见俞玉兹等编《中国近现代美育论文选》（1840—1949），上海教育出版社 1999 年版，第 145 页。

⑤ ［德］马克思：《1844 年经济学哲学手稿》，刘丕坤译，人民出版社 2000 年版，第 58 页。

⑥ ［苏］阿·布洛夫：《美学：问题和争论》，凌继尧译，上海译文出版社 1987 年版，第 151 页。

本质的实现是不可逆转的。只要我们树立信心，并朝着正确的方向不断地努力、不懈地追求，主体人格必然会呈现出美的特征、迈向美的境界。

关于人格的发展走向，迄今人们提得较多的还是所谓健康人格问题。一般认为，健康人格是指构成人格的各个要素完整且各个要素之间的关系处于正常状态。笔者认为，健康人格是对所有人的基本要求，我们的努力目标不能定位于这种人格。我们还应当有更高的要求，人格发展还应当有更高的境界。当然，这并不意味着人格境界的定位越高越好。人格建构的目标既要立足于现实，也要保持对现实的超越。就是说，人格建构的目标应当既具有现实性，还应当具有理想性。没有理想性，就没有激励作用；而没有现实性，则丧失其实际价值。审美人格完全符合这两条要求或标准，审美人格应当成为当代人格建构的必然选择。

二　审美人格的内涵与特征

（一）审美人格的内涵

人格是指人成为人的品质和格调，是人的精神面貌的总体特征。因此，人格与人的精神世界或精神素质、精神面貌属同一个层次的范畴，二者之间具有内在的一致性。什么是审美人格？审美人格是美学意义上的人格，指人的精神面貌具有审美特性，达到了美的境界。审美人格是关于人格发展状态的预设和期待，它应该包容人格所有美好的方面，并成为人格发展的较高境界。换句话说，具有审美人格的人是各种优良素质在人身上的综合体现。人的素质越好，则人格之美的层次也就越高。

（二）审美人格的特征

审美人格是一个完整的有机系统，具有和谐、个性、自由、超越与创造等多种特征。

1. 和谐

审美人格的和谐性首先意味着在审美人格中存在多种构成要素。如果在其中只有一个要素就是单调，而称不上和谐。审美人格内部的确存在多种构成要素，如感性、理性及非理性，而且其中每个要素自身又存在若干次一级的要素或者说亚要素。多种人格要素的存在及其较高水平的发展，是审美人格得以形成的一个基本条件，也是衡量人格审美程度的一个重要指标。与此同时，审美人格的和谐性还意味着各人格要素处于有机统一状态。在和谐的审美人格中，人格的各个要素之间具有良好的系统关系，它们互相呼应，协调发展，共同提高。

2. 个性

与和谐一样，个性对于审美人格也具有重要意义。和谐发展与个性发展有区别，但并不互相排斥，它们之间是辩证统一的关系。和谐发展在不同的人身上必然会有不同的组合，呈现出不同的个人特点。人的个性是个人精神属性中区别于他人的独特性。具有个性人格的人，他身上的各种精神属性的组合与别人具有不同的特点。从大的方面看，所谓个性人格是指一个人的感性、理性和非理性这几大要素的组合与别人不一样，有的人可能这几个方面都表现出色，有的人则可能只是某个方面比较优秀，而其他方面表现一般。这种人或者感性方面比较发达，而理性和非理性这两个方面一般；或者是情感非常丰富，而感性和理性表现一般；或者是非理性发达，而感性和理性表现一般。从微观方面说，感性、理性和非理性这三个要素中每一个要素内部的次一级要素的组合也可能存在不同的情况。感性包括感觉、知觉和表象等成分，这几个成分可能存在不同的组合。理性包括记忆和思维等成分，它们同样可能存在不同的组合。具体而言，有的人可能在所有的成分上都有很高的发展水平，有的只是在某个成分上有特别的发展，而其他成分则显得一般。另外，非理性中的情感和意志等成分的发展也不会只有一种组合，而可能存在多种模式。每个人只有当他在精神属性中具有与他人相区别的特征，才能称得上是一种审美人格。

3. 自由

自由是人类生命本质全面实现的最高境界，也是审美人格的重要品质。审美人格的自由性是指人的思想与言行能够由他本人来决定，而不是由任何外在的力量来支配、控制或强制；他能够成为他自己的意志，而不是别人意志的工具；他是主体，而不是他人行为的对象。这种人能够自己做主、自我引导、自我选择、自我决定、自我管理，能够对自己的命运负责。对于审美人格来说，他超越了对外部环境的依赖性和受动性。当然，自由并不意味着随心所欲，不是不要或者摆脱任何约束。自由从根本上排除个人的任性，任性的意志自由流于自然冲动和绝对自由之间。把自由当作随心所欲，甚至为所欲为，这在理论上得不到支持，在现实中也没有立足之地。一个人生活在这个世界上，不可能完全不受限制和约束。自由人格并不是想要什么就要什么、想干什么就干什么。人的解放不是人的放纵，具有自由人格的人并不会放纵自己，他们会为人的解放、自由划定一个界限，他们懂得克制和节制。他们所要求的是正当的、合理的自由，而不是任意的自由，不是自由主义。就像卢梭所说的，真正自由的人，只想他能够得到的东西，而无超越个人能力的奢求。因此，个人的自由是"有节制的自由"。这里所说的自由人格其特征在于，他所受的限制和约束跟一般人相比，在数量上要小一些，在程度上轻一些。他们会尽可能摆脱不正当、不合理的限制和约束。而对于必然出现的、必不可少的限制和约束，他们不会作无谓的反抗，不是幻想去摆脱它们，而是理智地适应乃至服从它们。

4. 超越

审美态度是超功利的态度，人在审美状态下会变得比较超脱。这里所说的超功利，不是与功利无关，不是否定和排斥功利。审美人格的人不是脱离现实、不食人间烟火的人，他并不贬低人的合理的生理欲望和尘世欢乐。但他追求的不仅仅是物质功利的满足，更重要的是精神生活的充实。他不会唯功利是从，他的所作所为不是只为了功利或者说主要不是为了功利。他不是完全听命于情欲和私利的指使与控制，不会让情欲和私利任意泛滥，他能把握和控制自己，能做到"从心所欲不逾矩"。审美人格的人由于具有超越性，因而他会以乐观、悦纳和豁达的心态去观照周围的现实世界。他会远离烦琐和奢华，而宁愿过一种简单而素朴的生活。

5. 创造

创造性是人类的普遍本性，更是审美人格的基本特征。对于审美人格来说，生命就是不停地创造。在这种人的心灵深处，有一种根深蒂固的需要，这就是希望自己是一个探索者、研究者和发现者。审美人格的天性是追求自由创造，只有在这种自由创造中，他才会感到自己生活的意义与价值。具有审美人格的人始终保持心灵的独创性，不囿于陈规戒律，不满足于已知世界。对于审美人格来说，时时是创造之时，处处是创造之地。他的创造性会下意识地随时随地表现出来，他会利用各种机会进行创造。他不仅将自己的创造性表现在工作中，而且也会努力表现在生活的各个领域中。

三　审美人格的定位

任何一个概念，如果要得到比较科学的说明，就必须分析它与相关概念之间的关系，在整个概念网络中加以把握。对审美人格内涵的认识也是这个道理。因此，这里拟对与审美人格相关的几个概念加以分析比较。

（一）从横向比较看审美人格

1. 审美人格与理性人格

理性人格是指理性在整个人格结构中占据绝对主导地位的人格。审美人格当然不能没有理性，缺少理性的人格是一种病态人格，与审美人格没有关联。换言之，理性是构成审美人格的基本要素，它将理性人格中的合理内核融合到自身之中，成为这种人格的必要养料。这说明审美人格与理性人格存在内在的联系。但是，审美人格并不等同于理性人格，它们之间存在显著的区别。理性人格片面强调理性的价值，夸大理性的作用，把理性看成人的本质，否定其他人格要素的意义。在理性人格中，没有感性、情感、想象、直觉等非理性因素的地位。审美人格则不然，在这种人格中不仅具有理性因素，而且还包括其他人格要素，如感性、非理性等都是构成审美人格的基本要素。

2. 审美人格与道德人格

道德人格以伦理道德为核心，侧重于调节人伦关系。审美人格当然包含道德的因素，缺乏道德修养的人称不上审美人格。但是，在道德人格中，道德是构成这种人格的唯一因素或绝对主导因素，其他因素则被忽视或否定。而在审美人格中，除道德以外其他人格因素也一样受到重视和鼓励。对于这两种人格来说，不仅道德在人格中的地位不同，而且对待道德的态度或道德在人格中的表现方式也不一样。道德人格更多地表现为拘束和压抑，而审美人格则更多地表现为自由和解放。

审美人格与理性人格、道德人格之间，既有一定的联系，也有显著的区别。它们的联系在于审美人格包含着理性人格和道德人格的合理因素，而其区别则主要体现在审美人格是对理性人格和道德人格的超越。道德人格总是把个性情感约束起来，使之服从普遍的现实原则；理性人格排斥或抑制个体的情感，把对象的丰富性和个别性抽象掉。而在审美人格中，则为情感的充分表现提供了机会。审美人格对道德和理性的超越，是指消除或摆脱了它们的压抑，而不是与它们对立。实质上审美人格的情感解放不仅对道德与理智无害，而且对它们的发展有利，真正的审美人格也是与道德人格、理性人格相互补充和相互协调的。审美人格无疑包含着道德和智慧的追求或特征，也就是说，具有审美人格的人必定是一个有理性的人和有道德修养的人。反过来说，缺乏理性和道德修养的人肯定称不上审美人格。一个具有审美人格的人，而缺乏理性和道德，这是不可思议的，也是不可想象的。因此，审美人格不是对道德人格和理性人格的拒斥，而是将其中的合理因素融于自身之中，使之成为自身必不可少的有机成分。因此，审美人格高扬科学理性，但不使之绝对化；尊重伦理道德，但又不使之僵化。科学理性和伦理道德都以恰如其分的地位和功能在审美人格中体现自己的价值，获得存在与发展的机会。但是，审美人格不仅具有理性，也不仅具有道德，而且还具有其他一些必须的人格因素。也就是说，审美人格是一种比理性人格和道德人格更为充实和更为丰满的人格，也是一种更为超越和更为自由的人格。从人格的结构要素来说，它是一种感性、理性与非理性相协调、相统一的和谐人格。也就是说，对于审美人格来说，只有感性、理性或非理性都是不够的。人的感性、理性和非理性都得到较好的发展，才能构成审美的人格。一句话，审美人格在更高的层次上包容和整合了理性人格和道德人格，是理性人格和道德人格的升华。

（二）从纵向比较看审美人格

1. 审美人格与健全人格

健全人格也叫正常人格或常态人格，是指社会个体的正常生存或生活状态。审美人格是在健全人格的基础上发展起来的一种人格，这种人格比健全人格要高一个层次。具体来说，审美人格包含健全人格的基本要素，同时又保持着对健全人格的超越。如果说健全人格是指在适应社会环境方面没有困难和障碍的话，那么审美人格则不只是停留在这个水平，这种人格能自由地、创造性地适应社会环境。

2. 审美人格与理想人格

理想人格是指人格的所有品质都得到了最充分、最完美的展现，也就是说人格的整体发展达到了最高的水平、最高的境界。因此，理想人格也可以称为完美人格。"审美人格"与"完美人格"虽然只有一字之差，但内涵却有很大的区别。审美人格是指人格具有审美特征，是人格的较高层次、较高水平和较高境界。而完美人格则是指人格完备美好，十全十美，没有缺点，是人格的最高层次、最高水平和最高境界，是人格发展的极致状态。与审美人格的大众化不同，理想人格表现出明显的精英化倾向，因而这种人格是一种精英人格。这种人格一般很难得到真正的实现，如果能实现也只属于极少数人，而对于一般人来说则高不可攀、遥不可及。俗话说"金无足赤，人无完人"。具有审美人格的人，不是神而是人，是生活于这个世界、成长于这个世界的世俗的人。这种人格并非十全十美、完美无缺。我们不断追求人格的提升，并通过行动不断地提高人格的水平，但我们永远也达不到人格的绝对完善。从历史联系的角度看，审美人格是通向理想人格的中介，是向着理想人格发展目标运动中的一个承上启下的必要环节，是现实人格向理想人格的过渡，是实然人格向应然人格的转化与提升。

四　审美人格的发展与评价

（一）审美人格发展的特点

审美人格并非静止不变，而是不断变化和发展的。审美人格的发展与其他任何事物的发展一样，也有其自身的特点。只有充分认识它的发展特点，才能更好地建构这种人格。

1. 渐进性

审美人格不是固定不变的，而是逐步发展的。人格的发展层次按由低到高的顺序可以作如下表示：健全人格→审美人格→理想人格。对人格的发展阶段虽然进行了区分，但是需要指出的是这种区分只具有相对的意义，而没有绝对的界限。人格的发展可以分为一些前后相继的阶段，但我们不能形而上学地、机械地理解这些阶段。审美人格的发展是一个渐进的过程，在这个过程中并没有绝对的、明显的分界线。审美人格的形成是一个连续的、渐进的而非间断的、跃进的过程，绝不是从某个点上突然进入了一个新的境界。虽然可以根据其中出现的不同的过渡性状态划分为若干阶段，但它的前后相继以及渐进性仍然是最突出的特点。

人格的几种发展水平之间具有内在的联系，前一阶段人格的发展孕育着后续阶段人格的内容，存在部分交叉或重叠。因此，健全人格的最高水平与审美人格没有明显的差异，而审美人格的最高水平与理想人格也很难做出严格的区分。但是，我们不能由此而否认人格发展各个阶段差异的客观性。我们确定不了健全人格向审美人格过渡是在哪一天完成的，但是总有一个时期人们会发现一个人的人格从健全人格迈向了审美人格。从人格的总体进程可以清楚地看出，审美人格本身也是不断前进和提升的。

审美人格既是人格的一种存在状态，也是人格的一种形成过程。如果只将审美人格定义为一种存在状态，就会给人留下这样一种印象，好像审美人格是全有或全无的；似乎审美人格只有极少数人才能达成，对大多数人来说则是一项与己无关的事情。因此，我们应当将审美人格看成一种"存在"的同时，也将它看成一种"形成"。这即是说，审美人格是沿着人格的阶梯渐次向终极的人格状态演进的过程。审美人格因此而成为程度高下的问题，而不是全有或全无的问题。从静态考察，审美人格是人格的一种目标、状态、结果或境界；从动态考察，审美人格又是人格的一种形成过程。审美人格本身并不是一成不变的，而是不断变化和发展的。

2. 终身性

审美人格的建构不是一蹴而就的，也不只是人生某个阶段或某个时期的任务或使命，而是持续一生的修养过程，它是由无数微小的进展积累起来的。"千里之行，始于足下"，这个道理同样适用于审美人格的成长过程。

《学会生存》一书正确地指出："人是一个未完成的动物，并且只有通过经常地学习，才能完善他自己。"[1] 又说，"人永远不会变成一个成人，他的生存是一个无止境的完善过程和学习过程……事实上，他总是不停地'进入生活'，不停地变成一个人"。[2] 这里所谓的"成人"，相当于我们以往所说的"完人"，指的是至善至美之人。现实中并不存在这样的人，人在完善自我的过程中是没有止境的。美国心理学家罗杰斯关于美好人生的看法，可能有助于我们认识审美人格发展的终身性特征。他说，美好人生不是一种已经适应、充分满足，或业已实现的情状，美好人生是一

---

① 联合国教科文组织国际教育发展委员会编著：《学会生存——教育世界的今天和明天》，华东师范大学比较教育研究所译，教育科学出版社1996年版，第180页。

② 同上书，第196—197页。

个过程。"人的生命，在最好的状态下，乃是个流动、变化的过程，其中没有什么是固定不变的……生命在最丰富而又最有价值的时刻，一定是个流动的过程。"[①] 审美人格也一样，其前景是开放的，而不是封闭的，是处于不断生成之中的，而不是预先规定好了的。人生的目标是一个随着前进的步伐不断向未来延伸的地平线，目标本身也在生成之中，而不是一个有待实现的预成结构。审美人格的发展也是这个道理，它也是一个持续终生而不断完善的过程，需要人们在整个一生中不断地去追求，去充实、拓展和提升。

这里提出审美人格的意义在于为人格修养提出一个较为理想的参照，提供一个努力的方向，树立一个追求的目标。人格审美化的历程是一个变化发展、由量变到质变的过程。在人格审美化过程中的点滴进步，都具有积极的意义。人生在世，总要有所希冀，有所追求，只要朝着人格审美化的方向努力前行，便是积极的人生和审美的人生。

（二）审美人格评价的原则

审美人格的评价是主体从一定的审美要求和审美理想出发，去把握人格并判断其美丑的综合思维活动。审美人格评价的主体是人，因而不可避免地带有个人的主观倾向性。但是，这并不意味着审美人格的判断和评价没有客观的原则。人们在对某个人格对象进行审美评价的时候，虽然会见仁见智，带有一定的主观性。但是，从根本上来说，其中总还有一个大致的分界线。凡是真正的审美人格，都会得到人们的普遍认可；而那些格调不高的平庸人格，却毫无例外地受到人们的否定。实际上，人们在评价人格美丑的时候，总会自觉或不自觉地运用某种相对固定的尺度去衡量对象。审美人格的建构不是按照某种固定的规则和僵化的模式进行的，而是主体充分发挥自身精神力量的结果，因而它具有明显的自由特性。但是，这种自由并非随心所欲或毫无规则与尺度可言。因此，审美人格评价需要一定的原则。对如何认识与评价一种人格的审美特征与价值，人们应该而且可以掌握基本一致的尺度。如果否认审美人格评价有一个相对稳定的客观界限，就有可能模糊、混淆甚至颠倒人格的美丑关系。

---

① Rogers，C. R.，*On Becoming a Person：A therapist's View of Psycherapy*，Boston：Houghton Mifflin，p. 31.

1. 共同性与差异性结合

审美人格当然具有共同性，凡是审美人格总有一些共同的品质特征。所谓"共同性"，它包括两个方面的意思。一是指审美人格包括一些共同的、基本的人格特征，如上文在分析审美人格的概念时所指出的和谐、个性、自由、超越与创造等。如果缺少其中任何一个甚至若干个特征，那么这种人格就称不上是审美人格。二是指审美人格的这些特征都达到了某种最低的水平。如果其中一个甚至若干个特征低于某种最低水平，那么这种人格也称不上是审美人格。

不过，我们也应当承认，审美人格本身是有着一定的差异的。这种差异可能体现在水平上，也可能体现在类型上。从水平来看，审美人格的各种特征具有程度上的差别，亦即有的人水平会高一些，有的人水平则可能要低一些。具体来说，有的人可能比其他人更和谐、更具有个性、自由程度更高、更具有超越性、创造性更强。有的人其人格的审美总体特征可能表现非常突出，达到了审美人格的最高水平，这种人格其实与理想人格已非常接近；有的人则相对低一些，可能才刚刚达到审美人格的基本标准，这样的人格就只是比健全人格的水平略高一些。但不管怎样，凡是具有审美人格的人总会体现其审美特征。从类型来看，在各审美特征达到基本水平的条件下，这些特征又有着不同的组合关系或结构特点。具体而言，有的人可能在各个特征上都达到了很高的水平；有的人可能只是在某个或某些特征上强一些，而在其他特征上相对弱一些；还有一些人则可能在另一个或另一些特征上强一些，其他特征则相对弱一些。这对于审美人格来说，都是正常的、允许的。各种审美人格模式都有其存在的价值和权利，不能以一种审美人格的模式来代替或否定其他审美人格模式。只有各具特色的审美人格共同存在，才能构成丰富多彩的审美人格"百花图"。

对于审美人格来说，共同性和差异性都是必要的。片面强调个别差异而反对共同要求的存在，或是片面强调共同要求而否定个别差异，这在理论上是错误的，在实践上是有害的。如果只有共同性而没有差异性，那么审美人格将只有一种规格、一个模式。果真如此的话，这样的人格由于其单调性和封闭性，将丧失其审美品质而走向审美人格的反面——变成丑陋人格。反之，如果只有差异性，而没有共同性，那么审美人格由于丧失了共同的基础，从而也会走向审美人格的反面——变成另一种丑陋人格，即无法与别人沟通、交流、合作的人。

2. 理想性与现实性统一

审美人格应当是理想性与现实性的统一。审美人格是人格的一种应然状态，因而无疑应当具有理想性或先进性。在这种人格身上，应当体现人的优秀品质。对于这种人格来说，不仅在各种人格因素上不能有缺陷，而且还应当达到较高水平。理想与现实相对，如果这种人格不具有理想性，与现实人格没有区别，那么就没有必要特别提出来加以探讨了。而且，这样的人格将没有号召力量，丧失激励的价值。但是，我们也应当看到，审美人格虽然应当具有理想性，但不能只是一种美好的愿望，更不能只是一种空想或幻想，而应当具有坚实的现实基础和最大的实现的可能。虽然不能指望所有的人在最后都达到同样的水平，但却能够达到某种基本的最低限度。因此，我们不能将审美人格理想化，更不能将它神化，否则这种人格将会流于空想，失去现实的意义。也就是说，审美人格应当是能够推而广之的人格，是一种普通人格、大众人格，是大多数人通过努力在现阶段就可以达到的人格发展水平。

和谐人格及其建构的教育思考 *

在当今时代，人格问题已显得日益突出和尖锐。人格危机可以说是当今面临的严峻现实，其中的一个重要表现是理性过分膨胀，而感受力衰退，情感冷漠，精神生活贫乏。扭转人格的理性化倾向，使之朝着和谐的方向发展，是当代人格建构的必然取向。教育在建构和谐人格中可以发挥积极作用，承担这一使命的教育本身也应当具有和谐的特征。

一　和谐人格及其特征

和谐人格是指构成人格整体的各个内在要素之间处于协调、平衡与统一状态。和谐人格首先意味着在人格中存在多种构成要素，如感性、理性、非理性等，而且其中每个要素之中又存在若干次一级的要素或者说亚要素。与此同时，和谐人格还意味着各人格要素处于有机统一状态，亦即和谐人格具有完整和平衡的特性。

（一）完整性

和谐人格的完整性，是指人格的各构成要素都充分发挥了自己的作用与功能，都得到了较好的体现和发展。在这个意义上，具有和谐人格的人也就是充实的人、完整的人。精神科学创始人德国生命哲学家狄尔泰把完整的人称为"总体的人"（ganzen menschen）。他认为总体的人是"有意志、有情感、有想象的存在物"，在这总体的人中，"知、情、意只是真

---

*　本文原刊于《教师教育研究》2004 年第 2 期，《中国教育科学》（2005）转载，系作者承担的全国教育科学规划课题"中小学审美人格教育的理论与实践研究"的成果之一。

实生活过程（reater lebensprozess）的不同方面"。在"人这一整体事实中"，"精神生活与人的心理——物理（灵与肉）生命统一体完美融合"。① 罗杰斯也曾提出过所谓"完整的人"的概念。他认为，完整的人是指"躯体、心智、情感、精神、心灵力量（psychic power）融会一体"的人。这种人"既用情感的方式也用认知的方式行事"。② 从狄尔泰和罗杰斯关于完整的人的论述中可以看出，他们所谓的完整的人包括感性、理性和非理性等多种因素。具有和谐人格的人也是由这几种基本要素构成的。具体来说，这种人格具有如下特点。

1. 感性敏锐

感性是指人对事物的直接感知，是外界事物作用于人的感觉器官而产生的感觉、知觉和表象等直观形式的认识。它运用感官或借助延伸感官的认识工具去反映和感知客体。这种反映形式具有直接性、表层性、经验性等特性。与理性相比，感性往往更形象具体、更丰富多彩，也更有生活气息。敏锐的感性是审美人格的基本特征。和谐人格由于感性敏锐，所以对外界事物具有特别的感受能力。

2. 理性睿智

理性也是人对现实的一种反映形式，是主体对感性材料的思维演绎和操作，从而获取对客体的本质和规律性的认识。理性反映具有自觉性、间接性、抽象性、逻辑性等特性。我们强调感性在审美人格中的重要地位，但不能由此而否定理性的意义。理性是人类的基本特性。在人类的精神世界中，存在概念、判断、推理等理性因素与理性活动。这些理性因素与理性活动都表现为有目的、有意识的，并遵循一定的逻辑规则与程序而进行。正因为人类具有理性，才能进行认识和思维活动。正是凭借理性，人类才创造出了无比强大的物质文明和异常丰富的精神文明。没有理性，人类就摆脱不了愚昧和落后，不可能成为万物之灵；没有理性，人类社会将永远处于野蛮状态，不可能得到进化。正因为理性具有如此重要的价值，所以它也成为和谐人格的基本内容，和谐人格因此而具有深厚的理性底蕴。

① 邹进：《现代德国文化教育学》，山西教育出版社 1992 年版，第 26—27 页。
② 方展画：《罗杰斯"学生为中心"教学理论述评》，教育科学出版社 1990 年版，第 77—78 页。

3. 情感丰富

除感性和理性之外，人类还有非理性因素及其活动。非理性因素包括本能、欲望、需要、动机、情绪、情感、意志、灵感、想象、信念、信仰等。非理性同样是主体对现实的一种反映形式。这种反映形式具有不自觉性、偶然性和非逻辑性等特性。非理性因素在审美人格中也具有重要作用。它是调节人类活动的重要手段，是协调人类精神生活和人际关系的重要因素。感性因素、理性因素与非理性因素的统一才能构成完整的人格结构。从理性与非理性的关系来看，没有理性的非理性会盲目冲动、恣意妄为；反之，没有非理性的理性则难免苍白无力、机械僵化。对于和谐人格来说，非理性各要素当然都是必不可少的，但情感在其中占有更为突出的地位。情感生活是整个生命活动的有机成分。和谐人格具有丰富的情感，热情而自信。这种人不仅感情丰富，而且能恰当地表达自己的情感，还能很好地识别他人的情绪情感。他们富有同情心，倾向于与他人相互理解，形成积极的情感依恋和归属感，并具有情感沟通和相互认同的需要与能力。

（二）平衡性

和谐人格具有平衡性，即人格的各要素之间具有良好的系统关系，它们良性互促，彼此呼应，协调发展，共同提高。感性、理性和非理性等方面很少互相分离，而是更趋合作，为了达到同一目的，它们会协同发挥作用。和谐人格不是感性、理性和非理性等要素杂乱无章的简单累积与拼凑，更不会相互矛盾、相互冲突。其中任何一个要素对其他要素的发展都会起推动和促进作用，而不是阻碍或损害作用。换句话说，感性、理性和非理性这几个要素是相互协调、和谐统一的关系。具体来说，感性成为理性与非理性发展的基础和条件，而理性和非理性又反过来促进感性的丰富与提高。同时，非理性成为理性发展的动力，而理性又引导非理性朝着积极的方向前进。正因为如此，所以这种人的"种种生命表现不是孤立的，而是相互联系着的，它们的总和构成了人的个体"。[①]生命是一个有机体，各种能力的发展是互为条件、相互促进的。因此，个体人格的完整性应以各种素质的相互协调、平衡发展为前提。就理性与情感的关系而言，在和

---

① ［苏］阿法纳耶夫：《社会管理中的人》，贾泽林译，知识出版社 1983 年版，第 28 页。

谐人格中，理性既不同情感作斗争，也不企图压制它，而是和谐地与情感结合在一起，并且按照自己的方式来补充它。通常所说的自制或克制，其核心意思是保持理性与情感的平衡，而不是用理性去压制情感。在和谐人格身上，理性的严峻性和道德的禁欲性明显地减弱，在一定程度上增添了感情和激情的因素。

总之，和谐人格的人是集感性与理性于一身，熔激情与理智于一炉的完整的人。在这种人身上，既有情感的冲动，又有理性的导引；既有富于诗意的蓬勃生命，又充满智慧的光辉精神。

二　和谐教育的内涵与体现

和谐的人格要靠和谐的教育来培养。和谐教育是指教育的各个构成要素相互协调和有机统一。教育的结构要素可以从不同的角度去分析和理解。这里主要从教育的内容和方式这两个角度探讨和谐教育问题。和谐教育既指教育的内容，也指教育的方式。因此，和谐教育的基本内涵是指多方面和多方式的教育。如果没有多个方面和多种方式的教育，和谐教育将无从谈起。单个方面的教育（无论是哪种内容的教育）和单一方式的教育（不管是哪种方式的教育），只会导致人的片面发展和畸形发展，而不可能有和谐发展，这样的教育就不可能是和谐教育。

（一）教育内容的和谐

从教育内容的角度看，和谐教育是感性教育、理性教育和非理性教育的协调与统一。这几个方面的教育都是构成和谐教育不可缺少的部分，它们各有其价值，又各有其局限性，不能抬高其中一种教育而贬低其他教育，否则就是片面的教育，就会造成人格发展的失衡。

1. 加强感性教育

鉴于感性教育长期受到轻视乃至忽视，所以提倡和谐教育首先应当考虑加强感性教育。感受力是主观世界通向外界的第一道关口，外界的一切刺激都要通过它进入我们的心灵。人的千差万别，首先就在感受力的指向性、强度、深度、广度上表现出来。在一定意义上，感受力甚至可以作为衡量一个人生命力强弱的重要标志。因而感性在审美人格中也占有不可替代的地位。人的感觉和知觉越细腻，他从自己周围看到、听到和感受到的就越多，他对现象、事件和事物的评价就越深刻，从而他的内心世界也就越丰富。在感性教育中，观察力的培养处于核心位置。这是因为，观察是个体认识自然和社会，丰富和发展感性的基本途径。感性教育的基本内容应当包括自然教育和艺术教育。要使感觉丰富化，就必须接受大自然对人的感官的开导。艺术教育在促进人的感官发展方面也有着独特的价值。艺术作为一种感性存在物，它给我们提供的是一种感知周围世界的独特方式。我们的教育应当磨砺和刺激学生的感官，使它们灵敏起来，以便能更好地汲取和释放生命能量。

2. 理性教育与非理性教育相结合

理性教育主要是指科学（技术）教育，而非理性教育则主要是指人文（艺术）教育。科学技术与人文艺术是人类进步和社会发展的两支重要力量，因此我们既要重视科学技术给人类带来的巨大利益，也要以人文艺术的发展来平衡科学技术的进步。具体到教育中，则既要重视科学技术的传授，也要加强人文艺术的陶冶。苏联学者卡巴列夫斯基指出："科学和艺术是人的精神文明的两大基础。进一步完善我们学校教育的途径，就在于达到两者的平衡。"[1]

理性教育的意义是不容否定的。美国学者保罗·库尔茨（Paul Kurtz）说过，尽管科学理性不是普度众生的万能钥匙，却也是一个伟大的工具。"虽然我们并没有天真到相信理性和科学能够轻而易举地解决人类所有的问题，但我们仍然可以说，理性和科学能够为人类知识作出大部分贡献，它们对人类有益。我们找不到更好的替代者来培育人类理智。"[2] 人文艺术教育对于受教育者开阔胸襟，启迪心灵，丰富和提升情感有着重要的作用。英国科学家赫胥黎虽然强调自然科学应在学校课程体系中占有重要地位，但他反对片面强调自然科学而忽视人文科学。他认为："除了自然科学以外，还有其他的文化形式，如果忘记了这个事实，由于注意到科学而扼杀或削弱文学和审美教育的趋向，应感到遗憾。"[3]

当今越来越多的思想家和教育家呼吁将科学技术教育与人文艺术教育结合起来，成为完整的教育。科学技术教育与人文艺术教育的结合绝不是

---

① 瞿葆奎主编：《教育学文集·美育》，人民教育出版社 1989 年版，第 174 页。

② ［美］保罗·库尔茨：《保卫世俗人道主义》，余灵灵等译，东方出版社 1996 年版，第 22 页。

③ 瞿葆奎主编：《教育学文集·美育》，人民教育出版社 1989 年版，第 256 页。

它们的简单相加，也不是一个简单的比例关系问题，它的实质是指各种教育的相互渗透和统一。我们应当将科学、技术与人文、艺术这几个方面的教育内容统一起来，使之成为科学—人文教育或人文—科学教育。这种教育既是科学的，又是人文的。它以科学为基础和手段，以人自身的完善和解放为最高鹄的，从而促使人与自然、人与社会及人与人之间和谐相处。因此，这种新型的教育目的观是科学与人文的有机融合，它代表了人类教育发展的方向。当前我国的教育，应当在不削弱科学技术教育的前提下，提高人文艺术教育的地位。

（二）教育方式的和谐

从教育方式的角度来看，和谐教育是指课堂教学、阅读、体验、交往、活动等多种教育方式的有机结合。在理性主义教育模式下，课堂教学占据着绝对主导的地位，其他教育方式大多成为一种点缀，这是不正常的，也是不合理的。荷兰哲学家冯·皮尔森认为："学习某种东西，从而对知识的获得，与对行动和经验的获得的可能性是同步的。文化作为一种学习过程，与作为认识、行动、体验和自我表现的存在物的完整的人是联系在一起的。"① 因此，教育方式应当有变化，应当追求多样化。多样化的教育方式会使学生得到新鲜的刺激和感受，从而可以达到充实和活跃生命的目的。当然多样化并不是杂乱无章，也要防止无序和混乱。为此，应当对学生的学校生活进行全面的规划。鉴于课堂教学在各种教育方式中已经占据着主要的地位，而其他教育方式尚未引起足够的重视，因此这里主要探讨阅读、体验、交往、活动这几种教育方式。

1. 阅读

阅读既是一种重要的学习方式，也是一种必要的生活方式，是人格发展的基本手段。没有阅读，就谈不上精神的充实和人性的丰富。② 每个人都需要阅读这种扩展生活范围的方式，每个有阅读能力的人都能够以此来充实自己的生活和完善自己的人格。

对于学生来说，阅读的对象不能只是限于教科书，教科书至多只是阅读内容的一个范例。除了教科书以外，学生还应当有更广阔的阅读范围，

① ［荷］冯·皮尔森：《文化战略》，刘利圭等译，中国社会科学出版社1992年版，第159页。
② 钱理群：《我的教师梦——钱理群教育讲演录》，华东师范大学出版社2008年版，第49页。

应当有充分的课外阅读。课外阅读本来是一种非常重要的学习形式，它对于学生的发展发挥着重要的影响作用。如果没有课外阅读，学生的精神世界将会变得狭窄和贫乏。就像苏霍姆林斯基所说的：一个人很可能以优异的成绩从中学毕业，但是却完全不懂得什么是智力生活，完全没有体验过阅读和思考这种人类巨大的喜悦。在他看来，如果学生一步也不越出教科书的框框，那就无从培养起他对知识稳定的兴趣。他还以充满辩证法的口吻说道："如果少年学生除了教科书以外什么都不阅读，那他就连教科书也读不好。如果学生其他的书读得较多，那么他不仅能够学好正课，而且会剩下时间，去满足他在其他方面（创造性的智力活动、锻炼身体、参加劳动、审美劳动）的兴趣。"①

2. 体验

体验是主体亲历对象并引起相应心理变化的活动。我们应当使受教育者作为一个整体的活生生的人去体验，体验自然、体验社会与人生、体验艺术。大自然是人类赖以生存的环境，也是不可替代的体验对象。每当儿童身处大自然那无与伦比的美景中，他们都会表现出极大的喜悦，发出由衷的赞叹，陶醉其中而流连忘返。社会与人生体验对于和谐人格的建构也很重要。从当前的教育现实来看，一项紧迫的任务就是要打破书本知识一统天下的格局，创造条件让学生去体验和积累生活经验。艺术体验是指人对艺术进行审美鉴赏时所产生的感动或陶醉的心理过程。艺术体验跟自然体验及人生与社会体验一样，都是观照和感受生命价值的活动。通过艺术鉴赏，人们获得了对人生价值的感悟与精神的自由，人的生命意识因此而得到强化和优化。自然体验、社会与人生体验、艺术体验三者并不是完全隔绝的，而是相互联系和渗透的。在对自然和艺术的体验中包含着对社会与人生的认识和感悟，对社会与人生的体验也要依赖对自然和艺术的观照与省察。

3. 交往

交往是指人们在社会人际关系中通过语言、表情和其他手段，与他人或群体所发生的各种接触、往来、联系、沟通和交流。交往对个体和谐人格的发展具有重要的价值。"人同世界的关系始终是以他同其他人的关系为中介的（在历史'舞台'上已经消失的和正在继续进行'表演'的

---

① ［苏］苏霍姆林斯基：《给教师的建议》，杜殿坤译，教育科学出版社1984年版，第149页。

人）。当然，人同他周围世界的关系越丰富，他的内心世界就越丰富，他的生命表现就越复杂和越多样。"① 在教育过程中，师生之间、学生之间，通过各种不同形式的交往相互沟通，对学生的认识、情感、意志或行为等产生影响。教育不仅需要交往，而且要尽可能地扩大交往的范围。学生只有参与学校各领域、各层次的交往，同他人或群体进行交往，他才能摆脱个体的狭隘性和局限性。

4. 活动

活动是主体身心参与的主客体相互作用的过程，是主体积极能动地获得切身经验的过程。在教育中，活动是主体的知行统一的过程。苏联学者休金娜指出："活动是处于多种发展水平上的人的精神力量和肉体力量的极其丰富的动力源泉"，并认为，"人的活动是社会及其全部价值存在与发展的本源，是人的生命以及人作为个性的发展与形成的源泉。教育学离开了活动问题就不可能解决任何一项教育、教学、发展的任务"②。本文所说的活动是指除书本知识以外的活动形式。书本知识的学习主要是脑力活动，这里所说的活动主要是指动手活动或全身活动。之所以强调动手为主的活动，主要原因在于现在的教育过于重视脑力活动，而轻视乃至忽视动手的活动。只有将动脑与动手这两种活动形式结合起来，才能使学生得到和谐的发展。

三　和谐教育与和谐人格的建构

通过和谐教育建构和谐人格的目标是协调精神属性，即要使人格中的感性、理性与非理性等要素共同发展，并形成协调的和有机的联系。马克思在《1844 年经济学哲学手稿》中也多次肯定人占有自己全面本质的重要意义。他说："人不仅通过思维，而且以全部感觉在对象世界中肯定自己。"③ 又说："人以一种全面的方式，就是说，作为一个总体的人，占有自己的全面的本质。人对世界的任何一种人的关系——视觉、听觉、嗅觉、味觉、触觉、思维、直观、情感、愿望、活动、爱，——总之，他的

---

① 瞿葆奎主编：《教育学文集·教育与人的发展》，人民教育出版社 1989 年版，第 92 页。

② 瞿葆奎主编：《教育学文集·课外校外活动》，人民教育出版社 1991 年版，第 3—4 页。

③ ［德］马克思：《1844 年经济学哲学手稿》，刘丕坤译，人民出版社 2000 年版，第 87 页。

个体的一切器官，正像在形式上直接是社会的器官的那些器官一样，是通过自己的对象性关系，即通过自己同对象的关系而对对象的占有。这些器官同对象的关系，是人的现实的实现。"① 马克思在这里所说的全部感觉或全面本质既包括感性的器官，也包括理性和非理性的器官。由此看来，一个完整的人，应当是感性、理性和非理性协调发展的人。

（一）感性与理性的协调

通过和谐教育来协调精神属性的一个重要目标是使感性与理性协调发展。"人类文明的感性和理性是同时产生的，理性和感性的不同功能保证了人的全面性，并且是人类具有文明创造力的两种形式，是人类主体性、创造性的两种存在形式。"② 它们之间的关系是对立统一的关系，"每一方都依靠另一方而获得自己的现实性。如果其中一方决定性地征服了另一方，那么它也就因此而立刻摧毁了自身"③。

感性的发展过程从某种意义上说，就是丰富人的感知觉，使人生活在自然的、形象的而不是符号的、概念的世界中。符号、概念是对具体事物的抽象，它对事物本来的真实性反映不够。与此相适应，语言文字也常常限制了一个人在具体情境下的实际体验。在直接印象积累贫乏的情况下，形式主义地掌握大量知识必然会造成人的感受力萎缩。美国哈佛大学零点课题研究已经提出这样的问题，即在一定的年龄之前，逻辑思维的发展与非逻辑思维（如想象思维）的发展是否存在相互抑制的关系？因此，有的学者呼吁，我们的教育应当珍视、保留人生命早期敏锐的感受能力，不要急于将人的丰富的感知纳入逻辑训练的轨道，不能让人的直接感受牺牲在暴风骤雨式的"读、写、算"之中。人不应该是理性奴隶或逻辑机器，而应当是活生生的感性存在物。解放人的感性，把人的感性从理性的压抑中释放出来，应当成为教育的重要任务。在教育中，应当给学生提供发展感性的机会，使学生内在的生命得到伸展和张扬。当然，感性的发展也需要理性的支撑和引导，否则它会成为无所着落的浮萍。因此，我们的教育既要富于感性，又需要理性的内涵。理性赋予感性以秩序和理解力，并和

---

① ［德］马克思：《1844 年经济学哲学手稿》，刘丕坤译，人民出版社 2000 年版，第 85 页。

② 赵汀阳：《美学和未来美学：批评与展望》，中国社会科学出版社 1990 年版，第 134 页。

③ ［德］卡尔·雅斯贝尔斯：《时代的精神状况》，王德峰译，上海译文出版社 1997 年版，第 38 页。

感性保持互补和协调的状态，使感性发挥更好的功能。因此，教育要克服感性与理性的对立，尽力使两者保持协调统一状态。

（二）理性与非理性的协调

在和谐人格的建构中，就像感性与理性的关系一样，理性与非理性也需要协调发展。理性的重要性是毋庸置疑的。发展人的理性同样应当成为审美人格建构的重要内容。

但是，在人的精神属性中，除了理性因素以外，还有非理性因素。非理性因素是调节人类生活的重要手段，是影响人类行为的重要因素，它在人类活动和生活中发挥着不可或缺的作用。恩斯特·卡西尔对"人是理性的动物"这个经典定义评论道："人是理性的动物这个定义并没有失去它的力量。理性能力确实是一切人类活动的固有特性……但是很容易看出，这个定义并没有能包括全部领域。它乃是以偏概全（pars prototo），是以一个部分代替了全体……对于理解人类文化生活形式的丰富性和多样性来说，理性是个很不充分的名称。"[1] 由此可见，理性只是人格的内容之一，而远不是人格的全部。在建构和谐人格时，非理性因素也应当受到重视，应当得到相应的发展。在非理性因素中，情感具有特别重要的意义，它是整个人格中不可缺少的因素。因此，教育的一个重要目的就是要培养感情方面的品质。在建构和谐人格时，一方面不能简单地压抑人的情感和欲望，而应该让它们得到正当的抒发，获得恰当的发展；另一方面也不能一味地让它们放纵或放任。抒发情感和欲望应当采取正当而合理的方式，应当接受理性的引导和制约，应当使情感得到升华。也许正是在这个意义上，《学会生存》一书指出："今天的教育家面临着一件使人着迷的任务：发现如何在理性训练与感情奔放之间求得和谐平衡。"[2]

关于协调精神属性这个问题的认识，可以作如下几点概括。（1）这几个因素都是必要的。对它们进行重要性的排列，将它们排出一个次序，分出一个高下，这样做没有实际的意义。（2）这些因素之间互相依赖。它们各有其存在的独特价值，既不能取消，也不能互相代替。无论是轻视或忽视其中的哪一个因素，最终都会使另外两个因素受到损害。（3）它

---

① ［美］恩斯特·卡西尔：《人论》，甘阳译，上海译文出版社 1985 年版，第 34 页。

② 联合国教科文组织国际教育发展委员会编著：《学会生存——教育世界的今天和明天》，华东师范大学比较教育研究所译，教育科学出版社 1996 年版，第 121 页。

们之间互相渗透。事实上，并不存在纯粹的感性，也不存在孤立的理性或非理性，它们是互相联系、互相渗透的。在人的统一而完整的精神属性中，感性是基础，理性是原则和方向，而非理性则发挥重要的调节作用。我们的教育要努力克服主体精神世界的分裂和冲突，将人的精神属性统一为一个完整的、有机的、和谐的整体。

超越性人格及其建构的教育思考[*]

现代文明在很大程度上是以功利原则为基础的。功利原则确实为社会经济的发展注入了活力，但同时也带来了严重的后果，即片面追求当下的物质利益，人成为物欲的奴隶。如罗马俱乐部创始人奥雷利奥·佩西所批评的："人类创造的巨大变化几乎都是以获得最直接的物质利益为中心。所以，人类把自己变成了怪物，一个无形的经济人。"[①] 从全面的观点来看，人类文明除了功利目标以外，还应当具有超越特性。超越性文明的发展需要依靠超越性人格，教育在建构超越性人格中应当发挥积极的作用。

一 超越性人格的基本特征

超越性人格是指在一定程度上超脱现实和物质利益的人格。这种人格具有如下主要特征。

1. 超脱功利

人本主义心理学家弗洛姆曾指出："人本身具有两种倾向：一种是占有的倾向，其力量说到底来源于渴望生存这一生物因素；另一种是分享、奉献和牺牲的倾向，其力量起源于人类生存的特殊状况和人渴望通过与他人的统一来克服人的孤独的内在需求。"他认为，"我们的目的应该是存在得更美好，而不是占有得更多"[②]。当然，这里所说的超功利，不是康

---

* 本文原刊于《教育参考》2003 年第 5 期，《中国教育科学》（2004）转载，系笔者承担的全国教育科学规划课题"中小学审美人格教育的理论与实践研究"的成果之一。

① ［意］奥雷利奥·佩西：《人的素质》，邵晓光等译，辽宁大学出版社 1988 年版，第 1 页。

② 黄颂杰：《弗洛姆著作精选——人性、社会、拯救》，上海人民出版社 1989 年版，第 637 页。

德所说的"非功利"（指不涉及利害计较），不是与功利无关，不是否定和排斥功利。具有超越性人格的人不是脱离现实、不食人间烟火的人。这种人也是世俗之人、现实中人，也是凡身肉体，因而无疑具有生理和物质方面的需要，也有七情六欲。超越性人格并不贬低人的合理的生理欲望和尘世欢乐，并不是要使人禁欲和压抑自己，并不是要赋予人以高不可攀的优秀品质而使之成为完美无瑕的圣人或超人。当然，在对待功利问题上，具有超越性人格特征的人毕竟与一般的人不同。这种人当然有物质利益的需要，但他的追求不限于此。他的目标不仅仅是物质功利的满足，更重要的是精神生活的充实。他不会唯功利是从，他的所作所为不是只为了功利或者说主要不是为了功利。他不是完全听命于情欲和私利的指使与控制，不会让情欲和私利任意泛滥，他能把握和控制自己，能做到"从心所欲不逾矩"。

2. 富有情趣

超越性人格的人是具有生活情趣的人，他热爱生活，生命感觉良好。美学家朱光潜曾说，艺术是情趣的活动，艺术的生活也就是情趣丰富的生活。他认为，人可以分为两种：一种是情趣丰富的，对于许多事物都觉得有趣味，而且到处寻求享受这种趣味；另一种是情趣干枯的，对于许多事物都觉得没有趣味，也不去寻求趣味。前者是艺术家，后者则是俗人。情趣越丰富，生活也越美满，所谓人生的艺术化就是人生的情趣化。人生富于情趣的人，就是艺术家，也就是诗人，他的生命随着人生的艺术化而艺术化，至于他是不是搞艺术创作，是不是写诗，那是无所谓的。这就是说，具有超越性人格的人，他的人生是艺术化的人生，他的生命是诗化的生命。至于他搞不搞艺术，作不作诗，那只是人生艺术化和生命诗化的表现形式问题，重要的是实质。人生艺术化了，即使不搞艺术，也是艺术家；生命诗化了，即使不作诗，也是诗人。雅斯贝尔斯曾结合自己的切身体会说道："……工作虽然是有计划并在掌握之中的，但是总还需要另外一个因素——梦想，否则就不能成功。我眺望风景，仰望天空，观察云彩，常常坐着或躺着，什么事也不做。只有静下来思考，让幻想力毫无拘束地奔驰，才会有冲动，否则任何工作都会失去目标，变得烦琐、空洞。在我看来，谁若每天不给自己一点做梦的机会，那颗引领他工作和生活的明星就会黯淡下来。"①

3. 乐观豁达

具有超越性人格的人是乐观豁达的人。所谓乐观，是一种积极的处世心态，表现为以悦纳的心态去对待自己和观照周围的现实世界。一个人是否快乐与幸福，并不完全取决于客观的外在世界，在一定程度上取决于个体内在的感受，取决于对问题的看法。超越性人格的人能在日常很多简单而平凡的事物中发现乐趣。有人可能会说，不是说超越性人格的人也是世俗之人吗？世俗之人怎么能做到总是乐观豁达呢？不错，具有超越性人格的人也是世俗的人，在他的生活中，并不总是与鲜花和掌声相伴，也不总是与成功和满意相随。换句话说，他也免不了会遭遇挫折和失败，发生烦恼甚至不幸。但是，与一般的人相比，具有超越性人格的人由于具有超然的人生态度，所以他更乐观、更满足，对未来更充满信心。无论是在工作中，还是在日常生活中，他们一般会经常保持平静和平常之心，不会满腹牢骚、愁眉苦脸，不会怨天尤人，也不会自怨自艾，更不会自暴自弃。他首先会勇敢地面对现实，然后想办法从挫折和失败中奋起，从烦恼和不幸中超脱。同时，这种人不会只看到生活中的烦恼和不幸，不会对生活中的乐趣视而不见，他会努力寻找和发现生活中积极和健康的一面，而不是只看到生活中消极和阴暗的一面。这种人会认识到生命是短暂的，又是美好的、有意义的，并且会身体力行地使自己的生活过得充实而又有意义。他会热爱生命，珍惜生命，并且衷心地感谢生命。这种人就像马斯洛在论述自我实现的人的特征时所描绘的：他们"会更有享乐、爱、笑和兴趣，会更具有幽默感，更为朴素，更为异想天开和更富有幻想，更可能是一个愉快的'疯子'，而且总的来说，更能使自己经常得到、评价和享有一般的情绪体验和一些特别高级的体验"②。超越性人格的人正是这样的人，他们充满生命的活力，洋溢着青春的生机。

4. 心态宽容

宽容者会以一种包容的心态去对待这个世界、看待他人与自己。他们遇事不会走极端，不会钻牛角尖，不会只是用一种标准去衡量这个原本丰富多彩的世界和千差万别的人。常言说："能忍能让真君子，能屈能伸大

---

① ［德］卡尔·雅斯贝尔斯：《什么是教育》，邹进译，生活·读书·新知三联书店1991年版，第156页。

② 瞿葆奎主编：《教育学文集·教育与人的发展》，人民教育出版社1989年版，第419页。

丈夫""忍一时风平浪静，退一步海阔天空"。有了宽容，世界就会充满安宁与祥和；有了宽容，生活将进入恬静和超脱之境。反之，如果失去了宽容，则会充满冲突、争斗和仇恨。具有超越性人格的人对此有深刻的认识，在这种人看来，斤斤计较，会成为人的生命存在的负累。宽容并不是无原则的迁就，它只是迁就非原则的东西。对于涉及原则性的东西，则立场坚定、是非分明，而不会模棱两可、态度暧昧。这种人对别人宽容，对自己的要求虽然更为严格，但绝不苛刻和过分。他们对自己有正确的估计，不会高看自己，也不会轻视自己，他们自尊、自爱、自强和自立。

5. 生活简朴

复杂是生命处于衰竭状态的标志，简单则说明生命处于旺盛状态。林语堂甚至认为："生活及思想的简朴性是文明与文化的最崇高最健全的理想，……当一种文明失掉了它的简朴性，而浸染习俗，熟悉世故的人们不再回到天真纯朴的境地时，文明就会到处充满困扰，日益退化下去。"①真正的简单并非浅薄而是深刻。具有超越品格的人，会远离烦琐和奢华，而宁愿过一种简单而素朴的生活。简单并非遁世，而是更积极的入世，是清醒的生存。简单是一种境界，简单的生活可以使人更好地去沉思和反省，去有条不紊地创造人生和享受人生。人生的意义在于创造，而真正的创造大多源于精神的宁静和对名利的淡泊。"淡泊以明志，宁静以致远"说的正是这个道理。孔子说，"贤哉回也，一箪食，一瓢饮，在陋巷，人不堪其忧，回也不改其乐"。② 一般人可能难以达到颜回的这种境界，但却完全可以尽量超越日常生活的束缚，过一种虽然简单但却是有意义的生活。其实，人对金钱和物质的需求是很有限的。卡耐基说得好："且让我们记住，即使我们拥有整个世界，我们一天也只能吃三餐，一次也只睡一张床——即使是一个挖水沟的工人也可以如此享受，而且他们可以比洛克菲勒吃得更津津有味，睡得更安稳。"③ 正是在这个意义上，美国思想家梭罗极力提倡过一种简朴的生活，他的座右铭是："简单，简单，再简单！把你的事情减少到两件或三件，而不是增加到百件或千件。简单，简单，再简单，使你数的数字宁可是半打，而不是百万。使你的账目简单到

---

① 林语堂：《生活的艺术》，华艺出版社 2001 年版，第 85—86 页。

② 《论语·雍也》。

③ 赵燕云等译：《卡耐基妙语》，中国友谊出版公司 1990 年版，第 216 页。

可用手指掐算。"① 提倡过一种素朴的生活，主要原因在于奢侈繁杂的生活，会成为其精神境界提升的障碍，而简单素朴的生活则会使人生更充实、更洒脱。

二　超越性人格建构的教育思考

超越性人格的建构需要依靠教育，这种教育本身也应当具有超越特性或者说应当是超越教育。

1. 超越教育及其意义

简单地说，超越教育是指超脱现实与功利的教育。在教育领域中，超脱现实与功利不等于否定或排斥现实与功利。教育不能脱离现实，也不能不要功利。国家办教育要考虑到经济利益，要求教育为经济和社会发展服务。个人接受教育自然也要考虑到回报问题，如通过受教育找到一份好的工作，以便有较高的收入，从而过上好的生活。但是，教育不能只考虑现实，更不能只追求功利。

教育在适应现实和满足功利需求的同时，应当充分考虑自身的独立性和非功利性。对于个人来说，学校不能变成职业（专业）技能的培训机构，学生不能只是从中获得谋生的技能，应当"促进每个人将其思想和精神境界提高到普遍行为模式和在某种程度上超越自我的高度"②。美国哈佛大学前校长陆登庭（Neil Rudenstine）在谈到大学教育的使命时，也曾指出："大学的研究固然应该为经济发展作出重要的贡献，大学教育也应当帮助学生从事有益并令人满意的工作。然而对于一种最好的教育来说，还存在无法用美元或人民币衡量的更重要的方面。最佳教育不仅应有助于我们在专业领域内更具创造性，它还应该使我们变得善于深思熟虑，更有追求的理想和洞察力，成为更完美、更成功的人。"③ 大学教育如此，基础教育亦然。教育的终极目标和最高境界在于社会的全面进步和人格的整体提升。

---

① H. D. Thoreau, *Walden*, Random House, Inc. , 1937, p. 82.

② 国际 21 世纪教育委员会向联合国教科文组织提交的报告：《教育——财富蕴藏其中》，联合国教科文组织总部中文科译，教育科学出版社 1996 年版，第 5 页。

③ ［美］陆登庭：《21 世纪高等教育面临的挑战》，《新华文摘》1998 年第 8 期。

人的生存和发展当然要以物质需要的满足为基础，但绝不局限于物质需要。人不仅是一种适应性的存在，更是一种超越性的存在。人区别于动物的重要标志在于能够摆脱纯粹的物欲制约，追求日益丰富的精神价值。我国画家丰子恺在谈到超功利生活态度的意义时，指出："人生处世，功利原不可不计较，太不计较是不能生存的。但一味计较功利，直到老死，人的生活实在太冷酷而无聊，人的生命实在太廉价而糟蹋了。所以在不妨碍现实生活的范围内，能酌取艺术的非功利的心情来对付人世之事，可使人的生活温暖而丰富起来，人的生命高贵而光明起来。"① 超功利的生活态度不会自然形成，需要通过超越教育来培养和陶冶。我们的教育不能只局限在考试成绩与升学就业的功利目的上，还应当关注学生精神世界的充实与提高。同时，我们的教育还应当使学生明白，进学校学习并非只为了获得谋生的手段，为未来的职业做准备，更是为了丰富和充实自己的个性，提升自己的人格境界。一句话，教育在适应社会和个体眼前需要的同时，要保持对教育本质问题的追问，它应当有更高的境界——应当具有超越的品质。

2. 超越教育中的审美教育

关于审美教育内涵的认识，目前还有不同的看法。有人认为美育是感性教育，有人认为美育是情感教育，也有人认为美育是美感教育，还有人认为美育是美学教育，等等。"美育" 在德语中为 "asthetiche erzeihung"，在英语中为 "aesthetic education"，其中 "asthetiche" 和 "aesthetic" 的本义是感性的、情感的，这就是说，"美育" 的本来含义是感性教育、情感教育。笔者认为，审美教育除了具有感性和情感特征以外，从审美的超越性这一点可以看出，审美教育也具有超越的特点。因此，审美教育也可以说是一种超越教育。

审美活动是一种超越了狭隘和粗陋的占有与拥有欲望后的一种具有升华性的人类生命活动。与现实保持一定的距离，摒弃各种私心杂念，超脱眼前世俗功利，这是审美活动区别于其他精神活动的标志。通过审美活动，可以把人从物的奴役中拯救出来，而最终成为自己生命的真正的主宰。具体而言即是美可以引导我们控制日益膨胀的物质欲望，使我们有可能从一个更高和更全面的角度去审视和创造我们的生活，从而使我们的整

---

① 金马：《精神乌托邦——人生理想论》，吉林人民出版社 1998 年版，第 230 页。

个生活朝着超越之境不断地向上攀升。"当审美主体达到更纯粹、更个别化的他自己时，他也就能够同世界融合在一起，同从前的非自我融合在一起……同一性、自我中心的最大成就是在有自身的同时也超越自身，一种在自我中心之上和之外的状态。这时，人能变得相对的没有自我。"①

在审美教育中，通过审美对象的陶冶可以使人的性情得到陶养，从而培养起超越精神。那么，美的对象为什么能培养超越精神呢？蔡元培认为，这是因为它有两种特性：一是普遍；二是超脱。他形象地说道："一瓢之水，一人饮之，他人就没有分润；容足之地，一人占了，他人就没得并立；这种物质上不相入的成例，是助长人我的区别、自私自利的计较的。转而观美的对象，就大不相同。凡味觉、嗅觉、肤觉之含有质的关系者，均不以美论；而美感的发动，乃以摄影及音波辗转传达之视觉为限，所以纯然有'天下为公'之慨。名山大川，人人得而游览；夕阳明月，人人得以赏玩；公园的造像，美术馆的图画，人人得而畅观。"② 在蔡元培看来，要以超越的态度取代功利的态度，审美教育可以发挥积极而不可替代的作用。日本教育家小原国芳也认为，对美的欣赏是防止物欲和利己心的重要手段。他说："为了防止贪婪而可怕的物质追求和利己态度，光靠道德和宗教的力量是不够的，绝对需要审美的态度。"③

具有审美态度的人生是一种积极的人生和美的人生。因此，要享受到美的人生，关键在于抱着一种审美的态度。朱光潜认为，人生本来就是一种广义的艺术，每个人的生命史就是他的作品。这种作品可以是艺术的，也可以不是艺术的，如同一块顽石，这个人能把它雕塑成一座伟大的雕像，而另一个人却不能使它"成器"，分别全在性分与修养。如果具有艺术的才能和美学修养，人生就无处不是艺术，也无处不是生活。"知道生活的人就是艺术家，他的生活就是艺术作品。"④ 朱光潜的观点对于人生可能有过分美化之嫌，但他强调通过审美教育来提高人的审美能力，使人过一种高尚的精神生活，则是应当肯定的。审美教育教人学会超越现实，

① ［美］马斯洛：《存在心理学探索》，李文湉译，云南人民出版社 1987 年版，第 96 页。

② 文艺美学丛书编辑委员会编：《蔡元培美学文选》，北京大学出版社 1983 年版，第 220—221 页。

③ ［日］小原国芳：《小原国芳教育论著选》（下卷），刘剑乔等译，人民教育出版社 1993 年版，第 285 页。

④ 《朱光潜全集》（第 2 卷），安徽教育出版社 1987 年版，第 90 页。

与现实保持一定的距离。审美教育的一项重要任务是使学生养成一种精神生活、理想生活的需要，使人们在现实生活以外还追求一种超现实的生活，在物质生活之上还追求一种精神生活。

　　3. 超越教育的目标：培植超越品格

　　超越是精神对物质的超越，理想对现实的超越，道义对功利的超越。没有这种超越，人性将沦落为物性。教育在建构超越性人格的过程中，应当着力培植人的超越品格。

　　首先，超越教育应当培养学生执着的理想追求。人活着总是要有理想的。凡是具有超越性人格的人总是不断地追寻着存在的意义并期望实现自身的价值。作为一种超越性追求，理想凝聚了主体对人生意义和价值目标的理解。理想是人的灵魂。一个人如果没有理想，就会在尘世的喧嚣中走向沉沦。"唯有怀抱理想，才能建构自我安顿的内在根据，并不断在两重意义上实现超越：拒斥世俗的同化，始终坚持高洁的人生取向；化本然的我为理想的我，展现自我的潜在价值。前者是对外在世界的超越，后者则是对内在自我的超越，二者构成了同一过程的两个方面。正是通过如上过程，主体逐渐由迎合躁动的异己世界，转向自我本身的提升和完善，并在理想的洗礼中，卓然挺立。"① 当然，超越并不意味着离开日常世界。生命价值的实现，表现为一个在日常世界之中而又超越日常世界的过程。在一切平凡的践履之中，自我都可以通过对理想的执着追求而达到心灵的净化和超脱。

　　其次，超越教育应当培养学生超脱的人生取向。应当承认，这个世界是不完善的。为了摆脱不和谐的现实，有必要在人的内心世界建立一个与它对立的、和谐的、自由的、完善的世界。19 世纪德国著名诗人诺瓦利斯（Novalis）写道："人们必须在自身周围建立诗的世界，并生活其中。"② 这并不是美化现实，也不是逃避现实。正如恩斯特·卡西尔在《人论》中所说的："生活在形式的领域（即审美世界——引者）中并不意味着对各种人生问题的一种逃避；恰恰相反，它表示生命本身的最高活力之一得到了实现。"③ 身处有缺陷的现实中而麻木不仁，这不是超越性所应取的态度。但是，面对有缺点、有问题的世界，当暂时还无力改变

---

① 杨国荣：《理性与价值》，上海三联书店 1998 年版，第 49—50 页。

② 周国平：《诗人哲学家》，上海人民出版社 1987 年版，第 77 页。

③ ［德］恩斯特·卡西尔：《人论》，甘阳译，上海译文出版社 1985 年版，第 212 页。

时，采取一定的超脱态度则是完全必要的、明智的。反之，如果深陷其中而不能自拔，钻牛角尖，满肚子牢骚，成天唉声叹气，这只会徒增烦恼。由于每个人的主客观条件都不一样，因此，要求所有的人都达到人格的最高境界是不现实的。但是，每个人都可以通过自己的努力而不断超越和完善自身。

再次，超越教育应当培养学生乐观的生活态度。只有这样的生活态度，人们才会努力寻找生活中的美好的一面，而不只是看到生活中的阴暗的一面。如果对人生抱一种悲观的态度，那么世界在他眼中将是一团漆黑，一无是处。对人生持乐观态度的人会从平凡的日常生活中发现快乐和幸福。而对人生持悲观态度的人则相反，他身在福中不知福。"如若从门缝的一束阳光、路边的一朵小花、小草上的一滴露珠找不到美好的感觉；如若从陌生人之间的一声问候、晚风中的一次散步、郊外的一次野餐感觉不到幸福，那么一生中就很少能找到幸福。"① 在这个世界上，幸福确实都蕴藏在平常的事物之中，有些人之所以感觉不到生活的幸福，也许就是因为他们缺少一种超越的、乐观的精神品格。为此，超越教育应当着力培养学生乐观的生活态度。

---

① 刘燕敏：《财富与幸福》，《八小时以外》2001 年第 10 期。

略论中国古代美育思想的几个问题 *

"美育"这一概念的提出及其理论体系的建立是从近代西方开始的。但是，美育作为一种思想意识则早在古代就已经产生了。中国古代教育思想中即蕴含着相当丰富的美育思想。全面挖掘中国古代美育思想遗产，取其精华，去其糟粕，对于推动我国现代美育理论的建立和发展无疑具有重要意义。本文试图对中国古代美育思想的几个问题进行初步探讨。

一 美育的功能

在中国古代美育思想史上，关于美育功能的思想异常丰富，它是中国古代美育思想中论述最为全面和深刻的一个问题。

（一）美育的社会政治功能

孔子最早系统地论述了美育的社会政治功能。他论"诗"与"乐"是将它们与社会政治联系起来的。他认为，诗"可以怨""迩之事父，远之事君"。① 这里所谓"怨""事父""事君"，指的即是诗的社会政治功能。"可以怨"指通过学诗可以掌握讥刺的方法，批评、帮助国君改正错误，从而达到调和统治阶级内部矛盾的目的。可以"事父""事君"指通过学诗能够懂得封建伦理道德，为维护封建统治秩序服务。孔子甚至把乐提到与刑政并重的地位。他说："礼乐不兴，则刑罚不中，刑罚不中，则

---

* 本文原刊于《江西师范大学学报》（哲学社会科学版）1989 年第 4 期，《高等学校文科学报文摘》1990 年第 2 期转载。

① 《论语·阳货》。

民无所措手足。"① 他还认为，美育具有直接为政治服务的功能。颜渊问"为邦"，孔子回答说："行夏之时，乘殷之辂，服周之冕，乐则韶舞。放郑声，远佞人。"②

儒家美学和美育思想的重要经典《乐记》继承和发挥了孔子的上述思想。它指出："故先王慎所以感之者，故礼以导其志，乐以和其声，政以一其行，刑以防其奸，礼、乐、政、刑，其极一也，所以同民心而出治道也。"这就是说，乐与伦理教化、行政手段及法律控制的目的是一致的，四者的相互配合会使人保持温和状态，从而达到统治阶级所要求的统一人的思想感情以稳定社会秩序的目的。值得注意的是，《乐记》还认识到"乐"不同于"礼""刑""政"的特殊社会作用在于"治心"。它说："致乐以治心"，又说，乐"可以善民心，其感人深"。这里所说的乐教显然包含了封建政治的思想内容，并且把音乐当作统治阶级控制人民思想的工具。然而它对乐教的社会政治功能的充分估计，却是相当有见地的。先秦时期重要的美学和美育思想著作《吕氏春秋》也认为音乐与政治及社会风尚有着密切的关系。它说："凡音乐通乎政，而移风平俗者也。俗定而音乐化之矣。故有道之世，观其音而知其俗矣，观其政而知其主矣。故先王必托于音乐以论其教……先王之制礼乐也，非特以欢耳目、极口腹之欲也，将教民平好恶、行理义矣。"在《吕氏春秋》看来，音乐有安政事、移风俗的作用，所以，先王十分重视利用它来为自己的统治服务。

宋代教育家朱熹继承儒家的传统思想，认为美育具有"化天下"的特殊功能。他主要论述了诗教的社会政治功能。他在《诗集传序》中曾较为详细地阐述了诗教的"化天下"思想。他说："诗者，人心之感物而形于言之余也。心之所感有邪正，故言之所形有是非。惟圣人在上，则其所感者无不正，而其言皆足以为教；其或感之之杂，致所发不能无可择者，则上之人必思所以自反，而因有以能惩之，是亦所以为教也。昔周盛时，上自郊庙朝廷而下达于乡党闾巷，其言粹然无不出于正者，圣人固已协之声律，而用之乡人，用之邦国，以化天下。"

孔子倡导诗教和乐教，其目的就是要通过改变人的心灵进而促成社会有秩序地和谐发展。朱熹认为诗歌与音乐的艺术使命亦如此。"用之乡

---

① 《论语·子路》。

② 《论语·卫灵公》。

人，用之邦国，以化天下”的观点与孔子“成人”“为邦”的美育功能思想是一脉相承的。追求个性与社会和谐发展，是从孔子到朱熹众多教育家的共同的审美教育理想。

（二）美育的陶情养性功能

审美教育是一种审美情感的教育，陶情养性，塑造心灵是它的基本功能。

孔子认为，美育可以使学生涵养德性和调节性情，并且是达到完善人格的重要手段。在他看来，诗歌和音乐是陶冶性情所不可缺少的修养，也是人格最终完成的必修课。他所说的“兴于诗，立于礼，成于乐”① 就包含这个意思。很明显，孔子在这里把诗和乐分别看成人格发展的起点和归宿。他还认为，“诗，可以兴，可以观，可以群”。② 这就是说，诗歌可以使欣赏者学会托事于物，因物寄兴，能激发情感，表达志向；通过掌握诗所表现的具体形象，可以培养学生的观察、鉴赏能力；诗歌有助于人与人之间彼此了解，从而养成互助合群的习惯；诗歌还易于引起人们思想的共鸣，有助于人们互相切磋、砥砺品行、增进情谊。

《乐记》也十分重视乐教在完善人格上的作用，认为音乐是最普遍、最广泛的陶冶情性的艺术手段。它说：“广博易良，乐教也。”在《乐记》看来，乐与礼一样，都是节制感情的手段。它指出：“夫物之感人无穷，而人之好恶无节，则是物至而人化物也，人化物也者，灭天理而穷人欲者也。”所以先王制礼乐“以教民平好恶，而返人道之正”，即用礼乐来积极引导和陶冶人的感情，以防“人的好恶无节”、情欲泛滥。《乐记》在这里提出的没有封建伦理道德就不能灭绝人欲的观点，当然是糟粕。但它同时又看到了音乐等艺术形式对人思想感情的制约作用，从审美教育学的角度看，又是值得借鉴的。尤为可贵的是，《乐记》正确地认识到“乐”与“礼”的不同作用。前者主要用来从内部陶冶人们善的情感，后者则主要是从外部规范人们的行为。

朱熹也曾反复论述美育的陶情养性功能。他明确指出：“乐有五声十二律，更唱迭和，以为歌舞八音之节，可以养人之性情，而荡涤其邪秽、

---

① 《论语·泰伯》。

② 《论语·阳货》。

消化其渣滓。故学者之终，所以至于义精仁熟而和顺于道德者，必于此而得之，是学之成也。"① 又说："习焉而渐得其理，以移易性情而向于善。此乐之教所由设也。"② 为什么音乐有涵养性情的功能呢？朱熹认为，这是由于音乐渊源于心性，又反过来作用于心性。他说："音由人心而生。而逮其声之已出，则入耳警心，而心还因以生，邪者益邪，正者益正，而治乱分矣。"③ 简言之，音乐出自人心又归于人心，故有涵养性情的价值。

明末清初教育家颜元以他的心性学说作为理论根据论证乐教对人的性情的作用。他指出，礼与乐相互配合，可以使人"习乎善，以不失其性，不惟恶念不参，俗情亦不入"④。又说："礼陶乐淑，圣人所以化人之急躁暴慢，而调理其性情者也。"⑤ 正因为如此，所以在他所办的学堂里，每逢四、九日，他都令弟子歌诗习乐。他还主张在学堂设"乐律"特科，并在选举制度中亦设此特科以选拔人才。⑥

（三）美育的启智增识功能

美育作为一种教育活动，它能帮助人们从审美的角度获得对于自然、社会及人生的认识。中国古代教育思想家也认识到这个道理，这也是他们重视美育的一个重要原因。他们认为，琴瑟、歌舞、诗文等活动，可以传授知识、发展能力，还能激发学生求学的兴趣。孔子最早提出为学之方是："志于道，据于德，依于仁，游于艺。"⑦ 在他看来，君子在志道、据德、依仁之外，还要游艺。这里所说的"艺"，虽然不仅指我们现在所说的艺术，但包含艺术在内则是可以肯定的。《学记》进一步发展了孔子的这一思想，认为"不兴其艺，不能乐学"，并具体指出："不学操缦，不能安弦；不学博依，不能安诗；不学杂服，不能安礼。"

此外，前文提到的"兴观群怨"以及"多识于鸟兽草木之名"也可看成孔子对于诗教的启智增识功能的概括。"兴"即联想、想象及形象思

---

① 朱熹：《论语集注》。

② 《礼记章句》第 19 卷，第 16 页。

③ 《礼记章句》第 19 卷，第 3 页。

④ 钟金若：《习斋先生年谱》。

⑤ 颜元：《言行录》卷下，第 26—27 页。

⑥ 颜元：《四书正误》第 4 卷，第 15—16 页。

⑦ 《论语·述而》。

维能力；"观"即观察和欣赏能力；"怨"也包含发现问题和表述问题的能力。"多识于鸟兽草木之名"指通过学《诗》可以获得许多自然知识。当时的《诗经》可以说是一部博物学大全，仅它涉及的动植物名称就达三百多处。这是我国古代劳动人民在生产实践中认识自然的经验结晶。孔子重视诗教的认识价值，阐明了艺术教育与认识自然的智育的关系，这是值得我们注意和借鉴的。

荀子也多次谈及美育的这一功能。他说"《诗》《书》之博也，……在天地之间者毕矣。"① "博"指诗书广记风土、鸟兽、草木及政事等，内容丰富。学习《诗》《书》可以扩大眼界，增长见识。他还认为音乐教育有助于提高人的感觉能力，他说："乐行而志清，……耳目聪明。"② 这就是说，通过音乐欣赏可以使人神志清晰，并能提高人的视觉和听觉的感受能力。

二 美育的内容与形式

在中国古代美育思想史上，关于美育内容与形式的论述非常广泛。因为内容与形式具有密切的关系，为方便起见，拟从以下几个方面进行综合说明。

（一）通过艺术的手段实施美育

纵观中国古代美育思想发展的历史，可以明显地看出，艺术教育在美育内容中居于主要地位，艺术手段是美育的主要形式。这是因为，艺术美作为现实美的集中的反映形态，其内容丰富多彩，形式又多种多样，是美育的不竭源泉。其中为中国古代教育思想家所特别注重的主要有音乐、诗歌和舞蹈等几种。

1. 音乐

儒家以礼乐立教。乐，最初是各门艺术的总称，它不仅指音乐，还包括诗歌、舞蹈等多种艺术形式。但其主体是音乐却是无疑的。儒家学派的

---

① 荀子《劝学》。

② 荀子《乐论》。

创始人孔子本人就是一位音乐方面的高手。他对音乐有很深的造诣，对各种音乐的特点理解甚为深刻。他认为《关雎》"乐而不淫，哀而不伤"。①又说，韶乐"尽美矣，也尽善也"，武乐"尽美矣，未尽善也"。他曾对鲁国的太师乐说："乐其可知也。始作，翕如也；从之，纯如也，皦如也，绎如也，以成。"②这则是孔子对于演奏经验的概括和总结。他在晚年还整理过《雅》《颂》等古典乐章作为美育的教材。他曾说："吾自卫返鲁，然后乐正，《雅》《颂》各得其所。"③

在孔子之后，墨子从古代小生产的功利主义出发提出了"非乐"的主张。荀子批判了墨子的"非乐"思想，重新倡导乐教。《荀子》一书中专有《乐论》一篇，其内容与《乐记》相似，是一篇很早的音乐理论著作。荀子认为"乐"之所以必要，就在于它能使人的情感的表现符合礼义的要求。因此，他明确指出："乐者乐也，人情之所必不可免也，故人不能无乐。"④很明显，荀子在这里要求将音乐定为美育的必要内容。

清初教育思想家李塨继承前人重视音乐教育的传统，进一步强调要求所有的人都应当接受音乐教育。他说："乐有童年习之者，如舞勺是也。有学士大夫所习者，如君子无故不彻琴瑟，名卿会遇则赋诗赠答者也。有妇人女子亦可习可听者，如房中之乐是也。有天子亦与之者，如周王冕而总干，汉高帝过丰沛，作大风之歌，自起舞是也。若夫燕享祭祀，君举饮射之乐，则皆伶工之事，肆业歌奏者也。"⑤换言之，一切人，无论其年龄、性别、职业、政治地位如何，都应当学习音乐。

2. 诗歌

孔子在强调乐教的同时，也把诗教放在重要地位。他曾反复论述过诗教的意义，如前文提到的"兴观群怨""事父""事君""多识于鸟兽草木之名""兴于诗"，此外，还有"不学诗，无以言"⑥，等等。他还亲自删诗，留下三百首编成《诗经》，作为审美教育的教材。

明代中叶重要的思想家、教育家王守仁继承前人思想，提出要对儿童

① 《论语·八佾》。

② 《论语·八佾》。

③ 《论语·子罕》。

④ 荀子：《乐论》。

⑤ （清）李塨：《平书订》第 14 卷，第 3 页。

⑥ 《论语·季氏》。

进行诗歌教育。他认为"诱之诗歌",不仅可以发展儿童的意志力,而且可以解除儿童的忧闷和郁结,使儿童能"精神宣扬,心气和平"。明代在科举制度和程朱理学的束缚下,儿童教育呆板沉闷,表现出严重的形式主义倾向。王守仁要求重视诗教以陶冶学生的性情,正是为了纠正这种不良倾向。

明清之际的思想家和教育家王夫之在这方面发展了儒家的思想。在他看来,诗的内容,不应限于《诗经》一书,历代诗词歌赋都应包括在内。他自称从十六岁起曾读诗十万首,其后曾著有《古诗评选》《唐诗评选》《宋词评选》《明诗评选》等书,选录精当,评论公允,上述诸书可以看成他编著的诗歌教科书。

3. 舞蹈

前文说过,我国古代的"乐"并不专门指音乐。孔子推崇的《韶》《雅》《颂》诸"乐",就是包括舞蹈在内的综合艺术。由于受这个传统的影响,所以在中国古代美育思想史上,将舞蹈独立出来进行专门论述的并不多见。李塨是这个方面的重要代表。他详细地论述了舞,特别是武舞的美育价值,将舞蹈列为美育的基本内容。他说:"昔阴康氏患人多重腿,乃制舞仪,教人利导其关节而民和。帝王代兴,饬以文武。后世知舞者盖鲜,而知舞之意者更鲜矣。其意在使人日习武而不弛,在使人日习武而不觉,更使人日渐日摩,视之如手足饮食,舍是则筋骨纵张,气血溃败,而不可生也。"[1] 换言之,舞蹈有审美、健康和道德等多方面的价值,所以,李塨极力倡导舞蹈教育,把它看成审美教育必不可少的内容。

（二）借助自然环境进行美育

自从人类开始用审美眼光看待世界以来,大自然就成为人们的审美对象。人们在通过劳动实践活动改造自然界时,从自然风物的发展变化中见到了人自身的力量。因此,自然界成了审美教育的大课堂,自然美成了审美教育的重要内容。正因为如此,所以我国古代许多教育家都很重视自然美的美育作用。

孔子就常以自然美教育学生,并创立了有名的"比德"说,即赋予

---

[1] （清）李塨:《瘳忘编》第7页。

自然美以道德内容和人格意义。例如，他说："岁寒，然后知松柏之后凋也。"① 这句话后来成了有名的格言，仁人志士常以松柏自勉。他还说过："知者乐水，仁者乐山。"② 以水流的经久不息比喻人的智慧，以山的稳实坚定比喻人的操守。在孔子看来，自然物的某些特点和人的道德属性有类似的地方，因此人在欣赏自然美时就可以把它们联系起来，把自然物作为人的道德属性的一种特征。他还经常利用户外优美的自然环境，作为他实际教学的场所，如树下、河边等。

朱熹也很重视自然美在美育过程中的特殊意义。他对孔子"知者乐水，仁者乐山"的命题作了具体的阐释，他说："乐，喜好也。智者达于事理而周流无滞，有似于水，故乐水；仁者安于义理而厚重不迁，有似于山，故乐山。"他在《送画者张黄二生》一文中指出："远游以广其见闻，精思以开其胸臆。"③ 引导学生从书斋画室中走出来，到大自然中去体验和领悟艺术创造的方法，并从中获得美的享受。

总之，以孔子为代表的儒家，为我国古代教育开创了以自然美进行美育的先声。以后各代教育家都重视对弟子进行自然美的教育。

在上述美育思想的影响下，我国古代教育都有注重学校环境美的传统，尤其是古代书院大都设在依山傍水之地。宋代五大书院，均有这一特点："白鹿洞书院在庐山五老峰下，有林泉之胜；岳麓书院在岳麓山抱黄洞下，背陵向壑，木茂而泉洁；嵩阳书院在太室山南；石鼓书院在回雁峰下；茅山书院在三茅山中。"④ 古人将书院设在这样幽美的环境里，其主要原因是试图借助自然景色以愉悦人性，使学生悉心读书，追求真知。

三　美育的原则

在中国古代教育思想家看来，美育的实施不能随心所欲，而应遵循一定的原则，这样才能取得较好的效果。全面考察中国古代美育思想发展史，我们可以概括出下面两条主要的美育原则。

---

① 《论语·八佾》。
② 《论语·季氏》。
③ 《朱文公文集》卷七六。
④ 章柳泉：《中国书院史话》，教育科学出版社1981年版，第10页。

（一）美善结合

这一原则主要是针对美育的内容而言的。孔子要求美育的内容尽美尽善。他评价韶乐是"尽美矣，又尽善也"，评价武乐是"尽美矣，未尽善也"。在这里，孔子认为韶乐赞颂尧舜揖让天下之德行的内容符合他的政治理想而判断其为"尽善"；因为武乐讴歌以征伐取天下的战争有悖于"礼治天下"的政治主张而判断其"未尽善"。这是以他的道德论为判断尺度的，他的道德观在总体下是保守的。但值得我们注意的是，作为审美认识，孔子明确地将美与善区分开来，并且在充分肯定美的前提下，强调美与善二者的统一。这与春秋时代流行的将美与善等同起来的见解相比，在审美认识上，显然是个极大的进步。孔子不是排斥美以追求善，而是主张既要"尽美"，又要"尽善"，使美与善完满地统一起来。孔子避免了由于看到美与善的矛盾而用善去否定美的狭隘的功利主义（如墨子），也没有企图脱离现实的社会伦理道德的制约而去追求绝对的自由和美（如庄子），这是孔子在解决美善矛盾这个重大问题上的独到之处。

荀子曾认为音乐"入人也深""化人也速"，能够"移风易俗"，但又认为并非任何音乐都有积极意义。他主张在音乐教育中要注意区别"正声"和"奸声"。他在《乐论》中说："凡奸声感人而逆气应之，逆气成象而乱生焉；正声感人而顺气应之，顺气成象而治生焉。"也就是说，正声引起顺气，奸声引起逆气。所谓"顺气"，就是人的血气平和；所谓"逆气"，指人的血气混乱。所以荀子又指出："君子以钟鼓道志，以琴瑟乐心，放以干戚，饰以羽旄，从以磬管。故其清明象天，其广大象地，其俯仰周旋有似于四时。故乐行而志清，礼修而行成，耳目聪明，血气和平，移风易俗，天下皆宁，美善相乐。"[1]

宋代学者杨简进一步认识到，音乐渊源于人心，又反过来作用于人心，而人心则有正心和放心之分。他认为，正心产生中正、庄敬、和平的音乐，这种音乐又反过来足以涵养中正、庄敬、和平的心情。在另一方面，放心或邪心产生放逸、淫靡、烦急的音乐，这种音乐又反过来兴起放逸、淫靡、烦急的心情，从而养成放纵淫靡的恶习，所以，必须禁止一切淫乐。他说："今之妓娟与夫双韵鼓板之属，其气志不为之浮动者有

---

[1]　荀子《乐论》。

几？……是故淫乐宜禁。"① 依他的意思，娼妓和卖艺者的演唱均会诱惑青少年，引起淫靡放荡的心情，从而败坏风俗，故应予以禁绝。

（二）文质统一

文质统一原则主要是就美育的目的而提出来的。儒家不仅对人的情感、性格提出了审美要求，而且对人的行为举止与内心修养也提出了审美要求。这就是孔子创立的"文质论"。他明确地把文与质作为彼此对立而又互相制约的矛盾概念提了出来。他说："质胜文则野，文胜质则史。"②在孔子看来，如果缺少包含审美在内的文化教养，人就显得粗野庸俗，但仅有文化素养而缺乏仁义之道的伦理品质，那么又会变成华而不实的外在虚饰。所以孔子在摒弃这两种片面性之后，提出了一个包含辩证因素的命题："文质彬彬，然后君子。"③ 亦即强调完美的人，应该是审美文化素养与仁义伦理品质二者兼而备之。毋庸讳言，孔子将仁义之道规定为完美人格应该具备的品质，带有明显的保守倾向。但是，就审美认识而言，他强调人的全面发展，强调人的外表与内心的一致，无疑包含可取的合理成分。正因为"文质彬彬"的命题包含辩证的因素，所以它不仅影响到后人对人的审美评价，而且也影响到后人对艺术的审美评价。

扬雄对于文与质的问题也发表了不少有价值的见解。在《法言》中，他对什么是文和质，作了十分简明的阐述。他认为，"文"就是外部的"威仪文辞"，"质"就是内在的"德行忠信"，两者的关系是表里内外的关系。扬雄要求表里内外应当统一，反对有文无质，或有质无文。他说："实无华则野，华无实则贾，华实副则礼。"④ 这些看法同孔子的观点是一致的，即要求美的形式与善的内容相统一。在文与质的关系上，重视文的扬雄，把质放在首要的地位，认为文必须是质的外在表现才具有真正的价值。他说："无质先文，失贞也"⑤，又说，"君子"之所以"言则成文，动则成德"，是"弸中而彪外"的结果，⑥ 即是充满于内的善的品质表现

---

① （宋）杨简：《慈湖遗书》，第16卷，第10—11页。
② 《论语·雍也》。
③ 《论语·雍也》。
④ （汉）扬雄：《修身》。
⑤ （汉）扬雄：《玄首》。
⑥ （汉）扬雄：《君子》。

于外的结果。

儒家的文质论基本上贯穿了我国古代美育思想史。我国历来主张美德与美行结合起来，心灵美与外表美并重。在这种思想指导下，古代教育思想家一方面重视学生的品德修养，另一方面又不忽视言谈举止的文明。这种文质并重的思想自然不可避免地包含封建性的内容。但文质统一作为美育的一条原则，在今天我国美育实践中仍然具有指导价值。

蔡元培美育价值论述评[*]

蔡元培（1868—1940）是我国近现代教育史上著名的教育家。从辛亥革命到 20 世纪 30 年代末，他多次撰写文章和发表演说，倡导美育，传播美育思想，是中国近现代史上提倡美育最积极、论述美育最深入的教育家。他的美育思想主要包括美育的目的与地位、美育的价值及美育的内容与方法等，形成了一个比较完整的体系。在他的整个美育思想体系中，美育价值论占有突出的地位。系统研究他的美育价值论，对于我们全面把握他的美育思想具有重要的意义。

一　美育与道德

美育与德育两者具有密切的关系，美育有助于道德的培养，这是蔡元培关于美育道德价值的基本思想。他从两个方面阐述了这个观点。

首先，美育能够"陶冶活泼敏锐之性灵，养成高尚纯洁之人格"。①蔡元培认为，要培养高尚的道德，塑造健全的人格，不仅要诉诸人们理性的训练，同时也有赖于感情的陶养。他说："不忍独生以坐视众人的死，不忍专利而坐视众人的害"，甚至在必要的时候"愿舍一己的生以救众人的死，愿舍一己的利以去众人的害，……这种伟大而高尚的行为，是完全发动于感情的"。不过，他又认为，"人人都有感情，而并非都有伟大而高尚的行为"。在他看来，这主要是"由于感情推动力的薄弱。要转弱而为强，转薄而为厚，有待于陶养"。"陶养的作用，叫作美育。"② 美育何

* 本文原刊于《江西教育科研》1988 年第 1 期。

① 文艺美学丛书编辑委员会编：《蔡元培美学文选》，北京大学出版社 1983 年版，第 169 页。

② 同上书，第 220 页。

以能陶养感情呢？他认为，有两个方面的原因，一是"美感是普遍性，可以破人我彼此的偏见"。① 对此他举例加以解释："名山大川，人人得而游览；夕阳明月，人人得以赏玩；公园的造像，美术馆的图画，人人得而畅观。"② 二是"美感是超然性，可以破生死利害的顾忌"。③ 他举例说："采莲煮豆，饮食之事也，而一入诗歌，则别成兴趣。火山赤舌，大风破舟，可骇可怖之景也，而一入图画，则转堪展玩。"④ 由此，他总结说："既有普遍性以打破人我之见，又有超脱性以透出利害的关系。"⑤ 那么，美育就能够使人们"不顾祸福，不计生死"，"与人同乐，舍己为群"，⑥不会因为"小小的利绊住"，而"牺牲主义"，不会"经了几次挫折，就觉得没有希望，发起厌世观，甚且自杀"，⑦ 而能够养成"宁静而强毅的精神"，⑧ 并且在"重要关头，有'富贵不能淫，贫贱不能移，威武不能屈'的气概，甚至有'杀身以成仁'而不'求生以害仁'的勇敢"。他认为，"这里完全不由知识的计较，而由于感情的陶养，就是不源于知识，而源于美育"⑨。

其次，美育能够免去不正当的娱乐，从而改变不良的社会风气。当时社会上"风俗日偷，道德沦丧"，"败德毁行之事，触目皆是"，⑩ 诸如吸毒、酗酒、赌博、嫖妓、等等，应有尽有。学生多有为麻雀、扑克或阅读恶劣小说等不正当之消遣。蔡元培认为，"出现这些不良现象的主要原因是社会及学校无正当之消遣"，"无高尚消遣则思烟酒赌博，此系情之自然"。⑪ 针对这种严酷的现实，他主张实施美育，使人生美化，使人的性灵寄托于美。为此，他提出要在社会上建立各种美育机关，如美术馆、美术展览会、音乐会、剧院、影戏馆、等等；在学校要开展音乐、旅行、游

① 高平叔编：《蔡元培教育文选》，人民教育出版社 1980 年版，第 241 页。

② 同上书，第 220—221 页。

③ 同上书，第 241 页。

④ 同上书，第 134 页。

⑤ 文艺美学丛书编辑委员会编：《蔡元培美学文选》，北京大学出版社 1983 年版，第 221 页。

⑥ 高平叔编：《蔡元培教育文选》，人民教育出版社 1980 年版，第 195 页。

⑦ 文艺美学丛书编辑委员会编：《蔡元培美学文选》，北京大学出版社 1983 年版，第 83 页。

⑧ 同上书，第 218 页。

⑨ 同上书，第 221 页。

⑩ 高平叔编：《蔡元培全集》第 3 卷，中华书局 1984 年版，第 6 页。

⑪ 高平叔编：《蔡元培全集》第 4 卷，中华书局 1984 年版，第 43 页。

戏、演剧等多种活动，以之代替不好的消遣，人们有了高尚的消遣，就可免去不正当的娱乐。这样，不良的社会风气就可以得到改变。

二　美育与科学

蔡元培认为，美育与科学之间是相互影响、相互促进的关系，美育与科学同等重要而不能有所偏废。1918 年 1 月，他在《游保定日记》中说："当以科学美术铸成有自治能力之人格。"① 同年 4 月，他又指出："科学、美术，同为新教育之纲。"② 次年 12 月，他在《文化运动不要忘了美育》一文中，批评了当时忽视美育的现象，他说："科学的教育，在中国可算萌芽了。美术的教育，除了小学校中机械性的图画音乐外，简截可说是没有。"他呼吁："文化进步的国民，既然实施科学教育，尤要普及美术教育。"③ 1932 年 10 月，他在《中国新教育的趋势》中再次强调："教育是培养人才的，是不可不注意科学与艺术的。"④

关于美育对科学的价值，蔡元培从三个不同的角度进行了论述。

首先，他从心理学的角度分析了科学与美术在一个人的行为中的共同作用。他认为，人的心理可分为意志、知识与感情三个方面。意志的表现是行为，知识属于各门科学，而感情属于美术。人的行为不能撇弃知识与感情。科学知识使人认识事物发展的规律，培养科学的头脑，使得行为有科学的依据；而感情是行为的推动力，它能够引起和强化行为的兴趣。由此他得出结论："知识与感情不好偏枯，就是科学与美术，不可偏废。"⑤

其次，从美育与智育的关系，说明美术与科学是相互渗透的。智育中蕴含有美育的因素，美育又推动智育的发展，两者相辅相成。他认为，"科学虽然与美术不同，在各种科学上，都有可以应用美术眼光的地方"⑥。对此，他在《美育》一文中列举了许多例子加以说明，诸如数学

---

① 　高平叔编：《蔡元培全集》第 3 卷，中华书局 1984 年版，第 123 页。

② 　同上书，第 156 页。

③ 　同上书，第 361 页。

④ 　文艺美学丛书编辑委员会编：《蔡元培美学文选》，北京大学出版社 1983 年版，第 222 页。

⑤ 　高平叔编：《蔡元培全集》第 4 卷，中华书局 1984 年版，第 31—32 页。

⑥ 　同上书，第 32 页。

中数与数的巧合关系，物理、化学光色的变化，植物学上活色生香的花叶，动物学上的毛羽与鸣声，地理学上各地的名胜，等等，"无不于智育作用中，含有美育之元素；一经教师之提醒，则学者自感有无穷之兴趣"。① 在蔡元培看来，如果能以审美观点，挖掘各门学科的审美因素，就能够培养和增强学习的兴趣，提高学习的效果。

再次，从科学家与美术家的关系，阐明科学与美术是互为助力的。他说，有人以为科学家与美术家是不相容的。从科学方面看，觉得美术家太自由，不免少明确的思想；从美术方面看，觉得科学家太枯燥，不免少活泼的精神。他认为这种观点并不符合事实，"因为真爱美的性质，是人人都有的"。② 虽然平时的工作，有的偏于科学，有的偏于美术，但是研究美术的人，并不会嫌弃科学的生活，而专攻科学的人，也绝不肯完全放弃美术的享受。不过，蔡元培也没有绝对否定存在专治科学而不兼涉美术的人，但这种人总"难免有萧索无聊的状态"。③ 这是因为专治科学，太偏于概念和分析，太偏于机械的作用。他们"不但对于自己竟无生趣，对于社会毫无爱情；就是对于所治的科学，也不过'依样画葫芦'，决没有创造精神"。④ 为了防止上述流弊，他要求人们在知识以外兼养感情，即在治科学以外，兼治美术。他认为，"有了美术的兴趣，不但觉得人生很有意义，很有价值，就是治科学的时候，也一定添了勇敢活泼的精神"⑤。这是由于美术是一种高尚的消遣，能够丰富人们的感情，活跃人们的头脑；能使人们在科学研究中提起创造精神，保证旺盛的精力；扩展创造的冲动，保持顽强的进取精神。从另一个方面看，从事艺术活动的人，也不能脱离科学。没有一定的科学知识修养，艺术水平就会停滞不前。凭借科学知识，则可以提高艺术创作水平。蔡元培最后指出："美术家得科学家的助力，技术愈能进步；科学家得美术家的助力，研究愈增兴趣。"⑥

---

① 高平叔编：《蔡元培教育文选》，人民教育出版社 1980 年版，第 196 页。
② 高平叔编：《蔡元培全集》第 4 卷，中华书局 1984 年版，第 483 页。
③ 同上书，第 33 页。
④ 同上书，第 34 页。
⑤ 同上书，第 34 页。
⑥ 同上书，第 483 页。

三　美育与宗教

关于美育与宗教的关系，蔡元培明确指出：美育代宗教。"以美育代宗教"是蔡元培美育价值论中一个最著名的观点。他先后发表《以美育代宗教说》（1919）、《以美育代宗教》（1930）、《美育代宗教》（1932），对"美育代宗教"这一论点反复地加以阐述。

美育何以能够代替宗教呢？对此，蔡元培从以下三个方面进行了论述。

首先，美育代替宗教是历史发展的必然趋势。他认为，原始宗教起源于人们的精神作用。精神作用分为知识（科学）、意志（道德）及感情（艺术）三种，它们在原始宗教中是结合在一起的。他在《以美育代宗教》一文中指出："宗教本旧时代教育，各种民族，都有一个时代，完全把教育权委托于宗教家；所以宗教中兼含着智育、德育、体育、美育的元素。"[①] 但是，随着科学的发展和社会的进步，科学和道德逐步从宗教中独立出来，只有艺术还"附丽"于宗教。但这也只是历史上一时的现象，从艺术进化的历史看，艺术也有脱离宗教的趋势，"各种美术渐离宗教而尚人文"，"宗教的兴味，已渐渐薄弱"，而到后来"采取历史风格的材料渐多，大多数文学、美术与宗教毫无关系，而且反对宗教之作品，亦日出不穷"。由此，他预测说："文学、美术与宗教的关系，也将如科学一样，与宗教无关，或竟代去宗教。"[②]

其次，从它们对人的作用的性质看，宗教是一种劣性刺激，对人起欺骗、毒害作用；而美育对人则是陶冶作用，是一种健康、有益的活动。蔡元培说："现今各种宗教，都是拘泥着陈腐主义，用诡诞的仪式，夸张的宣传，引起无知识人盲从的信仰。"他特别反对"教会的学校同青年会，用种种暗示，来诱惑未成年的学生，去信仰他们的基督教"。他指责说："这完全是用外力侵入个人的精神界，可算是侵犯人权的。"[③] 他还指斥说，宗教把人们的感情活动诱入现实的政治纷争和利害冲突中去，如

---

① 高平叔编：《蔡元培教育文选》，人民教育出版社 1980 年版，第 200 页。

② 高平叔编：《蔡元培全集》第 4 卷，中华书局 1984 年版，第 71 页。

③ 同上书，第 179 页。

"攻击异教""附和帝制",等等。在他看来,这与审美的普遍性和超脱性相违。他认为,要革除宗教的这些弊病,就要用美育,而且是纯粹的美育。因为若是美育附丽于宗教,就会"受宗教之累,失其陶养作用,而转以刺激感情"。因此,他总结说:"鉴刺激感情之弊,而专尚陶养感情之术,则莫如舍宗教而易以纯粹之美育。"①

再次,宗教因科学的发展而漏洞百出,显示了美育代宗教的远大前景。蔡元培指出,初民时代因为没有科学,所以一切人类不易知道的事全赖宗教去代为解释。但是,自从科学发达以后,不但自然历史、社会状况,就是潜意识、幽灵一类的东西,也要用科学的方法来研究,而宗教上所有的解释,在现代大都不能成立。另外,历史学、社会学、民族学等发达以后,知道人类行为是非善恶的标准,各个时代、各个地区并不一样。因此,现代人的道德必须符合现代的社会,绝不是数百年或数千年以前的圣贤所能预为规定的。而宗教上所定的诸规戒律,多出自数千年前,往往与现实相冲突。所以他坚决否认宗教代替美育的可能性,他说:"因为宗教上的美育材料有限制;而美育无限制,美育应该绝对的自由",但是,"在宗教专制之下,审美总不自由"。另外,"无论音乐、工艺美术品都是时时进步的,但宗教却绝对的保守"。还有,"美育是普及的,而宗教都有界限","美育不要有界限,要能独立,要很自由"。② 蔡元培认为,美育就其本性来说,能够"随时代思潮而进化,并且种类杂多,可任人自由选择。其亲切活泼,实现远过于宗教之执着而强制"。③

蔡元培在《以美育代宗教》中,对美育与宗教的特点作了总结性的对比,他说:"一、美育是自由的,而宗教是强制的;二、美育是进步的,而宗教是保守的;三、美育是普及的,而宗教是有界的。"最后,他做出了明确的论断:"不能以宗教代美育,而只能以美育代宗教。"④ 这个比较和论断,蕴含了蔡元培关于美育代宗教的基本思想。他在这里深刻地揭示了美育的优越性和宗教的局限性。从历史发展的趋势看,必须是自由代替强制,进步代替保守,普及代替有界。因此,强制、保守而有界的宗

---

①　高平叔编:《蔡元培全集》第 3 卷,中华书局 1984 年版,第 32—33 页。

②　文艺美学丛书编辑委员会编:《蔡元培美学文选》,北京大学出版社 1983 年版,第 163—164 页。

③　高平叔编:《蔡元培全集》第 4 卷,中华书局 1984 年版,第 71 页。

④　高平叔编:《蔡元培教育文选》,人民教育出版社 1980 年版,第 201 页。

教最终必将由自由、进步而普及的美育所取代。

四　几点评价

1. 关于美育与道德

美育有助于道德的培养和人格的塑造，这是蔡元培关于美育的道德价值的一个基本观点。美育对于培养人们高尚的道德品质和塑造健全人格具有独特的作用，这已为教育理论界所公认，也早已为教育实践所证明。可见，他的这一观点是正确的。尤为可贵的是，他没有停留在对现象的简单描述上，而是进一步探讨了美育培养道德和塑造人格的特殊性。他正确地认识到，美育培养道德和塑造人格主要是通过陶养感情来实现的。感情经过美育的陶养，其推动力就会增强，道德水平由此而得到提高。这是蔡元培探讨美育的道德价值取得的一个重要成果。对此，我们应给予充分的肯定。当然，我们也要看到，他的这一观点并不完善，这主要表现在它的理论依据上。他根据康德的唯心主义美学思想，将美育的陶养作用归结为美感的"超脱性""无鹄的"以及"全无利害关系"；他用美与美感的普遍性来证明美感与美育具有奇异的力量。这是不科学的。

蔡元培关于美育道德价值的另一个观点是，美育能够改良社会风气。他把当时社会上出现的不良风气归罪于社会及学校缺少正当的消遣和娱乐。他的这个看法具有一定的合理性。事实证明，社会风气的好坏在一定程度上确实跟社会及学校是否实施美育，即是否有正当的消遣与娱乐有一定的关系。但是，这个观点的片面性也是显而易见的。他过分夸大了美育的社会作用，企图通过实施美育，给社会及学校提供好的消遣和正当的娱乐，来杜绝不良社会风气，这是不现实的。在马克思主义看来，社会风气的好坏跟社会制度的优劣具有更为本质的关系。当时社会风气的败坏，不主要是因为缺少正当的消遣和娱乐，从根本上来说，它是腐朽的封建社会的必然产物。因此，要根除不良的社会风气，不能寄希望于实施美育，而必须实行暴力革命，推翻封建专制制度，建立新的社会制度。

2. 关于美育与科学

蔡元培关于美育的科学价值的基本观点是，美育有助于智育的进行和科学的发展。他正确地揭示了美术与科学的不同特点，认识到美术是直观的，而科学是抽象的；前者通过具体形象认识世界，后者则主要以抽象概念的形式反映世界。他还认识到抽象思维和形象思维在认识世界过程中是互为补充的。他的这些观点在今天看来是有科学根据的。现代脑科学研究已证实，科学和艺术相结合，抽象思维和形象思维相互渗透，从两个方面认识世界，能充分发挥人脑两半球的功能，从而使认识更为全面和有效。蔡元培还正确地注意到各门学科进行审美教育的可能性，要求教师用艺术的眼光处理各门学科，挖掘其中的审美因素，从而激起学生的学习兴趣，使学习更有成效。他的这一意见在今天看来仍然有其重要的现实意义。它理应成为我们今天教学研究的一个重要内容和当前深化教育改革的一个方向。

3. 关于美育与宗教

"以美育代宗教"是蔡元培研究美育价值所取得的又一个独具特点的成果。他的这一论点在当时具有很强的针对性。当时帝国主义者正利用宗教对中国文化教育进行疯狂的侵略；而一些留学外国的学生也把外国社会的进步简单地归功于宗教，要求用宗教劝导国民；另外，一部分沿习旧思想的人则纷纷组织孔教。面对这种严峻的现实，蔡元培及时地提出"以美育代宗教"的口号，矛头直接指向帝国主义在中国推行的奴化教育及封建余孽的复古教育。这一口号在一定程度上打击了帝国主义文化侵略的猖狂气焰，同时对启发人们摆脱宗教迷信和封建传统，也产生过积极的影响。因此，它具有反对宗教愚昧主义和封建专制主义的进步性质，我们应当肯定它的历史地位。

当然，蔡元培以美育代宗教理论也有其缺陷，这主要表现在他对待宗教这个很复杂的问题有简单化的倾向。他误认为宗教在西方已成为过去的问题，并且把人们进教堂礼拜单纯地看成一种历史习惯，没有认识到隐藏在其中的深刻社会根源。他幻想通过实施美育来改变人们信仰宗教的习惯，从而自然地取代宗教。离开一定的历史条件，离开社会政治斗争，孤立地谈用美育代替宗教是不现实的。从根本上来说，要真正消除宗教就必须铲除宗教赖以产生和存在的社会根源。马克思主义认为，只有当"用迷信来说明历史"进展到"用历史说明迷信"，[①] 由"谋事在人，成事在

①　中共中央马克思恩格斯列宁斯大林著作编译局编著：《马克思恩格斯选集》第 3 卷，人民出版社 1972 年版，第 355—356 页。

神"发展到"谋事在人，成事也在人的时候"，① 宗教才会最终消亡。

　　美育价值问题直到今天仍然是美育理论研究的重要课题。蔡元培在当时的历史条件下，对这个问题进行了较为系统的探讨，并且初步形成了美育价值理论体系。他的美育价值论尽管有诸多不足，但对于他的开创之功和重要贡献，我们应当予以充分的肯定。批判地继承这份宝贵遗产，有助于建立现代美育理论体系。

---

① 中共中央马克思恩格斯列宁斯大林著作编译局编著：《马克思恩格斯全集》第 1 卷，人民出版社 1972 年版，第 425 页。

第四编

教师教育与教师发展

论我国职业技术师范教育体系*

　　我国的中等教育结构经过几年的改革，已发生了较大的变化，职业技术教育有了一定的发展，职业技术教育正在逐步形成与普通教育并举的教育体系。但是，总的来说，职业技术教育的发展还不够快，地区之间的发展也不平衡。特别是师资严重不足，是发展中等职业技术教育的突出矛盾。这个问题不尽快解决，势必会影响职业技术教育的巩固和进一步发展。随着中等教育结构的继续改革，专业课师资的需要量与职业技术师范教育之间的矛盾将越来越突出。长此下去，势必会影响职业技术学校的教育质量，从而影响职业技术教育的进一步发展。从长远考虑，职业技术学校专业课师资应主要由专门的职业技术师范教育体系来培养。

一　外国发展职业技术师范教育的经验

　　外国发展职业技术师范教育的经验，对我们有一定的参考价值。

　　1. 职业技术师范院校

　　苏联于 1978 年在乌拉尔斯维德夫斯克建立了一所工程师范学院。其主要任务是为职业技术学校培养师资，同时负责总结和推广工程教育系的工作经验。此外，还有工程师范专科学校，这类学校目前有 70 多所。它招收中等职业学校和技术学校的毕业生，修业两年零十个月，毕业后任职业技术学校的生产教学技师。生产教学技师既要指导学生进行职业训练，又要负责教育教学工作。这双重任务决定了工程师范专科学校的教学内容别具特色：学生既要学习专业（技术）学科，同时还要学习教育与心理

＊　本文原刊于《上海高教研究》1988 年第 1 期。

学科的知识；毕业前既要参加生产教学、生产实习，也要进行教育实习。

法国教师职称名目繁多，职业技术学校也不例外。归纳起来，可分为两个等级：一级是职业中学的教师，一级是技术高中的教师。职业中学的教师由技术师范学校培养。此类学校全国有 40 多所，学生 3000 多人。学校招收完成大学第一阶段学业（相当于大学二年级），或具有同等学历者（如大学技术学院和高级技术员班的毕业生）。学校分文科普通课、理科普通课、职业理论课和职业实践课四个专业。技术师范学校学制两年。由于学生已经受过两年高等教育，有一定的专业知识，所以它教学的主要任务不是传授新知识，而是加强对未来教育对象和社会的了解，巩固和深化已有知识，并学习如何用之于实践。技术高中的教师由高等技术师范学校培养。法国的五所高等师范学校里有一所技术师范学校，设在巴黎。学校有 1000 多名学生，分 13 个系：数学、物理、应用物理与电力工程、化学、生物化学、机器制造、建筑工程、机械设计、机械工程、应用艺术、企业与集体的组织和行政、企业与集体的管理、经济与社会科学。与其他高等专科学校和高等师范学校一样，高等技术师范学校招收高中毕业后又被择优录取，在专门的预备班里学习了两年的学生。经允许，大学技术学院、大学第一阶段和高等技术员班的毕业生也可报名参加考试。考试十分严格，有些专业的录取率还不到 10%。高等技术师范学校的学制原则上五年，教学主要以准备各种国家考试为目标：第一年准备考上学士学位，第二年准备考硕士学位和技术教育能力证书，第三年准备教师会考，第四年进行科研，第五年继续进行科研，可准备考博士学位。

在日本，为了培养能胜任职业教育训练任务的指导员，劳动省开办了招收高中毕业生学习四年的职业训练大学。设在神奈川县的一所这类大学，有六个系十个训练科，在教学计划的安排上，专门科占总学时的67.9%，且重视实际技能训练。

2. 专业院校的教育学院和教育系

近年来，苏联在全国许多高等技术学校开设了工程教育系，学员要学习一般技术科目和专业科目；还要学习教育学、心理学和教学法，专门为中等专业学校、职业技术学校培养师资，其毕业生被授予工程师教师的称号。

在日本，20 世纪 60 年代中等职业技术教育发展很快，也面临着解决职业高中所需要的专业技术的师资问题。日本政府采取了临时特别措施，于 1961 年颁布了《关于国立工业教师培训所的设置临时措施法》，规定在东京工业大学、京都大学、横滨国立大学、大阪大学、名古屋大学、东北大学和北海道大学等九所国立大学附设国立工业教师培训所，以培养工业高中所需要的专业技术课教师。

在联邦德国，培训职业学校师资的途径是多种多样的。根据 1973 年各州文化部部长签署的决议，高中的新教师必须在大学完成八个学期的学业，并规定了三门课程：一门与职业有关的专业课，如冶金或经济学；一门选修课；一门必修的教育学。专业课实践指导教师则只需持有中等学校毕业证书和晋升师傅考试证书。专业理论课的教师是在综合大学和高等工业学校训练的。

3. 专业后教育训练

在联邦德国，农业和园艺职业学校教师是在农学院训练的原则上，除中学毕业证书外，还需要较长时间的农业实践的经历为入学条件。在农业学校任教的教师，至少要在工科大学受训八个学期并获得学位，此外，还要受过补充的教育学训练。美国和日本的专业课教师的大部分，苏联的一部分教师均是采取这种措施培养的。

4. 在职进修

在苏联，为了不断提高教育质量，当局一再强调加强教师的进修工作。按规定，专业课教师与普通课教师一样，每五年轮流进修一次。进修的主要途径有以下几个方面。（1）教师进修系。近十年来附设在高校的中专教师进修系增加了两倍，目前有 120 余个，一般每期为四个月。（2）一年制研究部。这是高等学校开设的修业年限在一年以下的研究生部，招收通过副博士考试，并有一定科研基础的学校、中专以及其他各级各类学校教师，从事撰写和答辩副博士学位论文。学习期间保留原职原薪，毕业后返回原单位工作。（3）派送教师到先进企业和单位进行为期三个月的实习。（4）各部和主管部门开办的培训班和讲习班。（5）中等专业学校为提高教师的业务水平而组织的各种活动，如经验交流会、教学法讨论会等。

二　关于建立我国职业技术师范教育体系的思考

发展职业技术师范教育，建立职业技术师范教育体系，对师范教育来说，这是一个新课题。我们自己既无经验可循，又无教训可鉴，但又不能盲目地摸索。应该研究和学习外国的有益经验，将他们的经验与我国的具体国情结合起来，建立具有中国特色的职业技术师范教育体系。根据我国的国情，结合外国的经验，我们的职业技术师范教育应包括职前培养和在职培训两大系统，采取多层次、多途径的战略。

1. 多层次

职业技术师范教育应有如下三个层次：一是研究生院，即在专业学院（如农学院、工学院等）和职业技术师范院校的研究生院。修业年限为三至五年，培养硕士和博士，作为职业技术师范大学或学院和职业技术师范专科学校的师资；同时还应担负职业技术师范院校教师的进修提高任务。二是本科，即职业技术师范大学或学院及有关院校的师资班。修业年限为四年，培养高中程度的职业技术学校师资；同时也要承担一部分职业技术师范院校特别是专科学校教师的培养进修任务。三是专科，即职业技术师范专科学校及有关学校的师资班。修业年限为三年，培养初中程度的职业技术学校师资和生产实习教师；同时承担一部分职业技术学校教师的进修提高任务。

2. 多途径

专业课师资的培养渠道应该是多种多样的，主要的可以有六种。

一是建立独立的职业技术师范院校。我国已经在吉林、山东、河南、天津、江苏、江西等地区建立了几所职业技术师范学院。但总的来说，其规模和速度还远远不能满足职业技术教育发展的需要。从长远考虑，应加快职业技术师范院校的建设步伐，全国各省、自治区、直辖市和中央各部应至少拥有一所这类院校。

从培养规格上看，职业技术师范院校应有三个层次：即研究生院、本科和专科。

在专业设置方面，应注意以下几个问题。（1）专业宜宽不宜窄。这是由职业技术学校专业的多样性和多变性所决定的。一般来说，在学习年限一定的条件下，专业过窄，势必削弱基础理论的学习，不利于日后的发展。从长远来看，还是专业知识面宽一些为好，一专多能，毕业后有较大的适应性。（2）防止"小而全"。即学校规模小，专业数目过多，专业规模也小，班次又少。"小而全"的专业设置，其优点是能解决职业技术学校的当务之急，学生分配也好解决。但专业不稳定，既不利于领导管理、稳定教师队伍、提高教学质量；也不能充分发挥教师和设备的作用。解决的办法是开展大范围的区域协作，如可以分成沿海地区和内陆地区或者分成东北区、华北区、华东区、中南区、西北区和西南区，互相培养人才。（3）防止专业设置不平衡。如果计划不周，就可能出现有的专业供不应求，而另一些专业又供过于求。要解决这些专业设置的问题，应从上到下统筹规划，实行专业分工、区域协作，努力搞好专业的合理布局。

二是在高等师范院校设立职业技术教育专业。高等师范院校长期以来只是承担培养普通中学师资的任务，随着职业技术教育的发展，这种状况亟待改变。全国有 200 多所师范院校，各校都有自己的优势和特长，都可根据需要增设有关专业。如数学、物理、化学、生物、地理等系可以联合开办农机、农电、土壤、化肥、能源利用、环境管理等师资专业。据报道，近年来，山东已在九所师范院校增设了农村机电、农学、植保、农村经济管理、林果园艺等专业。

三是在各专业院校增设职业技术教育系或专业。可以在工科院校增设城镇建设、食品加工、机械制造与修理等师资系或专业；农科院校增设农业教育、林果园艺、畜牧兽医、农业机械等系或专业；在财经院校增设城市经济管理、农村经营管理、会计等系或专业，在艺术院校增设服装设计、广告艺术等系或专业。据报道，山东工业大学、山东农业大学、莱阳农学院等院校增设了机械工程师范、电气工程师范、农业教育、农村机电、畜牧兽医等师资专业。山东海洋学院、山东轻工业学院、山东建筑工程学院、山东经济学院等院校已增设水产养殖食品加工、农副产品加工、果品储藏加工、农村经济管理、城镇建设等新的职业技术教育专业。河北有四所农林院校为职业中学办起五个师资培训班。安徽也委托有关高校开设了机械、电工、财会、农业技术、畜牧等专业的教师培训班。

四是专业后教育训练。学生在专业院校毕业后再到师范院校接受教育训练，学习教育学、心理学和教学法等课程，并进行教育见习和实习。目前，我国的做法是，学生从专业院校毕业后直接分配到有关的职业技术学校任教。这样的学生一般来说不能很好地适应工作，应力争将他们送到师范院校去接受为期一年的教育训练。

五是师范院校与专业院校联合办职业技术师范分校。我国现有大学1000 多所，其中师范院校 200 多所，专业院校也占很大的比例。在外国，许多大学在校学生人数一般有 3 万—4 万人，一个大学拥有许多分校，有的多达十几个。我国大部分的大学在校生只有 3000 人左右，在校生达到或超过万人的极少，有很大一部分大学没有分校。我们应借鉴外国的经验，挖掘现有高校的潜力，力争多办分校，其中可以试办师范院校与专业院校的联合分校，为各类职业技术学校培养专业课师资。人力、物力、财力由双方共同解决。在师资方面，师范院校提供普通文化课和教育学科教师，专业院校提供专业课教师。

六是在职培训。城乡职业技术中学现有的专业课师资，绝大部分是过去的技术员或改行的普通文化课教师。而且相当一部分是中专以下程度的，如何提高他们的水平，实在是一个亟须解决的问题。而且由于科学文化发展很快，一个合格的教师经过若干年后也需要有一段时间进修和提高，否则也会由合格变为不合格。我国现有的教育学院基本上只为普通中学服务，今后应同时为职业技术学校培训师资。当然，只靠这种形式来解决职业技术学校教师的进修和提高，那是远远不够的，还必须大力发展和采用函授、夜大学和自学考试等多种形式，来满足职业技术学校教师进修和提高的需要。

总之，改革高等师范教育结构，建立职业技术师范教育体系，是推动中等教育结构进一步改革的关键措施。吸取外国的经验，结合我国的具体国情，我国发展职业技术师范教育应采取职前培养和在职培训并重；研究生院、本科、专科以及各级教师进修机构互相衔接；函授、广播、电视与自学考试并举的方针，逐步建立起一个上下衔接、纵横交错、紧密相连的中国式的职业技术师范教育体系。

论人文关怀与教师的发展 *

长期以来，人们对教师的评价主要强调其工具价值，教师职业的内在价值没有得到应有的重视。近年来关于教师生存状况的各种调查资料表明，教师普遍面临着较大的压力，职业倦怠现象较为严重，心理健康状况欠佳，对工作的满意度偏低。要改善教师的这种不良生存状况，迫切需要加强对他们的人文关怀。

一 对教师人文关怀的内容与特征

何谓"人文关怀"？人文关怀是立足于人的尊严、独立、自由的个性，给人的生存和发展以关注，旨在提高人的生活质量，提升人生的意义和价值。对教师的人文关怀，既包括社会和他人对教师的人文关怀，也包括教师对自己的自我人文关怀。

1. 对教师人文关怀的内容

教师的发展是人的发展，是生命的存在与成长。教师是生命的人，离不开一定的物质基础，同时教师是生活的人，是现实的人，他有着自己的生活世界；教师是生成和发展的人，他不会停留于某种已完成的东西上，他永远处于不断的自我塑造和自我创造中。同时，教师也是整体的人，他的生命是整体性的生命。因而，对教师的人文关怀包括如下内容。

第一，关怀教师人性化的生命。教师是人，人是一种非定向化的存在，是具有多种可能性的存在。关怀教师人性化的生命，也就是尊重每一个教师不同的天赋、兴趣、性格、情感和体验等。在现实教育中，教师的

---

* 本文由何齐宗与沈辉香合著，原刊于《教师教育研究》2006 年第 6 期。

教学观念、教学行动常被考试成绩和升学率束缚，被各种不合理的要求、规定和制度压抑，从而失去了个性与创造性。关怀教师人性化的生命，承担着尊重和解放教师的重任，其目的在于还教师一个真实的自我。

第二，关怀教师整体性的生命。教师的生命成长并不是单方面的、孤立的，而是整体性的、有机联系的。关怀教师整体性的生命，包括对教师身体和心理的全面关注，要给教师创造良好的生活环境和工作环境，要让教师把教育当成一种事业、一种追求。教师在追求事业的过程中会焕发出内在的尊严与欢乐，凸显生命潜能与智慧，不断提升和超越自我。

第三，关怀教师发展中的生命。教师的发展是一个动态的、周期性的过程。美国学者 Ralph Fessler 和 Judith C. Christensen 在《教师职业生涯周期》一书中提出了一种教师职业生涯周期理论。[①] 他们将教师职业生涯周期分为职前期、职初期、能力建构期、热情与成长期、职业挫折期、职业稳定期、职业消退期、职业离岗期等八个阶段。在这些不同的阶段，教师的知识、能力、情感、需求、感受和心态等具有不同的特点。如果忽视教师的这些发展规律，教师在发展过程中就容易出现各种各样的问题。如"职业挫折期"的不安、压力、沮丧和倦怠等现象，就是现时教师中职业压力及职业倦怠等问题的表现。《教育——财富蕴藏其中》一书特别强调人在发展中的地位，明确提出，"人既是发展的第一主角，又是发展的终极目标"。[②] 关怀教师发展中的生命，要求我们遵循教师发展的规律，在教师发展过程中适时地提供必要的支持与指导。

2. 对教师人文关怀的特征

对于教师而言，人文关怀主要具有如下特征。一是尊爱生命。任何人的生命都是自然生命和价值生命的统一体，教师也不例外。尊爱教师的生命，也就是尊重、爱护、敬畏教师的自然生命和价值生命。教师在奉献的同时，应当取得相应的回报。在这个意义上，教师的生存状况、生活条件及经济收入的改善具有合理性，应当纳入对他们的人文关怀之中。关注教师的价值生命，意味着应当努力使教师将其职业视为自身生命价值和意义的体现，使教师从教学中获得情感的愉悦和生命成长的体验。

---

① ［美］Ralph Fessler、Judith C. Christensen：《教师职业生涯周期》，董丽敏等译，中国轻工业出版社 2005 年版，第 40—41 页。

② 国际 21 世纪教育委员会向联合国教科文组织提交的报告：《教育——财富蕴藏其中》，联合国教科文组织总部中文科译，教育科学出版社 2003 年版，第 71 页。

　　二是彰显主体性。彰显教师的主体性，就是要让教师成为自尊、自立、自强、自律的人，对自己的人生价值有清醒的认识，有高度觉醒的自我意识，自己是自己的主人。具有主体性的教师有自我教育、自我批判、自我发展、自我完善的能力，他们志向高远，睿智灵活，热爱真理，富有创新精神，对社会有高度的责任感。在具体的教学中，他们会将自己的兴趣和爱好有机地融于其中，从而形成自己独特的教学风格。关怀教师的主体性，应当充分发挥教师的能动性和创造力，鼓励教师表现自我和张扬个性。

　　三是回归生活。生活是人的生命的存在形式，人在生活中表现自己自主、自由的生命，体验生命的灵性与律动。只有当教师回归生活，才能走进学生的生命世界，才能培养出具有生命活力的生活者、创造者。倡导教师回归生活，主旨在于使教师对自己负责，追求幸福而有意义的生活。

　　四是追求崇高。崇高是人生的一种境界，它意味着人不满足于当下的发展水平，努力地向人性所能达到的高度不断提升。崇高并不神秘，也非高不可攀。只要一个人对伟岸人格肃然起敬、心驰神往，并在生活和工作中经常保持一种奋发向上的态度，并身体力行地践履自己的理想，就是在追求崇高。教师也是这个道理，他完全可以在自己的生活和工作中向往崇高、追求崇高。当他在与充满生机、求知欲旺盛的学生进行心灵的沟通与对话，当他在传承和创造着民族精神与未来的时候，他也就是在追求崇高。教师的职业特性决定了教师追求崇高主要体现为追求真善美。"求真"是追求崇高的根基，因为教师科学的求真精神，不仅仅是求得对知识的理解和掌握，也包括对知识的改造与利用，并由此转化为学生追求有意义的人生动力和力量。教师的重要精神特质就是向善和求善。一个教师如果没有了善，就意味着从根本上丧失了从教的资格。美是诗性的，审美是对人生命的体验与享受。19世纪俄国美学家车尔尼雪夫斯基说过：凡是我们可以找到使人想起生活的一切，尤其是我们可以看到生命表现的一切，都使我们感到惊叹，把我们引入一种乐观的、充满无私享受的精神境界，这种境界就叫作审美享受。教师在追求教育美的理想中，与学生共享自由与愉悦，师生的生命因此而得到舒展和升华。

二 人文关怀对教师发展的价值

人文关怀对教师发展的价值，包括工具价值和本体价值两个方面。前者指它对教师职业发展的价值，后者指它对教师个体发展的价值。

1. 人文关怀与教师职业的发展

人文关怀对教师职业发展的价值，首先表现为它有助于教师树立坚定的职业信念。教师的职业信念是教师在对自己的职业有了深刻的认识后，对自己所从事的教育教学活动价值所产生的坚信不疑的态度。人文关怀有助于教师树立坚定而科学的职业信念，激励他们满腔热情地投身于教育事业。它可以使教师在从事教育劳动时，树立正确的教育理念，自觉地遵循教师职业要求，形成教育劳动自律。教师劳动的对象是人，是一个个鲜活的、同时又是处于不断发展变化中的生命独特体；其劳动的过程也具有其他职业所没有的艰难，它必须在真实的教学情境中机智地开展活动；其劳动的成果并不生产出现成的"产品"，而是在时间的长河中、在社会的发展中慢慢显现。教师劳动的这些特点要求教师树立坚定的信念。人文关怀有助于教师将坚定的职业信念当作自己的精神支柱。

其次，人文关怀可以强化教师职业的幸福体验。缺少了人文关怀，教师很可能会将教育教学看成不得不勉强应付的苦差，而不可能从中获得愉悦和满足。有了人文关怀，则可以强化教师职业的幸福体验，使教师在教育教学中创造和享受欢乐与幸福。如果教师具有职业幸福体验，那么，学生在教育教学活动中也将分享这种幸福体验。这时，教师和学生也就是在一起创造和享受美好而有意义的教育教学生活。

2. 人文关怀与教师的自我发展

人文关怀对于教师的自我发展也具有重要的意义。这种意义首先体现在教师自我发展的意识上。自我发展意识是教师自我发展行为的先导。如果教师没有自我发展意识，就不会有自我发展；如果教师的自我发展意识不健全，就会阻碍教师的自我发展。人文关怀有助于教师自我发展意识的强化，扩展和丰富教师的价值。借用柏格森的生命哲学观，人文关怀下教师的自我发展意识，就如"生命之流"的冲动，有了这种冲动，生命才会不断地求新求变，永葆青春的活力。

其次，人文关怀可以促进教师人格的发展。教师的人格是教师在日常生活和教育教学中所表现出来的品位与格调。人文关怀是培养教师健康人格的沃土，它会引导教师更好地洞察人生、完善心智、净化灵魂、理解人生的意义与目的。人文关怀以其内在的深邃性、丰富性陶冶着教师的心灵和情感，使教师超越世俗功利的需求，提升其内在的生命价值。在人文关怀下，教师人格的发展具体表现为和谐人格、自由人格和创造人格的实现。

教师的和谐人格是教师人格中多种构成要素的有机统一和协调发展，它主要包括健康的身心人格、高尚的道德人格和独特的个性人格等内容。所谓健康的身心人格，顾名思义，它包括身体人格和心理人格两个方面。身体人格（也有人称之为体格）常为人们所忽视，但实际上却很重要。体格是人体活动的一种能力，是人体在运动、劳动及生活中表现出来的力量、速度、耐受力、灵敏度和柔韧性等。对于教师来说，健康的体格非常重要，因为教师的劳动虽然以脑力为主，但同时也需要体力的参与，而且脑力也需以体力作为支撑。健康的心理素质对于教师来说也很重要，只有心理健康的教师才能培养出心理健康的学生。教师的道德人格必然是高尚的道德人格，它集中体现于教师的善和教师自律。如果教师没有对善的信仰和坚守，也就失去了为人师表的资格。教师自律能够发展自我、完善自我，最大限度地开发自己的潜能。个性人格是指教师人格中区别于他人的独特性。教师的个性人格与和谐人格具有密切的关系，和谐人格以个性人格为前提，它内在地包含人格的多样性和差异性。

自由人格具有对外部世界的超越性，它对外部条件和规定不会唯命是从，而是更多地从自己的理想和信念出发。具有自由人格的教师在教育教学实践中，敢于拒绝执行来自各方面的违反学生身心发展规律的要求，敢于否定不合理的教育内容和教育方法，勇于与错误的教育观念作斗争。当然，教师的自由人格不是放纵的，而是有节制的，他在追求自己的自由人格的同时也尊重他人（同事和学生）的自由人格，他的自由人格的实现同时也是他人（同事和学生）的自由人格的实现。

创造是人类的普遍本性，一旦放弃了创造，人也就意味着与"物"无异，自动放弃了"人"的资格和身份。同样的道理，创造也应成为教师的重要品质。具有创造性的教师，无论在工作、学习，还是在生活中，都会表现出创造性。"他总是灵活地对待一切问题和新经验，对它们充满好奇心，并随时准备为自己原有个性特征增加一些新的东西。与此同时，他总是试图与自己陈旧的观念和已经确立的生活方式道别和分手，防止自己的观念在一个时时变化的社会中变得陈旧和过时。"[1]

三　对教师人文关怀的基本思路

对教师的人文关怀，主要应从两个方面着手：一是给教师创设一个和谐的外在人文环境；二是要求教师对自己予以人文关怀。

1. 外在人文环境的创设

外在的人文环境包括良好的社会氛围和学校环境。人文环境的创设，首先要保证教师的社会地位和经济地位。杜威曾经深刻地指出："有一件事是每一个人必须做的，这就是生活；有一件事是社会必须做的，这就是要求每一个人对社会的共同福利做出相当的贡献，并使每一个人得到公平的报酬。"[2] 教师对社会做出了贡献，理应得到公平的报酬。"假如把牺牲性的行为看成是只对别人有意义而对自己毫无意义的行为，这恰恰意味着自己只不过是一件工具而不是一个显示着人的价值的人，如果一个人自身是无价值的，那么他所做的牺牲也就成为无道德价值的贡献。"[3] 在经济上对教师的工作予以肯定，有利于引起公众对教师工作的关注，提高教师的社会地位。在创设人文环境的时候，还要注重培植和引导正确的社会舆论。社会各界应有意识地为教师提供宽松的舆论环境，对教育中出现的问题持理性的态度，减轻教师的精神压力，为其提供自我发展、自我反思和自我超越的良好社会环境。

其次，教育教学改革要尊重一线教师的意见和感受。国际21世纪教育委员会主席雅克·德洛尔认为："没有教师的协助及其积极参与，任何改革都不能成功。"[4] 当前基础教育新课程改革遇到了不少困难，重要原因在于这是一种自上而下的改革，教师只是改革方案的执行者，没有取得

---

① 聂振斌等：《艺术化生存——中西审美文化比较》，四川人民出版社1997年版，第496页。

② ［美］约翰·杜威：《民主主义与教育》，王承绪译，人民教育出版社2002年版，第233页。

③ 赵汀阳：《论可能生活》，生活·读书·新知三联书店1994年版，第76页。

④ 国际21世纪教育委员会向联合国教科文组织提交的报告：《教育——财富蕴藏其中》，联合国教科文组织总部中文科译，教育科学出版社2003年版，第15页。

他们的认同。这样的教育改革，会使教师产生失落感和消极情绪。因此，教育教学改革应鼓励教师积极参与决策，充分尊重他们的意见和建议，调动他们的积极性，增强他们的责任心。

再次，学校要构建人文关怀的氛围。学校制度和学校管理应以人为本。人文关怀是以人性、道德、理想等精神因素发挥教育管理作用的，它通过对教师潜移默化的影响，使其获得一种内在的尊严与力量，从而实现管理目标。学校在制定管理制度时要体现人文关怀，在管理实施过程中也要体现人文关怀。比如，在制定制度时，要确保教师的工作量控制在合理的范围之内，使他们有足够的休闲时间；在管理的实施过程中，教师应成为管理的主人，而不是管理的奴仆或附庸；应多与教师进行平等的沟通和对话，诚心诚意地听取他们的意见。俗话说，一个好校长就是一所好学校，校长是办好学校的关键。校长在学校管理中，不能只着眼于制度化的层面，而应在管理中体现"目中有人"的理念，这在很大程度上取决于校长的人格魅力，取决于校长之爱。他应善于协调上下左右的关系，以促进教师群体健康地发展。他要积极了解每个教师的需要和个性特点，挖掘蕴藏在每个教师身上的潜能，为他们提供施展才华的机会。

2. 教师的自我人文关怀

教师的发展仅仅依靠外在的人文环境是不够的，教师必须有意识地对自己予以人文关怀。教师自我人文关怀的实现，首先要求教师树立正确的价值观和自尊感。每个教师都应有自己的追求、理想和信仰。他应当认识到，从事教师这一职业并不仅仅简单地完成社会交给自己的使命，不仅仅是为了学生的发展而纯粹地奉献和牺牲，也是为了实现自己的人生价值和理想。自我尊重是个体与生俱来的内在潜能和力量，它对个体的成长和发展有着重要的促进作用。"它既包括希望得到别人的尊重，如得到赏识、关心、重视、赞许、支持、拥护和高度评价等；也包括个人对自己的尊重，如希望自己有尊严、有实力、有成就、有能力和有价值等。"① 一个没有自尊感的教师，也不可能得到别人的尊重。

其次，教师要把教育看作人文关怀的事业。关怀和被关怀是人类的基本需要，人们彼此都需要关怀。在教育活动中，教师有着双重的身份，既是关怀者，同时又是被关怀者。传统的观念认为，教师是学生的关怀者，

---

① 张向葵等：《自我尊重：学校教育不容忽视的心理资源》，《教育研究》2003 年第 1 期。

他要关心学生的学习、关心学生的生活、关心学生的成长和发展。但是，教师作为被关怀者却常为人们所忽视。长期以来，我们一直以"崇高""光辉""伟大"等词语来称赞教师职业，以"人梯""蜡烛"等比喻来标示教师职业，其目的在于强化教师的奉献意识和牺牲精神。这是一种片面的认识。事实上，教师在奉献的同时，应当有所收获，事实上也确实有收获。这里所说的收获不只是体现在社会地位和经济收入上，而且也体现在精神的提升和自我价值的实现上。如果教师树立了这种意识，他就不会感到自己的工作只是在牺牲，而会从中感受到生命的充实和生活的乐趣。

再次，教师要在教育中创造和享受人文关怀。人文关怀的教育首先要求教师重视自身在教材加工改造中的地位和作用。教材是对人类社会历史经验的选择和抽象化，从表现形态上看它是静态的、没有生命的东西。但教师作为教材的使用者却是一个活生生的主体，他们有自己的个性、情感、阅历和体验，对同一教材内容会有不同的理解和感受，并进而做出具有自己特色的处理。正是由于教师的参与和投入，赋予了教材以生命的活力。"当教师不是机械地重复教育内容，而是将自己的'力'加进了教材时，教育活动对他便不再是被动的，外在的，而正是教师本性力量的流露。"① 假如教师只是照本宣科，那就只是充当教科书的传声筒，人文关怀无从谈起。教育过程中的人文关怀还体现在师生关系上。教师与学生的人文关怀是双向的、互动的，是师生之间人文关怀创造与享受的内在统一。教学是一种特殊的人与人之间的关系，教师与学生是平等的主体，双方都既有付出，又都有享受。教师既是人文关怀的创造者，也是人文关怀的享受者。反过来，学生既是人文关怀的享受者，同时也是人文关怀的创造者。教育本身就是创造和享受人文关怀有机统一的过程。

---

① 刘次林：《幸福教育论》，南京师范大学出版社 1999 年版，第 195 页。

教师的审美素养及其本体价值分析 *

关于教师素质的研究，以往主要限于智能结构和职业道德两个方面，后来扩大到身体素质和心理素质。但迄今很少有人关注教师的审美素养。是教师不需要审美素养吗？回答显然是否定的。教师的审美素养既具有工具价值，也具有本体价值。工具价值是指对教师创造教学艺术的价值，而本体价值是指对教师自身发展、完善以及提高生活质量的价值。本文主要讨论教师审美素养的构成及其本体价值。

一 教师审美素养的构成

一般来说，审美素养主要包括审美观和审美能力两个方面，教师的审美素养同样也是由这两个要素构成。

1. 审美观

审美观是人的世界观的重要组成部分。一定的审美观总是影响着人的审美趣味，指导着人的审美实践活动。它是人在社会实践活动中形成的对美、审美以及美的创造与发展等问题所持的基本观点。正确的审美观能帮助人们发现并深刻地感受美，同时按照美的规律改造自身和客观世界。尽管在审美领域中有很大的自由度，但人们在评价审美对象时总是有一定的尺度，这就使正确的审美观的确立成为必要。审美观是审美主体对审美对象的审美价值进行鉴赏、评价的主观标尺，它既表现为对横向美丑的判断，又表现为对纵向审美品级的鉴别。审美观与审美能力互相渗透与依

---

* 本文原刊于《高等教育研究》2006 年第 6 期，系笔者承担的全国教育科学规划课题"中小学审美人格教育的理论与实践研究"的成果之一，2007 年获江西省社会科学优秀成果三等奖。

存，审美观主导并制约审美能力的发展，同时又通过审美能力显现出来。因此，对于教师来说，树立正确的审美观是其审美修养的基本内容。

2. 审美能力

审美能力由审美感受力、审美鉴赏力和审美创造力三个基本要素构成。所谓审美感受力，是指审美主体对审美对象的感知能力，它包括审美感觉能力和审美知觉能力两个方面。审美感觉能力是指主体的审美感觉器官（主要是视觉和听觉器官）对审美对象的外在形式因素（如色彩、线条、声音、形态、质地等）的感觉能力。审美知觉能力是指审美主体对审美对象的完整形象的整体把握能力。人在审美过程中，通过多种审美感觉器官的协同活动，对审美对象的各种形式特征进行综合加工，从而形成对审美对象的整体印象。审美感觉和审美知觉合二为一统称为审美感知。审美感知是一种主动性的活动，它具有对形式进行抽象和选择的功能。由于各种心理要素特别是理性思维的参与，审美感知对对象进行筛选、简化、分析、综合，与特定的人类情感模式联系起来，从而引起一种特定的审美感受。审美感知对于审美活动具有重要的意义，具有审美感知力的感官（能感受音乐美的耳朵和能感受形式美的眼睛）是人类能够进行审美活动的基础和前提。一个人如果没有审美感知力，他就不可能与周围的现实建立审美关系。正是在这个意义上，苏霍姆林斯基指出："感知和领会美，这是……审美素养的核心。舍此，情感对任何事物都会无动于衷。"①

审美鉴赏力是指对美的对象的鉴别、欣赏和评价的能力。美的对象总是有内涵和有意蕴的。要把握美的对象的内涵和意蕴，就要依靠审美鉴赏力。审美鉴赏力是一种比审美感受力层次更高、理性因素更多的审美能力。如果说感受美是审美的初级阶段，是感性认识阶段，那么鉴赏美就是审美的高级阶段，是理性认识阶段。有了审美鉴赏力，就不但可以敏锐地感受到美的外在形式，而且能够领悟其深含的意蕴。审美鉴赏力需要通过审美实践来加以培养。艺术美作为自然美和社会美的集中体现，是培养审美鉴赏力的理想参照。教师应当广泛接触各种艺术作品，在鉴赏艺术美的实践过程中不断提高自身的审美水平。

审美创造力是指审美主体在感受和鉴赏美的基础上创造美的事物的能力。人们在现实中不仅欣赏美，而且还总是自觉或不自觉地创造美。高尔

---

① 李范：《苏霍姆林斯基论美育》，湖南人民出版社 1984 年版，第 8 页。

基说得好："照天性来说，人都是艺术家。他无论在什么地方，总是希望把'美'带到他的生活中去。他希望自己不再是一个只会吃喝，只知道很愚蠢地、半机械地生孩子的动物。他已经在自己周围创造了被称为文化的第二自然。"① 美的创造可以分为现实美（含自然美、社会美）和艺术美两大领域。自然的美化、生产劳动的美化、日常生活的美化及人与人之间关系（即社会关系）的美化等都属于现实美的创造。艺术美的创造范围也十分广泛，音乐、绘画、文学、雕塑、舞蹈、戏剧、摄影、书法等都属常见的艺术美的范畴。自然是人类的重要生活环境，它与人类的生存和发展息息相关。因此，美化自然也是美化人类生活的一个重要方面。人类的生产劳动是一种自由自觉的和创造性的活动，因而在本质上也是一种创造美的活动。马克思在分析人类劳动与动物本能活动的区别时曾经指出："人也按照美的规律来构造。"② 日常生活的美化包括生活环境的美化和服饰仪表的美化。日常生活的美化是与人类的文明发展进程相适应的，人类文明发展的程度越高就越重视自身及其生活环境的美化。人们在生产劳动和社会生活中，总是要同其他的人形成各种各样的复杂的社会关系，因此人际关系的美化也就具有重要的意义，应当成为人们创造美的重要领域。

　　教师创造美的活动既体现在其职业劳动——教育教学活动中，也体现在上面所说的自然、日常生活、人际关系及艺术中。教育作为人类的自我建构活动，当然也应当按照美的规律来进行。如果说美的因素在教育中暂时还比在一般艺术中所发挥的作用要小的话，其原因绝不在于教育本来在审美方面就有缺陷。苏联美学家叶果洛夫深刻地揭示道："在人的任何活动中……都有着这样或那样的审美价值。问题的实质并不在于，美在有些地方表现得多些，有些地方表现得少些。而是在于怎样为最充分地表现美创造条件，无论是在物质生产领域，还是在任何其他领域。"③ 教育领域理应成为充分展示美的重要的场所，教师应当有意识地通过教育美的创造活动来提高自身的审美创造能力。教师对于美的创造当然不能仅限于本职工作——教育教学活动中，还应当有意识地将美的创造活动扩展和渗透到其他的领域，尤其要重视日常生活和人际关系的美化，同时也可以根据主客观条件努力培养和发展自己的艺术爱好，这样他的审美创造能力才能得

① 转引自刘叔成等《美学基本原理》，上海人民出版社 1984 年版，第 363 页。

② ［德］马克思：《1844 年经济学哲学手稿》，刘丕坤译，人民出版社 2000 年版，第 58 页。

③ ［苏］叶果洛夫：《美学问题》，刘宁等译，上海译文出版社 1985 年版，第 31 页。

到更好的发展和更快的提高。

二　教师审美素养的本体价值

教师审美素养的本体价值是指它对教师自身的发展与完善以及提高生活质量的价值。这种价值具体体现在以下几个方面。

1. 解放和升华教师的感性

审美活动有助于教师感性的解放和升华。感性是人性的重要内容。人的本质不是思辨的抽象物，而是具体的感性存在物。马尔库塞指出："表现在感性中的需求和需要，……不仅是一种认识上的需求和需要……它们决定着人的整个存在：它们是人的本质的本体论范畴。"① 但是，人的感性往往受到理性的压制，以至于使人丧失了感知的敏感和激情。席勒曾经深刻地揭示道："心灵的感受性就程度而论与想象的活泼性相关，就范围而论与想象的丰富性相关。分析能力占主导地位必定剥夺了想象的激发和威力，对象领域的进一步限制必定减少了他们的丰富性。爱抽象思维的人往往有一颗冷漠的心，因为他们把印象分解了，而印象只有作为一个整体才能打动人的心灵。专业的人往往具有一颗狭隘的心，因为他的想象力限制在他的单调的职业圈子里，而不能扩大到陌生的表现方式中。"② 在他看来，理想的人格就是既有统一的理性，又有丰富多彩的个性特征；既能从事哲学思考，又能创作艺术；既温柔又充满力量；既有想象的青年性，又有理性的成年性。有鉴于此，他呼吁说，我们有责任通过更高的教养来恢复被教养破坏了的我们的自然（本性）的这种完整性。这种"较高的教养"就是审美教育，其着眼点是人的感性的解放。正是在这个意义上，黑格尔认为，审美带有令人解放的性质。升华感性是指将人的某些感性的欲望逐步淡化，摆脱其生理的本能的约束，使之从兽性的层面提升到人性的层面，使感性真正成为人的感性。教师的感性也需要通过审美活动来解放和升华。换句话说，审美活动也是解放和升华教师感性的重要途径。这是因为，审美活动是超功利和超实用的，它追求的是一种精神上的愉悦与

---

① 转引自劳承万《审美的文化选择》，上海文艺出版社 1991 年版，第 695 页。

② ［德］席勒：《美育书简》，徐恒醇译，中国文联出版公司 1984 年版，第 53 页。

满足。在审美活动中，审美主体"让对象保持它的自由和无限，不把它作为有利于有限需要和意图的工具而起占有欲和加以利用"。① 这就是说，审美活动中的主体与对象不是实用的关系——主体既不占有对象，也不消耗对象，而是观照对象、欣赏对象。正是主体与对象的这种审美关系，使主体能够摆脱动物性的束缚而获得充分的自由，从而上升到人性的水平。

2. 激发和陶养教师的情感

情感的激发与传达是审美活动最明显的功能之一，尤其是通过艺术的欣赏，可以使主体的情感得到激发和提升。艺术的审美形式按其实质来讲就是一种情感形式，一种能激发起情感反应的形象图示。正如德国思想家恩斯特·卡西尔所说："在艺术家的作品中，情感本身的力量已经成为一种构成力量（formative power）。"② 但是，人的情感往往会受到理性的干预或压抑，而不能得到正常的表现。蔡元培对这种情况有过深入的阐述："常常看见专治科学，不兼涉美术的人，难免有萧索无聊的状态。无聊不过，于生存上强迫的职务以外，俗的是借低劣的娱乐作消遣；高的是渐渐地成了厌世的神经病。因为专治科学，太偏于概念，太偏于分析，太偏于机械的作用了……抱了这种机械的人生观与世界观，不但对于自己竟无生趣，对于社会毫无爱情；就是对于所治的科学，也不过'依样画葫芦'，决没有创造的精神。"他认为，为了防止这种现象的发生，"就要求知识以外兼养感性，就是治科学以外，兼治美术。有了美术的兴趣，不但觉得人生很有意义，很有价值；就是治科学的时候，也一定添了勇敢活泼的精神"③。蔡元培的上述观点完全可以用来说明教师。教师如果没有一定的审美素养和审美情趣，不但会使自己的教育教学工作陷于机械呆板，缺乏创造精神，而且会造成情感贫乏、生活枯燥无聊。经常参加审美活动、尤其是艺术鉴赏活动，不但可以使教师的工作充满想象力和创造性，而且可以使教师的情感不断丰富、充实和发展。

3. 塑造教师乐观豁达的性格

审美素养有助于教师塑造乐观豁达的性格。具有这种性格的教师，会以积极、悦纳和宽容的心态去对待自己和观照周围的现实世界。一个人是否幸福与快乐，并不完全取决于客观的外在世界，在一定程度上取决于个

---

① ［德］黑格尔：《美学》第 1 卷，朱光潜译，商务印书馆 1979 年版，第 147 页。

② ［德］恩斯特·卡西尔：《人论》，甘阳译，上海译文出版社 1985 年版，第 189 页。

③ 文艺美学丛书编辑委员会编：《蔡元培美学文选》，北京大学出版社 1983 年版，第 1 37 页。

体内在的感受，取决于对问题的看法和态度。卡耐基说得好："我们内心的平静和我们在生活中所获得的快乐，并不在于我们身处何方，也不在于我们拥有什么，更不在于我们是怎样的一个人，而只在于我们的心灵所达到的境界。在这里，外在的因素与此并无多大关系。"① 审美活动对于培养这种优越的心灵境界大有助益。具有较高审美素养的教师能够在日常很多简单而平凡的事物中发现乐趣。无论是在教育教学工作中，还是在日常生活中，他都会保持平静和平常之心，不会牢骚满腹、怨天尤人。他会坦然地面对工作和生活中出现的烦恼、挫折和失败。同时，他会努力发现并充分享受工作和生活中的乐趣。他会清楚地认识到生命是短暂的，又是美好而有意义的，并且会使自己的生活过得充实而又富有意义。具有乐观豁达性格的教师就如美国心理学家马斯洛在论述自我实现的人时所描绘的：他们"会更有享乐、爱、笑和兴趣，会更具有幽默感，更为朴素，更为异想天开和更富有幻想，更可能是一个愉快的'疯子'，而且总的来说，更能使自己经常得到、评价和享有一般的情绪体验和一些特别高级的体验"。②

4. 丰富教师的生活情趣

一个教师如果具有较高的审美素养，他的生活就会充满情趣。梁启超曾经论述过审美与生活情趣的关系。他说："审美本能，是我们人人都有的。但感觉器官不常用或不会用，久而久之麻木了。一个人麻木，那人便成了没趣的人；一个民族麻木，那民族便成了没趣的民族。美术的功用，在把这种麻木状态恢复过来，令没趣为有趣。换句话说，是把那渐渐坏掉了的爱美胃口，替他复原，令他常常吸收趣味的营养，以维持增进自己的生活康健。"③ 他还独创性地提出了与美术家相对应的"美术人"的概念。他说："人类固然不能个个都做供给美术的'美术家'。然而不可不个个都做享用美术的'美术人'。"④ 现代美学家朱光潜对这个问题也发表过独到的见解。他说，艺术是情趣的活动，艺术的生活也就是情趣丰富的生活。他认为，人可以分为两种：一种是情趣丰富的，对于许多事物都

---

① ［美］戴尔·卡耐基：《平静》，《上海译报》1996 年 7 月 1 日。

② 瞿葆奎主编：《教育学文集·教育与人的发展》，人民教育出版社 1989 年版，第 419 页。

③ 俞玉滋、张援编：《中国近现代美育论文选（1840—1949）》，上海教育出版社 1999 年版，第 147—148 页。

④ 同上书，第 145 页。

觉得有趣味，而且到处寻求享受这种趣味；另一种是情趣干枯的，对于许多事物都觉得没有趣味，也不去寻求趣味。前者是艺术家，后者则是俗人。情趣愈丰富，生活也愈美满，所谓人生的艺术化就是人生的情趣化。在他看来，"人生本来就是一种较广义的艺术。每个人的生命史就是他自己的作品。这种作品可以是艺术的，也可以不是艺术的，正犹如同是一种顽石，这个人能把它雕成一座伟大的雕像，而另一个人却不能使它'成器'，分别全在性分与修养。知道生活的人就是艺术家，他的生活就是艺术作品"①。如果具有较高的审美修养，人生就无处不是艺术。朱光潜的观点对于人生可能有过分美化之嫌，但他强调通过审美活动来提高人的审美能力，使人过一种高尚而富有情趣的精神生活，则是应当肯定的。具有较高审美素养的教师，他会成为"生活的艺术家"。他不是以艺术作为自己的职业，但却以艺术的、审美的态度去对待生活、社会和人生。

5. 培植教师的超越品格

审美具有超越性，在这一点上可以说是达成了共识，并成为人们关于审美判断的牢固信念。康德在《判断力批判》中指出："对于美的欣赏的愉快是唯一无利害关系的和自由的愉快；因为既没有官能方面的利害感，也没有理性方面的利害感来强迫我们去赞许。"② 席勒也认为，人在日常生活状态或受感性冲动的强迫，或受理性冲动的强迫，都是不自由的。只有在游戏冲动即审美状态中，人才能摆脱感性物质的强迫和理性意志的强迫，从而获得人性的完整和自由。审美教养为什么可以实现人性的自由与超越？原因在于"审美教养使一切事物服从于美的规律，使自然规律和理性规律都不能束缚人的自由选择，并且在它赋予外生命的形式中显示出内在的生命"③。事实的确如此，审美是以精神活动的专注与对现实的超越为标志的。审美活动是一种超越了狭隘和粗陋的占有与拥有欲望后的一种具有升华性的人类生命活动。与现实保持一定的距离，摒弃各种私心杂念，超脱眼前的世俗功利，这是审美活动区别于其他精神活动的标志。在审美状态下，人已撇下了现实的重负，是站在现实之上或现实之外对现实的凝望与审视。这时，人会变得超然，不再斤斤计较于暂时的得失，心灵

① 《朱光潜美学文集》第1卷，上海文艺出版社1982年版，第533页。
② ［德］康德：《判断力批判》（上），邓晓芒译，商务印书馆1964年版，第46页。
③ ［德］席勒：《美育书简》，徐恒醇译，中国文联出版公司1984年版，第121页。

因此而获得自由，并产生欣赏对象的闲情逸致。对于教师来说，审美活动具有同样的意义。通过审美活动，可以使教师从一个更高和更全面的角度去审视和创造自己的生活，从而使其整个生活朝着超越之境不断地攀升。"当审美主体达到更纯粹、更个别化的他自己时，他也就能够同世界融合在一起，同从前的非自我融合在一起……同一性、自我中心的最大成就是在有自身的同时也超越自身，一种在自我中心之上和之外的状态。这时，人能变得相对的没有自我。"① 无可否认，具有超越品格的教师也有物质利益的需要，但他的追求不只是限于物质需要，还包括更重要的内容——精神生活的充实。美国心理学家弗洛姆说得好："人的定义最重要的方面是他的思想能够超出对物质需求的满足。"②

　　人的审美素养固然有先天禀赋的成分，但审美素养的提高与完善却主要依赖于后天的审美实践活动。审美实践活动大体包括两类：一类是审美欣赏活动，一类是审美创造活动。前者是审美的感受和体验过程。在这个过程中，主体通过静观现实和艺术中的审美对象而培养审美观和提高审美能力。后者是具体的审美操作过程。在这个过程中，主体通过改变或改造现实中的审美对象而培养审美观和提高审美能力。这个道理同样适用于教师。教师要提高审美素养，也必须直接感受美的事物，接受美的陶冶，并积极地利用各种机会从事美的创造。

① ［美］马斯洛：《存在心理学探索》，李文湉译，云南人民出版社 1987 年版，第 96 页。

② ［美］埃里希·弗洛姆：《生命之爱》，王大鹏译，国际文化出版公司 2001 年版，第 159 页。

审美素养：教师创造教学艺术的基础 *

教师的审美素养一般由审美观和审美能力两个方面构成，其中审美能力又具体包括审美感受能力、审美鉴赏能力和审美创造能力等基本要素。正确的审美观能帮助人们发现并深刻地感受美，并按照美的规律改造自身和客观世界。具有较高审美素养的人不但可以敏锐地感受到美的外在形式，而且能够领悟其深含的意蕴。审美能力可以使教师的情感得到提升，创造性得到激发。如蔡元培所言，若能在"知识以外兼养感情，就是治科学以外，兼治美术。有了美术的兴趣，不但觉得人生很有意义，很有价值，就是治科学的时候，也一定添了勇敢活泼的精神"。[1] 在这个意义上，苏联教育家赞科夫指出：美的尺度对于教育工作的成功也是需要的。教学领域理应成为充分展示美的重要场所，教师应当努力按照美的规律来开展教学活动。教师的审美素养与教学艺术的创造具有密切的关系，它是教师创造教学艺术的重要基础和前提。教学艺术的创造和教学艺术水平的提高都要求教师具有较高的审美素养。

一 教师的审美观与教学艺术的创造

教学艺术的创造是教师根据一定的审美观，按照美的规律进行的一种培养人的自觉和自由的活动。教师的审美观在教学领域内具体体现为教学审美观，它是教师在教学实践中形成的关于教学艺术的理性认识，是对教学审美现象的基本观点与看法，其主要内容是教学审美趣味、教学审美理

---

* 本文原刊于《教育研究》2005 年第 7 期，系笔者承担的全国教育科学规划课题"中小学审美人格教育的理论与实践研究"的成果之一。

[1] 高平叔编：《蔡元培全集》第 4 卷，中华书局 1984 年版，第 34 页。

想和教学审美标准。

教学审美趣味是教师在教学实践中对各种具有审美性质的事物和现象所表现出来的主观偏好和兴趣。它在一定程度上标志着教师审美能力的发展水平，反映了教师的审美修养和审美经验所达到的程度。教师的审美趣味是通过教师个人主观爱好表现出来的，由此决定教师在多种多样美的形态中选择的自由。教学审美趣味虽然是属于教师个人的主观偏好，但却受到他的精神境界的制约。从性质上看，教学审美趣味有高尚与低级、积极与消极、进步与落后、健康与庸俗之分。每一个教师都应当自觉地加强审美修养，树立正确的审美观，培养高尚、积极、进步、健康的审美情趣，不断提高自己的精神境界。

教育审美理想是指教师对美的教学境界的一种观念和蓝图，它体现了人对教学的审美要求和审美愿望。教学审美理想是教学审美趣味、愿望和要求的体现，但它又不同于一般的教学审美趣味、愿望和要求，它处于教学审美观的最高层次，是教学审美趣味、愿望和要求的升华。因此，教学审美理想具有更多的理性成分，它是教师在创造教学艺术的活动中出现的一种指向未来的创造性想象。一方面，它体现着人们关于教学艺术的理解、认识、愿望和要求；另一方面，它又表现为丰富而生动的个别形象，因而可以是人人不同的。无数优秀教师独具特色的教学艺术风格正是由此形成起来的。教学审美理想体现了主体的内在固有尺度的要求，因而一经产生就必定反过来促进教学艺术的创造。具体来说，教学审美理想体现着人们进行教学艺术创造的目标，激励着人们追求和创造教学艺术的热情，吸引着人们为创造更加美好的教学而努力。

教学审美标准是衡量和评价教学现象的美丑及其审美价值高低的尺度。虽然人们的教学审美活动不可避免地带有个人兴趣和爱好的主观倾向性，但它并不是全凭个人主观好恶进行的，而是以对教学具有普遍有效性的一定尺度为依据。教学审美标准是客观存在的，作为教学审美过程中的理想因素，它是教学审美主体对教学审美客体的能动反映，是由教学审美经验上升到教学审美理想的结果。它为人们的教学审美实践所规定，又不断受到人们的教学审美实践的检验和修正。

一般来说，每个教师都具有自己的教学审美观，只是有的自觉，有的盲目；有的正确，有的错误；有的高尚，有的庸俗。有的教师受传统观念的影响，只看到教学活动的教育价值，而忽视其审美意义。在他们看来，除文学、美术、音乐等传统美育学科外，其他学科的教学都与美无关、无美可言。当然，也有一些教师在教学过程不考虑实际需要，片面追求美的效果，为美而美。教学艺术的审美价值与教育价值应当是有机统一的，否则就不是真正的教学艺术。比如，教师的服饰美不等于时装艺术，教育的表情艺术也与演员迥异，教师的语言艺术也不能跟相声、说书艺术相混淆。苏联教育家巴班斯基曾经指出：一堂课之所以必须有趣味性，并不只是为了引起笑声，趣味性应该使课堂上掌握所学材料的认识活动积极化。教学中的趣味性应该引导学生去研究问题，而不是诱使他们把问题撇在一边。众所周知，幽默是教师在教学过程中经常采用的教学艺术手段，幽默有着深刻的内涵。教师的幽默应当表现为高雅的情趣，幽默中富有哲理，它是智慧、哲理、机敏、隽永的结晶，是以丰富的学识和深邃的涵养为基础的，是一种高级的雅趣。它据于理而钟于情，基于真而止于善，它是引导学生从侧面或背面去接近真理，唤醒道德。教学艺术应当以教育性为出发点和最终目标。任何教师在创造教学艺术的时候，都必须将促进学生的发展这个目标放在首位，应当使教学艺术的审美价值与教育价值处于良好的协调状态，教学艺术的审美价值应服从于教育价值，既重视教学的教育价值，又注意教学的审美意义；既关注教学艺术的形式，又重视教学艺术的内容。作为教学艺术创造的主体，教师的教学审美观直接影响教学艺术创造的性质和价值。正确而高尚的教学审美观对于教学艺术的创造具有重要的指导价值和促进意义。反之，错误而庸俗的教学审美观则会阻碍教学艺术的创造与发展。

二　教师的审美能力与教学艺术的创造

教师只有具备较高的审美能力，才能更好地感受教学领域的美，享受丰富的教学美感。在教学中，各种教学要素以及教学的各个方面都蕴含着丰富的审美内容，能否发现这多姿多彩的美，关键在于教师是否具有较高的审美能力。如果缺乏起码的审美能力，就会对教学中的美的事物、美的对象无动于衷，或熟视无睹，或充耳不闻；而如果具有较高的审美素养，则会经常以艺术的态度对待教学，以审美的眼光观照教学，从而发现教学中丰富多样的美。罗丹说得好："所谓大师，就是这样的人，他们用自己的眼睛看别人看过的东西，在别人司空见惯的东西上能够发现出美来。"①
真正的教学艺术家，其审美感受性是特别敏锐的，他们能够以自己的独特
的眼光去感受和发现教学领域的美，并开拓教学艺术的新天地。

教师的审美能力直接影响教学艺术的创造。优秀的教师与平庸的教师
的重要差别，可能不是他们所具有的知识、能力或道德水平，而在于他们
的审美能力。优秀的教师由于具有较高的审美能力，而且这种能力已经成
为职业品质的有机成分，深深地渗透于他的教学理念和教学行为之中，所
以，将教学工作看成一门陶养灵魂的高尚艺术。他不光运用丰富的知识和
娴熟的技巧，更重要的是能自觉地使自己的教学按照美的规律来进行。如
果让他教语文，他会深入挖掘和充分利用每一篇课文潜在的美，并尽可能
地使这些美得到丰富、充实和升华，使学生在美的沐浴下获取知识、发展
能力、陶冶情操；如果让他教数学，他会把看似枯燥的数字、公式和定理
讲得有声有色，学生从中可以感受到科学的简洁、和谐与对称的美，并且
为数学方法的神奇和美妙所折服；如果让他教化学，他会向学生描绘元素
符号的深刻寓意、分子结构式的严整风格与优美外形以及化学方程式的对
称、统一、简洁与和谐，从而向学生展示一个奇妙无比、令人神往的化学
世界；如果让他教生物，他会带领学生畅游绚丽多姿、精彩纷呈的自然王
国……总之，在优秀教师的教学中，各个学科都有取之不尽、用之不竭的
美的资源，他们都能充分地发挥其作用，使学生在掌握科学知识、培养能
力和陶冶品格的同时，还能获得精神的愉悦和美的享受。

审美素养的提高与完善，主要依赖于后天的审美实践活动。赞科夫曾
经深刻地论述过这个问题：敏锐的审美知觉，却并非只有艺术家才能具
备，我们做教师工作的人，了解这一点很重要：我们当中的每一个人都有
一定的艺术能力，我们必须在自己身上发现它，这才是顺利前进的前提。
当然，这只是前提，往后还要自己下功夫，但这种功夫已经不是一桩苦
事，而会鼓舞人，给人以灵感和力量。教师要提高审美素养，最重要的是
要直接感受美的事物，接受美的陶冶，从事美的创造。在对各种美的对象
的审美体验中，艺术具有特殊的功能。这是因为艺术美既是现实美的升
华，又是审美理想的实现，比其他形态的美更典型、更具有示范性，因而
也更能有效地培养和提高教师的审美素养。

---

① ［法］罗丹口述：《罗丹艺术论》，沈琪译，人民美术出版社 1978 年版，第 5 页。

略论教学艺术创造的基本原则[*]

教学艺术的创造是有规律可循的。我们应当加强对教学艺术创造的研究，探索教学艺术创造的规律，从而引导教师更加自觉而有效地进行教学艺术的创造。教学艺术创造的原则是教学艺术规律的反映，它对教学艺术的创造活动具有重要的指导意义。它既指导教学艺术的构思，也指导教学艺术的传达，贯穿于教学艺术创造的整个过程。教师在创造教学艺术时应着重处理好以下几种关系。

一 继承与创造

马克思指出："人们自己创造自己的历史，但他们这种工作并不是随心所欲，并不是在由他们自己选定的情况下进行的，而是在那些已直接存在的，既有的，从过去继承下来的情况下进行的。"① 这个道理在一定程度上也适应于教学艺术的创造。

教学艺术风格是独创的，却不是无所依托、凭空产生的。它当然不能为传统所囿，但也不排斥别人任何有益的东西。每个教师的教学艺术风格，都是在继承和吸收别人教育经验的基础上，通过长期不懈的探索和创新而逐步形成和发展起来的。换句话说，它是博采众长和励精图新相结合的产物。因此，对于一个教师来说，为了独创而首先学习别人，这是形成自己的教学艺术风格的一条普遍规律。教学艺术风格的形成需要继承和学

---

* 本文原刊于《现代教育论丛》1993 年第 5 期，系作者承担的全国教育科学"八五"规划青年专项课题"教育美学研究"的成果之一。

① 中共中央马克思恩格斯列宁斯大林著作编译局编著：《马克思恩格斯全集》第 1 卷，人民出版社 1996 年版，第 603 页。

习，教学艺术风格的发展同样要依靠这个手段。为了使自己的教学艺术之树常青，要求教师不断地汲取营养，学习别人的有益经验。在历史上，无数中外教育家留下了丰富的教学艺术遗产。在现实中，很多优秀教师积累和总结了大量教学艺术经验。我们应当继承这笔珍贵的财富，以作为我们自己创造教学艺术的借鉴。

当然，在教学艺术的创造过程中，继承毕竟只是手段，而创新才是最终的目的。教学活动是一种精神劳动。一般来说，物质生产要求"程序化""标准化"。先进的生产工艺和技术可以复制、可以原样推广。一个工厂可以通过引进一种先进的工艺和技术，使生产得到极大的改观。而精神生产却是个性化的。教学作为一种精神生产劳动，它也具有强烈的个性化特征。一所水平一般的学校不可能通过照搬某个先进学校的经验而成为一所先进的学校。同样的道理，一个普通的教师也不可能通过模仿某个优秀教师的教育方法而成为一名优秀教师。正是在这个意义上，苏霍姆林斯基指出："即使是最好的、最精密的教学法，只有在教师加入了自己的个性，对一般的东西加入了自己的、经过深思熟虑的东西以后，它才能是有效的。"① 他还进一步强调说："只有你在其中倾注了自己的智慧，自己活的思想的教学方法，才是最好最有效的方法。"② 在教学活动中，每个教师都可以根据自身的实际条件，采取自己得心应手的方式方法，创造出独特的教学艺术风格。仅以语文教学为例，有的强调生动活泼的课堂气氛，有的强调扎实严谨的课堂秩序；有的善于激发学生的情感，突出以情感人；有的善于剖析课文的内蕴，突出以理服人；有的唇舌功夫好，以朗诵作为突破口；有的写作能力强，以写作为序安排教学。这些不同的风格和方法，经过教学实践的检验，都收到了良好的效果。③ 教学艺术风格对于构成教学艺术美的丰富性具有重要的意义。正是由于教学艺术风格的存在，才不断地增添着教学艺术百花园的无穷意趣，满足人们丰富多样的教育审美要求。

① ［苏］苏霍姆林斯基：《给教师的建议》，杜殿坤译，教育科学出版社 1984 年版，第 411—412 页。
② 同上书，第 412 页。
③ 参阅李成岁《谈教学的特色与风格》，《人民教育》1984 年第 7 期。

二　主导与主体

　　教学艺术作为艺术家族中的一员，跟其他艺术相比有共同点，但也有特殊性。从创造过程来看，其特殊性主要表现在，其他艺术基本上是创造者独立完成的；而教育艺术却不同，它需要学生的参与，而且是同步参与。

　　可以说，教学艺术在一定程度上是主导（即教师）和主体（即学生）合作的艺术。在教学过程中，教师不仅自己要进行创造，而且要鼓励学生去创造。只有师生双方的创造性都得到充分发挥和表现，教学过程才是教学艺术的创造过程。我国现代教育家俞子夷先生对这个问题发表过独到的见解，他在《教学法的科学观和艺术观》一文中明确指出，教学是艺术，教师是和学生共同活动的，领导学生成长发展，所以教师的活动比戏剧家、文学家、美术家等活动更困难、更复杂。他认为，戏曲家的艺术是把剧本的内容用言语姿势尽情地表现；美术家的艺术是把自然的美或自己理想的美用色彩和图案或别的东西尽情地表现。他们虽然也要顾及听戏的、看文艺的、鉴赏艺术品的人们，但是他们的表现却重在自己的主观上面。而教师却不能这样。"他一方面要尽情表现，一方面又不能不把学生当中心。听戏，看文艺，鉴赏美术，是随意的。听得懂就听，听不懂就不妨走；看得懂就看，看不懂就不妨换一种；以为好就鉴赏，以为不好就不管他，教员却不能。学生听不懂，要改到学生一定听得懂，并且愿听；学生看不懂，一定要设法使他看得懂，并且愿看。所以教育的艺术，是一种介绍、传达、引导的艺术，比文学家、美术家稍不同，比戏曲家似乎相像而更困难。"① 俞子夷的上述观点，在一定程度上揭示了教学艺术的本质特征。

　　优秀教师在教学活动过程中都十分重视与学生密切合作。特级教师斯霞就是一个典型。正像有人所总结的，斯霞的教学风格和艺术达到如此完美的境地，不只是通过教师单方面的活动所能显示出来的，还离不开学生的一方面。她上课，自始至终和学生融为一体，和学生共同活动着。我们听她的课，总觉得被一种魅力吸引着。吸引我们的不只是教师，还有坐在

---

① 　董远骞等编：《俞子夷教育论著选》，人民教育出版社1991年版，第74页。

下边的一排排学生。她一进教室，孩子们就个个全神贯注，睁大眼睛望着她。她立即把他们的情绪稳定下来，注意力集中起来，积极性调动起来，智慧的火花点燃起来。在她的教学过程中，只要她一提问，就立即引起学生的积极反应，竞相举手，争先发言。在这里，学生举手不是随大流，不是例行程式，而是真正表示他们学习的主动性、积极性，表现了他们对获取知识的快乐感和对学习的责任心。他们讲错了不怕难为情，讲对了不自以为是。他们互相补充着，互相校正着，有时还对别人的发言加以评议。她像一个乐队的指挥，指挥着每一个演奏者尽情弹奏。她的眼神、她的音调、她的手势，都是她的教学语言，学生们都能心领神会。她总是不失时机地、巧妙地把学生不同的思路接通起来，把他们零散的语言组织起来，把他们的智慧凝聚起来，从而做出恰当的结论。这个结论未必是她预先写在教案上的现成词句，而常常是她即时用学生的思想语言提炼出来的，是集体智慧的结晶，闪烁着每个学生的智慧之光。对于这样的结论，每个学生都感到高兴，因为这是他们和教师共同得出来的。[①]

斯霞的经验具有普遍的意义。每一个试图踏上教学艺术创造之路的教师，都应该认识到：教学艺术不只是教师单方面的事情，它涉及学生，需要教师与学生双方的密切合作。

三　内容与形式

黑格尔说："美的要素可分为两种：一种是内在的，即内容，另一种是外在的，即内容所借以表现出意蕴和特性的东西。"[②] 任何具有审美价值的事物，都是内容和形式的统一体。教学艺术也是内容与形式的有机统一。教学艺术内容是指教学艺术所要表现的东西，教学艺术形式是指教学艺术内容的表现形式。

在教学艺术中，内容和形式是对立统一的关系。说它们是对立的，主要在于它们两者并不是并列的，而是一种主从关系。具体而言，即教学艺术内容是第一位的，教学艺术形式是第二位的，教学艺术内容决定教学艺

① 参阅斯霞《我的教学生涯》，上海教育出版社 1982 年版，第 260—261 页。
② ［德］黑格尔：《美学》第 1 卷，朱光潜译，商务印书馆 1979 年版，第 25 页。

术形式，教学艺术形式必须服从并服务于教学艺术内容。无论是没有内容的形式，或是没有恰当地表现内容的形式，都是不可取的。离开了为教学艺术内容服务这个前提，或者离开了与教学艺术内容的关系，孤立地谈论教学艺术形式，都是片面的。马克思指出："如果形式不是有内容的形式，那它就没有什么价值了。"① 比如，一般来说，教师表情艺术中的微笑是美的，但是，如果在讲授悲剧性内容的时候，教师还面带微笑，这就不是美了。教学艺术的内容和形式之间，除了对立的一面外，还存在统一的一面。别林斯基说："如果形式是内容的表现，它必和内容紧密地联系着，你要想把内容从形式分出来，那就意味着消灭了内容；反过来也一样：你要想把形式从内容分出来，那就等于消灭了形式。"② 教学艺术的内容和形式，同样相互依存，彼此制约。内容虽然决定形式，但形式对于内容也有反作用。这种反作用有两种基本情况：当教学艺术形式适用于教学艺术内容，即教师找到了教学艺术内容的方式方法，并给以恰切的表现时，这样的教学就增加了吸引力和感染力；相反，当教学艺术形式不适合教学艺术内容，即教师找不到适合教学艺术内容的方式方法时，就会削弱以致破坏教学的艺术魅力。教学艺术的表现形式与教师的主观条件（如教育技能、技巧等）有着密切的关系。对同一教学艺术内容，一般教师与优秀教师所做出的教学艺术表现有高低之分，而且可能差异悬殊，这是教学艺术才能和技巧在起作用。有才能的教师，善于以完美的教学艺术形式恰到好处地表现教学艺术内容。因此，我们在强调教学艺术内容的同时，不可忽视教学艺术形式。适应教学艺术内容的需要，选择最恰当的教学艺术形式，以促进教学艺术内容的发展，这是教学艺术创造的一项重要任务。

　　总之，教学艺术是内容与形式的有机整体，内容和形式都不能单独存在。二者一旦分离，教学艺术生命也就完结。教学艺术内容和形式的完整统一，是教学艺术创造的基本要求，也是教学艺术美的必要条件，内容和形式的任何不协调、不适应以至相分离，都是对教学艺术美的破坏。

---

① 中共中央马克思恩格斯列宁斯大林著作编译局编著：《马克思恩格斯全集》第 1 卷，人民出版社 1972 年版，第 179 页。

② ［苏］别列金娜选辑：《别林斯基论文学》，梁真译，新文艺出版社 1958 年版，第 147 页。

四　多样与统一

多样统一是形式美的最高法则，是对形式美中的对称、平衡、整齐、对比、比例、虚实、主从、参差、节奏等规律的集中概括。多样与统一，是事物对立统一规律在人的审美活动中的具体体现。"多样"是指构成整体的各个部分形式因素的差异性，"统一"是指这种差异的彼此协调，体现了事物的整体联系。因此，多样统一就是在丰富多彩的表现中体现某种一致性。只有多样而不统一，就会显得杂乱无章；只有统一而无多样，则会显得呆板单调。作为形式美的规律，既要求多样，又要有统一；既要在多样中见统一，又要在统一中见多样。只有各独立的差异面在特定的组合关系中显出一种内在联系，并构成统一整体，才会给人以美感。

多样统一的法则完全适用于教学艺术。比如说教学的节奏，一方面，要使整个教学过程结构严密紧凑，否则就会给人以松懈之感；另一方面，又要注意变化，设置波澜，不然就会使人觉得平淡无奇。另外，必要时还可以留下"空白"，给学生以想象、回味、思索的余地。动静交替、张弛相辅、疏密相间、虚实结合的教学节奏是教学艺术的有机成分，具有重要的审美价值。优秀的教师都善于设置波澜起伏的教学艺术节奏，将学生引入教学艺术境界之中。再比如教学方法，各种教学方法的选择和配合既要有一定的变化，又要相互协调，从而形成一种和谐美。那种企图采用某种千篇一律的方法，或者各种方法毫无选择、毫无秩序的大杂烩，都违反了教学艺术的多样统一原则。当前教学实践中的主要弊端是教学方法的单一化。苏霍姆林斯基曾严厉地批评了这种现象。他说："刻板公式、一律化，像铁锈一样腐蚀着教育过程的精细的肌体，这是最有害的现象之一。"[①] 为了消除这种"有害的现象"，教师要力图使教学方法多样化。多样化的教学方法具有丰富的表现力，它在一定程度上标志着教师教学艺术的水平。因此，在教学中教师要注意充分运用多种教学形式、方法和手段，以克服教学过程的单调感和模式化。

当然，教学方式方法的多样化，也有一个掌握分寸的问题。只是为了

---

① ［苏］苏霍姆林斯基：《给教师的建议》，杜殿坤译，教育科学出版社1984年版，第213页。

表面热闹而花样翻新，会使学生眼花缭乱，这是形式主义的错误做法。教学过程应当是一个和谐的整体，犹如一首交响乐，尽管节奏、旋律不断变化，但它们却相互交融，浑然一体。就像特级教师李吉林所说的："每曲交响乐都有它的主旋律，每篇课文都有一定的中心……扣住主旋律，千百个音符便成为乐章；突出中心，各种教育手段才能糅合为有机的整体。"她举例说，教《桂林山水》一课，教师先后用了多种教学手段，然而它们之间都不是相互割裂、孤立出现的，而是紧紧扣住桂林山水之美，祖国山河秀丽这一中心的。起初，教师出示一幅地图，指出桂林在祖国地图上的位置，使学生知道桂林是祖国的一部分。继而通过"桂林山水甲天下"一句中"甲"字的讲解，点出桂林山水在世界游览胜地中所具有的独特的美，激起学生一游为快的欲望。教师抓住这一时机出示放大的挂图，用假想旅行的方式把学生带进了奇山秀水之中。随即教师以导游者的身份范读全文。这样，一开始就渲染了气氛，激起了美感，为学好全文作了必要的情绪铺垫。在讲到主体部分，一方面引导学生看图，通过视觉让学生感知漓江水静、清、绿的特点，同时再轻轻哼起《让我们荡起双桨》的曲子，使学生陶醉于荡舟漓江的神游之中，体会祖国山河的美好。而在讲到桂林时，教师又根据课文的描述，用简笔画勾勒了一组山形，以具体形象突破这一节课文成语集中的难点，充分突出了桂林的山奇、秀、险。在整个教学过程中，教师分别运用了假想旅行、挂图、音乐、简笔画等多种教学手段，但却始终围绕"桂林山水甲天下"的中心，激发学生的爱国主义情感。鲜明的中心，使教学的诸多环节融为一体。①

　　除具体的教学方式方法外，教学艺术的风格的整体也有一个多样统一的问题。多样性是教学艺术风格的必然特性。可以说，有多少教师，便有多少相应的教学艺术风格。教师教学艺术风格的多样性是由教学审美对象的多样性和审美主体的知识、思想、情感、经验、趣味的多样性综合作用而形成的。教学艺术风格的多样性不仅表现在不同的教师的教学艺术中，而且也表现于同一教师的教学艺术中。真正优秀的教师，他的创造才能具有多方面的适应性，他所创造的教学艺术虽然有一种主导的、占优势的风格，但并不排斥他在一定条件下创造出具有多样风格的教学艺术。比如于漪，她是情感型的教师，一般人觉得枯燥乏味的课文，她能挖掘出丰富的

---

① 李吉林:《教学艺术的多样与风格》,《福建教育》1986 年第 11 期。

情感因素，讲得娓娓动听。这是于漪教学的特色所在。但她在处理不同教材时的感情是不一样的。《茶花赋》她教得热情明快，《纪念刘和珍君》教得深沉悲愤，《〈指南录〉后序》教得荡气回肠。与此同时，在教学艺术风格多样性之中又必然会显示出统一性。就同一个教师来说，他的教学艺术的多样变化，最终不能不为他所具有的创造个性所制约；就不同的教师来说，教学艺术风格的多样性，不能不为他们所共同生活的时代所制约。处于同一历史条件下的教师，由于受到相同或相似的影响，往往养成他们的教学艺术风格的共同性和统一性。一句话，教学艺术风格的共同性和统一性寓于教学艺术风格的多样性和差别之中，又通过教学艺术风格的多样性和差别性表现出来。辩证地把握多样性与统一性的关系，对于正确认识教学艺术风格问题具有重要的意义。只承认多样性而否认统一性，必然导致否定教学艺术风格的时代性和民族性；相反，只承认统一性而否认多样性，在教学上必然导致千篇一律，从而阻碍教学艺术的繁荣与发展。

以上我们探讨了教学艺术创造需要处理的四条基本原则。应当注意的是，教学艺术创造的原则并不是凝固不变的。随着人们教学艺术创造经验的不断丰富和对教学艺术发展规律的揭示，教学艺术原则必将进一步得到丰富和完善，从而在指导教学艺术的创造中发挥更重要的作用。同时，我们知道，创造的本质特征是自由性。教学艺术创造虽然有一定的原则和要求，但当它被教师具体运用的时候，这些原则只是方向和基础，而不是束缚教师教学艺术个性的枷锁。

试析教学艺术的创造过程*

教学艺术的创造和人类其他的创造活动一样，也是有规律可循的。我们应当加强对教学艺术的创造的研究，认真总结人类教学的成功经验，探索教学艺术创造的规律，引导人们更加自觉并有效地进行教学艺术的创造。本文就教学艺术的创造过程作些初步的探讨。

一　教育艺术的发展历程：从模仿到创新

每个教师的教学艺术的形成，都要经历一个发展过程。这个由低级到高级的发展过程大致可以分为模仿和创新两个阶段。

1. 模仿阶段

模仿是在没有外界控制的条件下，个体受到他人行为的刺激影响而仿照他人的行为，以便使自己的行为与之相同或相似。它是个体社会化的一种手段，也是人类学习的一条重要途径。教师掌握教育艺术也要借助模仿这个手段。

孟子云："大匠诲人必以规矩，学者亦必以规矩。"① 任何技能技巧的获得，都要经过模仿这个阶段。教学艺术的创造同样要以模仿作为基础。教师只有博采众长，如蜜蜂采百花而酿蜜，经过消化吸收，才能在教学实践中逐渐形成自己的教学艺术个性。优秀教师的教学经验就是人们学习、模仿的对象，人们将他们的教学经验融于自己的教学实践之中，这样可以使自己尽快成熟和完善起来。如果反对模仿，拒绝学习，结果免不了会走

＊　本文原刊于《中国教育学刊》1994 年第 3 期，系作者承担的全国教育科学"八五"规划青年专项课题"教育美学研究"的成果之一。

① 《孟子·告子上》。

弯路，浪费时间和精力。俗话说："名师出高徒"，其中的重要原因在于"名师"具有可以模仿和学习的有利条件。

当然，模仿不等于照搬。如果只是照搬他人的经验，即使是优秀教师，甚或是特级教师的经验，也不可能真正掌握教学艺术。这是因为即使模仿得再像，也只能肖其形而不能得其神。正如齐白石所言，"学我者生，似我者死"①，道理就在这里。

有鉴于此，每个教师都应有自知之明，也应有知人之明。有自知之明，才能扬长避短；有知人之明，才能择善而从。众人皆知"东施效颦"的典故，其实东施未必丑，她贻笑千古，主要并不是因其"丑"，而在于"效颦"。教学艺术同样要避免简单模仿和盲目照搬。一味追随他人，即使不出"丑"，也只能永远落在别人后面。教师在学习他人经验和长处的时候，不能忘记自身的实际条件。对于他人的经验，应当有选择地学习，如郑板桥所说，"学一半，撇一半"。苏霍姆林斯基正确地指出："学习别人的教育经验是一件很复杂的事，是一种创造。"② 他认为，要把别人的经验学到手，首先应当理解一件事取决于哪些条件。否则，既不可理解也不可能学到别人的经验。这是因为，学习优秀经验并不是把个别的方式、方法机械地搬用到自己的工作中去，而是要移植其中的思想。在他看来，即使是最好的、最精密的教学法，也只有在教师倾注了自己的智慧，加入了自己的个性以后，它才是有效的。这正如叶圣陶先生所指出的："无论别人的经验多么好，总该领略它的精要，结合自己的具体情况，灵活运用，要是生搬硬套，学习好经验可能得到坏结果。"③ 例如，有位青年教师，虚心好学，经常听其他老师的课，但有时他把注意力过多地放在单纯模仿他人的教学方法上，他把别人的整个教学过程乃至板书内容都一一全部记下来。一次上课，他依样画葫芦，照搬了特级教师钱梦龙的课例，结果效果不佳，课时计划只完成了一半。钱老师在解答他的疑问时说："自己的衬衫穿着最贴身嘛！"这位教师终于醒悟到：学习某种方法，必须注意研究别人采用这种方法的道理，并结合自己的实际，这样才能取得理想的效果。

---

① 胡佩衡：《齐白石画法与欣赏》，人民美术出版社 1959 年版，第 14 页。

② ［苏］苏霍姆林斯基：《给教师的建议》，杜殿坤译，教育科学出版社 1984 年版，第 113 页。

③ 见教育部师范教育司编《全国特级教师经验选》（第 1 集），序言，人民教育出版社 1981 年版，第 3 页。

2. 创新阶段

"始于学步，终于创新。"模仿只是手段，创新才是最终目的。到了一定的时候，就要丢开模仿这根拐棍，寻求自己独立的创造。

教学艺术创新的基本特征是教学风格的形成。教师在教学实践中对教学艺术长期不懈的追求，会逐步形成个人的教学风格。"风格"一词，原指人的风神标格，后又引申为艺术家的思想、艺术特点和独创性。"教学风格"是教师在教学过程中表现出来的一种教学个性和特色，它是教学艺术日臻成熟的主要标志，是教学的艺术要求与教师的个性特征有机结合并达到稳定状态的结果。歌德认为，"风格，这是艺术所能企及的最高境界"①。我们认为，教学风格也是教学艺术的最高境界。教学风格的根本特点是它的独创性。屠格涅夫形象地指出："在一切天才身上，重要的是我敢称之为自己的声音的东西。是的，重要的是生动的、特殊的自己个人所有的音调，这些音调在其他每一个人的喉咙里是发不出来的……"② 大凡优秀的教师，其教学风格无不具有独创的特征。

教学风格的形成当然要有一个学习、模仿的阶段，但教学风格本身却不是步人后尘的盲目照搬，其中必定具有教师的独特个性，蕴含着创造性的成分。教学的可模仿性是相对的，不可模仿性才是绝对的。模仿的相对性，是指充其量只能模仿别人风格中有限的一部分；不可模仿的绝对性，是指模仿不到风格的整体和全部。正因为如此，模仿者的模仿才避免了盲目性。从模仿中获得的不是别的什么东西，而是与模仿者的个性相吻合的成分和养料。模仿只是手段，它的真正价值和最终目的在于形成自己的独特的教学风格。正如美国学者乔伊斯和韦尔所说："最富于创造性的教育家很少从现存的东西中获取技能。他们会运用这些模式，但不是把它们当作灵丹妙药，而是把它们看作激发他们自己活动的启示。"③ 一句话，教学风格既是教师的教学个性在教育活动中的表现形式，又是创造性教学活动的结果。

教学风格一经形成，就具有一定的稳定性。也就是说，这种风格的基本内容会在较长的时间内保持不变。这种稳定性是教学风格得以向纵深发展的保证。教学风格的稳定，体现了教师对教学艺术的执着追求和富有独

---

① ［德］歌德：《文学风格论》，王元化译，上海译文出版社 1982 年版，第 3 页。
② 转引自丁枫等《美学导论》，吉林人民出版社 1986 年版，第 268 页。
③ 丁证霖等编译：《当代西方教学模式》，山西教育出版社 1991 年版，第 20 页。

立性的个性品质。如果缺少了稳定性，我们就无从了解教学风格的特征，教学风格就成了虚无缥缈、捉摸不定的东西。当然，教学风格的稳定性只具有相对的意义。教学风格在形成之后，不可能一劳永逸、僵化不变。教师在长期的教学实践中，边学习借鉴，边探索开拓，他的教学风格会逐渐发生一些新的变化，呈现出新的特征。只是这种变化仍然清晰地保留着自己特有的印记。对于他的风格来说，这种变化有如锦上添花，更加充实和丰满。许多优秀教师早年就享有盛名，形成公认的教学风格后仍然孜孜追求，老一辈的优秀教师斯霞、霍懋征、袁瑢、于漪是这样，后来的优秀教师魏书生、丁有宽、李吉林也是如此。这种精益求精的教学作风，使得他们不断地超越自己已有的水平，进入新的更高的境界。他们的教学风格也因此而日臻完善，充满生机与活力。

二　教学艺术创造的步骤：从构思到传达

教师的实践经验表明，一个完整的教学艺术创造过程主要可分为两个步骤：一是教学艺术的构思，二是教学艺术的传达。教学艺术的创造活动就是教学艺术构思活动和教学艺术传达活动的统一。

1. 教学艺术的构思

中国古代画论有"意在笔先"之说。所谓"意"即"意象"，也就是"艺术的认识""艺术的构思"；所谓"笔"，相当于我们所说的"艺术的表现""艺术的传达"。"意在笔先"，是指在艺术的表达之前，要经历艺术构思这个步骤。教学艺术的创造跟其他艺术的创造一样，也要经历从构思到传达这个过程。道理很简单，教师只有做到"胸有成竹"，才有可能在实际的教学过程中挥洒自如。那么，什么是教学艺术构思呢？教学艺术构思是教师在头脑中对教学艺术形象的设计，它是教学艺术创造的基础和前提。众所周知，备课是教学工作的重要环节，是上好课的基本条件。实际上，备课的过程也就是教学艺术构思的过程。

"教诲亦艺海"，许多教师把课堂视为艺术家的舞台，认真准备，精心设计，渴望每一堂课都能导演出生动的话剧来。教学艺术构思的范围很广，它涉及教学艺术的各个方面：大到对教师、学生和教材在教学过程中的地位与作用的考虑安排以至教学方式方法的选择确立，小到对各个教学环节的联系过渡，甚至自己的表情动作等都要精心准备。以板书为例，板书是教师上课最常用的教学手段之一，它直接影响教学的效果。优美的板书是用文字符号巧妙结合而成的艺术画面，会达到赏心悦目的效果。板书设计是教师备课的一项重要内容。怎样从教材特点和学生实际出发，选择好板书的形式；怎样选择板书的内容，以使重点突出，层次分明；如何处理主导板书和补充板书的关系，使之主次清晰，相得益彰；怎样选择板书的时间，做到书写适时；如何巧妙地运用板书进行图示，表现出问题的结构及其内在的联系，等等，这些都要在课前认真钻研、全面考虑。课堂上出现的各种内涵深刻、形式精美的板书，无一不是教师精心设计的结果。

教学艺术构思在本质上是一种认识活动，是教师在头脑中对教育的审美处理过程。作为一种认识活动，教学艺术构思也遵循着人类认识的普遍规律，也是从现象到本质，从感性认识发展到理性认识。教学艺术构思是一种复杂的精神活动，很少能一次完成，往往要经过多次的反复。有些设想由于客观条件的局限而被教师放弃了；有些设想由于本身存在不合理之处，因而或者被修改或者被放弃；有些设想最初比较模糊，后来逐渐变得清晰和完善起来。在教学艺术构思的过程中，有一系列的心理能力在发生作用。因此，要了解教学艺术构思的规律，不但要从认识论上去研究它，还要从心理学的角度对它进行探讨。在教学艺术构思的各种活动中，想象活动占有重要地位。在教学艺术创造过程中，既定的创造意图得到传达以前，未来的教学艺术形象已经以观念的形式存在于教师的头脑中。这种以观念的形式存在于教师头脑之中的形象，就是教师想象的产物。教师的教学艺术传达活动就是要给这种头脑中想象出来的某种具体形象以物质体现，经过物质体现而完成的教学艺术形象的成效如何，首先取决于教师头脑中所想象出来的形象的成熟程度。教师的教学艺术想象总是以他已有的知识和经验（包括教育知识和教育经验）为基础，他所积累的知识和经验越丰富，他的想象活动也就越自由，越有创造性。由此看来，教师在教学艺术构思中的想象，具有明确的目的和坚实的现实基础，而不是脱离现实、毫无根据的胡思乱想。记忆这种心理功能在教学艺术创造过程中也具有不可忽视的作用。在教学艺术构思活动中，教师要处理的并不全是教学领域的实体现象，在很多时候他还要依靠头脑中的记忆表象。教师的创造活动只有当他在教学中积累了一定的教学材料之后才能有效地进行，而积累起来的教学材料在教师头脑中的再度浮现，是一定的创造意图所唤起的形象记忆或情绪记忆。因此，记忆力是教师积存他的教学经验并使之进入想象活动的一种重要的心理能力。记忆既使教师能够把他从各种途径得来的知识和印象储藏在他的头脑中，又使教师能够随时在他的头脑中唤起这些知识和印象以供他的想象驱使。没有记忆就不可能有想象，也就不可能有教学艺术的创造。

2. 教学艺术的传达

教学艺术构思是教师在头脑中对教学艺术形象的设计，要把教学艺术构思的成果表现出来，就需要有教学艺术传达活动。只有通过传达活动，教学艺术创造才能最后完成。

教学艺术传达就是教师驾驭物质媒介（语言、表情、动作、教具等）将头脑中的构思表达出来。教学艺术传达与教学艺术构思是相互制约、相互作用的统一辩证关系。构思是传达的准备，传达是构思的体现。没有构思，传达就成为无源之水，无本之木；反之，如果没有传达，构思就永远只是一种思想观念的东西，无从发挥它的实际价值。教学艺术的成功与否及其价值的高低，只有通过教学艺术传达来证实。因此，只有将教学艺术构思和教学艺术传达统一起来，才能称得上完整的教学艺术创造活动。只有将教学艺术构思具体地表现出来，教学艺术创造活动才算最后完成。由此看来，教学艺术传达在教学艺术创造活动中的地位和作用是毋庸置疑的。没有传达的教学艺术创造活动，实际上是不存在的。

教学艺术传达要运用某些物质材料来塑造教学艺术形象，因此，教师在进行教学艺术传达时，首先必须掌握这些物质材料的性能和规律。不仅要从理论上认识这些规律，而且要在实践中运用这些规律，也就是说教师要进行长期的教学基本技能的训练。虽然教学技能本身并不是教学艺术，但它却是构成教学艺术技巧，体现教学艺术创造意图，完成教学艺术传达任务的重要条件。缺少这个条件，就无法将教学艺术构思顺利地表现出来。因此，对于教学艺术家来说，教学技能技巧的运用，无不体现出高度自由的特点。

教学语言的艺术性新探 *

语言是人类最重要的交际工具，也是教师进行教育活动的主要手段。苏联教育家苏霍姆林斯基指出："教师的言语——是一种什么也代替不了的影响学生心灵的工具。"① 教学语言除了要保证科学性和思想性以外，还要讲究艺术性。教学语言的艺术性包括的范围很广，其基本内容主要有四个方面：形象生动、感情饱满、幽默风趣、优美适听。

一 形象生动

形象的语言可以将抽象的概念具体化，使深奥的理论通俗化。教师形象的语言能使学生产生"如见其人""如闻其声""身临其境"的感觉。教学内容中固然有不少本身具有丰富的形象，但更多的知识却是抽象的。如久逝的历史事件和历史人物、遥远的地理面貌、宏观的宇宙世界、微观的细胞运动等，都不能直接接触，学生不易理解和认识。高明的教师总是善于运用形象的语言，化远为近，化静为动，化抽象为具体，化艰深为浅易。形象的语言也必定是生动的语言。教师备课写在教案上的语言基本上是书面语言。在实际的教学中，教师必然要将书面语言转化为口头语言。书面语言形成的是视觉形象，教师在将书面语言转化为口头语言的时候，要适应听觉形象的特点。有时书面语言本身很优美，但如果把它当成口头语言就会索然无味。因此，教师的教学语言不能照本宣科，应当采用生动的口头语言。就像加里宁所说的："教师应当把活生生的灵感和思想贯彻

---

* 本文原刊于《教育理论与实践》1995 年第 5 期，系作者承担的全国教育科学"八五"规划青年专项课题"教育美学研究"的成果之一。

① ［苏］苏霍姆林斯基：《教育的艺术》，刘守旗译，湖南教育出版社 1982 年版，第 32 页。

到自己的话语中去。"①

　　生动形象的语言便于在学生大脑中形成表象，有利于他们将这种表象与自己对教材的感知进行联想，达到深刻理解教材的目的。枯燥乏味的语言则会导致学生听觉感受性的减弱和学习效率的降低。如果教师能够形象地进行描述或比喻，学生就会借助形象思维的桥梁，去想象和领悟知识。有位教师讲社会发展史，在分析资本主义社会制度的本质时，引用傅立叶的一段话："医生希望病人尽量多，律师希望家家打官司，建筑师梦想发大火，烧去全城四分之一，玻璃匠梦想下冰雹，打坏所有的玻璃窗。"这些话，是对资本主义社会制度的形象讽刺，生动地说明了资本主义社会的本质特点。这是社会学科方面的例子。自然学科的教学语言同样可以做到形象生动。河北邢台市一中特级教师陈甫林上物理课，为了让学生掌握楞次节比定律所反映的感生电流的方向规律，在实验得出该定律后，他把线圈比喻为具有"冷酷"与"多情"双重性格的特殊人物。当磁极来时，线圈的近端产生同性磁极，对原磁发生排斥，以抗拒侵入者——磁极的接近，表现十分"冷酷无情""孤僻异常"；但一旦磁极走远时，近端又立即产生异性磁极，对原磁极发生吸引，以挽留远方来客——磁极的远离，表现相当"多情柔和""依依不舍"。最后，这位教师把它归纳成"来之抗之，走之拉之"八个字，这样，学生听了感到形象有趣，记忆深刻牢固。② 陈景润中学时候的数学教师沈元先生也是运用形象生动语言的能手。他说，数学是科学的皇后，数论是皇后头上的王冠，而"哥德巴赫猜想"则是皇后王冠上的明珠。正是沈元先生这个形象的比喻震撼了陈景润的心灵，点燃了他心中的圣火，使他少年立志，以后几十年如一日废寝忘食、孜孜以求，终于创立了举世瞩目的"陈氏定理"，摘取了数学王冠上的这颗璀璨的"明珠"。陈景润对那时的情景记忆犹新。他后来回忆说，当时"只觉得这个猜想是那么吸引人，而又那么深奥，我暗暗下了决心，将来一定要攻克这座堡垒"③。这说明了生动形象的语言具有多么巨大的力量！

---

① ［苏］加里宁：《论共产主义教育和教学》，陈昌浩等译，人民教育出版社 1981 年版，第160 页。

② 《特级教师笔记》，辽宁人民出版社 1981 年版，第 86 页。

③ 《中国科学家回忆录》第 1 辑，光明日报出版社 1988 年版，第 27 页。

二　感情饱满

古人云："感人心者莫先乎情"（白居易）。教师要想使自己的语言产生感染力，就要将自己丰富的感情贯穿其中。特级教师于漪在总结自己的教学经验时，曾深有体会地说："教学语言要做到优美生动，除了知识素养、语言技巧之外，还必须倾注充沛、真挚的感情。情动于衷而溢于言表，只有对所教学科、所教对象倾注满腔深情，教学语言才能充分显示其生命力，熠熠放光彩，打动学生的心，使学生产生强烈的共鸣，受到强烈的感染。"① 教师的教学语言饱含了自己诚挚的思想感情，就能激起学生相应的情绪体验，并使学生感受到教师语言的力量和美。

但是，在实际的教学中，教师缺乏情感"冷冰冰"的教学语言现象却屡见不鲜。有些教材本身具有强烈的感染力，但是在课堂教学中由于教师讲得毫无热情，反而抑制了学生情感的发展。苏联教育家巴班斯基在他的著作中提到了一个例子就很有代表性。他在跟莫斯科一群十年级的学生进行交流的时候，一个女学生带着惋惜的心情说，讲述《苏联抗击希特勒德国的伟大卫国战争》的那几堂课使她感到非常失望："我原以为，这一定是几堂不平凡的、兴高采烈的课。我事先看过教科书，期待着这个不同寻常的课题的到来。但结果是那么枯燥无味。我设想教师这天会跟我们一起去参加伟大的卫国战争，可是看来他更关心的是讲述事实，以使我们记住这些事实，并且能够准确地转述这些事实。"巴班斯基认为，记住事实当然是应该的，但不能对这种专题的课淡然处之，搞得如此沉闷不堪！这样的课最好一开始就直接讲授新教材，不要提问，应当充满生动鲜明、令人信服的材料，讲授要有炽烈的情绪，才能引起相应的情趣，以进一步学习整个专题。② 巴班斯基的上述观点是中肯的。如果教师错误地把自己摆在知识的冷漠旁观者地位，对教育内容只作客观主义的介绍，或如有口无心的和尚式念经，就会无形中阻碍师生的情感交流，增加师生之间的心理距离。针对这种现象，苏霍姆林斯基严肃地指出，教育者不应当是根据

---

① 于漪：《愿你的语言"粘"住学生》，《人民教育》1982 年第 10 期。

② ［苏］巴班斯基：《教学过程最优化》，张定璋等译，教育科学出版社 1986 年版，第 141 页。

某一部公正而抽象的法典冷静地进行审判的法官，而应当是像孩子那样深刻感受周围一切的活生生的人。他认为，真正的教师要是出于良好的动机而做事急躁，考虑欠周，儿童是会谅解的。"可是儿童不会原谅那些态度冷淡，缺乏感情，好作长篇说教，总想置身于孩子的忧虑和激动之外的教师。"①

当然，教师语言的情感不应是装腔作势和无病呻吟，而应是发自内心的真情实感。只有真实的情感，学生才会信服，而虚伪的情感则令学生厌恶。

三　幽默风趣

教学语言的幽默是运用各种奇妙的、出人意料而又引人发笑的语言，引发学生积极思考，直接或间接向学生传授知识和经验。大凡善于运用幽默的教师，都能使学生轻松愉快地领会到知识的内涵，在谈笑风生中实现教学目标。教育实践证明，一般的正面教育未必能达到预期的目的。而恰到好处的幽默却能使学生在令人愉快的笑声中受到启迪、接受教诲。

在教学过程中，教师有时会发现学生常犯同样的错误，再三纠正但收效甚微。有位教师在处理这类问题时别出心裁，他发现有的小学生总是把得数中小数点后末尾的"0"留下来，当学生又一次板演写成 4.82 + 1.68 = 6.50 时，教师突然从抽屉里摸出一把剪刀，并问学生："谁知道我要用这把剪刀做什么？"学生都愣住了，不知教师要搞什么名堂。教师接着说："我要给这个得数剪尾巴了。"这时学生们都恍然大悟，在笑声中就根除了这个毛病。于漪纠正学生作业毛病的方式与这位数学教师的做法有异曲同工之妙。于漪曾有过这样一个学生，他做的书面练习和作文从来没有标点符号。虽然于老师反复教他、指导他，但还是不能完全更正。怎样使他认识到他的这个毛病给人带来的麻烦呢？一次作文讲评课，于漪拿着这个学生没有标点符号的作文，一口气不停地读下去，读得上气不接下气。学生看着于老师读得脖子都涨红了，他们纷纷要求她停一停再往下读。可是，于老师向大家说："不能停，作者没有标点符号，怎么能停

①　［苏］苏霍姆林斯基：《要相信孩子》，王家驹译，天津人民出版社 1981 年版，第 2—3 页。

呢？要忠于作者的原意呀！"说完，同学们哄堂大笑。这个时候，那位学生才突然认识到：在小小的标点符号上偷点懒，竟然会带来如此的不方便，读不成句，读不成篇，损害了语言文字应有的表情达意的功用。从此，他才真正地注意改正这个毛病。

教师的幽默语言可以是发自内心的，是内心思想感情的一种自然流露。正如我国古代戏剧美学家李渔所说："我本无心说笑话，谁知笑话逼人来。"它也可以是非自然状态而以精心设计的面貌出现。上面列举的例子就属于后一种情况。语言幽默固然受制于多种因素，但后天的修养在其中起着重要作用。长期坚持设计幽默语言的经验，会使教师将幽默逐渐内化为自己的品质，经常以一种善于幽默的姿态出现，从而进入幽默教学艺术的神奇境界。

不过，这里需要注意一个界限。我们提倡的是教师正确地使用幽默，但不是滥用幽默。提到幽默，人们总是把它同笑连在一起。的确，大凡被冠以"幽默"的东西，如幽默画、幽默诗、幽默小品、幽默剧等，无一不具有令人可笑的因素。教育中的幽默也不例外，它或者令人捧腹，或者使你开怀，或者叫你忍俊不禁，或者让你会心而笑。总之，它是笑的催化剂，是笑的催产婆。显然，可笑性是所有幽默包括教师语言幽默的基本特点。但是，教师幽默语言所引起的笑不是为笑而笑，它是一种启发人思索的笑。幽默不同于逗乐，逗乐只是一笑了之，而幽默却有着深刻的内涵。教师的幽默应当表现出高雅的情趣，幽默中富有哲理，使学生听过之后有意味深长、回味无穷之感。幽默也绝不是油滑肤浅，不是插科打诨、卖弄噱头，它是哲理、智慧、机敏、隽永的结晶，是以丰富的学识和深厚的涵养为基础的。正如黑格尔所说："真正的幽默……要有深刻而丰富的精神基础，……于不足轻重的东西中见出最高度的深刻意义；就连信手拈来，没有秩序的零零散散的东西也毕竟具有深刻的内在联系，放出精神的火花。"① 如果说油滑、耍贫嘴之类是一种低级趣味，那么幽默则是一种高级的雅趣。幽默从不与油腔滑调、打情骂俏为伍，它玩世而恭、谑而不虐、谐中有庄。它据于理而钟于情，基于真而止于善，它是引导人们从侧面或背面去接近真理、唤醒道德。如果只凭插科打诨、油腔滑调，即使令人笑倒，也没有审美价值和教育意义。此外，教师的语言幽默不能为幽默

① ［德］黑格尔：《美学》第2卷，朱光潜译，商务印书馆1979年版，第374页。

而幽默，也不能乱用幽默甚至滥用幽默。同世界上许多事物一样，幽默不是万能的。如果不分场合、不看内容、不顾对象而乱用幽默、硬挤笑料，就会失之于油滑。因此，有经验的教师，既善于运用幽默，也善于控制幽默。

四　优美适听

口头语言是一种有声的信息。因此，语言的艺术包括声调的艺术。它不是音乐，却要求音乐所具有的和谐与节奏。教育内容是以语言的音频讯号的形式传递给学生的，都是根据表达教育内容的需要对声音强度和速度进行恰当的处理，使它不但清楚明白，而且抑扬顿挫、变化有致，就会给学生以音乐般的美感。

教师语言的优美适听，具体包括音量美、声调美和语速美三个方面。教师语言的音量美，是指教师语言的音量要适中，恰到好处，使学生有一种悦耳感。一般认为，教师语言的声音强度应在 65—72 分贝之间。太低太弱，达不到学生的感觉阈限，学生听起来吃力；过高过强，会引起学生的超限抑制，造成听力紊乱。教师语言的声音不仅强度要适中，而且要富有变化。现代生理学研究证明，如果人处在一种单调声音的刺激下，大脑皮层会由兴奋转入抑制状态。如果教学语言富有节奏感，时重时轻、抑扬顿挫，那么，学生的优势兴奋中心就能随着教学语言的变化而不断得到转移和强化。

教师语言的声调艺术也很重要。马卡连柯认为，一个教师"不能运用声调是要遇到困难的，要知道运用声调是我们进行工作的一种工具，我们要磨快它"[①]。在他看来，声调的运用所以具有意义，不仅仅是为了漂亮地谈吐，而是为了能够更准确、更生动、更有力地表达自己的思想感情。教师声调高低适中的标准，是在教室的每一个角度听课都比较舒适。高超的声调艺术对于教师来说，无疑具有重要的意义。夸美纽斯形象地指出："一个能够动听地、清晰地教学的教师，他的声音便该像油一样浸入

---

① ［苏］马卡连柯：《马卡连柯全集》第 5 卷，耿济安译，人民教育出版社 1956 年版，第 467 页。

学生的心田，把知识一道带进去。"① 在现实中，有些优秀教师确实能够达到这种境界。有人说，听特级教师于漪的语文课，知识会像涓涓的流水，伴随着美妙的音律，流进你的心田，潜入你的记忆。

教师语言的语速美，是指教师的语言流速要与学生的信息反馈速度相适应，使所输出的信息能较好地为学生所接受和理解。教师教学语言的速度受教育内容、教育对象、教育环境等多方面因素的影响，因此不能一概而论。但是，提出一个大致的标准却是可能的，也是必要的。教师教学语言在速度方面一个总的要求是快慢适中，一般介于每分钟说 100—200 个字之间。语速太快，会使学生的大脑对信息处理不及，造成信息的积压遗漏或发生误差；语速太慢，则不仅浪费时间，而且会导致学生精神涣散，感官和大脑皮层由兴奋转入抑制状态，从而降低听讲的兴致和效果。

---

① ［捷克］夸美纽斯：《大教学论》，傅任敢译，人民教育出版社 1957 年版，第 244 页。

高校教师教学胜任力模型构建研究 *

　　高校教师的教学胜任力是指一个高校教师所具有的富有成效地完成教学目标所需求的特质群，其内容包括知识、能力、动机、态度、价值观、个人特质等。我国高校教师教学胜任力的研究尚处于起步阶段。近年来，关于高校教师胜任力研究的成果不少，但基本上都是研讨高校教师的通用性或一般性胜任力，专门研究高校教师教学胜任力的成果还较少见到。众所周知，高校教师的主要职能是教学，因此研究其教学胜任力很有必要。本研究运用文献法、德尔菲法和统计法探讨了高校教师教学胜任力的因素，在此基础上构建并分析了四维度的高校教师教学胜任力模型。该模型可以为高校选聘教师、开展教师培训、评估教师的教学绩效及高校教师的自我发展提供有益的参考和启示。

一　研究思路与方法

（一）研究思路

　　本研究通过收集高校教师胜任力指标与教学能力研究成果列出高校教师教学胜任力的初步内容，以此为依据编制高校教师教学胜任力咨询表，运用德尔菲法向 20 余位专家征询高校教师教学胜任力的维度、指标及其重要性程度。经过向专家们的几轮征询，待专家小组的意见达成一致后确

＊　本文由何齐宗与熊思鹏合著，原刊于《高等教育研究》2015 年第 7 期，中国人民大学报刊复印资料《高等教育》2015 年第 12 期转载；系何齐宗承担的教育部人文社会科学研究规划基金项目"高校青年教师教学胜任力测评与发展研究"的成果之一，2017 年获江西省社会科学优秀成果二等奖。

定高校教师教学胜任力的结构模型。

（二）研究方法

在研究中，我们主要采用了文献法、德尔菲法和统计法等研究方法。首先，我们通过收集和梳理有代表性的高校教师胜任力与教师教学能力的文献，借鉴别人的研究成果旨在获得高校教师教学胜任力的维度和指标体系。其次，运用德尔菲法，将我们编制的高校教师教学胜任力指标结构问卷，共三次向高校教务管理、教学理论研究及教学实践一线的 20 余位专家发放征询问卷，以获得专业权威的意见和建议。最后，经过统计分析确定高校教师教学胜任力的指标体系，构建高校教师教学胜任力的模型。

二　研究过程与程序

高校教师教学胜任力模型的构建主要是选择教学胜任力的指标并建构相应的指标体系。

（一）指标的筛选与分析

1. 指标使用频次的统计

选择恰当的胜任力指标是构建胜任力指标体系的首要任务。为了构建合理的高校教师教学胜任力指标体系，我们选择和梳理了与教师胜任力有关的 27 篇代表性文献，并对这些文献中使用的教师胜任力指标进行定量频次统计。统计结果是：出现 6 次的有教学能力和管理能力；出现 5 次的有：个人特质、热爱学生、言语表达；出现 4 次的有：专业能力、责任心、问题解决能力、尊重他人、多媒体运用、专业知识、组织能力、观察力、幽默；出现 3 次的有：思维严谨、成就动机、终身学习、沟通能力、亲和力、学科专业知识、育人水平、关心学生、人格特质、调控能力；出现 2 次的有：关系特征、成就意识、服务水平、聆听技巧、自我完善、批判思维、进取心、团队合作、教育理论知识、学习能力、善于思考、敬业、教学理论知识、宽容、反思能力、信息加工、成就导向、职业道德、情感道德、情绪特征、领导能力、认知特征、逻辑分析能力、理解能力、师德、了解学生；出现 1 次的有：获取信息、沟通技能、与人协作、政治素养、不满现状、人际理解能力、创新意识、教育信念、接受挑战性、师生关系、启发能力、专业态度、灵活性、教材驾驭能力、教学机智、教学策略、健康水平、善于相处、阅读能力、教学反思、热爱教学、职业态度、严格要求、教学艺术、成就欲、社会服务意识、创新、主动性、人际互动、营造氛围能力。

2. 指标统计结果的分析

从指标使用频次的统计来看，教学能力、管理能力、责任心、专业知识、多媒体运用、问题解决能力、组织能力、个人特质、言语表达、尊重他人、热爱学生、组织能力、观察力、幽默等 14 项出现频率不小于 4 次，这说明此 14 项特征为高校教师所应具备的显著教学胜任特征。然而，大多数指标的出现频率较为分散，所以，仅仅依靠指标统计结果来选择胜任力指标既缺乏事实依据，也没有科学性。因此，根据指标构建的科学性与可操作性原则，本研究综合考虑了以下问题。

首先，可供借鉴的研究成果有限。目前关于教师胜任力的研究还没有较成型的教师教学指标体系，我们收集的具有代表性的 27 篇教师胜任力文献中绝大部分指标反映的是教师的一般性或通用性胜任特征。因此教学胜任力指标大多需要从教师一般胜任力指标中进行分析和筛选。另外，在现有高校教师教学评价中一般只强调课堂教学的评价，其主要内容仅涉及教学目标、教学仪态、教材准备、教学效果、教学机智、教学方法、教学氛围等外显指标，而教师个人特质、态度、动机等内在指标往往被忽略。科学的教学胜任力指标应包含对教师教学有重要影响的内隐指标，如教育信念、责任心、关爱学生、自我反思及善于倾听等胜任特征。

其次，有些关键指标提及频率不高。有些指标提及的频率不高，但它们可能是决定高校教师能否胜任教学的关键因素，如自我反思能力、主动性、适应性、学习能力等。因此，有些低提及频率或未被提及的指标应根据需要加以考虑。

再次，部分指标存在交叉重叠现象。有些指标可进行归纳概括，如教学法知识、教育教学理论、教育心理学知识等可概括为教育类知识；语言修养、表达能力可归纳为言语表达；教学反思、教学机智、教学策略、教学方法等可作为二级指标归纳到教学能力中；而教学动机中的成就意识、成就欲是相似指标，可归纳为成就导向。有些指标需划清维度，如自控能力、情绪调节能力既可作为课堂教学能力的特征也可作为教师的个人特质；自我实现、社会责任与服务及成就导向等反映教师动机的指标也是教师个人特质的表现。所以，在选择指标时需要综合考虑指标的属性特征。

另外，虽然教师胜任力指标维度在已有研究中内容不尽一致，但都可根据胜任力内涵将其划定为若干维度不等的指标体系。这些指标维度在教师胜任力与教学评价指标体系中都已得到较好的论述。因此，对于这样的指标维度可以在教学胜任力指标体系中直接引用。例如，教学动机指标几乎在与高校教师胜任力有关的研究中都已提及并被验证，教学能力的多数特征只需归纳概括即可选择运用。

由于本研究是运用文献法先构建一个初步的指标体系，最后确定高校教师教学胜任力指标体系需采用德尔菲法，经过几轮专家评价，结合专家意见对指标体系不断进行修改和完善。关于具体如何运用德尔菲法确定指标体系与权重，将在专家咨询的结果分析中作进一步说明。

（二）指标体系的初步选择与解释

1. 一级指标

胜任力一般被划分为知识、技能、社会角色、自我概念、动机与个人特质等几个维度。在高校教师教学胜任力指标体系的构建中，我们可以将社会角色与自我概念理解为："高校教师的身份是什么，应具备何种素质，他们为何奋斗。"这样一来，社会角色和自我概念在一定程度上就可与教学动机实现重合。据此，可初步将高校教师教学胜任力划分为教学知识、教学能力、教学动机与教师特质4个一级指标。

2. 二级指标

根据每个维度的类别属性，我们可列出若干个与之密切联系的子特征，即二级指标。以下分别从教学知识、教学能力、教学动机和教师特质4个维度分析高校教师教学胜任力的二级指标。

（1）教学知识。高校教师的教学知识是指高校教师对高校教学的感性与理性认识的成果总和，它集中体现为分析学生、教学准备、教学内容、教学实施、教学反思等方面的认识和体验。高校教师作为从事教学工作的专业人员，其知识结构应包含教育知识、教学知识与通识性知识。教育知识是教师从事教学工作的基础，它是教师对教育者、教育对象及教育影响的认知总和。学科知识是高校教师教学知识的核心，也是其教学工作的载体。通识性知识是教师提升教学工作质量的保证，它具体包括人文历史、自然科学、信息技术、行为心理及社会科学知识等。虽然通识性知识涉及领域较多，教师也不可能精通每一个领域，但它是高校教师素养的综合体现。博学的教师不仅可以实现学科知识的融合，而且能够调动学生的学习积极性，提升教学质量。结合高校综合性人才培养的目标，高校教师还需掌握一定量的通识性知识。

（2）教学能力。教学能力是指教师完成教学活动所需要的能力，它反映出教师顺利完成教学任务的直接有效的心理特征。我国学者对高校教师教学能力内容进行了多种解释。薛天祥指出，教学能力主要包括教师的教学预见能力、教学实践能力、教学表达能力和教育机智。[①] 周川认为，教师的教学能力主要有教学设计的能力、教学实施的能力、学业检查评价的能力。他还提出，在新世纪高校教师还应具备终身学习能力、反思教育能力、基于网络资源的教育能力、激活创造性的能力、心理辅导能力等几种核心能力。[②] 这些界定和分析对于我们理解高校教师教学胜任力的概念和构成具有启示意义。通过对高校教师教学能力的简要概述，我们可以概括高校教师教学能力的内涵与构成。从教学目标制定、教学活动的实施及教学方法的运用看，教学能力应包括教学设计能力、教学实施能力和教学研究能力三类；从教师的认知状况、思想状态及个性心理特征等心理因素看，可将教学能力归结为教学认知能力、教学操作能力和教学监控能力三类；从高校教师特征与时代发展要求看，教师的教学能力应随社会发展而不断变化，教师顺利完成教学任务还需具备良好的沟通能力、终身学习能力、信息运用能力和适应能力。因此，在高校教师教学能力指标的选择上，教学实施能力与操作能力在内容上基本一致，主要体现为言语表达能力、演示能力、多媒体操作及课堂提问能力；教学认知能力主要体现为教学设计能力和教材驾驭能力；教学监控能力主要体现在教学反思与教学评价能力两个方面。此外，良好的激励技巧可以激发学生的学习兴趣与潜力，是教学艺术与智慧的综合体现，而适应能力与观察力则属于个人特征范畴，暂将其纳入教师特质之中。

（3）教学动机。教学动机是驱动教师积极参与教学活动的心理动力，它决定教师在教学中采取什么样的教学态度和教学行为。因此，教学动机

---

① 薛天祥：《高等教育学》，广西教育出版社 2001 年版，第 347 页。

② 周川：《简明高等教育学》，河海大学出版社 2007 年版，第 198 页。

是教师教学胜任力的重要指标维度。根据上文教师胜任力指标引用的统计，成就欲、成就意识、成就感、热爱工作、不满现状、教书育人等指标可以统一归纳为教学动机的范畴。首先，职业兴趣是个人从业的基础。热爱教学应该是教师从事教学工作的首要动机，教师对教学工作的热爱是其促进自身发展的最大源泉。其次，自我实现是教师的核心教学动机，满足感、实现价值、不满现状等都是自我实现的初级表现。再次，教育是培养人的活动，高校教师的教学活动应以学生为本，以促进学生发展和取得相应成就为目的。

（4）教师特质。已有研究表明，高校教师在教学中表现出来的思想、文化、心理及群体特征比教学内容更易被关注和模仿学习，其个性和人格的影响力往往比知识和能力更为深刻。教师特质包含教师个性特质与教师人格特质两个方面。个性特质指一个人在不同的情境下均表现出的一些特点，如进取心、诚实、顺从、懒惰、畏缩、害羞等。人格特质指在构成人格的因素中，能引发和引导个人行为，并使个人在应对不同种类刺激时都能做出相同反映的心理结构，如外向性、善良、行事风格、智慧、情绪、人际关系和处世态度等，个性与人格构成了个人特质的主体。就教学工作的具体角色而言，高校教师需要充当教学的思考者、领导者、交往者与协调者。高校教师的多重身份决定了他应具备多方面的个人特质。从思考者角色看，高校教师需具备严谨思维、良好的观察判断力、条理性；从领导者角色看，高校教师需具备自信心、责任心与感染力；从交往者角色看，教师需具备主动性、乐观心态、创造力、沟通品质；从协调者角色看，教师需具备亲和力、协作精神、宽容接纳品质。高校教师为了更好地胜任教学工作，还应具备主动性、适应性、乐观心态、精力充沛及幽默感等个人特质。师生关系是高校教学过程中的主要关系，教师要多与学生交流，以便了解学生、赢得信任，从而更好地开展教学工作。根据教师胜任力指标使用结果，可将构建良好师生关系所需的高校教师特质归纳为热爱学生、诚实正直、尊重信任与严格要求等四个方面。

综上所述，教学知识维度包括教育知识、学科知识和通识性知识 3 个二级指标。教学能力维度包括教学设计、教材驾驭、信息运用、言语表达、演示能力、课堂管理、多媒体操作、启发能力、激励艺术、教学科研、教学反思等 11 个二级指标。教学动机包括热爱教学、自我实现和成就导向 3 个二级指标。教师特质包括责任心、自信心、幽默感、乐观积极、思维严谨、敢于创新、主动性、善于沟通、善于观察、亲和力、适应性、精力充沛、热爱学生、诚实正直、尊重信任、严格要求等 16 个二级指标。

（三）指标体系的专家咨询

指标体系初步构建后，还需作进一步的修改。在指标体系修改过程中，我们主要采用德尔菲法。德尔菲法采用匿名发表意见的方式，即专家之间不得互相讨论，只与调查人员发生联系。通过多轮次调查专家对问卷所提问题的看法，经过反复征询、归纳、修改，最后汇总成专家基本一致的看法。这种方法具有广泛的代表性，较为可靠。

1. 咨询专家的构成

本研究选取在北京、浙江、湖北、江苏、福建、河南、陕西、吉林、广西、重庆、江西等 11 个省市涉及高校教务管理、教学理论研究及教学实践一线的 23 位专家作为指标体系的咨询对象，其中男性 20 位、女性 3 位；总年龄段为 36—67 岁，其中 36—45 岁专家 5 位、46—55 岁 13 位、56 岁及以上 5 位；从事教学工作 11—20 年的专家 3 位，21—30 年的 15 位，31 年及以上 5 位；职称均为教授；本科学历 3 位、博士学历 20 位；博士生导师 11 位、全国模范教师 1 位、国家级教学名师 2 位、省级教学名师 3 位、校级"十佳教师" 2 位。专家群体具有专业代表性、地域代表性和权威性。

2. 咨询问卷的形成

在文献梳理和研究组讨论基础上结合我国高校教师教学实践情况自行设计了咨询问卷。咨询问卷共分为两部分：第一部分为咨询说明及正文，包括指标项目维度设计、分类、修改建议及赋值；第二部分为专家基本资料与评估信息，包括专家的基本情况、对咨询内容的熟悉程度及专家进行判断、建议及修改的主要依据。其中，指标重要程度依据李克特（Likert）的评分方法，数字 1、2、3、4、5 代表该指标在此维度中的重要程度，1 代表特别不重要，2 代表不重要，3 代表一般重要，4 代表比较重要，5 代表非常重要。专家权威程度主要由专家对问题进行判断的依据（用判断系数 Ca 表示）和专家对问题的熟悉程度（用熟悉程度系数 Cs 表示）两个因素决定。熟悉程度分为 5 个等级并赋予不同的系数；判断依据分为 4 类，并将影响程度分为大、中、小不同的量化值。

3. 咨询的过程与结果

（1）第一轮咨询

第一轮共向 23 位专家邮发高校教师教学胜任力指标体系咨询表，回收咨询表 23 份。按照咨询工作的程序，现将专家的意见汇总如下。

第一，关于指标维度的设计。各位专家基本上同意 4 个一级指标维度的整体设计，但有些专家对指标维度的层次设计提出了修改建议。关于教学知识维度没有不同意见。关于教学能力维度，有专家建议其指标层级可从教学环节角度去考虑设计，如可归纳为 4—8 个二级指标，在此基础上增设三级指标，这样可解决二级指标略显宽泛的问题。关于教师人格特征维度，较多专家认为现有二级指标缺乏分类和归纳，且指标设置数量过多。关于教师教学动机维度，较多专家认为可以考虑设置以职业为主体的一级指标，然后在其范围内设置职业理解、职业态度、职业动机及职业情感等同一类属的二级指标。教师的职业品质实质是客观教学活动与个人主观需要之间关系的反映。在教学活动中，教师教学行为变化的心理动因表现为教学态度和情感的转变。教师动机暗含的教学态度水平与情感是影响教学行为的关键因素，教学行为与教学情感态度具有一致性。因此，根据指标设计的整体原则与功能要求，选用教师职业品质一级指标比教学动机更为合理。根据多数专家的意见，我们将高校教师教学胜任力指标体系设计为知识素养、教学能力、职业品质和人格特征 4 个维度。

第二，关于指标项目的调整。关于知识素养维度，根据专家的意见设置 3 项二级指标，即教育知识、专业知识、一般知识。关于教学能力维度，将原三级指标教学设计、教学反思、教学研究升格为二级指标，同时在教学设计与教学反思之间设教学实施、教学管理 2 项二级指标。同时增加教学目标分析、理解学生、教学方法选择、教学组织、教学机智 5 项三级指标。将三级指标多媒体操作改为教学媒体运用、将信息运用改为信息获取。专家认为，演示能力与多媒体操作存在重合，且较多专家认为多媒体操作的范围过小，将操作改为运用更为合适。演示能力主要是指教师语言与姿态相结合的展示能力。由此，根据专家的建议可将教学目标分析、理解学生、信息获取、教材处理、教学方法选择 5 项三级指标归纳到二级指标教学设计维度；将语言表达、演示能力、教学媒体运用、启发诱导、教学机智 5 项三级指标归纳到二级指标教学实施维度；将教学组织、激励艺术、教学评价 3 项三级指标归纳到教学管理维度。关于职业品质维度，设职业情感和职业态度 2 项二级指标，其中前者包含对学生的情感、对教学的情感 2 项内容；职业态度包含责任心、进取心、自我要求、教育信念、成就导向及团队协作 6 项内容。关于人格特征维度，设自我特质、人际状态 2 项二级指标，将三级指标思维严谨、敢于创新、情感丰富及包容赏识分别修改为批判思维、创造性、情绪控制、宽容性。剔除乐观积极和主动性两项，理由是乐观积极、主动性与进取心有重合。有专家认为精力充沛只是反映教师的身体状态，不属于教师人格范畴，可以删去。但在指标赋值中专家均给予精力充沛较高评分，考虑到此项目指标的特殊性而暂且保留。综上所述，人格特征维度设自我特质、人际状态 2 个二级指标，并设置自信心、正直性、适应性、创造性、幽默感、精力充沛、批判思维、情绪调控、公正性、宽容性、亲和力、人际沟通 12 项三级指标。

第三，关于指标项目的表述。在高校教师教学胜任力指标体系的表述方面，大多数专家意见基本一致，在具体指标的描述方面，专家提出了以下建议。一是指标的含义应处于同一水平，同时注意指标交叉重叠的情况。有专家提到，动机与知识、能力、人格特征不在胜任力的同一水平，多媒体操作与演示能力有交叉嫌疑。二是指标表述用词应尽量保持中性，以减少测评的主观倾向性。因此有专家认为，善于沟通、乐观积极用作测查指标不太合适。三是指标表述范围需体现层次性，在追求精确性的同时要避免狭隘化。如有专家提出，所列教学动机指标缺乏针对性，未能体现教师的教学胜任特征。

综上所述，经过第一轮专家函询，高校教师教学胜任力指标体系包含知识素养、教学能力、职业品质与人格特质 4 个维度和教育知识、专业知识、一般知识；教学设计、教学实施、教学管理、教学反思、教学研究；职业情感、职业态度；自我特质、人际状态等 12 个方面的内容和教育理论性知识、教育实践性知识、学科专业知识、通识性知识；教学目标分析、理解学生、信息获取、教材处理、教学方法选择、语言表达、演示能力、教学媒体运用、启发诱导、教学机智、课堂组织、激励艺术、教学评价、教学反思、教学研究；对学生情感、对教学情感、责任心、进取心、教育信念、自我要求、成就导向、团队协作；自信心、正直性、适应性、创造性、幽默感、精力充沛、批判思维、情绪调控；公正性、宽容性、亲和力、人际沟通等 39 项指标。

（2）第二轮咨询

在第一轮问卷函询过程中，由于有 3 位专家对咨询问题熟悉度不够，所以第二次共向 20 位专家邮发高校教师教学胜任力指标体系咨询表，回收咨询表 20 份。专家的意见主要有以下几点。

第一，关于指标维度的设计。专家认为此次高校教师教学胜任力维度及指标的设定与第一轮相比更加全面而系统，在表述上也更加准确、合理。在整体设计上，各位专家的意见已趋向一致。但在具体表述层面上，专家们又提出了一些建议。根据相关成果和专家建议，保留知识素养、教学能力和人格特质 3 个维度的表述，将职业精神改为职业品格。

第二，关于指标项目的修改。根据专家的建议，在知识素养维度将二级指标改为教育知识、学科知识、通识知识，在学科知识方面增加学科基础知识和学科前沿知识 2 项三级指标；在通识知识方面增加人文社科知识和自然科学知识。在教学能力维度，将教学设计中的理解学生、教材处理、信息获取分别改为教学对象分析、教学内容安排及信息获取与处理。多数专家认为，在教学设计的过程中都应有教学对象的分析，而理解学生的表述更偏向于对学生的情感和课堂的组织管理，所以改为教学对象分析更为合理。将教材处理改为教学内容安排，主要是考虑到高校的教学内容不仅限于教材，其范围要广。将信息获取改为信息获取与处理主要基于教师并非将信息获取后简单地拿来就用而是还有一个分析和加工处理的过程。在教学实施方面增加师生互动指标，将演示能力改为教学演示、将教学媒体运用改为教育技术运用。删去教学机智指标，因为有部分专家认为教学机智虽然比较重要，但它在一定程度上是知识、经验和能力的集合，并且不易量化。它在教学实践知识、教学对象分析、教学方法选择及幽默感等诸多指标中都能有所体现，故删去此指标。另外，关于教学媒体运用的表述，专家认为用教育技术更符合多媒体的发展现状。在教学研究和改革方面设置教学反思、教学研究与教学改革 3 项指标。对于教学反思与研究，多数专家认为教学反思与研究能力的欠缺是阻碍高校教师教学能力提升的重要因素，为了凸显其重要性而增设了教学改革指标。在职业品格维度设 3 项二级指标，其中在职业态度二级指标中设责任心、进取心及严谨性 3 项指标；在职业情感二级指标中设关爱学生、热爱教学与专业认同 3 项指标。多数专家认为职业情感还应包括对专业学科的情感，故增加专业认同指标。多数专家认为对学生情感与对教学情感作为三级指标不够具体，此前的关爱学生、热爱教学表述更为准确，故作相应调整。在职业态度中增加严谨性这个三级指标。另外，根据专家建议，增设职业追求二级指标，其中包含职业理想、职业信念及职业境界 3 项三级指标。在人格特质维度，设自我特质和人际特征 2 个二级指标，删去创造性、精力充沛及亲和力指标，增加合作精神指标并将三级指标人际沟通改为沟通能力。有专家提出，人际状态是静态形式，而人际交往是一个动态的过程，用人际状态表示二级指标不够准确，因此将其改为人际特征，与自我特质相对应。针对第一轮专家提到的关于三级指标繁多的情况，大部分专家根据其他专家的反馈意见提出了自己的建议。就指标数量问题，多数专家认为教师的人格特质虽然是影响教学行为的重要因素，但其指标项目数应控制在总维度的平均水平。有专家提出，教师教学的创造性其实是知识素养、教学能力与个人特质的集合，指标中的批判思维也是产生创造力的必备因素。另一方面，沟通能力其实也包含了亲和力，因为良好的亲和力是沟通能力的基础。因此，参考专家的建议，适当调整了指标的数量，删减了与教学胜任力相关度不高或交叉重复的条目。

综上所述，经过第二轮专家函询，高校教师教学胜任力的指标体系包含知识素养、教学能力、职业品格与人格特质 4 个维度和教育知识、学科知识、通识知识；教学设计、教学实施、教学研究与改革；职业态度、职业情感、职业追求；自我特性、人际特征等 11 个方面的内容及教育理论知识、教育实践知识、学科基本知识、学科前沿知识、自然科学知识、人文社科知识；教学目标设定、教学对象分析、信息获取与处理、教学内容安排、教学方法选择、课堂组织、语言表达、教学演示、教育技术运用、启发技巧、激励艺术、师生互动、教学评价、教学反思、教学研究、教学改革；责任心、进取心、严谨性、关爱学生、热爱教学、专业认同、职业理想、职业信念、职业境界；适应性、坚持性、自信心、幽默感、批判思维、自我调控、公正性、宽容性、沟通能力、合作精神等 41 项指标。

（3）第三轮咨询

第三次共向原 20 位专家邮发高校教师教学胜任力指标体系咨询表，回收咨询表 20 份。经过两轮函询，专家对高校教师教学胜任力已非常熟悉，通过两轮意见反馈之后，专家对持有争议的地方相互妥协，对新修订的指标体系基本上都给予肯定，达成了一致。

三　研究结果与分析

（一）研究结果

1. 指标项目得分情况

表1是经过三轮函询和不断修改后的高校教师教学胜任力各指标项目得分的基本情况。

表1　　　　　　　　　指标项目得分情况

指标项目	均分	指标项目	均分	指标项目	均分
责任心	4.90	教学内容安排	4.50	学科前沿知识	4.35
关爱学生	4.85	教育理论知识	4.50	教学评价	4.30
教学对象分析	4.85	进取心	4.50	职业理想	4.30
学科基本知识	4.85	启发技巧	4.50	课堂组织	4.25
教学反思	4.80	师生互动	4.50	严谨性	4.25
热爱教学	4.80	职业信念	4.50	教学改革	4.10
公正性	4.75	教学研究	4.45	信息获取与处理	4.10
自信心	4.70	专业认同	4.45	职业境界	4.10
语言表达	4.65	批判思维	4.40	人文社科知识	4.05
自我调控	4.65	适应性	4.40	幽默感	4.00
教学方法选择	4.60	合作精神	4.35	教学演示	3.75
教学目标设定	4.60	激励艺术	4.35	自然科学知识	3.75
教育实践性知识	4.55	坚持性	4.35	教育技术运用	3.65
沟通能力	4.50	宽容性	4.35		

2. 建构高校教师教学胜任力模型

我们运用德尔菲法，经过三轮次专家函询和反复修改后最终建构起高校教师的教学胜任力模型。该模型包括一级指标4个、二级指标11个、三级指标41个，具体内容见表2。

表 2　　　　　　　　　　**高校教师教学胜任力模型**

一级指标	二级指标	三级指标
高校教师教学胜任力模型		
知识素养	教育知识	教育理论知识、教育实践性知识
	学科知识	学科基本知识、学科前沿知识
	通识知识	自然科学知识、人文社科知识
教学能力	教学设计	教学目标设定、教学对象分析、信息获取与处理、教学内容安排、教学方法选择
	教学实施	课堂组织、语言表达、教学演示、教育技术运用、启发技巧、激励艺术、师生互动、教学评价
	教学研究与改革	教学反思、教学研究、教学改革
职业品格	职业态度	责任心、进取心、严谨性
	职业情感	关爱学生、热爱教学、专业认同
	职业追求	职业理想、职业信念、职业境界
人格特质	自我特性	适应性、坚持性、自信心、幽默感、批判思维、自我调控
	人际特征	公正性、宽容性、沟通能力、合作精神

（二）研究结果的可靠性分析

1. 专家的年龄与教龄结构

专家的年龄与教龄能反映专家在该领域的经验，并影响对问卷内容的理解。参与本研究的 20 位专家的年龄以 46—55 岁为最多，达 11 人，占 55%；其次是 56 岁及以上，为 5 人，占 25%；再次是 36—45 岁，为 4 人，占 20%。专家的年龄呈橄榄型结构，以中年为主体，青年、中年及资深专家各占一定比例。专家的这种年龄结构使之对高校教师教学胜任力有较深刻的认识。专家的教龄以 21—30 年为最多，达 12 人，占 60%；其次是 31 年及以上，为 5 人，占 25%；再次是 11—20 年，为 2 人，占 10%；10 年及以下的 1 人，占 5%。咨询专家大部分教龄在 20 年以上，较长的教学工作经历可以保证他们对高校教师教学胜任力各项指标有较好的理解力。

2. 专家的学历与职称结构

在本研究中，咨询专家的学历与职称层次都很高，90% 的专家具有博士学历，所有专家都具有正高职称。专家的高学历和高职称使之具有较高的学术权威性，对问卷内涵易于做出正确的判断。

3. 专家的积极系数

专家对咨询的积极系数一般用问卷的有效回收率表示。我们第 1 轮共发放问卷 25 份，回收有效问卷 23 份，有效回收率为 92%；第 2 轮和第 3 轮各发放问卷 20 份，全部回收并均有效。此结果反映本研究得到了专家们的积极支持。

4. 专家的权威程度

专家权威程度主要由专家对问题进行判断的依据和专家对问题的熟悉程度两个因素决定。专家的判断依据分为四个方面，根据专家的判断依据及影响程度量化表，得出本研究咨询专家的判断依据 Ca = 0.867。频数及频率分布情况见表 3 和表 4。

表 3　　　　　　　　　　专家判断依据及影响程度量化

判断依据	对专家判断的影响程度 Ca		
	大	中	小
直观感觉	0.1	0.1	0.05
理论分析	0.3	0.2	0.10
工作经验	0.5	0.4	0.30
相关信息参考	0.1	0.1	0.05
合计	1.0	0.8	0.50

表 4　　　　　　　　　　专家判断依据频数分布

判断依据	大		中		小	
	频数	频率	频数	频率	频数	频率
直观感觉	5	25%	13	65%	2	10%
理论分析	4	20%	15	75%	1	5%
工作经验	13	65%	7	35%	0	0
相关信息参考	4	20%	13	65%	3	15%

根据 20 位专家的判断依据选择，在较大判定依据上，工作经验频数为 13，占较大依据总体的 50%，说明专家们普遍依据其实际教学经验提供咨询意见。在中等判定依据方面，理论分析频数较多，占中等依据近30%，说明理论分析是专家提供咨询意见的另一重要依据。

　　根据专家对问题熟悉程度系数表分为 5 个等级。本研究专家对问题的熟悉程度 Cs＝0.87。频数及频率分布见表 5 和表 6。

表 5　　　　　　　　　　专家对问题熟悉程度系数

熟悉程度	很熟悉	较熟悉	一般熟悉	较不熟悉	很不熟悉
Cs	1.0	0.8	0.6	0.4	0.2

表 6　　　　　　　　　　专家对问题的熟悉程度

熟悉程度	人数	频率
很熟悉	10 人	50%
较熟悉	7 人	35%
一般熟悉	3 人	15%

　　本研究中的专家权威程度 Cr 为（0.867+0.87）/2＝0.868，一般认为 Cr≥0.70 为可接受水平。由此可见专家对本研究具有较好的权威性，函询结果可信。

　　5. 专家意见的集中程度

　　经过三轮函询后，41 条目中有 38 条目的均数不小于 4.0，非常重要的项目占 50.8%，比较重要的项目占 40.2%，一般重要的项目占 9%，总满分比 50.8%，56% 项目满分比≥50%，指标项目均分为 4.42，标准差为 0.03，误差比 14.7（按经验离散误差比≥3，则表示呈正态分布），这说明各指标项目均比较重要，专家意见集中程度比较高。

　　经过三轮次函询和修改完善后，20 位专家的意见基本达成一致。专家整体学术权威性较高，对咨询的问题积极关注和支持，意见集中程度较高，咨询结果权威程度 0.87，结果可信。

高校硕士生导师岗位胜任力模型构建研究*

高校硕士生导师岗位胜任力是指高校硕士生导师有效指导硕士生达到培养要求所应具备的胜任特征要素的总和，其内容包括知识、能力、动机、态度、价值观、个人特质等。近年来，我国有不少学者关注研究生导师问题，但从岗位胜任力的视角研究硕士生导师的成果还较少见到。硕士生导师在硕士生的培养过程中具有重要的作用，其岗位胜任力直接影响硕士生的培养质量。本研究探讨了高校硕士生导师岗位胜任力的因素，并在此基础上构建了知识素养、专业能力、职业品格和人格特质四维度的高校硕士生导师岗位胜任力模型。该模型可以为高校选聘硕士生导师、开展硕士生导师培训、评估硕士生导师的指导绩效及高校硕士生导师的自我发展提供参考和启示。

一 研究方法

本研究主要采用文献法、德尔菲法和统计法等方法。首先，收集和梳理有关高校教师胜任力和硕士生导师胜任力的代表性文献，借鉴已有的研究成果，旨在获得高校硕士生导师岗位胜任力的初始维度和指标体系。接着，编制高校硕士生导师岗位胜任力指标结构问卷，并分三次向相关专家发放，以获得专业权威的意见和建议。最后，通过统计分析研究高校硕士生导师岗位胜任力的指标体系，构建高校硕士生导师岗位胜任力模型。

---

* 本文由何齐宗与戴志刚合著，系何齐宗主持的江西省学位与研究生教育教学改革项目"硕士生导师岗位胜任力测评及其在管理中的应用探索"的研究成果之一。

二 研究过程

高校硕士生导师岗位胜任力模型的构建主要是选择高校硕士生导师岗位胜任力的指标并建构相应的指标体系。

（一）指标的筛选与分析

1. 指标使用频次的统计

构建胜任力指标体系时首先要选择恰当的指标。为构建合理的高校硕士生导师岗位胜任力指标体系，我们选择和梳理了关于高校教师胜任力和硕士生导师胜任力的 16 篇代表性文献，并对这些文献中使用的高校教师胜任力和硕士生导师胜任力的指标进行定量频次统计。统计结果是：出现 13 次的是责任心；出现 11 次的是专业理论知识；出现 9 次的有创新精神和心理调适能力；出现 8 次的是关爱学生；出现 7 次的是自信心；出现 6 次的有指导学生能力、人际沟通能力、教学组织能力、热爱教学和合作精神；出现 5 次的有教育知识、教学能力、进取心、坚持性和宽容性；出现 4 次的有学科前沿知识、专业能力、语言表达能力、管理能力、学术道德、学习能力、奉献精神、严谨性、诚实正直和学历；出现 3 次的有科学与人文素养、教学策略、信息获取与处理、学习能力、学术交流能力、职业规划能力、动手能力、专业认同、科学精神和尊重他人；出现 2 次的有现代教育技术运用、教学研究、教学效能感、启发技巧、解决问题能力、观察能力、综合分析能力、影响他人能力、科研热情、科研能力、科研成就、职业理想、积极乐观、理解和尊重学生、热情、亲和力、公正性和师生关系融洽；出现 1 次的有专业实践知识、组织知识、经验知识、环境知识、知识的应用能力、学术团队领导力、理解能力、移情能力、提供与反馈能力、解决冲突能力、倾听能力、人际理解力、影响力、分析评价能力、定量分析能力、思维能力、前瞻性思维能力、逻辑思维能力、发散思维能力、自我发展能力、身体适应能力、勤奋努力、明确的个人目标、教学目标设定、教学对象分析、教学内容安排、教学方法选择、教学演示、教学评价、教学反思、教学改革、丰富的教学经验、教学经历、教育价值观、激励艺术、师生互动、敬业精神、职业承诺、职业信念、职业境界、组织认同、自律、自我激励、幽默感、使命感、预见性、承诺、服务意识、服务技能、为人师表、全面培养学生、广泛的学术人脉、归纳思维、批判思维、目标导向、成就导向、主动性、敏锐性、独立性、恃强性、关心他人、开放性、乐群性、耐心、生理健康、资格证书、学缘关系等。

2. 指标统计结果的分析

从指标使用频次的统计结果来看，责任心、专业理论知识、创新精神、心理调适能力、关爱学生、自信心、指导学生能力、人际沟通能力、教学组织能力、学习能力、热爱教学、合作精神、教育知识、教学能力、进取心、坚持性、宽容性、学科前沿知识、专业能力、语言表达能力、管理能力、学术道德、奉献精神、严谨性、诚实正直和学历 26 项指标的出现频率不少于 4 次，说明这些指标是高校教师应具备的较为显著的胜任特征。除此之外，大多数指标的出现频率较为分散。因此，我们不能只是依靠指标统计结果来选择胜任力指标。根据指标构建的科学性与可操作性原则，本研究综合考虑了以下问题。

首先，可供借鉴的相关研究成果较少。在我们收集的 16 篇代表性文献中，绝大多数指标反映的是高校教师的一般性胜任特征。因此，高校硕士生导师岗位胜任力指标大多需要从高校教师一般胜任力指标中进行分析和筛选。另外，现有的高校硕士生导师评价一般偏重于外显指标，如专业知识、教学目标、教学内容、教学方法、课堂管理、科研能力、学术道德，而导师个人的动机、态度、价值观、特质等内隐指标则重视不够。科学的硕士生导师岗位胜任力指标应包含对导师指导有重要影响的内隐指标，如专业认同感、责任心、自信心、坚持性、宽容性、关爱学生、自我反思等。

其次，有些重要指标的出现频率不高，但它们可能是决定高校硕士生导师能否胜任岗位的关键因素，如研究生培养过程调控能力、研究生品行影响力、学术团队组织领导力、选择科研课题能力、发表科研成果能力等。因此，有些低出现频率或未被提及的指标应根据需要加以考虑。

再次，有些指标尽管出现频率较高，但由于各种原因不宜纳入，如学历、教学能力、学习能力等。通俗地说，胜任力是指一个人从事某种工作所应具备的素养，而学历是指一个人的学习经历，它是影响素养形成的条件，而不是素养本身。而教学能力和学习能力则过于笼统和抽象，不易测评，其内容可以通过知识素养和专业能力的相关指标加以体现。

最后，部分指标存在重叠现象，可以进行归纳和概括。事实上，我们在统计指标使用频次时就已作了相应的处理，如将学科理论知识、学科基本知识、专业理论知识、学科专业理论概括为专业理论知识；将关爱学生、热爱学生、理解和尊重学生、师生关系融洽等概括为对待学生情感；将责任心、责任感、认真负责、强烈的责任归纳为责任心；将创新性、创新能力、创新精神概括为创新精神；将进取、进取心、进取意识概括为进取心；将自信、自信心、充满自信概括为自信心；将情绪稳定、自我调控、心理健康、自我调节能力、抗压能力、压力承受能力等归纳为心理调适能力。

本研究在最终确定高校硕士生导师岗位胜任力指标体系时需采用德尔菲法，结合专家的意见和建议对指标体系不断进行修改与完善。

（二）指标体系的初步选择与解释

1. 一级指标

在经典胜任力模型中，胜任力一般被划分为动机、特质、自我形象、态度或价值观、知识、技能等要素，这些要素是构建胜任力的基本维度。在硕士生导师岗位胜任力指标体系的构建中，知识素养和专业能力是基准性胜任力，应该纳入指标体系之中。同时还应考虑硕士生导师这种职业角色应该具备的职业品格和人格特质。据此，可初步将知识素养、专业能力、职业品格和人格特质作为高校硕士生导师岗位胜任力的 4 个一级指标。

2. 二级指标

根据每个一级指标的类别属性，我们可列出若干个与之密切联系的子特征，即二级指标。以下分别从知识素养、专业能力、职业品格和人格特质 4 个维度分析高校硕士生导师岗位胜任力的二级指标。

（1）知识素养。知识素养是指高校硕士生导师在科学文化知识方面的素质和修养。众所周知，知识是能力的基础。同样的道理，高校硕士生导师只有具备较高的知识素养，才能顺利完成硕士生的培养任务。从总体上说，知识可以概括为三大类：有关自然界的知识即自然科学；有关人类社会的知识即社会科学；有关人类思维的专门知识即思维科学。但硕士生导师的知识素养维度不能单纯依据知识的类别划分，而是要在这个基础上进行整合，再分类。高校硕士生导师同时要履行教学、科研、指导和管理的任务。他们要顺利地完成这些任务，就需要掌握一定的教育知识、较扎实的专业知识及关于自然、社会等通识性知识。所以知识素养下的二级指标初步确定为教育知识、专业知识和通识知识。

（2）专业能力。专业能力是指从事某种职业所需要的专业技能，是胜任职业岗位要求的核心能力。一个人的专业能力主要是从他的工作中予以体现，而高校硕士生导师的两项主要工作是教学和科研。因此，评价硕士生导师的专业能力，当然要看他的教学能力和科研能力。另外，有一项重要任务是对研究生的指导，所以硕士生导师的指导能力的重要性不言而喻。这三种能力是构成硕士生导师专业能力的重要指标。基于以上考虑，我们将专业能力下的二级指标初步确定为教学能力、科研能力和指导能力。

（3）职业品格。品格是个人心理面貌的社会表现，它常用以表明人的道德品质，主要包括道德认识、道德情感、情感意志及道德行为习惯等成分。当品德行为在不断的社会实践中成为个体的自觉意识并进一步形成为道德习惯时，就形成了一定的品格。品格不同于一般的行为习惯和习性，它具有明显的自觉性、主动性和创造性。职业品格是个体的品质在职业上的表现，它将社会中的地位和角色感带入行为之中，不仅具有个体的自觉性，还表现出职业的特殊性。我们将职业品格下的二级指标初步确定为职业态度、职业情感、职业道德和职业追求。

（4）人格特质。人格特质是一种能使人的行为倾向表现出一种持久性、稳定性和一致性的心理结构，是人格构成的基本因素。美国心理学家奥尔伯特认为，特质是个人所具有的神经心理结构，是动力的、驱动性的神经和精神系统，使人的行为具有一贯性，赋予个体以共同特征和独特特征。[①] 就硕士生导师作为个体而言，人格特质是有差异的。但就硕士生导师这个岗位而言，我们可以归纳出一些共同的人格特质，这些共性可以成为判断硕士生导师优劣的重要依据。这种共性特质可以从两个方面得以体现：一是自我特性，是硕士生导师自身所体现出来的特征；二是人际特征，是硕士生导师在与他人交往时所表现出来的特征。因此，人格特质包含自我特性和人际特征这两个指标。

---

① 　高玉祥：《个性心理学》，北京师范大学出版社 1989 年版，第 262—264 页。

3. 三级指标

（1）知识素养类指标。知识素养包括教育知识、专业知识和通识知识。教育知识有两类：一是教育理论知识，即前人对教育经验、规律的概括与总结；二是教育实践知识，指教育者亲自参加教育实践所获得的知识。因此，在教育知识下初定 2 个三级指标，即教育理论知识和教育实践知识。专业知识是指从事某专业所需要的知识。作为硕士生导师首先必须对专业的基本知识了然于胸。而且现代社会最重要的一个特征是知识更新速度快，硕士生导师要紧跟时代，要实时关注专业知识发展的前沿和动态。因此，专业知识的三级指标初步定为专业基本知识和专业前沿知识。通识知识是指一般的自然科学知识和人文社会科学知识。随着当代学科之间联系日益密切，学科交叉趋势日益明显，硕士生导师的知识不能仅限于自己的专业，应当拓展自己的知识视野。同时，广泛涉猎其他知识，也可以激发创新的灵感，并对学生的指导大有裨益。因此，硕士生导师的通识知识包括自然科学知识和人文社会科学知识。

（2）专业能力类指标。专业能力包括教学能力、科研能力和指导能力。教学能力是教师从事教学活动所应具有的各种能力的综合，包括与教学有关的组织、协调、监控、传播知识以及对学生学习做出正确评价等方面的能力。在组织教学中，首先要对教学目标进行设定，对教学内容做出合理的安排。接着就是开展教学，要合理运用现代教育技术和现代教学方法，以便提高教学效率和质量。监控环节，主要是对教学过程的组织管理。传授知识要采用合适的教学技巧，启发和激励即是重要的内容。最后是教学评价，包括对学生的评价和自我评价。对学生的评价表现为教学评价能力，而自我评价则主要是教学反思与研究。因此，在教学能力下初步确定教学目标设定、教学内容安排、现代教育技术应用、现代教学方法运用、教学组织管理能力、启发技巧、激励艺术、教学评价能力、教学反思与研究能力等 9 个三级指标。科研能力是硕士生导师专业能力的重要体现。科研能力强的硕士生导师一般也是优秀的导师。判断硕士生导师科研能力强弱的依据主要是导师在科研中表现出来的特质和已取得的科研成就。结合文献进行归纳概括，将硕士生导师的科研能力初步确定为科研方向稳定性、获取与处理信息能力、学科前沿洞察力、科研组织能力、学术交流能力、科研创新能力、发现和解决科研问题能力、主持科研项目能力、发表科研成果能力和学术影响力等 10 个三级指标。硕士生导师的指导能力主要体现在硕士生的培养管理及学习与科研的指导等方面。在培养管理上，要求硕士生导师具备研究生管理能力和在培养过程中的掌控能力。在指导学习与科研方面，不仅要以自己的学识直接指导研究生的学习，还应为研究生提供学习的条件。因而需要硕士生导师既能指导研究生的学习、营造学术氛围，又能为研究生提供科研条件和学术交流机会。同时，参阅外国文献便于了解专业动态和进行学术交流，所以外语水平也较重要。综上所述，研究生的指导能力包括研究生管理能力、研究生培养过程控制能力、研究生学习指导能力、营造学术氛围能力、为研究生提供科研条件能力、为研究生提供学术交流机会能力和外语水平等 7 个三级指标。

（3）职业品格类指标。职业品格包括职业态度、职业情感、职业道德和职业追求。职业态度是指从业者在职业活动中通过履行职业义务、遵守职业纪律，及在对待职业尊严、职业荣誉、职业信誉等方面所表现出来的具有稳定性的情感认识倾向。职业态度是从业者进行职业活动的基础，其本质是劳动态度。硕士生导师的职业态度在很大程度上影响着他的工作效率和质量。我们将硕士生导师的职业态度初步定为责任心、进取心、严谨性和奉献精神。职业情感是在职业活动中产生的心境状况，受职业地位和职业活动特点的影响。对于事业、专业及研究生的情感是硕士生导师工作的内在动力，因此，优秀的导师应具备良好的职业情感。硕士生导师职业情感的指标可以归纳为师生关系、对待学生态度、工作热情和专业认同。职业道德是指人们在职业生活中应遵循的基本道德，即一般的社会道德在职业生活中的具体体现。同时也是行业人员在职业活动中的行为规范，又是行业对社会所负的道德责任和义务。硕士生导师作为教师，理当遵守师德规范，以身作则；同时，作为学术研究的个体也要遵守学术道德和规范。因而，职业道德初步定为师德水平、榜样示范性和学术道德与规范等 3 个三级指标。硕士生导师的教学、科研与指导是一种全面性和持续性的活动，自然需要有科学的职业规划，而年复一年日复一日的工作难免会使导师产生懈怠倦乏，这就需要有职业理想和职业信念去引领他不断追求更高的境界。因此，职业追求可初定为职业规划、职业理想、职业信念和职业境界等 4 个三级指标。

（4）人格特质类指标。人格特质包括自我特性和人际特征。对于自我特性和人际特征三级指标的确立，主要是依据文献资料和实践经验。经过归纳整理，初步确定自我特性的三级指标有自信心、适应性、坚持性、计划性、幽默感、批判思维能力、自我调控能力、心理状态等 8 项，人际特征的三级指标包括民主性、平等性、公正性、宽容性、开放性、亲和力、人际沟通能力和合作精神等 8 项。

（三）指标体系的专家咨询

高校硕士生导师岗位胜任力指标体系在初步构建后，还需要进行修改。在修改过程中，我们主要采用德尔菲法。经过多轮的专家征询、意见整理与归纳及对指标体系的反复修改，最后专家意见基本达成一致。这种方法充分运用了专家的经验和学识，具备科学性；同时各个专家之间是独立自由地做出判断，具有广泛的代表性，结果较为可靠。

1. 咨询专家的构成

本研究选取江苏、湖北、山东、河南、海南、甘肃、江西等 7 个省域从事研究生教育管理、研究生教育研究及工作在研究生指导一线的 26 位专家（以第三轮为准）作为咨询对象，其中包括 21 位男性和 5 位女性；专家年龄段为 36—69 岁，其中 36—45 岁专家 11 位，46—55 岁 12 位，56—69 岁 3 位；专家教龄均在 9 年及以上，其中教龄为 9 年的 2 位，11—20 年的 9 位，21—30 年的 6 位，31 年及以上的 9 位；专家担任导师年限都在 4 年及以上，其中 4 年的 1 位，6—10 年的 13 位，11 年及以上的 12 位；从专家的学历来看，除 1 位为本科学历外，其余均为研究生学历，其中 22 位具有博士学位；专家的职称全部为教授。从总体上看，专家群体具有专业代表性、地域代表性和权威性。

2. 咨询问卷的形成

在文献梳理和分析讨论的基础上，我们结合我国高校硕士生导师指导的实际情况自行设计了咨询问卷。问卷分为两个部分：第一部分为咨询说明及正文，包括指标项目维度设计、分类、修改建议及赋值；第二部分为评估专家的基本资料与评估信息，包括专家的基本情况，如性别、年龄、教龄、担任导师年限、学历、职称等信息；专家对咨询内容的熟悉程度及专家进行判断、提出建议和修改意见的主要依据。其中指标重要程度依据李克特（Likert）的评分方法，数字 1、2、3、4、5 代表该指标在此维度中的重要程度，1 代表特别不重要、2 代表不重要、3 代表一般重要、4 代表比较重要、5 代表非常重要。专家权威程度由专家对问题进行判断的依据（用判断系数 Ca 表示）和专家对问题的熟悉程度（用熟悉程度系数 Cs 表示）两个因素决定。熟悉程度分为 5 个等级并赋予不同的系数；判断依据分为 4 类，并将影响程度分为大、中、小不同的量化值。

3. 咨询的过程和结果

（1）第一轮咨询

第一轮咨询共向 30 位专家邮发硕士生导师岗位胜任力指标体系咨询表，回收有效咨询表 29 份。按照咨询工作的程序，现将专家的意见汇总如下。

第一，关于指标维度的设计。对于 4 个一级指标维度的整体设计，各位专家基本上都表示同意，但个别专家就部分指标维度的表述、硕士生导师岗位胜任力的核心和个别维度的必要性等提出了意见。具体来说，有的专家建议将"知识素养"改为"知识基础"；有的专家认为，指标维度的设计要彰显硕士生导师工作的独特性，要聚焦于某些核心素养；有的专家提出要对维度的权重加以区别，建议将重点放在知识素养与专业能力上；还有专家认为，是否将人格特质作为独立的一级指标需要斟酌，因为合格的导师会有不同的个人特质。根据多数专家的意见，我们将知识素养指标维度改为知识基础，其他指标维度暂不作修改。

第二，关于指标项目的调整。对于知识素养维度，根据专家的意见将通识知识改为相关知识，专业基本知识改为专业基础知识，专业前沿知识改为学科前沿知识，自然科学知识和人文社会科学知识调整为现代信息素养和研究方法知识。关于专业能力维度，有部分专家认为，管理能力是硕士生导师应具备的重要能力，应将它提升为二级指标，同时应增加三级指标。根据专家的意见，我们增加管理能力这个二级指标，同时将其三级指标增加为 4 个，即研究生培养过程调控能力、为研究生营造学术氛围能力、激励艺术和学术团队领导力；对于教学能力和科研能力，精简了三级指标的数量并调整了个别指标的表述，修改后的教学能力指标包括教学目标设定、教学内容安排、教学语言能力、启发技巧和教学反思能力；科研能力指标包括学科前沿洞察力、选择科研问题能力、科研创新能力和学术交流能力。修改后的指导能力包括与研究生的交流沟通能力、研究生批判性思维培养能力、为研究生提供科研条件能力、研究生阅读指导能力、研究生科研问题选择指导能力、研究生论文指导能力、研究生品德行为指导能力和研究生就业指导能力。关于职业品格维度，有专家认为 4 个二级指标之间的界限需要进一步厘定，如职业态度与职业情感可以合并；还有专家指出，三级指标划分过细，且存在交叉重复现象。根据专家意见，我们将二级指标中的职业态度与职业情感合并为职业情感，同时对三级指标进行精简。调整后的三级指标有责任心、严谨性、学术道德、对待学生的情感、对待工作的情感、职业规划和职业理想。关于人格特质维度，专家都认同将其二级指标定为自我特性和人际特征，但不少专家认为三级指标过于繁杂，建议重点考虑与硕士生导师关系密切的指标。根据专家意见，我们删减了部分关联度不高的指标。调整后的人格特质三级指标分别是自信心、坚持性、创新精神、批判思维能力、心理调适能力、民主性、公正性、宽容性、开放性和合作精神。

（2）第二轮咨询

本轮咨询共向 29 位专家邮发了咨询表，回收有效咨询表 26 份。专家的意见主要有以下几点。

第一，关于指标维度的设计。专家认为，此次高校硕士生导师岗位胜任力维度及指标的设定与第一轮相比有很大的改进，体系更为合理，内容更为精练，表述也更加准确。但在具体层面上，专家又提出了修改建议。根据多数专家的意见，我们将知识基础维度的表述恢复为知识素养，其他几个维度不作调整。

第二，关于指标项目的修改。关于知识素养维度，根据专家的建议，将二级指标中的相关知识恢复为通识知识，同时将专业知识中的专业基础知识改为专业理论知识，将通识知识中的现代信息素养改为现代信息技术知识，并增加人文素养这个指标。关于专业能力维度，保持教学能力、管理能力、指导能力和科研能力 4 个二级指标。根据专家的意见，保留教学反思能力，删去启发技巧，增加教学方法选择能力，将教学目标设定改为教学目标设定能力、教学内容安排改为教学内容安排能力、教学语言能力改为教学语言表达能力。专家认为，管理能力和指导能力的三级指标条目过多，且存在交叉现象，因此我们将管理能力精简为 2 个三级指标，即研究生培养过程调控能力和学术团队组织领导力；将指导能力精简为 4 个三级指标，即研究生学习指导能力、研究生科研指导能力、研究生学位论文指导能力和研究生思想品德影响能力；在科研能力中保留学科前沿洞察力和学术交流能力，将选择科研问题能力改为科研项目申报能力、科研创新能力改为高水平科研成果发表能力。关于职业品格维度，根据专家的意见，将二级指标由 3 个调整为 2 个，即保留职业情感和职业道德，删去职业追求。在职业情感中保留对待学生的情感，将对待工作的情感改为对待事业的情感，同时增加专业认同感。职业道德的三级指标不作修改。关于人格特质，根据专家的意见，二级指标保持不变，仍是自我特性和人际特征两项。其中自我特性保留自信心、坚持性、创新精神和心理调适能力 4 个三级指标，删去批判思维能力，因为它与创新精神及科研能力中的科研创新能力有交叉。在人际特征中，专家对公正性、宽容性、合作精神表示认同，但建议删去开放性；另有专家对"民主性"指标表示存疑，认为易与政治术语混淆，建议改为平等性。

（3）第三轮咨询

第三轮共向 26 位专家邮发咨询表，全部回收并均有效。经过两轮咨询和修改完善，专家对于第三轮咨询表的修改意见已大为减少。专家对一级指标分为知识素养、专业能力、职业品格、人格特质四个维度一致认同，而对于二、三级指标，有些专家进一步提出了调整意见。关于知识素养类指标，专家不太认同教育理论知识和现代信息技术知识，这两个指标项目的得分偏低。有专家说如果是教育学相关专业的导师，专业知识就与教育理论知识相重合。关于专业能力类指标，根据专家意见，将教学能力中的教学内容安排能力改为教学内容驾驭能力，同时删去教学语言表达能力；将管理能力中的研究生思想品德影响能力改为研究生品行影响力，删去研究生学位论文指导能力，因为该能力是研究生科研指导能力的应有之义。关于职业品格类指标，根据专家意见，将职业情感中的对待事业的情感明确为对待教育事业的情感；将职业道德中的严谨性调整到人格特质的自我特性中。关于人格特质类指标，除增加严谨性外，其他均不作改动。

三　研究结果与分析

（一）研究结果

1. 指标项目得分情况

表 1 是经过三轮的函询和不断修改完善后的高校硕士生导师岗位胜任力各指标项目得分情况。

表 1　　　　　　　　　　　　指标项目得分情况

指标项目	均分	指标项目	均分	指标项目	均分
学科前沿洞察力	4.84	对待事业的情感	4.46	教学内容安排能力	4.32
专业理论知识	4.84	研究方法知识	4.44	宽容性	4.29
学科前沿知识	4.80	教学反思能力	4.44	研究生培养过程调控能力	4.28
研究生科研指导能力	4.80	合作精神	4.43	学术交流能力	4.28
责任心	4.75	专业认同感	4.42	平等性	4.26
学术道德	4.75	研究生学习指导能力	4.40	学术团队组织领导力	4.20
严谨性	4.70	坚持性	4.38	教学方法选择能力	4.12
创新精神	4.58	教学目标设定能力	4.36	人文素养	4.08
公正性	4.50	高水平科研成果发表能力	4.36	研究生思想品德影响能力	4.00
对待学生的情感	4.46	自信心	4.33	心理调适能力	4.00

2. 建构高校硕士生导师岗位胜任力模型

经过三轮次专家函询和反复修改，我们最终建构起高校硕士生导师岗位胜任力模型。该模型包括一级指标 4 个、二级指标 10 个、三级指标 30 个（见表 2）。

表 2　　　　　　　　　　最终确立的硕士生导师岗位胜任力指标体系

一级指标	二级指标	三级指标		
高校硕士生导师岗位胜任力模型	知识素养	专业知识	专业理论知识、学科前沿知识
		通识知识	研究方法知识、人文素养
	专业能力	教学能力	教学目标设定能力、教学内容驾驭能力、教学方法选择能力、教学反思能力
		管理能力	研究生培养过程调控能力、学术团队组织领导力
		指导能力	研究生学习指导能力、研究生科研指导能力、研究生品行影响力
		科研能力	选择科研课题能力、发表科研成果能力、学术交流能力
	职业品格	职业情感	对待学生情感、对待教育事业情感、专业认同感
		职业道德	责任心、学术道德
	人格特质	自我特性	自信心、坚持性、严谨性、创新精神、心理调适能力
		人际特征	公正性、平等性、宽容性、合作精神

（二）研究结果的可靠性分析

1. 专家的年龄与教龄结构及任导师年限

专家的年龄与教龄结构及任导师年限能反映专家在该领域的经验，并影响对问卷内容的理解。参与本研究的 26 位专家的年龄均在 36 岁以上，以中年和资深专家为主体。专家的这种年龄结构能保证其对高校硕士生导师岗位胜任力有较深刻的认识。大部分咨询专家的教龄在 21 年以上，绝大多数专家任导师年限超过 6 年，较长的教学工作经历和较丰富的指导研究生的经验可以保证他们对高校硕士生导师岗位胜任力各项指标的内涵有较好的理解力。

2. 专家的学历与职称结构

在本研究中，咨询专家的学历与职称都很高，绝大多数专家具有博士学位、所有的专家均是正高级职称。专家的高学历和高职称能保证其具有较高的学术权威性，易于对问卷内涵做出正确的判断。

3. 专家的积极系数

专家的积极系数一般用咨询问卷的有效回收率表示。问卷回收率是有效参与的专家数与总咨询专家人数之比。我们第 1 轮共发放问卷 30 份，回收有效问卷 29 份，有效回收率为 96.7%；第 2 轮发放问卷 29 份，回收有效问卷 26 份，有效回收率为 89.6%；第 3 轮发放问卷 26 份，回收有效问卷 26 份，有效回收率为 100%。此结果反映本研究得到了专家们的积极支持。

4. 专家的权威程度

专家权威程度主要由专家对问题进行判断的依据和专家对问题的熟悉程度两个因素决定。专家的判断依据分为四个方面，根据专家的判断依据及影响程度量化表，得出本研究咨询专家的判断依据 $Ca = 0.9$。频数及频率分布情况见表 3 和表 4。

根据 26 位专家的判断依据选择，在直观感觉、理论分析、工作经验及参考相关信息四个维度上得到 104 个频数分布，其中在判断依据"大"的选择中，工作经验频数为 20，占"大"的判断依据总体的 51%，说明专家们将工作经验作为提供咨询意见的重要依据。在中等判定依据方面，理论分析与参考相关信息频数较多，占中等依据近 65%，说明理论分析与参考相关信息是专家提供咨询意见的另一重要依据。

表3 专家判断依据及影响程度量化

判断依据	对专家判断的影响程度 Ca		
	大	中	小
直观感觉	0.1	0.1	0.1
理论分析	0.3	0.2	0.1
工作经验	0.5	0.4	0.3
参考相关信息	0.1	0.1	0.1
合计	1.0	0.8	0.6

表4 专家判断依据频数分布

判断依据	大		中		小	
	频数	频率（%）	频数	频率（%）	频数	频率（%）
直观感觉	9	34.6	11	42.3	6	23.1
理论分析	10	38.5	14	53.8	2	7.7
工作经验	20	76.9	5	19.2	1	3.8
参考相关信息	2	7.7	15	57.7	9	34.6

根据专家对问题熟悉程度系数表分为 5 个等级，熟悉程度系数用 Cs 表示。本研究咨询专家对问题的熟悉程度 Cs = 0.862。频数及频率分布见表 5 和表 6。

表5 专家对问题熟悉程度系数

熟悉程度	很熟悉	较熟悉	一般熟悉	较不熟悉	很不熟悉
Cs	1	0.8	0.6	0.4	0.2

表6 专家对问题的熟悉程度

熟悉程度	人数	频率（%）
很熟悉	11	42.3
较熟悉	12	46.2
一般熟悉	3	11.5

专家权威程度用 Cr 表示，一般认为 Cr≥0.70 为可接受水平。本研究中的咨询专家权威程度 Cr 为（0.9+0.862）/2=0.88。由此可见，专家对本研究具有较好的权威性，函询结果具有可信度。

5. 专家意见的集中程度

经过三轮函询后，30 个条目的均分都不小于 4.0，其中非常重要的项目占 37%，比较重要的项目占 63%；指标项目均分为 4.43。这说明，各指标项目均比较重要，专家意见集中程度比较高。

经过三轮函询和修改完善后，26 位专家的意见基本达成一致。专家整体权威性较高，对咨询的问题积极关注和支持，意见集中程度较高，咨询结果权威程度达 0.88，因而结果可信。

全球视野的教师理念 *

众所周知，联合国教育、科学及文化组织（简称"联合国教科文组织"）是联合国最重要的组织之一。自 1946 年成立以来，教科文组织在教育方面的作用有目共睹，它影响世界教育的重要形式是组织出版教育文献。半个多世纪以来，该组织出版了大量的教育文献，如《学会生存》《教育——财富蕴藏其中》《从现在到 2000 年教育内容发展的全球展望》《教育的使命》《全球教育发展的研究热点》《全球教育发展的历史轨迹》《世界教育报告》《教育展望》杂志等，这些教育文献是人们公认的教育思想精华。系统地探讨教科文组织教育文献的教师理念对于我们进一步深化和拓展对于教师和教师教育问题的认识具有重要的启示意义。

一　教师的地位与作用

教师的地位与作用问题不仅关系到教师自身的生存与发展，而且会对教育事业和教育质量产生重要的影响。正因为如此，所以，教科文组织的许多教育文献专门阐述过这个问题，发表了不少有益的见解。

（一）教师的地位

关于教师的地位，教科文组织教育文献的观点主要有以下几个方面。

一是关于教师的地位及其意义。教科文组织与国际劳工组织于 1996 年合作召开了一次关于教师地位的政府间特别会议，会议通过的《关于

---

*　本文原刊于《高等教育研究》2008 年第 1 期，系笔者承担的全国教育科学"十一五"规划课题"全球视野的教育理念"的成果之一。

教师地位的建议书》特别强调了教师地位问题对于教育的重要意义。该建议书明确提出："教师的地位应当符合依教育的目的和目标评定的教育的需求；应当确认：教师的正当地位和公众对教师职业应有的尊重，对于充分实现教育的目的和目标具有极其重大的意义。"①

　　二是关于改善教师的地位和工作条件。国际教育大会第45届会议通过的《加强教师在多变世界中的作用之教育》的建议指出，教师的生活和工作条件与他们所承担的重要且意义重大的任务通常是不相称的，因而提出要提高教师的地位。《教育——财富蕴藏其中》一书也指出："教师有理由要求合适的工作条件和地位，因为它们表明他们的努力得到了承认。"② 作者还呼吁，为了挽留优秀教师继续任教，应向他们提供令人满意的工作条件和与其他要求同等教育水平的职业类别相同的报酬。对在边远地区和条件很差地区工作的教师要给予特别的好处，这对鼓励他们留下来为处境不利的居民服务是非常必要的。国际教育大会第7届会议专门就教师的经济待遇问题通过了一个建议。建议认为教师的物质条件对于他们完成其使命具有重要的意义，各类教师应获得同其任务的重要性相适应的工资，工资水平应足够使其避免处于低于相应社会地位的各类雇员的位置。

　　三是各类教师之间不应有等级差别。《学会生存》一书提出，小学、中学和大学教师之间的区别不应含有等级差别。无论薪金等级或晋级都不应取决于教育工作的类别。一个教师无论他在哪一个教育领域都应该有可能晋升到最高一级的机会，而这也只应取决于他的个人品质。"我们应该把教学的职能看成是一样的，而且应受到同样的尊重，不管这种职能是在哪个特定方面实现的。"③

（二）教师的作用

1. 教师在教学中的作用

　　关于教师在教学中的作用，曾经有人认为，随着新技术的发展，教师

---

① 联合国教科文组织：《世界教育报告1998》，中国对外翻译出版公司1998年版，第23页。

② 国际21世纪教育委员会向联合国教科文组织提交的报告：《教育——财富蕴藏其中》，联合国教科文组织总部中文科译，教育科学出版社1996年版，第146页。

③ 联合国教科文组织国际教育发展委员会编著：《学会生存——教育世界的今天和明天》，华东师范大学比较教育研究所译，教育科学出版社1996年版，第258页。

的作用将被取代或被削弱。教科文组织的教育文献对此持不同的看法，认为教育技术的进步不能取代教师的作用。"虽然我们必须更多且更广泛地利用新技术和媒体，它们的确具有辅助的作用，但却永远不会取代教师作为教学过程的组织者和年轻人的指导者与榜样的重要作用。"①《教育——财富蕴藏其中》一书对此也有深刻的论述。该书认为，知识可以通过各种方式来获取，而且远距离教学和在教学中使用新技术已取得了显著的效果。但对于学生而言，教师仍是无法取代的。因为个人的继续发展必须以独立的学习和研究能力为前提，而这种能力只有在向教师求学一段时间后才能获得。联合国教科文组织第 40 届国际教育会议文件对该问题也作了深入的分析，认为教育技术的进步及其日益用于课堂教学，远不是代替教师的作用，而是扩大他们的作用，把他们从单纯的知识的传授者，变成了学生学习经验的组织者和全面教学过程的推动者。面对知识的快速增长和越来越多各种各样的教具的出现，教师在提高教育质量方面依然保持着主要作用。"他们永远不会被机器所取代，而事实上，他们是不可缺少的，因为教师有责任把具有文化根基的伦理和社会价值注入研究得来的新知识，使之更丰富，并使之在年青人的头脑中具有活力。"②

以上所述表明，新的技术不会削弱教师的作用。但是应当承认，新技术的发展正在改变着教师的作用。早在 1975 年，国际教育大会第 35 届会议通过的《教师作用的变化及其对专业准备和在职培训的影响》建议中谈到教师的作用时就指明了这一点。该建议要求教师认识到自己的作用和功能不是一成不变的，而是随着社会和教育系统自身的变化而变化的。《教育——财富蕴藏其中》进一步指出了教师作用的具体变化：在信息社会里，教师不可能再像过去那样被看作某种知识的唯一拥有者，他只需传授这一知识即可。从某种意义上说，他成了集体知识的合作伙伴，他应当对这种知识加以合理地组织。对于教师来说，其任务"已不再只是教学生学习的问题了，而且还要教学生寻找信息。鉴于目前在各种网络上流通

---

① 赵中建：《全球教育发展的研究热点——90 年代来自联合国教科文组织的报告》，教育科学出版社 1999 年版，第 242 页。

② 国家教育委员会教育发展与政策研究中心、中国联合国教科文组织全国委员会秘书处：《世界中等教育发展与改革的趋向》，人民教育出版社 1987 年版，第 13 页。

的信息量极大，善于在知识的海洋中航行已成为实际获得知识的一个先决条件"。①

2. 教师在教育改革中的作用

教育改革是当代世界教育的主题，教师在教育改革中到底应该发挥什么作用？这个问题在很大程度上关系到教育改革的成败。教科文组织的许多教育文献都充分肯定了教师在教育改革中的重要性，认为教育改革的成败取决于教师的态度，教育改革的成功离不开教师的合作，教师不仅是教育改革的实施者，而且是教育改革的设计者、同盟军和主体。国际教育大会第80号建议甚至提出，教师是发生在所有各级各类学校和课堂中并通过所有教育渠道进行教育变革的关键活动者。《教育——财富蕴藏其中》一书正确地指出：教育改革不能与教师的意愿相对立，也不能没有教师的参与。"没有教师的协助及其积极参与，任何改革都不能成功。"② 因此该书建议，应当尽量吸收教师参与有关教育的各种决策，教学计划和教材的制定要在教师的参与下进行，学校的行政管理和教师评价也应吸收教师参与决策。该书还希望教师组织在这个问题上发挥重要的作用，认为应当改进教师组织与教育负责当局之间的对话，对话不应只限于工资和工作条件问题，应将讨论扩展到教师在规划和实施改革中起中心作用这一问题上来。"教师组织可在有关建立职业信任气氛和对教育革新持正面态度方面作出决定性的贡献。在所有教育系统中，教师组织都要提供一条和各级教育工作者进行商讨的渠道，改革的规划和实施应成为一个时机，以就各种目的和方法达成协商一致。"③ 教科文组织教育文献对传统的教育改革模式表示不满。《教育展望》1998年发表了澳大利亚学者科林·N. 鲍尔的文章，该文一针见血地指出："在规划与实施改革时，教师却常常受到冷遇。一旦改革搞糟，遭到指责的多半是教师。"④《学会生存》对这种现象也提出了尖锐的批评："革新理论家们设计的许多方案，其目的似乎是强加在教师们身上的，是向他们提出的，而不是和他们共同提出的。这种专家统治论的家长作风是由于他们不信任教师，因此反过来引起了教师对他

---

① 国际21世纪教育委员会向联合国教科文组织提交的报告：《教育——财富蕴藏其中》，联合国教科文组织总部中文科译，教育科学出版社1996年版，第172页。

② 同上书，第15页。

③ 同上书，第137页。

④ ［澳］科林·N. 鲍尔：《学习：手段抑或目的?》，《教育展望》（中文版）1998年第2期。

们的不信任。"① 在该书看来，教师们并不反对改革，他们反对的是别人把改革方案交给他们去做的那种方式，更不用说把一个改革方案强加在他们身上了。因此，对教育工作者来讲，十分重要的是使他们主动地参加教育改革方案的制定。《教育展望》2001 年刊载的一篇文章对于传统教育改革存在的这种弊端也有深入的阐述，同时还提出了对策性建议。该文认为，传统的教育改革将改革者和教师区别开来，前者做出决定，后者负责实施。这种改革者与教师"自上而下"的关系重复出现在教育政策中，如果改革遇到问题，那是实施方面的问题，而绝不是计划或设计上的问题。在作者看来，教育改革应当是一种"自上而下"和"自下而上"的双向运动过程，教师应当有参与、协商和对话的余地。"对话、联盟、协商和建立共识是一条崎岖不平的路，需要人们为之付出大量时间和精力。然而，单行道，不管多么宽阔平坦，都已证明将通向死胡同。"② 因此，作者呼吁不仅把教师当作实施者对待还要视其为教育政策的设计者。《从现在到 2000 年教育内容发展的全球展望》一书也主张教师广泛地参与影响学校生活的所有决策，认为如果没有这种参与便难以克服许多教师对变化和创新的自然抵抗。

二　教师的责任与使命

综观教科文组织的教育文献可以看出，教师的责任与使命主要体现在以下几个方面。

(一) 培养新一代的性格和精神

在教科文组织教育文献看来，教师的责任不仅仅是传授知识和技能，还应当着力陶冶新一代的性格和精神。教师应当在"培养未来社会必须的性格、品质方面负起责任。这些必须的性格、品质包括：向他人开放，

---

① 联合国教科文组织国际教育发展委员会编著：《学会生存——教育世界的今天和明天》，华东师范大学比较教育研究所译，教育科学出版社 1996 年版，第 222 页。

② ［厄瓜多尔］罗莎·玛丽亚·托雷斯：《从改革的代理人到变革的主体》，《教育展望》（中文版）2001 年第 2 期。

有个人判断能力，能适应变化并能积极、创造性地掌握这些变化"①。教师在教育过程中要使学生树立科学的世界观，培养学生承担社会义务的态度，唤醒他们的公民精神和对社会的责任感，培养关心别人的品质。联合国教科文组织编写的《世界教育报告 1995》特别强调共同价值观的意义，认为在当今世界仅有技术和能力是不够的，如果没有共同的价值观，无论是在国家内部还是在国与国之间，都无法采取共同的行动。正因为如此，联合国教科文组织于 2003 年 10 月在巴黎召开的教育部长圆桌会议关于"有质量的教育"的公报中特别指出要培养学生的世界性观念，使他们学会并实践这些品德，如非暴力、尊重多样性、学会与人和睦相处等。针对冲突和暴力现象日趋严重的现实，国际教育大会第 44 届会议结束后专门发表了题为《国际理解教育：一个富有根基的理念》的文章，作者指出："面对世界问题的严重性，教育工作者不能仅仅是旁观和等待。我们的世界正在各种冲突中颤抖。而这些冲突只能通过实现国际理解的理想而得以解决。"②《教育——财富蕴藏其中》呼吁教师在促进相互理解和宽容方面发挥积极的作用："教师作为变革的因素，在促进相互理解和宽容方面，其作用的重要性从未像今日这样不容置疑。这一作用在 21 世纪将更具决定意义。狭隘的民族主义应让位于普遍主义，种族和文化偏见应让位于宽容、理解和多元化，集权制应由民主的各种表现形式所取代，一个高技术为某些人之特权的分裂世界应由一个技术上统一的世界所取代。这一变革迫切需要赋予教师以巨大职责，他们要为培养新一代的性格和精神作出贡献。"③

（二）提高学生辨析和评价信息的能力

信息量和知识传播渠道剧增是当代社会的一个非常重要的现象。今天学生受到来自四面八方各种知识和信息的狂轰滥炸。这些知识和信息往往互不协调，甚至自相矛盾，让人无所适从，由此引起了思想混乱并导致了

---

① ［伊朗］S. 拉塞克、［罗马尼亚］G. 维迪努：《从现在到 2000 年教育内容发展的全球展望》，马胜利等译，教育科学出版社 1996 年版，第 101 页。

② 赵中建：《全球教育发展的研究热点——90 年代来自联合国教科文组织的报告》，教育科学出版社 1999 年版，第 379 页。

③ 国际 21 世纪教育委员会向联合国教科文组织提交的报告：《教育——财富蕴藏其中》，联合国教科文组织总部中文科译，教育科学出版社 1996 年版，第 134 页。

怀疑主义的倾向。在这种情况下，培养学生对于信息的辨别、评价和批判能力就显得特别重要。教科文组织教育文献深刻地认识到了这一点，指出教师的一个重要职责就是使学生掌握对信息进行分析和评价的能力，对源源不断的各种各样的情报加以分类和整理。只有在教育过程中及早地培养这种能力，个人才能自如地应付日益繁复的情报技术及其产品，并且谨慎地加以利用。《教育——财富蕴藏其中》提出："教育系统承担着重大责任：它应使每个人拥有控制信息大量增加的手段，即有办法本着批判精神，对信息进行筛选，将其分出主次；它还应帮助人们与传媒和信息社会（逐渐变成短暂性和瞬时性的社会）保持一定的距离。"[1] 国际教育大会第80号建议进一步指出，在信息社会中教师要担负起道德引导的责任："面临着其他信息提供者和社会化机构的作用不断增强，人们期望教师将担负起道德指引和教育指引的作用，使学习者能够在大量的信息和不同的价值观中不迷失方向。"[2]

（三）成为学生学习的促进者

国际教育大会第80号建议提出，教师应当促进学生的学习，并且认为教师的作用日益成为学习的促进者。《学会生存》一书在谈到教师责任的变化时指出，从终身教育的立场和当前人类知识的现状来看，教师应当花费更多的时间来判断学习者的需要，推动和鼓励学生的学习。"教师的职责现在已经越来越少地传递知识，而越来越多地激励思考。他必须集中更多的时间和精力去从事那些有效果的和有创造性的活动：互相影响、讨论、激励、了解、鼓舞。"[3]《从现在到2000年教育内容发展的全球展望》一书在展望未来教师的使命时也指出，教师的权威将不再建立在学生的被动与无知的基础上，而是建立在教师借助学生的积极参与以促进其充分发展的能力之上。这样一来教师的作用就不会混同于一部百科全书或一个供学生利用的资料库。一个有创造性的教师应能帮助学生在自学的道路上迅

---

[1] 国际21世纪教育委员会向联合国教科文组织提交的报告：《教育——财富蕴藏其中》，联合国教科文组织总部中文科译，教育科学出版社1996年版，第52页。

[2] 联合国教科文组织：《全球教育发展的历史轨迹——国际教育大会60年建议书》，教育科学出版社1999年版，第525页。

[3] 联合国教科文组织国际教育发展委员会编著：《学会生存——教育世界的今天和明天》，华东师范大学比较教育研究所译，教育科学出版社1996年版，第108页。

速前进，他更多地是学生学习的一名向导和顾问，而不是机械传递知识的简单工具。为了有效地促进学生的学习，《教育——财富蕴藏其中》要求教师在学习方面做学生的榜样。为了促进学生的学习，教师自己要表现出强烈的好奇心和浓厚的学习兴趣。

（四）为学生提供咨询和指导

《学会生存》提倡教师对学生的学习提供有益的指导，教师"除了他的正式职能以外，他将越来越成为一位顾问，一位交换意见的参加者，一位帮助发现矛盾论点而不是拿出现成真理的人"①。国际教育大会第 69 号建议也明确指出，教师除了教学任务外，还应承担更多的责任，还应当为学生提供各种咨询和指导，参与课外活动和校外活动，并帮助学生组织自己的闲暇活动。

三　教师的素质与培养

教师的素质是教师发挥作用和获得社会地位的基础和前提。如果没有一支合格的、责任心强的和有抱负的师资队伍，就不可能有高质量的教育。国际教育大会第 69 号建议指出，不管教育系统产生或将要产生什么样的变化，教师理应处于教育过程的中心地位，他们的良好准备是教育发展的基本因素之一，也是任何教育革新的重要前提。《关于教师地位的建议书》也强调说："应当确认，教育的进步主要取决于全体教学人员的资历和才能，也取决于教师个人的人格、教学方法和技术素质。"②

（一）教师素质的内容

关于教师素质的具体内容，教科文组织教育文献特别强调以下几个方面。

1. 职业伦理

关于教师的职业伦理，教科文组织教育文献特别强调教师的人格、事

---

① 联合国教科文组织国际教育发展委员会编著：《学会生存——教育世界的今天和明天》，华东师范大学比较教育研究所译，教育科学出版社 1996 年版，第 108 页。

② 联合国教科文组织：《世界教育报告 1998》，中国对外翻译出版公司 1998 年版，第 23 页。

业心和献身精神。国际教育大会第 4 号建议提出，在教师培训中不仅应传授一般知识和教育学知识，而且要重视道德价值观的培养。建议还要求年轻教师在着手履行其教师职责前，应在道德方面达到充分的成熟，并深切地认识到教师职责的重要性。国际教育大会第 5 号建议也要求重视教师职责方面系统的道德培训，在任命新教师时不仅应考虑到他们的理论知识，更应考察他们的伦理品质。国际教育大会第 69 号建议指出，社会、文化和教育的各个方面都在发生变化并将持续地变化，而这必然会影响到教师的作用和功能。考虑到这种情况，有必要使将来的教师意识到这些变化，并在思想上做好专业准备。在教师培训过程中要特别重视教师的人格发展。《世界教育报告 1991》认为，作为教师不仅仅要看他们"是否接受过培训或有无学历，还要看他们是否有事业心和献身精神。没有这种精神，他们甚至懒得去管学生的学习，就更谈不上去帮助他们进步了"①。《教育——财富蕴藏其中》也强调，无论是教师的入门培训还是在职培训，都应该重视培养他们的伦理品质，"学生和整个社会有权期待教师以献身精神和敏锐的责任感来完成他们的职责"②。

2. 教育才能

《从现在到 2000 年教育内容发展的全球展望》一书对于教师教育中忽视教育才能培养的现象提出了批评，认为在教师的培训中科学培训和教育培训不成比例。"科学培训部分在有些国家约占 90%，在另一些国家则占 90% 或更多一些。未来的教师与其说在被训练为负有组织创造性、参与性和训练性学习使命的教育家，不如说在被训练为各学科的研究者。"为了说明问题，该书还引用一位作者的观点说："大部分教师都是因为他们有专业知识或科学才能而不是因为他们有教育才能而被聘用的。"③ 该书认为，那种以为精通某些知识就足以将它们传授给他人的说法已经过时，那种不是把个人全面教育而是把理论知识的简单传授作为目的的做法也已经行不通了。有鉴于此，国际教育大会第 80 号建议要求在教师教育中使未来的教师掌握各种教学策略：将掌握教师应该传授的知识同掌握适

① 联合国教科文组织：《世界教育报告 1991》，人民教育出版社 1992 年版，第 65 页。

② 国际 21 世纪教育委员会向联合国教科文组织提交的报告：《教育——财富蕴藏其中》，联合国教科文组织总部中文科译，教育科学出版社 1996 年版，第 146 页。

③ ［伊朗］S. 拉塞克、［罗马尼亚］G. 维迪努：《从现在到 2000 年教育内容发展的全球展望》，马胜利等译，教育科学出版社 1996 年版，第 266 页。

合此知识的教与学的方法联系起来。由于不同的教学情景和学习过程的各个阶段需要使用不同的教学策略，因此必须在未来教师的培养中融入期望他们在其职业生涯中将利用的积极学习的方法，加强培养他们掌握各种教学策略的能力，特别要注意发展教师鼓励学生的态度，即鼓励各类学生成功地进行学习。

3. 人文品质

教师所做的是人的工作，因此必须强调教师的人文品质。《教育——财富蕴藏其中》提出，教师不仅应当具有极为多样的教学才能，而且应当表现出情感同化、耐心和谦虚等人文品质。如果一个儿童遇到的第一位教师是位未经过充分培训并且缺乏积极性的老师，那么他们未来进行学习的基础就缺少坚固性。该书强调要在教师培训中重视教师情感品质的培养，认为这是日后他们培养学生情感品质的重要前提。国际教育大会第12 号建议强调通过心理学方面的培训来提高教师的人文品质，而且特别指出："重要的不是给予未来的教师以专门的心理学方面的训练，而是培养他们爱好观察的习惯以及关心和尊重儿童并遵循儿童心理发展规律的态度。"《从现在到 2000 年教育内容发展的全球展望》则强调教师乐观精神的重要性，认为教师的多疑和忧郁等不良品质以及各种侮辱性的处理方式，会对学生的进步起持久的抑制和阻碍作用。为此，该书呼吁教育者要学会以乐观精神教学和使学生保持自信。①

4. 科研素养

在教科文组织教育文献看来，科研并不是科研工作者的专利，教师可以而且应该根据自己的实际情况积极从事研究活动。基层实际工作者，例如教师和学校领导者，在不同条件下直接接触日常教育活动，通常比专职研究者更有条件收集资料并确定需要。因此，"科研应成为武装教师和管理者的工具，使他们能够发现身处危机的儿童，设计本地的课程，控制教学方法，成为先行者而并非无用资料的被动使用者"②。

①　［伊朗］S. 拉塞克、［罗马尼亚］G. 维迪努：《从现在到 2000 年教育内容发展的全球展望》，马胜利等译，教育科学出版社 1996 年版，第 196 页。

②　赵中建：《全球教育发展的研究热点——90 年代来自联合国教科文组织的报告》，教育科学出版社 1999 年版，第 256 页。

（二）教师素质的培养

关于教师素质的培养，教科文组织教育文献主要强调了两点：一是要注意培养内容的平衡；二是要重视在职培训，并将职前教育和在职培训整合起来。

《教育——财富蕴藏其中》提出，在教师培养的过程中，要保持所授学科方面的才能和教学法方面的才能之间的平衡。该书指出，在一些国家里，有人指责教育系统忽视教学法，而在另一些国家，却又过分优先考虑教学法，人们认为这种做法会导致出现一些对其所授学科不具有足够知识的教师。"其实，两者都是需要的，入门培训和在职培训都不应舍此就彼。"[1] 国际教育大会第 80 号建议对教师培养的全面性作了具体的阐述，认为教师要胜任教学活动就应当满足如下要求："（1）他们对任教学科的掌握；（2）在教师作用发挥以及在多样化的教和学的情景中，他们对教学策略的掌握；（3）他们对终身教育的强烈兴趣；（4）他们的创新能力和在小组中工作的能力；（5）他们对职业伦理的遵守。"[2]

变化与发展是时代的永恒主题，教育领域也不例外。教科文组织教育文献认为，在这种情况下，教师的入门培训不可能满足教育发展的要求，他们必须在整个职业生涯期间不断更新和提高自己。国际教育大会第 69 号建议专门提到教师的继续教育问题，认为继续教育是教师教育过程中不可分割的一部分，应定期地安排各类教育人员接受继续教育。继续教育的程序和方法应尽可能灵活，适合教师的个人需求和各个地方的特点，并考虑到不同专业的发展和知识的扩展。建议还特别提到教师的自我教育问题，认为教师的自我教育是教师继续教育的重要方面，要求教育当局和教育研究及文献中心为教师的自我教育提供必要的时间、文献、场所和指导。

对于职前教育和在职培训的关系，国际教育大会第 69 号建议提出："需要一种综合性政策来确保把教师教育重组成一个持续的协调过程，从职前准备开始并继续于教师的整个职业生涯。在这个系统中，职前教育和

---

[1]　国际 21 世纪教育委员会向联合国教科文组织提交的报告：《教育——财富蕴藏其中》，联合国教科文组织总部中文科译，教育科学出版社 1996 年版，第 143 页。

[2]　联合国教科文组织：《全球教育发展的历史轨迹——国际教育大会 60 年建议书》，教育科学出版社 1999 年版，第 527 页。

在职教育应该整合起来"。① 国际教育大会第 80 号建议重申了这个观点，认为职前培养应该与在职培训密切结合，建立一种视职前学习和在职学习为连续统一体的师范教育和培训系统。

四　教师与学生的关系

众所周知，师生关系在教育过程中具有重要的意义，是影响教育效果的一个基本因素。国际教育大会第 69 号建议指出："不管教育系统产生或将要产生什么样的变化，教师与学习者之间的关系必然处于教育过程的中心地位。"②《教育——财富蕴藏其中》一书也强调："在任何情况下都应特别重视师生关系，因为哪怕是最先进的技术，也只能对师生关系（传播，对话和争论）起支持辅助作用。"③ 师生关系的重要性决定它历来成为一个备受人们关注的教育问题，教科文组织教育文献对这个问题也发表了许多精辟的见解。

《学会生存》对传统的师生关系提出了尖锐的批评，认为"应该从根本上重新评价师生关系这个传统教育大厦的基石，特别当师生关系变成了一种统治者和被统治者关系的时候。这种统治与被统治的关系，由于一方在年龄、知识和无上权威等方面的有利条件和另一方低下与顺从的地位而变得根深蒂固了"④。教科文组织教育文献在批评与反思传统师生关系的基础上，提出要建构一种新型的师生关系，这种新型的师生关系表现出平等合作、相互尊重、自主选择等特征。

（一）平等合作

国际教育大会第 69 号建议提出，有效的学校教育主要依赖于发展一

---

① 联合国教科文组织：《全球教育发展的历史轨迹——国际教育大会 60 年建议书》，教育科学出版社 1999 年版，第 398 页。

② 同上书，第 395 页。

③ 国际 21 世纪教育委员会向联合国教科文组织提交的报告：《教育——财富蕴藏其中》，联合国教科文组织总部中文科译，教育科学出版社 1996 年版，第 132 页。

④ 联合国教科文组织国际教育发展委员会编著：《学会生存——教育世界的今天和明天》，华东师范大学比较教育研究所译，教育科学出版社 1996 年版，第 107 页。

种新型的师生关系，在这种关系中学生越来越成为教育过程中积极的合作伙伴。《教育——财富蕴藏其中》也提出教师与学生要建立起一种新的关系，教师要"从'独奏者'的角色过渡到'伴奏者'的角色，从此不再主要是传授知识，而是帮助学生去发展、组织和管理知识，引导他们而非塑造他们"①。

（二）相互尊重

《学会生存》明确反对片面强调教师权威的传统师生关系，提出"权威式的教学形式必须让位于以独立性、互相负责和交换意见为标志的师生关系；教师的训练必须使人了解和尊重个性的各个方面"。② 《从现在到2000 年教育内容发展的全球展望》一书赞同这种观点，认为权威与服从的关系将由相互尊重的新型师生关系所取代。在这种新型关系中，教师所扮演的角色是顾问而不再是专横的上司。

教科文组织教育文献特别声明，在师生关系中，教师要尊重学生，但是与此同时，教师的权利也应当受到尊重。《教育展望》杂志 2000 年发表的一篇文章深刻地指出："儿童的权利是重要的，但不应过分夸大其重要性；不能说儿童权利是唯一重要的权利，比其他任何人的权利都重要；也不能因为儿童的权利可以实现，就不管他人的权利是否受到尊重。"③作者强调，"想让人家怎样待我们，我们也要怎样待人"，这是一条重要的"为人准则"。作者还提出，学校应当是尊重权利的场所，儿童、教师、助教、职员、管理人员的权利在这里都应受到尊重，这种相互尊重所营造的学习环境将有助于师生的共同成长。

（三）自主选择

教科文组织教育文献在分析传统教育弊端时指出，传统的教育观建筑在教师和教材是知识源泉，学生只是被动的接受者这样一种学习观的基础

---

① 国际 21 世纪教育委员会向联合国教科文组织提交的报告：《教育——财富蕴藏其中》，联合国教科文组织总部中文科译，教育科学出版社 1996 年版，第 136—137 页。

② 联合国教科文组织国际教育发展委员会编著：《学会生存——教育世界的今天和明天》，华东师范大学比较教育研究所译，教育科学出版社 1996 年版，第 110 页。

③ ［美］辛西娅·普林斯·科恩等：《国际会议与专题论坛综述》，《教育展望》（中文版）2000年第 2 期。

上，学生被迫接受学校传授给他们的东西。《教育——财富蕴藏其中》提出在有关教学安排的决定方面，学生应当有权发表自己的意见。1989 年联合国教科文组织在我国召开的"面向 21 世纪教育国际研讨会"通过的文件《学会关心：21 世纪的教育》反复强调学生在教育中的自主选择问题，认为儿童的学习应当以他们早期的好奇、好动和好创造为基础，学习应当成为学习者主动和由学习者推动的过程，这个过程应当是主动的和积极的。《学会生存》呼吁教师要在教育中充分尊重学生的主体地位，"我们应使学习者成为教育活动的中心；随着他的成熟程度允许他有越来越大的自由；由他自己决定他要学习什么，他要如何学习以及在什么地方学习与受训。这应成为一条原则。即使学习者对教材和方法必须承担某些教育学上和社会文化上的义务，这种教材和方法仍应更多地根据自由选择、学习者的心理倾向和他的内在动力来确定"①。《教育——财富蕴藏其中》充分肯定尊重学生自主性的重要意义，认为只有这样学生的人格才能得到充分发展，才能培养学生的判断力、批判意识和责任感，使他们日后能更好地预见和适应变革。

---

① 联合国教科文组织国际教育发展委员会编著：《学会生存——教育世界的今天和明天》，华东师范大学比较教育研究所译，教育科学出版社 1996 年版，第 263 页。

第五编

国际教育与比较教育

国际化：当代教育改革的新动向*

马克思和恩格斯早在 1848 年出版的《共产党宣言》中就指出：过去那种地方的和民族的闭关自守和自给自足状态已经消逝，现在代之而起的已经是各个民族各方面互相往来和各方面相互依赖了。物质的生产如此，精神的生产也是如此。各个民族的精神活动的成果已经成为共同享受的东西。事实的确如此。现代科学技术的飞速发展，尤其是信息化、通信技术、交通工具等的革新，把整个人类推向了全球化和一体化的阶段。现代人类比以往任何时代都更加相依为命、风雨同舟。教育的发展也是如此。当今世界各国之间的教育交流和合作正在日益加强，教育国际化的趋势越来越明显。从当前的实际情况来看，教育的国际化主要包括教育的国际交流、国际合作和国际理解等几个方面。

一　教育的国际交流

国际间的教育交流主要是指人员交流，而人员交流的主要形式是在各国之间互相派遣留学生和访问学者。

1. 互派留学生

第二次世界大战以来，留学教育在各国普遍长足发展，世界留学生人数在迅速增长。全世界的留学生人数 1955 年是 149590 人，1960 年为 237503 人，1970 年为 508816 人，1980 年增加到 931537 人，几乎每隔 10 年就要翻一番。最近几年全世界的留学生人数基本上稳定在 100 万人左

* 本文原刊于《江西师范大学学报》（哲学社会科学版）1996 年第 2 期，《高等学校文科学报文摘》1996 年第 2 期转摘。

右。根据联合国教科文组织的最新统计，目前全世界受大学教育的留学生人数为 1023743 人，留学的国家达 117 个。我们从下面这组数字中也可以清楚地看出世界留学教育快速发展的趋势。美国的留学生 1975 年为 179350 人，1985 年增加到 343780 人，增长了近一倍；苏联的留学生 1975 年为 43287 人，仅隔 3 年即 1978 年就增至 62942 人；联邦德国的留学生从 1975 年的 53560 人增加到 1985 年的 79354 人。在同一时间，意大利的留学生从 18921 人增到 28068 人，比利时从 9768 人增为 24761 人，澳大利亚从 8356 人增为 16075 人，瑞士从 10113 人增为 17396 人，奥地利从 10320 人增为 15388 人，沙特阿拉伯从 4026 人增为 17607 人。为了对世界留学教育的现状有进一步的认识，我们下面分别对美国、日本、法国、中国和东盟各国的有关情况予以简要的介绍和分析。

就绝对数而言，美国的留学教育长期以来一直处于领先地位，是世界上拥有留学生人数最多的国家。1946 年，美国接收外国学生仅仅只有 103000 人，但到了 1992 年，美国接收外国留学生已达 407000 余人，约占当年全世界留学生总人数的五分之二。20 多年来，美国本土学生获得高等学位的人数逐渐减少，留出的空位被外国学生填满。获取博士学位的非美国公民所占的比重已从 1972 年的 15%增至 1992 年的 26%。各个学科领域均有外国学生，尤其是科技学科，半数以上学位为外国学生获得。在某些学校，外国学生甚至占多数。如新泽西州理工学院，887 名全日制学生中有 344 人来自亚洲；得克萨斯大学 355 名土木工程专业的研究生中，美国人只占 15%。1988 年春由美国国家研究委员会做出的有关在美外籍工程师的调研报告指出，尽管几所研究型大学对外国研究生的数量作了限制，但攻读工学博士学位的美国公民的数量只保持在 40%左右。目前在物理、化学、数学、计算机科学和地球科学这些领域，美国出生的学生每年约占 60%，而在 1952 年则占 82.4%，1978 年也占 76.3%。美国的留学教育存在不平衡的现象。美国接收外国留学生的数量很大，但派出的留学生却较少。20 世纪 70 年代末，只有 25000 名美国学生在国外学习全日制课程。美国与外国在留学生问题上的不平衡虽然很明显，但若忽视正在取得的进展则是错误的。实际上，在外国学习的美国学生正在日益增加。美国国际教育交流委员会的一个顾问小组 1988 年 11 月发表了一份题为《国际交流》的报告。报告倡议把美国派到海外学习的注册人数在 1995 年以前提高到占美国国内注册大学生人数的 10%，2008 年前达到 20%—25%。

　　日本对留学教育同样给予了充分的重视。日本临时教育审议会关于教育改革的几次审议报告一直强调留学教育的重要性。如 1985 年 9 月发表的第一次审议报告指出："为了适应国际化的时代，我们要……改变过去那种教育机构只为本国人民服务的封闭性方针，转换为为全世界培养人才。"1989 年 4 月发表的第二次审议报告又说："为了适应日本社会国际化的要求，为了……促进国际协作，培养国际化人才，必须大力扩大接纳留学生的体制。"在随后发表的第三、第四次审议报告又一再重申要"充实、完善接收留学生的体制"。近年来，从世界各地到日本留学的学生人数有显著增加的趋势。据日本文部省的调查，1975 年外国留学生仅有5573 人，1985 年增加到 15009 人，1990 年更增为 41357 人。几年前，日本文部省已提出了"到 21 世纪初接收 10 万名留学生"的奋斗目标。其具体计划是：在 1992 年前，接收留学生每年平均增长 16.1%，1992 年达到 4 万人，1993 年到 2000 年平均每年增长 12.1%，达到 10 万人。从目前的执行情况看，该项计划有望提前实现。日本向外国派遣留学生是有长期传统的。明治维新时，曾派遣许多学生赴欧美留学。然而，由国家有组织地实行国外派遣工作至 20 世纪 70 年代才发展起来。据统计，日本出国留学生现在每年大约有 2 万人。值得注意的是，近年来日本在派遣大学生到国外留学的同时，也重视向国外派遣高中学生。到 80 年代末为止，日本派遣到国外上高中的学生共有 3165 人。

　　法国教育部最近公布的统计资料显示，法国有 123978 名在大学注册的外国留学生，占法国大学生总数的 12.5%，这个比例在世界上接收留学生的几个主要国家中是最高的。10 年来，外国学生留学法国的增长率为 18.6%。除大学层次的以外，还有中小学阶段的学生留学法国，而且其数量比大学层次的学生要多得多。据法国官方公布 1987—1988 学年的数字，外国中小学生在法国学习的有 101 万多人，等于法国全部学生数的8.8%。外国学生中有 68 万人在小学，31 万多人在中学，2 万多人在中等专门学校。外国学生的人数相对比较稳定，但是，近年来中学生还是有明显的增长。

　　十一届三中全会以来，我国留学教育作为对外开放政策的一个有机组成部分得到了迅速的发展。据 1993 年 3 月 24 日《中国教育报》报道，从1978 年年底恢复派遣留学人员工作以来，我国已向世界五大洲 86 个国家和地区派出各类留学人员共 16 万多人。这是我国派遣留学人员规模最大的时期。据统计，从 1950 年到 1977 年的 28 年间，我国总共只派出 11785 人到国外留学。而近几年来，每年仅公派留学人员就在 9000 人左右，自费留学生人数更是每年高达 2 万人左右。我国的留学教育也是由两个方面构成的，除了向国外派遣留学生外，也积极接收外国学生来华学习。至 1993 年 3 月止，我国已经接收了来自日本、朝鲜、加拿大、南亚和非洲等 100 余个国家和地区的 3.5 万多名来华留学生。各国来华留学生近年来呈逐年上升的趋势：1989 年为 3901 人，1990 年为 8362 人，1991 年则高达 1 万人左右，这个数字大体相当于新中国成立以后 30 年间接收世界各国来华留学生的总人数。

东盟各国对留学教育也极为关注。20 世纪 70 年代后半期，东盟国家每年派出留学生近 5 万人。进入 80 年代后，派遣规模不断扩大。如 1985 年，东盟五国（泰国、菲律宾、马来西亚、印度尼西亚、新加坡）共派出 74068 人，仅马来西亚就派出 40493 人。从留学生的流向看，东盟国家的留学生多在美国、英国、加拿大、德国、日本等发达国家学习。70 年代中期以后，东盟各国之间也开始互派留学生。

2. 互换专家和学者

国际教育的人员交流除了互相派遣留学生以外，还互换专家和学者。作为推行外交政策的一个重要方面，法国政府积极向国外派遣和互换专家和学者。据不完全统计，法国每年通过政府渠道派到国外的学者和教师共 18000 多人，其中三分之二是到别国长期任教，三分之一到国外讲学、参加学术会议和联合开展科研活动。与此同时，法国根据双边合作协定或本国教学与科研的需要，每年互邀或单方邀请 3000 多名外国教师和学者到法国任客座教授或从事科研学术活动。另外，由于法国地处欧洲的中心，是召开各种学术会议的理想之地。因此，法国政府和大学每年都通过组织国际学术会议的形式，广泛同世界各国发展学术上的交往。

日本对于教员的国际交流越来越重视。目前在日本大学的专职和兼职教员中，外籍教员有近 3000 人。而派往国外的教员数量则更大，就初中和中等学校教育来看，根据文部省和都道府县实施的海外研修制度，近几年来，每年有 5000 名教员到国外考察。就大学来看，根据国立大学的在外研究员制度，每年约有 500 名教员可以进行研究旅行，但实际上以公费派遣进行研究旅行的已远远超过这个数字。

二　教育的国际合作

教育国际合作的形式是多种多样的，主要有三种，即设立国际教育组织、建立国际性教育机构和开展校际协作。

1. 国际教育组织

为了更好地推动教育国际合作，一些国际教育组织纷纷建立起来。这些组织分政府间和非政府间两种。政府间的组织有多种，如国际教育局，建于 1925 年，是世界上第一个教育领域里的跨政府机构，它的主要工作是组织国际教育大会；还有联合国教科文组织，成立于 1946 年，其宗旨是推动各国之间在教育、科学、文化方面的合作。此外，国际劳工组织、经济合作与发展组织、东南亚教育部长组织等也相继成立。非政府间的组织有世界教育者会议、国际大学协会等。上述组织为教育的国际化做了大量的工作，如组织探讨各国教育面临的重大理论与实际问题，支持和资助各国教育的重大改革实验，组织国际教育的交流与合作，建立跨国的地域性和国际性教育机构等。

2. 国际性教育机构

迄今世界各地建立了多所国际性高校，如联合国大学、世界银行经济发展学院、世界海洋大学、国际伊斯兰大学、海湾大学、拉丁美洲信息学院等。①

联合国大学的总部设在日本东京，该大学力图通过与发展中国家在研究和培训高级能力方面的合作，来提高这些国家解决自身问题的能力。自 1975 年开始活动以来，该大学的重要计划涉及阿拉伯未来选择、能源体制、和平与安全、科技与饥饿等问题。建立这所大学的目的之一是要在联合国系统和世界学术界之间建立联系。

世界银行经济发展学院于 1955 年创办于美国华盛顿。该学院的宗旨是为第三世界国家培养人才，其使命是发展第三世界国家人的能力，让他们学会建设自己的国家。这所学院开办 30 多年来，共培训了 2 万名第三世界国家的政府官员。

---

① 沈小碚：《几所国际性大学简介》，《外国教育动态》1991 年第 3 期。

世界海洋大学设在瑞典,它是由联合国专门机构——国际海事组织倡议创办的,专门为发展中国家培养海洋经济方面的各种高级技术干部。办学经费由联合国发展方案、瑞典政府和国际海事组织的成员国以自愿捐款的形式提供。目前这所大学学员来自 50 多个发展中国家,教员来自世界各国,都是出色的海洋经济专家和实践方面的专家。

国际伊斯兰大学创建于 1983 年,是根据马来西亚政府与马尔代夫、孟加拉国、巴基斯坦、土耳其、利比亚和埃及,以及国际伊斯兰会议组织之间签订的条约成立的。据统计,1984—1985 年度,学生为 700 多人,到 90 年代末将增至 8000 人。该校面向整个伊斯兰教的非穆斯林人士入学。学生来自澳大利亚、阿富汗、日本、文莱、印度尼西亚、菲律宾、马尔代夫、韩国、新西兰、冈比亚、泰国、尼日利亚等国家。

海湾大学设于巴林,是由海湾阿拉伯国家的 19 所大学联合发起创办的。这所大学主要教授一些著名的穆斯林科学家培养和发展的伊斯兰科学,在初期阶段将填补海湾地区现有的大学里没有的一些科学技术学科。

拉丁美洲信息学院于 1986 年在布宜诺斯艾利斯成立。该学院的宗旨是培养未来信息专业的教学和研究人员,它将为在拉美其他国家开设研究生院打下基础,并为在阿根廷建立地区信息研究和发展中心创造条件。目前学院的学生来自乌拉圭、委内瑞拉、哥伦比亚、厄瓜多尔、玻利维亚、阿根廷等国。

3. 校际协作

在法国,几乎每所高等院校都与其他国家对口的高校签有校际协作协议,它们通过互换图书资料、互派学者讲学、共同开展科学研究、互相交换留学人员等多种形式,有效地开展校际的合作活动。现在,法国的高等院校每年大约要同世界各地的有关高校签订 600—700 个校际合作协议。一些名牌大学,如巴黎第六大学、巴黎第七大学、巴黎第十一大学、斯特拉斯堡第一大学、高等综合工学院、巴黎国立矿业学院等都分别同几十个外国的对口单位建立了这种关系。据不完全统计,法国的 30 多所大学同我国的 26 所高校建立了合作关系。另外,法国有些高校直接承担了官方对外文化和科技合作项目。如波尔多第一大学承担了组建摩洛哥拉巴特理学院的任务,里昂国家应用科学院负责由法国政府援建的墨西哥国立工业技术教育中心的全部教学任务,蒙波利埃第二大学承担了同印度尼西亚万隆工艺学院合作的任务等。①

日本的高校在开展与国外的校际交流方面也十分活跃。大阪经济法科大学就是一个典型，它近年来先后和中国的北京大学、延边大学、台湾大学法学院，苏联科学院东洋研究所、苏联科学院远东分院经济研究所，美国的夏威夷大学、鲁伊斯贝鲁特大学，法国的尼斯大学等建立了友好关系，并和韩国的高丽大学缔结了定期派遣进修生的协定。诸如，互派人员学习、联合举办学术交流活动、联合完成学术研究课题等。近年来，仅该校的亚洲研究所就和北京大学、朝鲜文化研究所联合举办了三次朝鲜学国际学术讨论会。1980 年 8 月在大阪举行的第三次朝鲜学国际学术讨论会有来自朝鲜、韩国、美国、苏联、中国等 19 个国家和地区的 1000 余名代表参加。除大阪经济法科大学以外，日本还有不少高校也在积极发展同国外大学的合作关系。从 1991 年开始，日本立命馆大学与加拿大的哥伦比亚大学实施一项联合计划，具体做法是立命馆大学每年派 100 名二年级本科生到哥伦比亚大学留学 7 个月。在这期间，日本学生与哥伦比亚大学学生同吃、同住、同上课，所学课程计入学分。要求学生亲身体验外国大学生活，提高国际化意识和英语水平。龙谷大学为了提高国际性教育的水平，和美国、加拿大、英国、中国等国家建立了留学生交换制度，每年暑假和春假都组织学生前往这些国家进行研修活动。有的日本大学和国外大学还采取互设分校的方式，为日本青年外出留学提供方便。

三　教育的国际理解

国际理解同样是教育国际化的一个重要方面。处于当今复杂的国际形势下，以国际理解为目的的教育，被看成国民教育的重要课题。1981 年在日内瓦召开的第 38 届国际教育大会在讨论世界未来发展趋势时，有的代表指出："我们生活在一个国际上相互依存的世界里。""不了解其他民族的价值观念，不向青年传授有关别国的情况，这样的教育就再也不能称其为教育了。""未来的教育要起到一种打开青年人对于一个更广阔世界的眼界的作用。"这说明，国际理解教育现在已引起人们的极大关注。当

① 张保庆：《今日法国教育》，武汉大学出版社 1986 年版，第 189—190 页。

前世界各国教育的国际理解，一般是通过加强外语教育和设置国际问题课程来实现的。

1. 加强外语教育

日本在1984年2月由中曾根首相智囊团会议提出的《面向21世纪的教育改革五原则》中就强调指出："日本现在是一个占全世界国民总生产十分之一的经济大国。在国际经济社会相互依存的关系中不能不分担相应的义务与责任……为了能够在21世纪和平、稳定和繁荣为目标的环境中生存下去，全体国民必须具有广阔的国际视野和足够的国际感觉。"

毋庸赘言，要培养所谓"国际视野"和"国际感觉"，一个最基本的前提条件是解决和外国人沟通、交往的语言问题。如果不掌握外语，没有应用外语的能力，就不可能有真正的国际理解和国际交往。因此，对学生进行外语教育就显得特别重要。日本现在不仅高等学校重视外语教育，而且中小学也把外语教育列为重要的教育内容。为了加强中小学校的外语教学，1988年12月日本政府决定从大藏省拨专款，1989年新学期开始后，从英国、美国、加拿大、澳大利亚、新西兰等国招聘以英语为母语的外籍教师到中小学校任教。虽然招聘一名外语教师平均要花费500万日元，但是日本政府认为这对加强青少年儿童的英语表达能力和国际意识，提高国际交往能力是很有好处的，因而这种花费完全是值得的。

美国早在1958年颁布的《国防教育法》中就规定设立"国防外国语奖学金"支持外国语教育。自1959年以来，联邦教育总署把80多种外语作为重点资助对象，特别是一些以前大学不常教的语言，如汉语、俄语、阿拉伯语等语种的注册人数有了长足的发展，1960年仅有12099人，到1977年便增至63938人，新教语种多达187种。

美国各高等院校现在正着手考虑外语教育的计划、标准和效果。第一步，重点是要求所有的大学生对外语熟练程度要达到国家规定的最低标准。第二步，是把外语教学的重点放在少数外语学习成绩优异者身上。为了使学生对此感兴趣，各高校正在从高中生里挑选外语成绩优良者。美国高等教育顾问委员会的一份调查报告表明：最近五年内，约有100所四年制大学已提高其作为入学条件的外语成绩，约有200所大学已把外语课的学分视为获取学士学位的条件。现在各大学开始摸索新的测验方法来评估学生的外语能力，更加注重实际表现和效果的评价。他们密切配合中小学，使其外语教育具有连续性，使学生从12年的常规基础教育开始，连续训练达到学士以至硕士的水平。

英国在中学学习外语的学生人数近二三十年有显著的增长。据 20 世纪 70 年代末的统计，在中学前三年，有 80% 以上的学生正在学习一门外语，而在 70 年代初，学习外语的人数不超过 30%。英国政府要求大部分学生在中学头 2—3 年期间，至少应有 10% 的课时学习外语，并鼓励学生把外语学习一直坚持到中学教育的第五年末。

德国也在中小学就重视外语教育。到 1986 年，联邦德国有 2.8 万多名中小学生在学西班牙语，比以往两年增加了 16%，有 8000 名中小学生选学了意大利语，也比过去增加了 19%。但学英语的人数最多，达到 550 多万人，占中小学学生人数的 63.5%；学法语的人数也达 150 多万人。在中学里有 39% 的学生在学拉丁语。此外，日益增多的中小学校在向学生提供学习汉语和日语的机会。到 1986 年，有 12 所中小学让学生学习汉语，10 所中小学和 3 所综合学校让学生学习日语。

瑞典过去规定四年级至七年级英语是必修课，到 20 世纪 80 年代后期改为三年级至九年级必修英语。高级部学生可以在第二外语、经济学、艺术等课中任选，实际上有三分之二的学生选修第二外语（德语和法语）。

近年来，许多发展中国家也非常重视外语教育，将外语作为基础教育课。突尼斯就是一个典型例子。突尼斯政府突出普及外语教育，并把外语教学的重点放在中小学里。突尼斯全国有 2500 所小学，阿拉伯语为国语，从四年级开始增设法语课。法语课占的比重相当大，每个班每周上 10 小时。为了使学生学好法语，中学连续开设法语课。另外，从中学四年级开始普遍开设第二外语——英语，每周上课 5 小时。有的中学还设有德语、西班牙语和意大利语等。学生经过 10 年的法语学习和 4 年的英语或其他外语的学习，在高中毕业时法语已完全过关了，英语或其他外语也有了相当的基础。由于突尼斯外语教育的普及程度很高，所以很多青年会讲两三种外语。

2. 开设国际问题课程

为了增进国际理解，现在各国都重视开设国际问题课程。美国各高校近年来普遍加强了国际知识的教学，以培养具有国际战略眼光的人才。为了推出国际知识的教学，诸如国际关系、比较政治、比较经济体制、国际法、国际组织等课程，早已列入高校的课程之中。1986 年由美国高等教育顾问委员会报道的题为《大学校园的发展趋势》的报告说，大约有一半的四年制高校正在它们开设的课程中增加国际内容的分量。除此之外，东方文化、非洲文化、中东文化等非西方文化也已受到重视。美国大学通过开设相关的课程，加强学生对非西方文化的了解。不仅如此，他们还对传统的科目进行了修订。一些科目，如历史学、政治学、经济学、社会学、比较语言学、文学等，其内容以前都仅限于西方世界的有关事件和成就，现在已扩大了范围，在内容上包括了整个世界。

　　日本的许多高等学校也相继设立了国际问题的学科。津田塾大学、亚细亚大学、日本大学设有国际关系学科，横滨国立大学、山口大学、中央大学设有国际经济学科，西南学院大学设有国际文化学科，长崎大学、旭川大学、拓殖大学等校设有国际贸易学科。为了推动教育的国际理解，日本不仅在高校采取了一系列措施，而且在中学的设置上也有新的举措。1989 年 4 月 1 日，日本在东京都创办了"都立国际高中"，这是一所国际学科的新型高中，其宗旨是培养具有渊博知识、身心健康、全面发展和具有国际意识以及优秀外语能力的人才。在课程设置上，除一般高中所必修的普通课程外，还要侧重于外国语和"国际学科"（包括世界文化、外国文学、外国知识等）的学习，而且后者要占总课时三分之一的比例。另外，冈山县立总社高中也设有国际学科，它的目标是培养真正的"国际人"。

迈克尔·富兰的教育变革思想述评 *

迈克尔·富兰（Michael Fullan）是加拿大当代著名的教育家。他多年来一直从事教育变革的研究，并取得了一系列具有重要影响的成果，在北美乃至世界范围内享有很高的学术声誉，被公认为教育改革理论领域的国际权威。他关于教育变革的一系列著作，如《教育变革新意义》（第三版）、《变革的力量——透视教育改革》、《变革的力量》（续集）、《变革的力量——深度变革》和《学校领导的道德使命》等，已受到广泛的关注和好评。学习和研究他的教育变革思想将有助于我们深化和拓展对教育改革问题的认识。

一　论教育变革的特征

迈克尔·富兰运用复杂科学的原理、非连续性教育理论以及教育复杂性研究的最新理论成果，对教育的变革进行深度观察和研究，揭示了教育变革的非线性和复杂性特征。

（一）教育变革的非线性特征

迈克尔·富兰指出："变革是非直线的，充满着不确定性，有时还违反常理。"① 在他看来，教育变革从启动到实施和制度化不是一个线性的过程，各个阶段存在无数的影响因素和因素之间的相互作用而产生新的因

---

* 本文由何齐宗与周益发合著，原刊于《教育研究》2009 年第 9 期，2011 年获江西省高校人文社会科学优秀成果一等奖。

① ［加拿大］迈克尔·富兰：《变革的力量——透视教育改革》，中央教育科学研究所、加拿大多伦多国际学院组织翻译，教育科学出版社 2004 年版，第 30 页。

素。他还借用英国复杂性理论专家拉尔夫·斯泰西（Ralph Stacey）的论断来说明教育系统是一个非线性的，临界于稳定与不稳定、平衡与不平衡之间的反馈系统。[①] 因为系统的所有因素相互关联并相互作用，以一种自我组合、自我学习的方式，不断改善彼此间的行为和朝着特定的目标在稳定与不稳定、有序与无序之间，在混沌的临界点达到某种和谐。教育变革的非线性衍生了教育过程和结果的不确定，即在教育变革的过程中，各种变革的力量竞争与合作，时而你强我弱、时而你弱我强，导致"混沌行为"的产生，从而导致了变革的不确定性。所以，我们不可能准确地预测变革的结果将在什么时候及怎样发生。在变革的过程中唯一不变的是变革的不确定性。这或许更说明了在教育变革的过程中我们并不仅仅是培养简单地把教育政策转化为实践的能力，而是需要更具创造性的能力以便能够预测变革并对不断发生的变革应付自如。有鉴于此，迈克尔·富兰坚持认为"变革就是学习"——学习是一种源于适应变革不确定性的生活方式。

（二）教育变革的复杂性特征

在迈克尔·富兰看来，教育变革的复杂性是由变革的对象——教育系统本身的复杂性所决定的。教育系统是一个复杂的系统，它具有开放性、不稳定性和无序的特点。

同时，对教育系统走向的预测非常困难，教育系统的变化总是存在"蝴蝶效应"（即小事件的发生会导致重大的后果）。[②] 一个教育复杂系统中最小的不确定性通过糅合而得以放大，会在某一岔点上引起突变。即使是一个简单的系统也可能会发生令人难以置信的复杂性，从而令整个系统的前景变得完全不可预测。另外，教育系统除了具有自然系统复杂性的一般特点外，还具有自身的社会性特点。教育活动涉及数不胜数的社会学因素，这些因素构成错综复杂的相互联系。在这些关系之间很难区分孰轻孰重，它们之间的机制不是简单的直接因果规定，而是复杂的相互作用，是双向的甚至是多向的建构过程。当然，教育活动更是一项社会活动，活动

[①]　［加拿大］迈克尔·富兰：《变革的力量——透视教育改革》，中央教育科学研究所、加拿大多伦多国际学院组织翻译，教育科学出版社 2004 年版，第 106 页。

[②]　［加拿大］迈克尔·富兰：《变革的力量——深度变革》，中央教育科学研究所、加拿大多伦多国际学院组织翻译，教育科学出版社 2004 年版，第 53 页。

中的主体是人，而人具有主观能动性，他的行为会导致原本复杂的教育系统更加复杂。因此我们难以用实证科学的严密逻辑思维对其进行分析推理，它的复杂性自然要高于自然系统。教育系统的复杂性还表现在系统内部与外部（环境）相互作用且表现出积极力量与消极力量、新势力与旧势力的激烈斗争。迈克尔·富兰认为，"我们无法'控制'变革的复杂性，但是通过更好地理解复杂性变革的运作机制，以及有效利用社会关注因素，我们可以发掘利用它巨大的自然威力"①。

二　论教育变革的力量

面对教育变革本身的复杂性，迈克尔·富兰不仅强调变革就是把个人、学校、社会建设成为一个学习型个人、学习型组织、学习型社会三位一体的动力系统，还揭示了影响教育变革的各种阻力。

（一）教育变革的动力

迈克尔·富兰一再强调，任何教育变革取得成功的关键是学习。持续不断的学习是变革的基础，它的结果可以让我们获得永续的变革力量以对付复杂的变革。他认为，教育变革的动力来自个人、组织和社会三个层面。具体来说就是要通过培养学习型个人、发展学习型组织和建构学习型社会来促进教育的变革。

1. 学习型个人

这里所说的学习型个人主要是指工作在教育一线的教师。迈克尔·富兰强调，为了更好地开展教学以及与教学相关的工作，无论是现在的教师还是未来的教师，都必须进行更多的学习。他明确提出："教学这门专业必须转变成为一种更好的学习型专业——这并非偶然现象，而是教师个人自身的要求，也是实践工作顺利开展的必然途径。"② 在他看来，学习型

---

① ［加拿大］迈克尔·富兰：《变革的力量——深度变革》，中央教育科学研究所、加拿大多伦多国际学院组织翻译，教育科学出版社 2004 年版，第 142 页。

② ［加拿大］迈克尔·富兰：《教育变革新意义》，赵中建等译，教育科学出版社 2005 年版，第288 页。

的教师必须做好以下几项互相联系的工作。① （1）教师应做出道德目标的承诺——使学生的一生发生变化：更加卓越、更积极、更有求知欲。（2）教师必须大量地增加教育学方面的知识，加强包括道德目标以及更微妙复杂的教学知识在内的个人认识。（3）教师必须认识到在学校范围的道德目标与较大的教育政策问题和社会发展之间是有联系的。（4）教师必须与其他教师、管理人员、家长和商业代理人、社区代理人进行有效的交流与协作。（5）教师将在新的结构条件下工作。这种结构把教师组成小队，提供共同制订计划的时间，与家长和社区建立起联系，参与到更大的学习网络中去。（6）教师必须逐步形成不断探索和学习的习惯与技能，经常在自己的圈子内外寻求新的思想。（7）教师在变革过程中必须深入同行中，深入变革过程复杂多变的各种事务中。

2. 学习型组织

迈克尔·富兰认为，建立专业学习共同体，亦即学习型组织是从学校获得进行持续不断改革所需的内部承诺的重要保证。在他看来，教学改进是一项集体事业而不是一种个人事业，教师得到改进的条件之一就是与同事合作进行分析、评价和试验。他精辟地指出："一个人的孤立就是另外一个人的隔绝；一个人的合作就是另外一个人的集体思维。"② 在专业学习共同体中，教师通过互动形成共同的目标，教师之间合作和交往的机会增多，他们会更加舒畅地交流思想，分享教学资源和反思教学实践，并且可能产生一种关于学生发展的集体责任感。迈克尔·富兰认为，要把学校建成学习型的组织，关键是要有强有力的学校领导，"学校的强有力的领导是形成和维持学校范围内的学习共同体的核心原因"。③ 校长作为学校的主要领导，他要对组织的学习氛围的营造和学习的能力建设负责。他在建立学习型组织的过程中应该采取以下几个步骤。④ （1）逐渐形成对控制的新认识。学会将学生作为关注的焦点；分享权力、促进协作，而不是接

---

① ［加拿大］迈克尔·富兰：《变革的力量——透视教育改革》，中央教育科学研究所、加拿大多伦多国际学院组织翻译，教育科学出版社 2004 年版，第 97—98 页。

② ［加拿大］迈克尔·富兰：《教育变革新意义》，赵中建等译，教育科学出版社 2005 年版，第 141 页。

③ 同上书，第 152 页。

④ ［加拿大］迈克尔·富兰：《变革的力量——透视教育改革》，中央教育科学研究所、加拿大多伦多国际学院组织翻译，教育科学出版社 2004 年版，第 88—91 页。

管；提供菜单，而不是下命令。（2）适当地设计和运用权力。校长不是强有力的单边主义者，也不是软弱的追随者。他应扮演领导者和协作者的多重角色。（3）建立自我组织的学习组。校长应该学会运用行政措施来促进而不是限制具有支撑作用的协作精神。（4）发展多元文化。校长应当认识学校的文化，抽时间与学生、教师、社区交流，在争论的前沿、在行动上以及在不断的评估过程中保持比较宽广的视野。（5）敢冒风险。校长要培育一种承担风险和探索的风气，表达和扩展自己重视的东西。（6）改进小组学习技巧。重视学校的教师，特别是刚被录用的新教师。同时，创造条件促进他们业务能力的提高。（7）创造资源。校长应让学校与外部更大的环境连接起来。协调本校的需要与上面的政策一致并取得上级部门和当地社区的支持。

3. 学习型社会

迈克尔·富兰指出，要想实现教育的目标：使学生发生积极的变化，就必须创建一个学习型的社会。人人参与学习，人人才能够成为变革的力量。他强调，创建学习型社会的关键就是联盟、伙伴关系、联合和协作。没有一个机构，包括学校都不能够"解决社会的所有问题"。所以，各个组织、各个机构应该加强合作、交流、协调，并各自发挥作用。我们不仅要把教育看成一个系统，还要把整个社会看成教育系统，把所有学校和其他机构都创建成学习型的组织，最终形成学习型的社会。

（二）教育变革的阻力

教育变革在现实的推进过程中肯定存在一些阻力。从某种意义上说，承认、分析和如何化解这些阻力是教育变革能否推向深入并取得成功的重要因素。迈克尔·富兰认为，教育变革的阻力主要来自学校、当地教育部门以及国家和社会等层面。

1. 学校层面的阻力

迈克尔·富兰首先描述了教师的现实处境。教师的活动方式一般具有重复性的特征，这很可能导致对创造性和超越性的压抑，从而影响教育改革在学校教师层面的实现。另一幅图景是大多数教师被要求进行日常管理和承担学生绩效的责任，但几乎没有留出必要的时间给教师来做出计划进行建设性讨论以及反思教学行为。教师生活的被动性阻碍了教师对教育改革的积极参与。第三幅图景是教师在孤立的物理环境下工作，意味着教师必须私下与困难和焦虑作斗争，在脱离同事环境中独自度过自己的大部分时间。教师专业生活的封闭性加重了教育改革中教师的迷茫。对于大多数教师来说，他们很少花时间与同事一起分享教育新理念、新观点和新知识。这种隔离使教师的教学行为无法获得同事客观而有价值的评价。相反，任何对教学工作的干预都可能遭遇教师的强烈抵制。而作为学校教育改革的掌门人——校长，也同样面临许多问题。迈克尔·富兰指出，校长所负荷的工作量在不断增加，而用于教学管理的时间明显减少，工作效率也随之降低。校长总是夹在上级的指令与下级的埋怨当中，进退维谷。学生在教育革新中也往往被遗忘，他们是教师工作的折射和教师评优的媒介，而很少被看作教育变革的重要参与者。

2. 当地教育部门层面的阻力

迈克尔·富兰通过对北美的学区管理者的访谈与调查指出，教育局长日益成为协商者而不是目标制定者，成为一种对多样化利益的应对者和协调者。他们每天都要做出决定，而这些决定可能会引起冲突；或者教育局长几乎每天都深陷于自己所制造的冲突当中。于是，局长们变得很少以一种突出的方式来谈论课程教学和教师的专业发展了。因为平息各种冲突就占去了他们的大部分精力。他在研究中还发现教育局长的任期平均为3—5年。教育局长的更换频率过高，给学校带来了无尽的问题，尤其是不稳定、朝令夕改、缺乏跟踪等，使改革的真正目标和改革的连贯性变得异常迫切。迈克尔·富兰还尖锐地指出，作为学区的领导者，他们的理解力常常是缺乏系统性的。他们不是把改革理解为一种旨在支持更为综合的全方位的变革，而只是把改革理解为各种教学动机和教学管理工具的集合体，进行一些肤浅的改变并沾沾自喜地陶醉于虚假的胜利当中；不清晰和不符合学校现实的学区政策却满天飞而影响学校的每一个角落。处事的绝对"权威"、态度的坚决"果断"在一些地方风行，上下级之间不理解，政策的传达与政策的实施分道扬镳。地方层面的变革在整个变革中是一个承上启下的角色，它在催化与促进有效变革的同时，还有可能成为变革的阻力。

3. 国家和社会层面的阻力

在迈克尔·富兰看来，教育变革的阻力还会来自国家和社会层面。他赞同有的学者评价政府问题的观点："政府的反应是相当迟钝的；它会丝毫不顾及地方的实际情况而只抓住一个大致的观念就致力于此观念的推行……"①同时，大多数政府部门将自己的所有精力都投入到推动绩效责任之中，却很少或几乎不善于提供支持和压力并存的和谐的外部环境。表面上轰轰烈烈，实为昙花一现，既不深入也不持久，导致人们从内心深处的抵触和对真正变革的排斥；政府颁布越来越多缺乏一致性的革新项目，这些政策与革新从科层的官僚机构如倾盆大雨般地浇落在学校的每一个角落，学校和学区没有选择的余地。国家的自上而下的变革与学校的自下而上的改革互不协调，造成从一种控制到另一种控制来回摆动，内部的消耗增大，导致什么都做不成。

　　迈克尔·富兰关于教育变革阻力的论述说明，我们不能忽视教育变革的阻力因素及其产生的条件，应当重视研究如何规避教育变革的阻力。迈克尔·富兰不仅用复杂性理论阐述了如何在不稳定和不确定的变革中进行学习和适应的过程，而且告诫我们不应静态地去观察教育体制所存在的大环境，应该把注意力转向改变这一环境，以保证教育变革的有效运作。

三　论教育变革的实施

　　教育变革的实施是将一种教育观念或计划投入实践的过程。那么，教育变革的实施受哪些因素的影响？教育变革的持续发展会遇到什么困难？迈克尔·富兰对此进行了深入的分析。

（一）影响教育变革实施的因素

　　迈克尔·富兰首先分析了与革新本身的特征相联系的四个因素，即"需要""明确性""复杂性""质量"。② 他认为，这些因素不可能在启动阶段得到解决，但会在实施的过程中变得越来越明显。学校面临着太多的改进议程，哪些项目最为重要，哪些次之？迈克尔·富兰承认，在众多需要中排出主次极为不易，因为人们都不情愿忽略任何一个目标。洞察革新项目的"需要"很难，但却又是重要的。一个革新的项目是不是最为需

① ［加拿大］迈克尔·富兰：《教育变革新意义》，赵中建等译，教育科学出版社2005年版，第231页。

② 同上书，第77—83页。

要变革的内容与变革的成功与否呈正相关。他赞同下述观点：在实施的最初阶段，参与变革的人必须意识到所应对的"需要"是重要的，意识到他们在满足需要方面至少正在取得进展。早期的回报和某些可触知的成功在实施过程中是至关重要的激励因素。① 迈克尔·富兰还认为目标和手段的明确性是变革过程中的一个恒久问题，也是实施阶段的一个主要问题。改革越复杂，明确性的问题就越重要。缺乏明确性，亦即混淆的目标和不具体的实施手段让教师和其他人对于教育变革在实践中的意义感到模糊。如教师的观念仅仅以纲要更为表面化的目标和内容为基础，而忽略教学信念和教学策略，并声称"我们已经这样做了"，其实，这只是一种虚假明确性的表现。教师们把这些目标和内容作为最终的方向，而没有意识到某些策略和潜在的教育信念对于纲要的实施更为重要。对那些真心实意实施变革的人来说，不甚明确且不具体的变革会引起巨大的焦虑和沮丧。因此，明确的目标和简明的手段对于教育变革的成功至关重要。迈克尔·富兰所说的第三个因素是"复杂性"。他认为，任何改革都可以从难度、所要求的技能、信念改变的程度、教学策略、材料的使用等方面予以检测。教育改革要想取得成效，就要求对活动、结构、诊断、教学策略和哲学理解力等复杂问题做出合理的安排。最后一个与变革性质直接相关的要素是变革项目的质量和实用性。迈克尔·富兰认为，富有抱负的变革项目几乎都是受政治驱动的。结果是，在最初的决策和开始变革之间的时间距离通常都太短，以至于无暇顾及质量问题。他明确指出，实质性的、意义重大而持续稳固的变革是需要时间的。"为了实现大规模的改革，你不可能依赖人的能力在较短的时间内发动起实质性的变革，因此你就需要用高质量的教学材料和培训材料……来加速变革的过程……通过提供优质材料并建立压力和支持之间的高度相互作用的机制，你可以走得更远更深。"② 如果我们想要尝试实质性的改革，就要在整个系统内始终通过自上而下的改革和自下而上的改革的紧密结合。

其次，迈克尔·富兰分析了地方因素，即变革的社会条件、人们在其中进行工作的组织或环境以及影响到变革是否有成效的事件和活动。其中地方学校体系代表一套主要的有效变革的条件，同样的一个变革计划在一

---

① ［加拿大］迈克尔·富兰：《教育变革新意义》，赵中建等译，教育科学出版社 2005 年版，第 79 页。

② 同上书，第 82 页。

所学校或一个学区可能会取得成功，但在另外一所学校或另一个学区却可能会遭到失败。他强调，若要取得实质性的改进，学区层面上的地方实施过程是必要的。学区致力于革新的努力具有重要的意义，因为教师在学区所拥有的关于先前革新尝试的积极经验越多，他们对下一次呈现的变革就会更加期待和投入；反之，他们则会无动于衷，而不管这一新的变革观念或计划有多少优势。当我们将视角从学区转向学校层面，学校就成为改革的中心了。学校变革的主要角色自然是校长和教师。校长是学校变革的促进者，他的行动在于合法地确认一项变革是否应该被认真地执行，并在心理上和资源上支持教师。在迈克尔·富兰看来，校长在塑造学校成功所必须的组织条件（如发展共同目标、合作式工作的框架和氛围、监控结果的程序等）中发挥着主要的作用。教师之间的关系是影响教育变革能否成功的一个关键变量。因为变革涉及对于新事物的学习理解，而互动则是社会学习的首要基础。"新意义、新行为、新观念和新技能的获得，主要取决于在工作中教师是单独行动，还是和同伴交换思想、互相支持、分享积极的情感。教师之间工作关系的质量，与变革的实施是密切相关的。"①

　　最后一组因素是把学校或学区置于更广阔的社会背景之下而形成的。它主要是指变革的决策者，即变革的发动者。迈克尔·富兰认为，国家或省的教育优先项的确定都是根据政治力量、政府机构和当选代表的意见等做出的。变革的启动，特别是大规模变革的启动需要政治力量的推动和政府行为的干预。"变革是否得以实施取决于改革和地方需要之间的一致性，取决于改革是如何得到引入和加以贯彻的。"② 如果中央与地方、学区与学校、学校与教师之间一开始就是分道扬镳或是分了叉的两个世界，改革终将归于失败。目前地方学校系统和外部权力部门之间关系呈现更多的形式是片段事件而不是一个完整的系统运作过程。比如，为了得到拨款而进行频繁的工作汇报，通过一些书面材料而进行走马观花式的外部评估，缺乏清晰的角色定位和明确的期望，缺乏正规的人际交流的论坛，在外部机构的权威和支持性角色之间存在矛盾心理，等等，这些因素糅合在一起侵蚀了教育变革实施的可能性。

　　迈克尔·富兰认为，教育变革是一个相互联系的系统，变革的实施和

① ［加拿大］迈克尔·富兰：《教育变革新意义》，赵中建等译，教育科学出版社2005年版，第87页。

② 同上书，第89页。

持续的因素彼此强化或相互削弱，变革的单因素理论注定会失败。在他看来，关于产品质量比教师的态度更重要，或外部因素比内部因素更重要，或教师比管理者更处于核心地位等争论是毫无意义的。变革的有效实施和持续发展依赖于上述所有因素的综合。

（二）教育变革持续发展的困难

迈克尔·富兰认为："变革缺乏持续性的主要原因与影响变革实施的原因相同。"① 消极的学校文化、不稳定的学区、未经协调的地方政策都会阻碍变革的继续。他特别强调其中人的因素，认为损害变革持续性最重要的因素是教师和管理人员的更迭，没有在变革开始后对新加入进来的成员在方向认同和职业需要方面提供及时的帮助，结果使得他们有意或无意地对本已脆弱的变革进行"歪曲"。迈克尔·富兰还总结了影响教育变革持续发展的三个根本性的问题。（1）过度简单化。人们往往把改革简单地看成一个个片段，而不是一个完整的过程。一旦认为有一个好的想法时，往往会急于确定解决办法，并且想控制那些不可控制的变量，结果当然会把事情搞得更糟。（2）急于求成。迈克尔·富兰认为，即使我们已经确定了一系列正确的因素，也还有一个正确地把这些因素运用到新情境的时间问题。但是，变革的发动者通常会加大对变革的敦促与压力，这意味着参与者将没有足够的时间来学习和消化新方法。（3）单纯的技术观点。在迈克尔·富兰看来，教育变革的实施和继续不仅仅是技术性问题，而且是一个道德问题。如果没有教师出于道德上对成长、同情心、共同责任的追求，变革就很难持续下去。"即使是最好的技术想法，在缺乏激情和奉献的情况下，也不会走得长久。"②

在迈克尔·富兰看来，教育变革是如此的复杂和多变，充满了太多的未知因素，以至于变革的实施者，甚至变革的发动者都难以确切地掌控变革本身。变革过程中无数的显性变量与隐性因素相互制约，使变革过程充满了"玩股票""买基金"式的不确定色彩。使变革的结果总是与最初的期望相去甚远，甚至事与愿违，导致真心变革的人们捶胸顿足、失望无际。因此，他告诫我们要提高对变革的复杂性与不确定性的认识，因为我

---

① ［加拿大］迈克尔·富兰：《教育变革新意义》，赵中建等译，教育科学出版社 2005 年版，第 91 页。

② 同上书，第 93—94 页。

们面临的是一个又一个新的不确定的时代。在复杂性与不确定性的教育变革中，我们不仅需要了解变革复杂的原因，更应该明白影响变革复杂的因素。虽然我们无法控制变革的复杂性，但却可以通过更好地理解复杂变革的机制以及有效利用各种社会因素来促进变革。我们还可以利用复杂性理论所强调的"蝴蝶效应"，让它在变革中发挥作用，促使变革的力量成倍增长。

　　总之，迈克尔·富兰用新的理论分析了教育变革问题。他将教育变革看成一个不断从量变到质变、从质变到量变的过程。在这个螺旋上升的变革过程中，虽然学校、当地政府以及国家和社会层面都存在阻力，但成功的秘密在于它们是由错综复杂且包含内外相互作用的组织构成的。任何一个组织都具有相互排斥的两种力量并且可以在稳定或不稳定的或在两者之间的状态下运行。如果一个组织一味坚持稳定性，它会变得僵化而不善于变革；反之，一味追求不稳定性，则会变得支离破碎。成功只存在于一个始终使自己处于稳定和不稳定两种状态之间的组织。这是一种混沌状态，是一种不断变化、更新和重新组合的成长环境。

全球视野的全民教育理念 *

让每个人都享有受教育的机会，这是人类长期以来不懈追求的理想与目标。1990 年由联合国教科文组织等发起召开的"世界全民教育大会"是这种追求的新的集中体现。"全民教育"从此成为最具影响力的教育理念之一，在当代世界教育改革与发展大潮中发挥着非常重要的作用。本文拟对联合国教科文组织教育文献中的全民教育理念进行较为系统的梳理和分析，在此基础上概述其在国际上的影响。

一　全民教育理念的基本内容

联合国教科文组织的全民教育理念涉及的内容十分丰富，概括起来主要包括以下几个方面。

（一）全民教育的内涵

全民教育的基本内涵是指教育要满足每一个人——儿童、青年和成人——的基本学习需要。什么是基本学习需要呢？《世界全民教育宣言》作了如下界定："基本学习需要包括基本的学习手段（如读、写、口头表达、演算和问题解决）和基本的学习内容（如知识、技能、价值观念和态度）。这些内容和手段是人们为能生存下去、充分发展自己的能力、有尊严地生活和工作、充分参与发展、改善自己的生活质量、作出有见识的

---

*　本文原刊于《江西教育科研》2008 年第 6 期，系作者承担的全国教育科学"十一五"规划课题"全球视野的教育理念"的成果之一。

决策并能继续学习所需要的。"① 全民教育的重点主要包括普及初等教育，消除男女之间受教育的差距、扫除成人文盲等。

（二）全民教育的意义

联合国教科文组织的教育文献对全民教育的意义作了充分的肯定。这里拟从满足基本学习需要和教育中的性别平等对个人与社会的影响作用进行具体分析。

1. 满足基本学习需要可以促进个人与社会的发展

满足基本学习需要可以使人有能力理解人类共同的文化遗产，掌握共同的文化和道德价值观念，并有效地参与社会生活。联合国教科文组织总干事松浦晃一郎在为《性别与全民教育：跃上平等》（2003—2004 年全民教育全球监测报告）所写的序言中将教育看成引导和照亮人们生活的火炬，认为教育不仅有益于个人，而且也是社会的根本利益所在，因为经济与社会的进步依赖于它。同时，满足基本学习需要本身不仅仅是目的，它还是终身学习的基础，决定人们后续教育的质量。联合国教科文组织前总干事费德里科·马约尔在《全民教育：2000 年的挑战》一文中正确地指出："全民教育，或者更确切地说，基础教育和文化教育——这是教育的基础，在很大程度上也是在其后各阶段提高质量和获得成功的决定因素。"②

1995 年，九个人口大国领导人在"世界社会发展问题首脑会议"期间举行了另一个首脑会议。会议发表的联合公报强调了全民教育在社会发展中的重要作用，指出："全民教育是现代社会中克服排斥和实现社会融合之必需，是成功地减少失业和消灭贫困之手段。"③ 联合国有关组织和机构也就全民教育发表了《联合国机构和组织领导人就全民教育的公报——社会发展之必需》。它指出："接受基础教育和终身教育机会既是一项基本人权，也是人类发展之必需；特别是女童和妇女的教育，通过扩

---

① 赵中建编：《教育的使命——面向二十一世纪的教育宣言和行动纲领》，教育科学出版社 1996 年版，第 15—16 页。

② ［西班牙］费德里科·马约尔：《全民教育：2000 年的挑战》，《教育展望》（中文版）1991 年第 28 期。

③ 赵中建编：《教育的使命——面向二十一世纪的教育宣言和行动纲领》，教育科学出版社 1996 年版，第 223 页。

大她们选择的机会以使她们充分发挥其潜力，极大地促进社会发展和社会公正。"①

《教育展望》上发表的一篇文章阐述了扫盲对于个人和社会进步的深刻影响。作者认为，摆脱文盲状态可以使人们获得自信并从依赖的束缚中解放出来；使人们能更好地支配他们自己的生活；使人们具有政治意识和鉴别能力，认识到并能争取和捍卫自己的权利。作者最后总结说："文盲必定软弱无能，必定受到忽视。扫除文盲则赋予人们以权利，而这种权利是其他各种益处的基础，是人们及其社会进步的基础。"②

2. 教育中的性别平等符合个人和社会的利益

《世界全民教育宣言》在谈到教育机会平等问题时指出，所有儿童、青年和成人都必须获得达到必要的学习水平的机会，而"最为紧迫之事就是要确保女童和妇女的入学机会，改善其教育质量，并清除阻碍她们积极参与的一切障碍。应该摈弃教育中任何有关性别的陈规陋习"③。为什么强调教育中的性别平等？原因就在于，减少教育中的性别不平等，符合公民的个人和社会利益。

首先，教育中的性别平等可以提高妇女的地位。联合国人口基金会执行主席萨迪克博士指出："简单地说，——教育即权利——而且妇女必须有权掌握自己的命运。教育为妇女打开了机会之门，并给她们以选择。教育是克服那些将女童和妇女在家庭和社会中归入'二等公民'的陋习和传统的关键之所在。"④ 1993 年召开的"九个人口大国全民教育首脑会议"除全体会议外，还举行了"女童和妇女教育、妇女权益与人口问题"专题会议。专题会议发表的同名专题报告指出，"通过接受与其需要和环境相适应的教育，妇女可以在家庭和整个社会的主要活动中逐渐变得更加为人瞩目并为众人所承认。就个人而言，教育可以加强妇女的自我价值、

---

① 赵中建编：《教育的使命——面向二十一世纪的教育宣言和行动纲领》，教育科学出版社1996 年版，第 225 页。

② ［坦桑尼亚］优素福·卡赛姆：《谁从文盲现象中获益？扫盲与赋予权力》，《教育展望》（中文版）1990 年第 24 期。

③ 赵中建编：《教育的使命——面向二十一世纪的教育宣言和行动纲领》，教育科学出版社1996 年版，第 17 页。

④ 同上书，第 246 页。

自信的能力感"。①

　　其次，教育中的性别平等可以提高经济和社会效益。1995 年在北京举行的第四次世界妇女大会通过的《行动纲领》认为，投资于女孩和妇女的教育具有很高的经济效益，是实现可持续发展的最佳手段之一。《性别与全民教育：跃上平等》报告也充分肯定减少教育中性别不平等的经济效益，认为发展妇女教育并通过增加妇女的工作时间，对于整个劳动供给具有重大的影响，可以提高全部劳动力的参与率，从而有助于促进经济的增长，并对社会未来的人力资本储备产生广泛的影响。报告还论述了教育性别平等的社会效益，认为提高妇女的受教育水平，有利于她们充分行使其公民权利。此外，妇女接受学校教育还有一个益处是通过降低出生率而发挥经济和社会效益。报告最后总结说："妇女教育的这些直接或间接的益处表明，当女性比男性更少接受教育时，社会便衰败。"而"一个促进教育中性别平等的决定性步骤，可以对经济增长和其他发展政策的目标产生一个整体的积极影响"②。

　　再次，教育中的性别平等可以降低生育率和儿童死亡率。《教育——财富蕴藏其中》一书认为，妇女受教育的水平与人口出生率的下降具有明显的关系。该书引用教科文组织 1995 年《世界教育报告》对这个问题的研究结果指出，在世界最贫困的地区，"妇女和女孩都受到一种循环的束缚，那就是有文盲母亲，就有文盲女儿；女儿早早结婚，就又像前辈那样被迫处于贫困和文盲状态，受高生育率和早亡之害"。③ 联合国教科文组织副总干事科林·N. 鲍尔在为《教育的使命——面向二十一世纪的教育宣言和行动纲领》一书所写的序言中更是将女童和妇女教育看成降低生育率并最终减少人口压力最有力的手段。关于教育与儿童死亡率的关系，"九个人口大国全民教育首脑会议"专题会议发表的报告认为：适当水平的教育，可以大大降低儿童的死亡率。原因在于，教育与接受新思想和革新观念密切相关，受过教育的母亲更倾向于关注孩子的健康卫生与营

---

① 赵中建编：《教育的使命——面向二十一世纪的教育宣言和行动纲领》，教育科学出版社 1996 年版，第 246 页。

② 联合国教科文组织：《性别与全民教育：跃上平等》（2003—2004 年全民教育全球监测报告），王晓辉等译，人民教育出版社 2004 年版，第 30 页。

③ 国际 21 世纪教育委员会向联合国教科文组织提交的报告：《教育——财富蕴藏其中》，联合国教科文组织总部中文科译，教育科学出版社 1996 年版，第 63—64 页。

养，并在孩子生病时及时求医治病。

（三）全民教育的目标

《世界全民教育宣言》确认的全民教育的最终目标是要满足全体儿童、青年和成人的基本学习需要。《满足基本学习需要的行动纲领》提出了各国在 20 世纪 90 年代全民教育的具体目标：（1）扩大幼儿的看护和发展活动；（2）到 2000 年普及并完成初等教育；（3）提高学习成绩；（4）降低成人文盲率；（5）扩大提供基础教育和青年及成人所需要的其他必需技能的培训；（6）通过各种教育渠道使人们获得更多的知识、技能和价值观念。[①]

2000 年的"世界全民教育论坛"对全民教育的十年历程进行了全面的总结，通过了新的《全民教育行动纲领》。它对《世界全民教育宣言》提出的目标作了一定的修正，提出了全民教育的六个新的目标：（1）扩大和改善幼儿教育，尤其是最脆弱和条件最差的幼儿的全面保育与教育；（2）确保在 2015 年以前所有的儿童，尤其是女童、各方面条件较差的儿童和少数民族儿童，都能接受和完成免费的和高质量的义务初等教育；（3）确保通过公平获得必要的学习机会，学习各种生活技能，来满足所有青年人和成年人的学习需求；（4）2015 年以前，使成人脱盲人数，尤其是妇女脱盲人数增加 50%，所有的成年人都能有接受基础教育和继续教育的平等的机会；（5）在 2015 年以前，消除初等教育和中等教育中男女生人数不平衡的现象，并在 2015 年以前实现教育方面的男女平等，重点是确保女青少年有充分和平等的机会接受和完成高质量的基础教育；（6）全面提高教育质量，确保人人都能学好，在读、写、算和基本生活技能方面都能达到一定的标准。[②]

（四）全民教育的实施策略

《满足基本学习需要的行动纲领》提出了实施全民教育的国家、区域和国际三个层次的优先行动准则和框架。关于国家一级的优先行动，《行

---

① 赵中建编：《教育的使命——面向二十一世纪的教育宣言和行动纲领》，教育科学出版社 1996 年版，第 28 页。

② 转引自国家教育发展研究中心编著《2004 年中国教育绿皮书——中国教育政策年度分析报告》，教育科学出版社 2004 年版，第 219 页。

动纲领》提出，满足全民基本学习需要方面的进展最终将取决于各国所采取的行动。各国政府对协调国内外资源的有效使用负有主要责任。具体包括制定行动计划。创造良好的政策环境，制定改善基础教育的政策，建立伙伴关系并调动各种资源等。区域一级的优先行动主要包括交流信息和和开展联合行动两个方面。国际一级的优先行动主要内容包括在国际范围内开展合作，对国家和区域性行动提供支持等。

《性别与全民教育：跃上平等》报告中明确地提出了促进全民教育，尤其是促进教育性别平等的策略。第一，国家必须在促进全民教育平等中发挥首要作用。报告认为国家在促进教育的性别平等问题上至少有以下三个方面的重要作用：通过立法和政策改革，营造促进教育性别平等的环境；通过资金再分配，加强对女性教育的投资，采取消除性别不平等的特别措施；减轻外部动荡对女童和妇女的影响。第二，各部门之间要建立伙伴关系。第三，妇女与女童要参与社会变革。妇女应当作为改革的主体，而教育是支持这一过程的重要工具。在教育中要增强妇女的批判能力，使她们同时成为改革的合作者和首要的受益者。第四，落实初等教育的费用。贫穷是接受学校教育和其他类型教育机会的主要障碍。大多数国家都承诺保证免费的初等教育，现在的问题在于使这种承诺真正得到落实。第五，确立目标和指标。目标和指标的确立，有助于提高绩效和增强责任，有助于产生紧迫意识并为此集中力量。[①]

二　全民教育理念的国际影响

全民教育理念提出以后，在世界上产生了广泛而持久的影响。20世纪90年代以来的一系列重大国际性教育会议或与教育相关的会议反复出现这个主题，得到许多国际性机构的热烈响应，越来越多的国家将它作为教育改革与发展的重要指导思想。

（一）国际会议对全民教育的响应

"世界全民教育大会"以后，全民教育一直受到国际社会的高度重

---

① 联合国教科文组织：《性别与全民教育：跃上平等》（2003—2004年全民教育全球监测报告），王晓辉等译，人民教育出版社2004年版，第189—221页。

视。20 世纪 90 年代以来的许多国际教育会议和其他国际与地区重要会议，都将全民教育作为一个重要议题，强调全民教育的重要意义，并在其宣言和行动纲领中重申国际社会对实现全民教育目标的承诺。

1. 全民教育国际咨询论坛

世界全民教育大会结束以后，世界全民教育的发起者——联合国开发计划署、联合国儿童基金会、世界银行和联合国教科文组织等除了从各自角度调整其行动战略，增加对全民教育的投入外，还建立了机构间的定期磋商机制——全民教育国际咨询论坛（以下简称为"全民教育论坛"）。它负责协调世界全民教育的行动和计划。为了便于指导有关活动，还成立了全民教育论坛指导委员会。截至 2000 年年初，全民教育论坛指导委员会先后召集了 13 次会议，研究和交流全民教育的进展情况。1996 年 6 月在约旦首都安曼召开的会议对 1990 年在世界范围发起的全民教育十年进行中期评估，通过了《安曼公报》。《安曼公报》提出有必要对宗滴恩大会确定的目标进行调整，世界全民教育今后要更加注重提高教育质量和针对性，重视妇女和女童教育。

2. 世界儿童问题首脑会议

1990 年 9 月 30 日，159 个国家的代表，其中 71 位国家元首或政府首脑聚集在纽约联合国总部，举行首次世界儿童问题首脑会议。首脑会议在其制定的儿童生存、保护与发展的行动计划中，规定了到 2000 年要实现的具体目标，其中有 2 项重申了全民教育的目标，即：（1）普及基础教育并使至少 80% 的小学学龄儿童完成初等教育；（2）将成人（由各国自己确定的适当年龄组）文盲率至少降低到 1990 年一半的水平，尤其要重视妇女文盲。

3. 联合国环境与发展大会

1992 年召开的联合国环境与发展大会讨论并通过的《21 世纪议程》表示赞同世界全民教育大会所提出的各项建议，要求努力确保普及基础教育，通过正规学校教育和非正规教育使至少 80% 的男女儿童完成初等教育，并使成人文盲率至少比 1990 年的水平减少一半。应集中力量降低高文盲程度，纠正妇女缺少基础教育的状况并使她们的识字水平同男性的水平相等。①

4. 九个人口大国全民教育首脑会议

孟加拉、巴西、中国、埃及、印度、印度尼西亚、墨西哥、尼日利亚、巴基斯坦等国家于 1993 年召开了九个人口大国全民教育首脑会议，其宗旨是体现九个人口大国国家领导人对全民教育的关注，交流经验和探讨共同关心的问题，敦促国际社会特别是资金援助机构继续支持全民教育，以实现世界全民教育大会的目标。

5. 世界特殊需要教育大会

1994 年，联合国教科文组织和西班牙政府联合召开了"世界特殊需要教育大会"，这次会议旨在"通过考虑促进实现全纳性教育——即使学校能服务于所有学生尤其是有特殊教育需要的学生——所需要的根本的政策调整，来进一步实现全民教育的目标"。② 大会重申对"全民教育"的承诺，认识到在普通教育系统中向具有特殊教育需要的儿童、青年和成人提供教育的必要性和紧迫性。

6. 国际人口与发展大会

1994 年国际人口与发展大会通过了《国际人口与发展大会行动纲领》，它强调了教育的重要意义，同时也指出了教育存在的问题，重申世界全民教育大会提出的所有国家应该巩固 90 年代在普及初等教育方面所取得的进展，要求所有国家在 2015 年前应进一步努力确保使所有男女儿童接受初等教育。

7. 第四届世界妇女大会

1995 年在北京召开的联合国第四届世界妇女大会通过的《行动纲领》在阐述教育的重要意义及世界教育在性别平等方面取得较大进展的基础上，指出了在这方面存在的问题，要求采取措施在所有级别的教育中消除歧视，以达到平等接受教育的目标，提出到 2000 年普及基础教育，让至少 80% 的学龄儿童完成初等教育，到 2005 年消除初等教育和中等教育中两性的差距；到 2015 年在所有国家普及初等教育。至少将女性文盲率削

---

① 赵中建编：《教育的使命——面向二十一世纪的教育宣言和行动纲领》，教育科学出版社 1996 年版，第 87—88 页。

② 同上书，第 128—129 页。

减到 1990 年的一半。①

（二）全民教育理念推行的成果

联合国教科文组织总干事松蒲晃一郎在 2005 年 5 月向该组织执行局第 159 届会议报告中指出："自宗滴恩世界全民教育大会以来，《世界全民教育宣言》已经成为各国政府以及与基础教育有关组织和机构的参照标准。随着时光的流逝，《世界全民教育宣言》的基本观点和原则经受了时间的考验。"事实的确如此，全民教育理念自提出以后，就受到各个国家的普遍关注和重视。20 世纪 90 年代以来许多国家都将全民教育作为教育改革与发展的重要指导思想，在实践中积极地加以落实。

1. 全民教育推行的总体成果

《安曼公报》显示，自宗滴恩会议以来全民教育在六年间取得了较大的成绩，基础教育虽没有达到预期目标，但取得的进步却是毋庸置疑的。发展中国家小学入学人数大幅增加，1995 年小学在学人数比 1990 年增加了 5000 多万；连续几十年小学失学人数不断上升的状况开始扭转。据统计，1990 年世界失学儿童人数约 1.28 亿人，1995 年下降到约 1.1 亿人，有史以来首次实现失学儿童人数下降。五年期间，幼儿教育在经费不足的情况下（只占国家教育经费总数的 4%）得到较快发展。参与幼儿教育计划的人数增加了近 20%，即有 5600 万儿童接受幼儿教育，占 3—6 岁年龄组的五分之一。联合国教科文组织发表的统计和预测表明，1995 年到 2000 年期间，全球文盲人数减少了 1000 万人。全球成人文盲由 1995 年的 8.72 亿人减少到了 2000 年的 8.62 亿人，在总人口中所占的比率也由 22.4% 下降为 20.3%。以这样的减速，预计到 2010 年全球文盲人数将进一步减至 8.24 亿人，占总人口的比率将下降为 16.5%。联合国教科文组织认为，妇女识字率的提高尤为令人鼓舞。1995 年到 2000 年，全球 15 岁及 15 岁以上的女性文盲在这个年龄段女性中所占的比率已由 28.5% 下降为 25.8%。②

2. 九个人口大国推行全民教育的成果

据联合国教科文组织 1990 年的统计，九国人口总和为 29.68 亿人，

---

① 赵中建：《教育的使命——面向二十一世纪的教育宣言和行动纲领》，教育科学出版社 1996 年版，第 238 页。

② 新华网，2002 年 9 月 2 日。

占世界总人口的一半以上；九国的成人文盲人数占世界成人文盲总人数的70%以上；九国未入小学的儿童人数在 7000 万人左右，其辍学人数也占到世界辍学总人数的一半以上。时任联合国教科文组织总干事的马约尔为此指出："除非这些国家取得进步，否则整个世界的教育不会有实质的进步。可以说，这些国家是解决文盲和缺少教育等问题的关键所在。如果全民教育在这些国家取得了进展，全世界的全民教育亦有进展；如果这些国家的教育发展缓慢，或者说它们之中有的国家拖了后腿，世界统计数字将反映出它们的失败……在实现全民教育的神圣追求中，这九个国家完全可以作为地区和全球的实验室和资源库。"① 在九个人口大国和国际社会的共同努力之下，九国全民教育取得了显著的成绩。据联合国教科文组织统计，1990—1995 年期间，九国接受初等教育的儿童增加了 3000 万人；九个人口大国几乎都增加了国家对基础教育的经费投入；成人文盲大量减少。九国在基础教育方面取得的显著成就加速了世界全民教育的进程。

3. 中国推行全民教育的进展

2005 年 11 月，中国教育部发布了《中国全民教育国家报告》。该报告全面总结了 2000 年达喀尔世界全民教育会议以来，中国在学前教育、义务教育、职业教育、成人扫盲及少数民族教育等方面所取得的进展，记述了中国推进全民教育的历程。报告显示，2000 年以来，中国义务教育发展取得了历史性进步。2004 年，全国"两基"（指基本普及九年义务教育和基本扫除青壮年文盲）人口覆盖率由 2000 年的 85%提高到 93.6%。成人扫盲也取得了巨大成就，2001—2004 年，全国共扫除文盲 803 万人，年均扫除文盲 200 多万人，青壮年文盲率控制在 4%左右，成人识字率居发展中人口大国前列。教育的性别差异进一步缩小，中国小学适龄女童基本都能接受教育，2004 年女童小学入学率达到 98.93%。报告还宣布了中国在 21 世纪头 20 年全民教育发展的战略目标。（1）到 2010 年，全国实现高质量的全面普及九年义务教育，普及九年义务教育人口覆盖率达到98%以上，扫除 15 岁至 24 岁文盲，全国青壮年文盲率降到 2%以下，成人文盲率降到 5%以下。（2）重视儿童保养和早期教育，到 2015 年，全国平均学前三年幼儿教育毛入园率达到 65%以上，所有儿童都有机会受

① 赵中建编：《教育的使命——面向二十一世纪的教育宣言和行动纲领》，教育科学出版社 1996 年版，第 108 页。

到学前一年教育。（3）构建全方位、多层次的信息技术教育和现代远程教育体系。积极发展职业教育、成人教育和培训，构建学习型社会。

当然，现在全民教育远没有达到令人满意的程度，还存在不少的问题。性别不平等的现象仍然存在，甚至在一些国家还相当严重。但是，我们有理由相信，只要人们进一步认识全民教育的重大意义，努力采取持续有效的行动，世界全民教育一定会取得新的更大的进展。

全球视野的终身教育理念 *

20 世纪以来，在教育领域出现了许多新的理念，终身教育理念在其中占据非常重要的地位，成为现代最基本的教育理念之一。在现代终身教育理念的产生和发展过程中，联合国教科文组织发挥了非常重要的作用。该组织出版的许多教育文献都论及终身教育问题，如保罗·朗格朗的《终身教育导论》《学会生存——教育世界的今天和明天》、查尔斯·赫梅尔的《今日的教育为了明日的世界》《教育——财富蕴藏其中》等。系统地探讨教科文组织教育文献的终身教育理念，有助于我们更好地认识终身教育并将推动我国终身教育的发展。

一　终身教育理念产生的背景

众所周知，终身教育的思想观点很早就已经存在。但是，它作为有着相对明确内涵的概念并发展成为一种影响广泛而深远的世界性教育思潮，则无疑是 20 世纪 60 年代才出现的现象。为什么终身教育理念会在这个时候产生？这里拟对现代终身教育理念产生的背景进行简要的分析。

（一）科学技术的发展

20 世纪中叶以来，科学技术的发展速度在不断加快。《光明日报》1998 年 6 月 3 日发表的一篇文章指出，如果说工业革命初期就有知识量猛增的现象，那么二次世界大战后这种现象则更为显著。20 世纪 80 年代

* 本文原刊于《江西师范大学学报》（哲学社会科学版）2008 年第 1 期，系作者承担的全国教育科学"十一五"规划课题"全球视野的教育理念"的成果之一。

全世界每年发表的科学论文大约 500 万篇，平均每天发表包含新知识的论文已达 1.3 万—1.4 万篇；登记的发明创造专利每年超过 30 万件，平均每天有 800—900 件专利问世。据联合国教科文组织隶属的"世界科学技术情报系统"的统计，科学知识每年的增长率已从 20 世纪 60 年代的 9.5% 提高到 80 年代的 12.5%。随着人类知识总量的增加，使得一个人即使花费毕生精力也不可能掌握人类全部的科学技术知识，即使是对某个领域知识的掌握，全靠学校教育这段时间也远远不够。

（二）政治格局的变化

第二次世界大战结束以后，世界的政治格局发生了巨大的变化，许多殖民地国家纷纷走上了独立的民族国家的道路。在新的国际局势面前，第一世界考虑的是如何促进科学技术的发展并通过文化教育继续掌握控制权。第三世界则试图通过发展科学技术和文化教育以摆脱经济落后地位，缩小与第一世界的差距。因此，20 世纪五六十年代各国政府都对教育表现出了前所未有的关注，许多国家都倾其所能进行教育投资。但是，后来人们发现教育投资根本无法满足不断增长的教育需求。于是，不少国家都开始调整战略，转而对现有的教育体制进行改革，特别注重通过扫盲运动及成人培训来提高民族的素质。同时，在各发达国家，由于争取人权的民主运动的高涨，人民大众要求在教育上实现真正的机会均等。迫使这些国家对教育制度进行重新审视，扩大了教育的对象与范围，采取了更加多样化的教育形式，使正规教育与非正规教育、非正式教育更加密切地结合起来。各个国家面临的教育挑战以及为适应这些挑战而进行的教育改革尝试，为终身教育理念的提出创造了必要的条件。

（三）人口结构的变化

20 世纪以来，世界人口结构发生了许多重要的变化，人口数量剧增和人的寿命延长是其中两个主要方面。世界人口的增长速度越来越快，这是 20 世纪人口变化的一个明显的趋势。世界总人口达到 10 亿人（1804 年左右）用了几千年，而达到 20 亿人却只用了 120 多年的时间（1927 年）。在此之后，人口增长速度持续加快：达到 30 亿人口用了 37 年，达到 40 亿人口则只用了 13 年。1980 年世界人口已经增长到 45 亿人，2000 年更是达到 60 亿人。仅 20 世纪这一个世纪世界人口就增加了 40 多亿人。

人口的剧增对教育提出了严峻挑战，要求教育快速地发展，但正规的学校教育远远无法满足实际的需要。在这种情况下，各个国家都在尝试采取一些新的补充措施，发展非正规教育和非正式教育。随着医疗条件的改善和生活水平的提高，人类的平均寿命在不断地延长。联合国发表的《1980年对世界人口的展望和估计》指出，世界人均寿命已从 1950—1955 年的 47 岁，增加到 1975—1980 年的 57.5 岁，预计 1995—2000 年为 63.9 岁。同一时期较发达地区的人均寿命分别为 65.2 岁、71.9 岁和 73.7 岁，较不发达地区的人均寿命分别为 42.4 岁、55.1 岁和 62.5 岁。[①] 按照世界卫生组织的最新定义：65 岁以前算中年人，65—75 岁算青老年人，75—90 岁才算正式老年人，90—120 岁算高龄老年人。随着人们寿命的延长和高龄人口所占比例的增大，他们的继续学习问题日益引起社会的重视。

（四）闲暇时间的增加

人们工作时间的减少和闲暇时间的增加，是现代社会的一个重要特征。信息时代的到来，使工作时间越来越短，闲暇时间越来越长。20 世纪 90 年代，许多国家的周工作时间已不到 40 小时，一些欧洲国家仅为 30 小时。我国自 1995 年 5 月起开始实行每周 5 天工作制，1999 年又推行"五一"、"十一"、春节三个长假。虽然从 2008 年起取消了"五一"长假，但同时增加了清明、端午、中秋、除夕等四个传统节日作为法定假日，总的休假时间比过去还多了一天。现在每年已有法定假日 115 天（不包括日常生活中八小时以外的闲暇时间），这意味着人的三分之一的时间是在闲暇之中度过的。闲暇已成为现代生活中的一个很重要的方面。在闲暇时间日益增多的情况下，如何利用闲暇就成了一个迫切需要研究和解决的问题。利用闲暇时间对人们进行相应的教育，以便不断充实和丰富生活、提高生活的质量，自然也就成了当代教育的重要使命。

（五）人类自我认识的深化

终身教育理念主张教育贯穿于从婴儿期到老年期的整个人生的各个阶段，是以对人类自身认识的深化为基础的。尤其是关于幼儿和成年人的智

---

① 转引自［伊朗］S. 拉塞克、［罗马尼亚］G. 维迪努《从现在到 2000 年教育内容发展的全球展望》，马胜利等译，教育科学出版社 1996 年版，第 21 页。

力及学习能力的研究成果，对终身教育的推动发挥了重要的作用。美国心理学家本杰明·布卢姆认为，5岁以前是智力发展最迅速的时期，4岁起就约有50%的智力，其余30%是在4—8岁获得的，最后的20%是在8—17岁获得的。① 贝利（Bayley）于1968年进行的研究及其他一些专家的研究成果表明，甚至初生的婴儿就已经进行了今后整个生命赖以存在和发展的基础学习。初生数月的婴儿和年仅几岁的幼儿所学到的，对他们整个生命进程都会产生影响。《学会生存》一书指出："成人是否可能学习，这是实际应用终身教育这个概念的关键问题。"② 那么，成人到底有没有学习的能力？美国心理学家桑代克（E. L. Thorndike）以实验研究为依托确认人的学习能力在22岁达到顶点，从25岁起开始下降，但速度极为缓慢。在22—45岁之间的20余年内，其学习能力总量约降低15%，平均每年降低1%。这说明，成人在25岁之后仍然可以继续学习。③ 成人教育理论家休伯曼证明，进行智力练习能延缓衰老。④ 智力的训练及持续不断的学习是学习能力得以巩固、发展及长久保持的重要因素，也是延缓智力衰退的有效手段。对早期儿童和成人智力与学习能力认识的深化，为将人的一生都纳入教育范畴中奠定了理论基础。

（六）传统教育的弊端

传统的教育制度已日益显示出各种弊端。一是传统教育仅限于学校教育阶段。这种教育将人的一生人为地分割成孤立的两个部分，前半生用于受教育，后半生用于工作，学校教育的结束也就意味着人整个一生受教育的结束。这种把教育与生活相割裂的情况，既不利于人的发展和完善，也不利于人们适应快速变化的社会。二是传统教育具有保守性。传统的学校教育内容基本上是已有的知识，并且认为青少年掌握以后即可享用一辈子。随着社会文化机构的普及以及现代通讯和传播技术的发展，学校作为传授知识唯一途径的地位开始动摇。各种大众传播媒体对人们的影响作用日益增大，如何控制它们以使之与学校一道发挥最佳教育功能，是当今教

---

① 乔冰、张德祥：《终身教育论》，辽宁教育出版社1992年版，第31页。
② 联合国教科文组织国际教育发展委员会编著：《学会生存——教育世界的今天和明天》，华东师范大学比较教育研究所译，教育科学出版社1996年版，第154页。
③ 毕淑芝、司荫贞主编：《比较成人教育》，北京师范大学出版社1994年版，第209页。
④ 王铁军主编：《现代教育思潮》，南京大学出版社2000年版，第129页。

育面临的一个重大课题。三是传统教育不能满足人的多方面的需求。传统教育的功能主要局限于知识的传授。随着科学技术的进步和经济的发展，人们的物质生活水平得到了极大的提高，再加上闲暇时间的日益增多，人们希望不断充实和改善个人的生活，丰富自己的精神世界。以传授知识为己任的传统学校教育显然不能满足人们的这些多样化的要求。在反思和批判传统教育的过程中，人们提出了不少教育改革的主张并进行了各种教育改革的实验。这些教育改革主张和实验为终身教育理念的产生和发展提供了丰富的养料。

二　终身教育理念的内容

联合国教科文组织教育文献对于终身教育问题发表了许多有价值的观点，它们构成了较为完整的关于终身教育的认识。这些认识主要包括以下几个方面。

（一）终身教育的内涵

"终身教育"是一个复杂的概念，人们对它的理解意见纷呈。作为终身教育理论的奠基者，保罗·朗格朗直到 1989 年发表的《终身教育：概念的发展》一文中仍然承认："在思考与实践的现阶段，终身教育是一个还不能给出明确定义的非常复杂的概念，或许应该做出努力，使它的各种要素系统化，并说明它们之间的互相关系。"[1] 朗格朗本人在其代表作《终身教育导论》中是这样解释终身教育的：我们所使用的终身教育意指一系列非常具体的思想，实验和成就，……包括了教育的各个方面、各种范围，包括从生命运动的一开始到最后结束这段时间的不断发展，也包括了在教育发展过程中的各个点与连续的各个阶段之间的紧密而有机的内在联系。[2] 他认为，接受教育应当是一个人从生到死一直持续着的事情，教育应当在每个人需要的时刻以最好的方式提供必须的知识和技能。

《学会生存》一书在回顾终身教育概念发展过程的基础上给出了自己

---

① 转引自赵祥麟主编《外国教育家评传》，上海教育出版社 2002 年版，第 355 页。
② ［法］保罗·朗格朗：《终身教育导论》，滕星等译，华夏出版社 1988 年版，第 16 页。

的定义。该书指出：最初，终身教育只不过是应用于一种较旧的教育实践即成人教育的一个新术语。后来，逐步地把这种教育思想应用于职业教育，随后又涉及在整个教育活动范围内发展个性的各方面，即智力的、情绪的、美感的、社会的和政治的修养。最后，到现在，终身教育这个概念，从个人和社会的观点来看，已经包括整个教育过程了。该书对终身教育做出了自己的界定：终身教育这个概念包括教育的一切方面，包括其中的每一件事，并指出："终身教育并不是一个教育体系，而是建立一个体系的全面组织所根据的原则，而这个原则又是贯穿在这个体系的每一部分的发展过程之中的。"[①] 在该书看来，当今的教育正在跃出悠久的传统教育所规定的界限。它正逐渐在时间上和空间上扩展到它的真正领域——整个人的各个方面。由于这些方面过于广泛而复杂，以至无法包括在任何"体系"之内。这样一来，"终身教育就变成了由一切形式、一切表达方式和一切阶段的教学行动构成一个循环往复的关系时所使用的工具和表现方法"[②]。

　　查尔斯·赫梅尔在谈及终身教育概念时指出，人们很容易将终身教育与成人教育或继续教育混淆起来。事实上，终身教育与成人教育或继续教育的内涵并不一样，成人教育只是终身教育体制的一个方面，继续教育的思想也局限于有关职业教育方面。在终身教育中，除了成人教育以外，还包括学前教育和学校教育。在他看来，终身教育并不只限于从学校毕业以后的阶段，这种制度的基本特点在于，它在任何一点上都不中断而是具有连续性和统一的。这样一来，学校就变成教育和文化中心，为整个社会服务。

　　1989 年，教科文组织在北京召开了"面向 21 世纪教育国际研讨会"。大会指出，为了迎接新世纪的挑战，要使社会更多地参与教育，教育也应更多地参与社会，使学习成为一个终身的过程。大会报告的总标题是"学会关心——21 世纪的教育"。这是对 20 世纪 70 年代"学会生存""学会学习"的补充与发展。终身教育又被赋予"关心"的新内涵。

　　《教育——财富蕴藏其中》将终身教育看成与生命有共同外延并已扩展到社会各个方面的连续性教育，认为这种教育是不断造就人、不断扩展

---

① 　联合国教科文组织国际教育发展委员会编著：《学会生存——教育世界的今天和明天》，华东师范大学比较教育研究所译，教育科学出版社 1996 年版，第 223 页。

② 　同上书，第 180 页。

其知识和才能以及不断培养其判断能力和行动能力的过程。① 它把非正规学习与正规学习结合在一起，它是每个人的独特经历，但也是最为复杂的一种社会关系，因为它同时属于文化范畴、工作范畴及公民的权利与义务范畴。该报告除再次重申"学会生存"的口号外，还增加了"学会认知""学会做事""学会共处"等新的内容。

综合教科文组织对终身教育的认识，我们可以得出如下结论：终身教育是指一个人在一生中所受到的各种培养的总和，它包括一切教育活动、一切教育机会和教育的一切方面。从横向看，终身教育包括家庭、学校和社会等各个领域的教育，还包括教育的特殊形式——自我教育；从纵向看，终身教育指贯穿于人的一生的胎儿期、婴幼儿期、青少年期、成人期和老年期等各个阶段的教育；从教育的内容看，终身教育包括文化科学教育、职业（专业）教育和生活教育等几个方面；从教育的形式看，终身教育包括正规教育、非正规教育和非正式教育在内。

（二）终身教育的意义

在教科文组织的教育文献看来，终身教育的意义包括以下几个方面。

1. 拓展了教育的范围

朗格朗认为，教育过程必须持续地贯穿在人的一生之中，而不存在某个专门用于教育的年龄阶段。尽管人的一生中的某个时期比其他时期对学习更为有利，但是它只是表现在某些能力或技巧性较强的学科和体育运动中。他坚信在人生的各个阶段都可以进行学习。在论述终身教育的必要性问题上，《学会生存》的独特贡献在于，它揭示了人的未完成性与终身教育的内在联系。它指出，人是一个未完成的动物，而且人永远不会变成一个成人，他的生存是一个无止境的完善过程和学习过程。人和其他生物的不同点主要就是由于他的未完成性，只有不断学习才能完善自己。因此，"教育要终生进行，要在所有现存的情况和环境中进行。这样，教育就会体现它的真正本性，即完整的和终身的教育"。②

---

① 国际 21 世纪教育委员会向联合国教科文组织提交的报告：《教育——财富蕴藏其中》，联合国教科文组织总部中文科译，教育科学出版社 1996 年版，第 90 页。

② 联合国教科文组织国际教育发展委员会编著：《学会生存——教育世界的今天和明天》，华东师范大学比较教育研究所译，教育科学出版社 1996 年版，第 180—181 页。

2. 赋予成人教育以新的意义

朗格朗将成人教育与传统教育进行了对比。他认为，成人教育不像传统教育那样讲究分数、名次、惩罚、奖赏；没有严酷而费时的遴选，也没有妨碍人正常发展的考试和文凭。与传统教育相比，成人教育出现了新的教育关系。在成人教育中，参加培训和学习的成人不再像小学生那样需要屈从于外部的约束，不再是被动地受教育。成人在与教师的关系上不再处于从属的下级地位，而是一个集体中的伙伴与合作者，在共同的工作中处于既接受又给予的地位：一方面接受学习内容，另一方面又在交流中把自己独特的经验财富给予别人。朗格朗还将成人教育与青少年时期的教育进行了比较。他认为，青少年由于听命于大人，要受法律和父母的压力被迫接受他们不感兴趣的东西，不能选择最适合自己的学习内容或手段。青少年时期的教育原则、内容和方法带有浓厚的强制色彩。而成人由于本身的独立性和自主性，可以摒弃这些积弊，获得更大的主动权。

3. 对学校教育提出了新的要求

在终身教育的前提下，学校教育的重点不再放在传授固定的内容上，这方面的作用可以交给技术媒介去完成，它必须着眼于提高人们的分析问题和解决问题的能力。教师应当成为一个组织者，应当鼓励和创造有助于交流和交往的环境。作为教师，他应当全面了解和研究儿童，应当具备观察和理解儿童的能力，在教育过程中要重在引导而不是裁决，从每个人的身上找出长处，而不是惩罚他们身上的缺点。在查尔斯·赫梅尔看来，传统的学校体制很难适应当代日益飞速的变化，为了适应不断提出的新的教育需求，教育必须不断地进行革新，实行灵活的教育制度。

4. 有助于实现教育机会均等

终身教育摒弃了教育上传统的选拔和淘汰制度，拓宽了人们在学习、资历、训练和职业改进等方面的空间，使民主原则能在教育上得到有效的落实，从而实现教育上的机会均等。《学会生存》认为，教育只有当它采纳了终身教育的思想时，它才能变成有效的、公正的、人道的事业。该书结合传统的考试制度对此作了进一步的阐述，认为传统的考试制度存在的呆板、形式主义和丧失个性等问题，只有遵循终身教育的路线，对教育过程的结构进行彻底改造时，才能得到真正的解决。"当教育一旦成为一个连续不断的过程时，人们对于成功与失败的看法也就不同了。如果一个人在他一生的教育的过程中在一定年龄和一定阶段上失败了，他还会有别的机会。他再也不会终身被驱逐到失败的深渊中去了。"①

5. 有助于教育结构协调化

从终身教育的观点出发，教育活动被认为是一个整体，所有的教育部门都结合在一个统一和相互衔接的制度中。"从今以后，教育将被看作一个密切相关的统一结构，这个结构中的每一个部分都依靠另一部分，也只有与其他部分有联系时才有意义。如果一部分消失，结构的其余部分将失去平衡。"② 在今天，各种形式的再学习和成人教育已经成为必不可少。学校教育必须辅之以其他各种机会及其他学习和训练形式。"但是，如果要使所有这些不同的教育过程都能尽可能地发挥作用，它们必须加以协调并统一在一个单一的、综合的教育制度：终身教育之中。"③《教育——财富蕴藏其中》也指出，终身教育有助于安排教育的各个阶段、规划各阶段之间的过渡、使途径多样化，同时提高每种途径的价值。

（三）终身教育的目的

在联合国教科文组织教育文献看来，终身教育既具有个体目的，又具有社会目的。

1. 终身教育的个体目的

终身教育的个体目的在于：第一，激发学习动机，培养学习能力。终身教育强调人的整个一生都要受教育，学习是人的一种生活方式和生存状态，因此学习的欲望和动机对个人来说就显得非常关键。作为教育，不能只是传授知识，其更重要的职责是培养学习的欲望和动机，使受教育者在离开学校后仍能保持对学习的浓厚兴趣，学习成为他们自觉贯穿整个人生的行动。查尔斯·赫梅尔在《今日的教育为了明日的世界》一书中指出：教育 "需要的是唤起学生的兴趣、好奇心和个人热情。"④《教育——财富蕴藏其中》提出，为了终身教育的顺利开展，自基础教育阶段起，就应培养学习兴趣、求知的欲望与乐趣以及不久以后接受终身教育的愿望与能

---

① 联合国教科文组织国际教育发展委员会编著：《学会生存——教育世界的今天和明天》，华东师范大学比较教育研究所译，教育科学出版社 1996 年版，第 107 页。

② ［法］保罗·朗格朗：《终身教育导论》，滕星等译，华夏出版社 1988 年版，第 53 页。

③ ［瑞士］查尔斯·赫梅尔：《今日的教育为了明天的世界》，王静等译，中国对外翻译出版公司 1983 年版，第 25 页。

④ 同上书，第 28 页。

力。查尔斯·赫梅尔倡导教育要培养人们学会如何学习，引导受教育者学会研究，提高自我教育能力。他特别强调学生的自我评价能力，认为有自我评价才能对学习进行自我管理。

第二，培养判断力和创造性。当今世界已进入信息化社会，信息量不断激增，各种信息如潮涌入，使人应接不暇；同时，信息本身又良莠不齐，泥沙俱下。如果一个人没有一定的批判精神和良好的判断能力，就会在信息的汪洋大海中迷失方向。在这种情况下，培养人们对信息的判断能力就显得很有必要。《学会生存》一书说得好：现代人处于一种前所未有的情境中，可以方便地获得全部学习资源，这不仅有助于自己解决问题，而且能帮助自己过一种更充实的生活。但要做到这一点，前提是懂得怎样利用这些资源。在该书看来，一个信息丰富的社会并非必然是一个教育的或学习的社会，除非社会的成员能系统地、有选择地、批判地利用他们所能得到的这些资源。

在当今这个知识日益膨胀和更新不断加速的时代，只是满足于继承已有的知识已远远不能适应需要，只有发展人的创造性才能与时俱进。《学会生存》深刻地指出："人是在创造活动中并通过创造活动来完善他自己的。"① 不可否认，每个人生来就具有创造的潜能，但要使这种潜能转变为现实的创造能力，则需要长期的有意识的鼓励和培养。《教育——财富蕴藏其中》呼吁："为了迎接下一个世纪的挑战，必须给教育确定新的目标，必须改变人们对教育的作用的看法。扩大了的教育新概念应该使每一个人都能发现、发挥和加强自己的创造潜力，也应有助于挖掘出隐藏在我们每个人身上的财富。"②

第三，培养全面发展的人。终身教育的目的不只是为了提高人们的职业能力和适应职业要求，它的最终目标是培养"完人"——全面发展的人。朗格朗认为，传统教育过分强调人的智力的发展，而其他方面则被忘记或忽视了，从而威胁到个性的平衡。在他看来，教育应当重视人的各个方面的平衡发展。"教育的目的是为了适合作为肉体的、智力的、情感的、性别的、社会的以及精神存在的个人的各个方面和各种范围的需要。

---

① 联合国教科文组织国际教育发展委员会编著：《学会生存——教育世界的今天和明天》，华东师范大学比较教育研究所译，教育科学出版社1996年版，第188页。

② 国际21世纪教育委员会向联合国教科文组织提交的报告：《教育——财富蕴藏其中》，联合国教科文组织总部中文科译，教育科学出版社1996年版，第76页。

这些成分中没有一个能够或者应该被孤立，每一个成分都互相依赖。"①《学会生存》从"完人"的反面"被分裂的人"入手论述了教育的目的问题。该书认为，目前的社会仍存在有"被分裂的人"的现象。该书在谈到"人的分裂"问题时，指出："他在各方面都遇到分裂、紧张和不协调状态……社会分成各个阶级；人与工作的脱离以及工作的零星杂乱；体力劳动与脑力劳动之间人为的对立；意识形态上的危机；人们所信仰的神话的崩溃；身心之间或物质价值与精神价值之间分为两端——人们周围的这些情况看来都在促使一个人的人格产生分裂。"② 与此同时，为了科学研究和专门化的需要，对许多青年人原来应该进行充分而全面的培养被弄得残缺不全。为从事某种内容分得很细或者某种效率不高的工作而进行的训练，过高地估计了提高技术才能的重要性而损害了其他更有人性的品质。有鉴于此，《学会生存》鲜明地提出了培养"完人"的目标。

2. 终身教育的社会目的

终身教育的社会目的表现在：第一，实现教育平等。终身教育是贯穿整个人生的教育，它大大延长了人的受教育的时间。在这种情况下，不仅可以在学校教育阶段，而且在人的终身过程中考虑实现教育机会平等。在当今社会，学校以外的教育（如社会教育）和学校以后的教育（如成人教育）早已发展得如火如荼，构成许多人所受教育的非常重要的组成部分。这样一来，教育平等的实现就可以把眼光放得更远一些，而不是局限于学校教育阶段。亦即我们可以从一个人一生中全面规划和评价教育平等问题。换句话说，即使由于某种原因，一个人在学校教育阶段所受到的教育是不平等的，但由于终身教育不再局限于青少年时期，以后还有各种机会得到弥补。当然，这种教育平等不会自动地得到实现，它有赖于各级政府和社会各有关部门（尤其是用人单位）拿出切实有效的措施来加以具体落实。《教育——财富蕴藏其中》将机会均等原则定为终身教育的主要原则，"机会均等原则对所有致力于逐步确立终身教育各个方面的人来说是一项主要标准"③。该书指出，如果我们认识到教育领域的不平等现象

---

① ［法］保罗·朗格朗：《终身教育导论》，滕星等译，华夏出版社1988年版，第88页。

② 联合国教科文组织国际教育发展委员会编著：《学会生存——教育世界的今天和明天》，华东师范大学比较教育研究所译，教育科学出版社1996年版，第193页。

③ 国际21世纪教育委员会向联合国教科文组织提交的报告：《教育——财富蕴藏其中》，联合国教科文组织总部中文科译，教育科学出版社1996年版，第91页。

和努力采取有力措施予以纠正，"终身教育就会为那些因种种原因而未能完成全部学业或因学业失败而离开教育系统的人提供新的机会。实际上，只要提高处境不利居民的入学率或加强对过早辍学之青年的非正规教育等，教育机会不均等现象就不会全部地和自动地重新出现"①。

第二，推动社会进步。终身教育是实现社会民主的重要手段和条件。保罗·朗格朗认为，教育把现在的、过去的以及未来的一代又一代的人联系起来，向年轻人传播他们的祖先思考过、感受过、创造过的东西，这不仅是为他们自己，而且也具有世界意义。在他看来，终身教育的最终目标是努力建设更美好的生活，而从长远来说，"为寻求更好生活的唯一解决办法，在于社会彻底地贯彻终身教育的原则，并且把教育同社会的进步和成就紧密地联系在一起"。② 查尔斯·赫梅尔关于教育对社会的作用说得很中肯："毫无疑问，单单依靠教育是不可能促进发展进程的。但是，同样明显的是，教育是社会发展的基本因素。"③

第三，促进世界和平。在人类发展的历史上，曾经经历过无数大大小小的战争，这些战争给人类带来了不可估量的损失。尤其是 20 世纪上半期所爆发的两次世界大战，更给世界各国人民带来了深重的灾难。历史的教训告诫我们，人类的生存和发展有赖于和平安定的国际环境。要保持和平安定的环境其基本前提是各国人民的相互理解和信任，教育即是达到这种相互理解和相互信任的重要途径。教科文组织"组织法"中的名言"战争起源于人之思想，故务须于人之思想中筑起保卫和平之屏障"④，所表达的正是这个道理。保罗·朗格朗指出，使每个人都热爱和平是任何一种形式教育的基本目的。他认为，教育应当向人们灌输一种和平精神，在各门课程的教学中要谴责外国人的侵略心理。在他看来，我们不应"把外国人看作抽象的实体，看作敌人，而是看作大量的、有着他们自己的悲欢和问题的自决的人类生命的那一切，使我们能够洞悉以不同方式表达人

① 国际 21 世纪教育委员会向联合国教科文组织提交的报告：《教育——财富蕴藏其中》，联合国教科文组织总部中文科译，教育科学出版社 1996 年版，第 91 页。

② ［法］保罗·朗格朗：《终身教育导论》，滕星等译，华夏出版社 1988 年版，第 18 页。

③ ［瑞士］查尔斯·赫梅尔：《今日的教育为了明天的世界》，王静等译，中国对外翻译出版公司 1983 年版，第 124 页。

④ 同上书，第 118 页。

类的共同方面的一切，都有助于唤醒和平的倾向"①。

三　终身教育理念的影响

终身教育作为当代重要的教育思潮，它不仅从理论上冲破了传统教育的桎梏，提出了令人耳目一新的教育理念，而且在世界范围内掀起了教育改革的高潮。

（一）终身教育理念对教育理论的影响

终身教育的倡导者在系统考察当代社会变革对人类生存的挑战以及人类迎接挑战的需要，并在充分吸取现代教育学、心理学、社会学、人类学、生理学等众多学科最新研究成果的基础上，提出了独到而完整的终身教育理论体系，这是人类教育理论发展历史上具有深远意义的重大变革。终身教育理念是对教育的全新认识和全新理解。它冲破了旧的传统教育的定义，扩大了人们对教育研究的视野。虽然以往人们也把教育划分为广义和狭义两个层次，但是在探讨教育问题的过程中总是自觉或不自觉地把研究的中心放在学校教育上。"当人们谈起教育问题时，头脑中总是在考虑那四周围墙的校园，整齐划一的教室，按部就班的课堂教学和天真幼稚的儿童们。"② 显然，这是一种狭隘的教育观念。它把教育局限于学校之内和青少年之时，束缚了教育理论研究的视野。在这种教育观念指导下的教育理论研究，它关注的只是教育的部分领域（即学校）和教育的某些阶段（即青少年时期），缺乏系统性和全局性。在变化缓慢的传统社会里，这种教育观念也许问题不大，但在当今快速变革的现代社会则日显落伍。一句话，传统教育理论对教育的解释力太弱，远远不能适应当代教育改革与发展的需要。终身教育理论则不然，它之所以能成为当代统领全局的教育根本指导思想，原因在于它不再将教育局限于社会的某个领域和人生的某个阶段。在它看来，教育是一个纵横交错、相互衔接，并贯穿于整个人生的活动。这样一来，就最大限度地丰富和拓展了"教育"这一概念的

---

① ［法］保罗·朗格朗：《终身教育导论》，滕星等译，华夏出版社 1988 年版，第 100 页。

② 乔冰、张德祥：《终身教育论》，辽宁教育出版社 1992 年版，第 35 页。

内涵和外延，实现了对传统教育观念的根本性超越。①

此外，由于终身教育大大地扩展了教育的时间和空间，因而当代教育理论研究除了继续关注学校教育以外，已把视角伸向众多其他领域，如学前教育、成人教育、老年教育、家庭教育、社会教育（社区教育）、网络教育、企业教育、自我教育等，这些领域的研究成果不断涌现和日益丰富。

（二）终身教育理念对教育实践的影响

终身教育理念对教育实践具有重要的影响作用。从当前各国教育的实践来看，终身教育已经成为教育改革的基本原则和教育发展的根本指导思想。

1. 打破了学校对教育的垄断，促进了非正规与非正式教育的发展

终身教育理论要求在改造现有学校教育的同时，将其他各种教育（如家庭教育、社会教育、学前教育、成人教育、老年教育、自学教育等）有机地统一起来。终身教育理论认为，在当代庞大的教育系统中，各个层次和各种类型的正规教育、非正规教育和非正式教育，对于当代人类应付各种纷繁复杂的挑战都具有不可或缺的作用。它把学校教育以外的一切教育因素都包容到教育概念之中，目的在于尽最大可能地弥补学校教育在当代社会发展中日益暴露出来的局限和不足，为人们提供更多的学习机会，增强人们应付挑战的能力。库姆斯指出，由于高昂的费用，普及正规的义务教育对于满足多种学习需求未必就是最有效的途径。而且，非正规教育的人均费用，一般会低于正规的学校教育，这也是显而易见的。②正是在终身教育理论的影响下，当代各国的各种非正规教育和非正式教育都得到了长足的发展。

2. 推动了学校教育的改革

从全面的观点看，终身教育不仅仅是扩大了教育的范围和延长了教育的时间，而且要求对传统的学校教育进行全面的改革。众所周知，终身教育的提出，其中一个重要原因是传统的学校教育存在许多弊端。因此，终身教育理念成为整个教育改革的重要指导思想，当然也是当代学校教育改

---

① 乔冰、张德祥：《终身教育论》，辽宁教育出版社 1992 年版，第 36 页。

② 瞿葆奎主编：《教育学文集·教育制度》，人民教育出版社 1990 年版，第 481 页。

革的基本原则。"在这一原则的影响下，人们把学校的培养目标从单纯的传授知识转变到培养适应社会变革的各种能力，尤其是学习能力上。"①当代学校教育努力追求的目标正是要教会人们如何学习，为将来的进一步继续学习打下良好的基础。托斯顿·胡森等主编的《国际教育百科全书》在谈到终身教育影响下学校教育的改革问题时，也曾深刻地揭示道："学校的作用要完全地改变。基础教育应该成为一种序曲，而不是基本上是一个获得知识的过程。它应该使未来的成人掌握自我表达和与别人交流的方法，而不是提供各种不同学科的课程。主要强调的应该是掌握语言、发展注意和观察的能力、知道怎样和在哪里可以获得信息、与其他人合作工作的能力。"② 同时，在终身教育思潮的影响下，当代学校已不是传统意义上的自我封闭的教育机构，而是更多地向社会开放，为成人提供各种受教育的机会。此外，一些新型的学校机构不断涌现和快速发展，如开放大学、函授大学、广播电视大学、网络学院等。

3. 有利于人的个性的发展

众所周知，每个人都有自己区别于他人的独特的个性。"每一个学习者的确是一个非常具体的人。他有他自己的历史，这个历史是不能和任何别人的历史混淆的。他有他自己的个性，这种个性随着年龄的增长而越来越被一个由许多因素组成的复合体所决定。这个复合体是由生物的、生理的、地理的、社会的、经济的、文化的和职业的因素所组成的，而这些方面对于每一个人来说，都是各不相同的。当我们决定教育的最终目的、内容和方法时，我们又如何能够不考虑这一点呢?"③ 但是，事实上，传统的教育很难顾及人的个性的发展。而终身教育则不同，它将教育贯穿于整个人的一生，从而为每个人提供更宽广的发展范围和更多的发展机会，同时还由于它的内容和形式的多种多样，因而能适合人们更多的不同的需要。

4. 有助于改变传统的学习成败观

在传统的教育体制下，学生被分为两类：一类是成功者，另一类则是

---

① 乔冰、张德祥：《终身教育论》，辽宁教育出版社1992年版，第42页。

② ［瑞典］托斯顿·胡森等主编：《国际教育百科全书》（第5卷），贵州教育出版社1990年版，第729页。

③ 联合国教科文组织国际教育发展委员会编著：《学会生存——教育世界的今天和明天》，华东师范大学比较教育研究所译，教育科学出版社1996年版，第195—196页。

失败者。有时候，一次关键性的考试失败，很可能意味着他终身都丧失成功的机会。正所谓"一失足成千古恨"。而在终身教育理念看来，失败和成功都只具有相对的意义。"如果有合适的教育结构，人们参加了继续教育的过程，不断地学习新的东西，那么失败就只不过是相对的。如果他们在一次特有的冒险行动中没有得到成功，许多其他的机会还是对他们开放着的，他们还可以在那些机会中试试自己的能力。他们没有成为失败者，他们只不过在自己的生活中有过一次失败。同样地，成功也是相对的，仅仅在一系列事业的一桩中有所成就未必一定能证明获得了成功。"①

从以上所述可以清楚地看出，终身教育理念无论是对现代教育理论还是教育实践都产生了重要的影响。尽管终身教育在实施的过程中可能会遇到各种困难和障碍，但是历史的潮流是不可阻挡的。我们完全有理由相信，随着时代的不断发展，终身教育理念的影响还会进一步扩大，它必将进一步深入人心，并将日益显示其旺盛而强大的生命力。

---

① ［瑞典］托斯顿·胡森等主编：《国际教育百科全书》（第 5 卷），贵州教育出版社 1990 年版，第 729—730 页。

全球视野的教育目的理念 *

教育目的是古今中外各种教育理论共同关注的问题。联合国教科文组织的许多教育文献，如《学会生存》《教育——财富蕴藏其中》《从现在到 2000 年教育内容发展的全球展望》和《教育展望》杂志、国际教育大会的建议等，也对教育目的发表了一系列重要的观点，形成了较为系统的教育目的理念。学习和研究教科文组织教育文献中的教育目的理念，将有助于我们更好地认识和理解教育目的问题。

一 对传统教育目的的批判

联合国教科文组织教育文献的教育目的理念不是凭空提出的，而是建立在对传统教育目的的认识基础之上。它们对传统的教育目的进行了深刻的批判，认为它存在以下弊端。

1. 片面强调功利

教育是一种具有功利性的社会活动，因此，我们在办教育或接受教育的时候考虑功利本是无可厚非的。但是，如果只考虑功利或片面强调功利，这样的教育便成为功利主义的教育。功利主义教育大致有两种表现形式：从教育与社会的关系角度看，它只是重视教育对经济的作用；从教育与人的关系角度看，它只是强调教育的个人利益。教科文组织的教育文献对此有不少论述。

《教育展望》发表的一篇文章对于简单地把人看成生产要素以及把教

* 本文原刊于《教育科学》2009 年第 4 期，系作者承担的全国教育科学"十一五"规划课题"全球视野的教育理念"的成果之一。

育看成人力资源部门的观点提出了批评。作者指出，人们所以把教育作为促进发展的手段，主要是由于教育在培养满足一个国家的社会经济发展所必不可少的技术人力方面所起的作用。教育"被认为是提供'人力资源'的部门……；教育构成了实际上专管快速培养专门人才的正规机构，把人看成生产要素，而人的社会作用、文化作用和公民作用却被看成无关紧要的"①。该杂志发表的另一篇文章尖锐地批评了功利主义教育的不良后果：当代世界正面临着一股日益高涨的使人类失去人性的潮流，它使人产生一种越来越深的萎缩和空虚感。作者认为，狭隘地致力于经济问题的教育要对这股腐蚀性趋势负很大责任。② 在教科文组织教育文献看来，传统的教育目的在教育与人的关系问题上也明显表现出功利主义的色彩。埃德加·富尔在为《学会生存》一书所写的序言中指出：人们认为教育是一项艰苦的，甚至是厌烦的工作，它之所以使人感兴趣不在于它本身能得到什么结果，而在于他毕业以后一定可以得到相应的收入。国际教育 21 世纪委员会主席雅克·德洛尔在《为了 21 世纪的教育：问题与展望》一书的序言中承认，教育要适应各种需求，例如，教授实用的技能，为个人在经济中发挥作用做准备。但他同时又警告说，仅仅集中于狭窄的实用目标的教育是最不全面的，甚至最终也未必能够恰当地达到这些目标。

2. 偏重认知发展

传统教育的目的过分重视认知的发展而忽视与生产劳动及实际生活的联系。《学会生存》一书对此进行了批判。埃德加·富尔在该书的序言中将这种教育现象概括为"教育中的学院模式"，并对这种教育模式的特点作了深刻的剖析："它过分地依赖理论和记忆。它给予传统的、书面的和复述的表达方式以特殊的地位，损害了口语的表达、自发精神和创造性的研究……它把所谓普通教育和技术教育分开，表现出对抽象思维的偏爱，而这种偏爱显然是过去贵族反对实际应用的偏见的具体体现，把实际应用视为奴隶们做的事情……这种学院模式至今对所有的实际工作仍然是非常

---

① ［委内瑞拉］米格尔·安吉尔·埃斯科特：《乌托邦教育规划与发展》，《教育展望》（中文版）1987 年第 12 期。

② ［印］拉贾·罗伊·辛格：《为适应变化中的世界而变革教育》，《教育展望》（中文版）1993 年第 1 期。

厌恶的。"① 该书对这种教育状况表示不满，认为这是教育中的一种非常严重的病症，它将造成人的片面发展甚至人格的分裂。《教育——财富蕴藏其中》提出了著名的"教育的四个支柱"的思想，即教育应当使学生学会认知、学会做事、学会共处及学会生存。该书认为，以往的教育只重视认知的发展，而忽视其他几个方面。"在一般情况下，正规教育仅仅是或主要是针对学会认知，较少针对学会做事。而另外两种学习往往带有很大的随意性，有时也被看作前两种学习的一种自然而然的延伸。"② 教科文组织负责教育的原助理总干事科林·N. 鲍尔在《教育展望》发表的一篇文章在评价"教育的四个支柱"的思想时也尖锐地批评了以往教育只是重视学会认知而忽视其他方面内容的现象："教育系统的重点完全放在学会认知上。对于学会做事，它们尚能勉强应付。至于以公民教育、美育和体育的形式以及通过对这些课程的安排而使学生学会做人或学会共处，则他们也许只会说些空话，也许连空话都不会说。"③

3. 忽视个性培养

《学生生存》一书认为，"大多数的教育体系，无论在它的机制方面还是在它的精神方面，都不把个人看作具有特性的人"④。在该书看来，如果不改革教育，不使教育活动个别化，就无法培养出生气勃勃的学生个性。《教育——财富蕴藏其中》也对正规教育片面强调教学的标准化而限制学生个性发展的问题提出了批评，认为这种教育强迫所有的儿童接受同样的文化和知识模式，而不考虑个人才能的多样性。"正规教育系统越来越趋向于优先提高抽象认识，这很不利于提高人的其他素质，如想象力，交往能力，对领导集体劳动的兴趣，美感或灵性，或动手能力等。"⑤ 该书在谈到这种教育可能造成的影响时指出，儿童的天赋和兴趣是各不相同的，因此他们不可能从教育资源中得到同样的好处。他们甚至可能因为学

① 联合国教科文组织国际教育发展委员会编著：《学会生存——教育世界的今天和明天》，华东师范大学比较教育研究所译，教育科学出版社 1996 年版，第 13 页。

② 国际 21 世纪教育委员会向联合国教科文组织提交的报告：《教育——财富蕴藏其中》，联合国教科文组织总部中文科译，教育科学出版社 1996 年版，第 76 页。

③ ［澳］科林·N. 鲍尔：《学习：手段抑或目的?》，《教育展望》（中文版）1998 年第 2 期。

④ 联合国教科文组织国际教育发展委员会编著：《学会生存——教育世界的今天和明天》，华东师范大学比较教育研究所译，教育科学出版社 1996 年版，第 196 页。

⑤ 国际 21 世纪教育委员会向联合国教科文组织提交的报告：《教育——财富蕴藏其中》，联合国教科文组织总部中文科译，教育科学出版社 1996 年版，第 41 页。

校不适于发挥自己的才能和实现自己的愿望而处于困难的境地。《教育展望》发表的一篇文章从个性与群体关系的角度分析批判了人们对这个问题的误解及其不良后果。作者认为，我们总是将个性视为群体的产品而不是基础。我们幻想如果设法组成一个良好的群体，这个群体就会为我们提供成熟的个性，而成熟的个性又会使这个群体臻于完善。其实事情并没有这么简单。忽视个性教育的后果是"多年来我们一直在培养各种工作人员、各种社会角色以及总是随大流而不是采取积极主动行动的人"①。

二　教育的总体目的

前文阐述的是教科文组织教育文献对传统教育目的的批判。那么，什么样的教育目的才是合理的？接下来拟从教育的总体目的和具体目的两个方面分析教科文组织教育文献的认识和理解。这里先谈教科文组织教育文献对教育总体目的的构想。概括地说，教科文组织教育文献关于教育的总体目的的基本看法是：素质全面与和谐发展。

1. 素质全面

教科文组织的重要教育文献，如《学会生存》《教育——财富蕴藏其中》及国际教育大会通过的建议和文件等都一再强调教育应当促进人的全面发展。《学会生存》一书明确地提出了培养"完人"的教育目的。在谈到"完人"的内涵时，作者认为知识、好奇心、观察力、表达能力、交往能力、怀疑能力、阅读能力、科学精神和人文品质、情感和审美素养、身体健康等都很重要。该书在分析完人素质构成的基础上，对教育目的作了一个简要的界定："把一个人在体力、智力、情绪、伦理各方面的因素综合起来，使他成为一个完善的人，这就是对教育基本目的的一个广义的界说。"② 该书在进一步分析这个教育目的时指出：这是历史上大多数教育理论家们的教育理想，它对于崇高的教育事业将发挥重要的指导作

---

① ［苏］V. V. 达维多夫、V. P. 津琴科：《文化、教育、思想》，《教育展望》（中文版）1991年第29期。

② 联合国教科文组织国际教育发展委员会编著：《学会生存——教育世界的今天和明天》，华东师范大学比较教育研究所译，教育科学出版社1996年版，第195页。

用。《教育——财富蕴藏其中》在谈到教育目的时也一再强调应当促进人的全面发展，认为"教育不应忽视人的任何一种潜力：记忆力、推理能力、美感、体力和交往能力等"①。在阐述学会生存问题时，该书进一步阐述了全面发展的教育目的：教育应当促进每个人的全面发展，即身心、智力、敏感性、审美意识、责任感、精神价值等方面的发展。教科文组织第40届国际教育大会通过的《改进中等教育的目标、结构、内容和方法》的建议在论及中等教育的目标时强调，中等教育应有助于个人充分而全面的发展："通过提供智育、德育、体育、美育和社会教育以及为适应社会生活做好准备所需要的条件，来促进个人全面而和谐的发展，并以和平、国际谅解、合作和相互尊重的精神教育青年一代。"② 教科文组织国际教育大会第78号建议《教育对文化发展的贡献》在解释"教育"这一概念时也将促进人的全面发展摆在重要的地位。建议指出，教育是"实施人类全面发展的过程，贯穿于人的整个一生，旨在使每个人在智力、身体、情感、道德和精神等方面得到最全面的发展"③。

2. 和谐发展

在教科文组织教育文献看来，教育不仅应当使人的各种素质都得到发展，而且还要使人的各种素质处于和谐状态。《学会生存》倡导教育培养身体与心理、情感与道德、感性与理性和谐发展的"新人"。"这个新人必然能够在他日益增长的理解能力、肌体能力方面和潜在的另一方面，即个性的情感与道德方面建立一种和谐状态，这种新人只具有人类智慧（Homo sapiens）和人类技巧（Homo faber）是不够的；他还必须感到他自己和别人之间融洽无间：具有一种人类和谐（Homo concors）。"④ 该书在谈到现代教育所面临的挑战时，特别强调感性与理性的平衡与协调，认为这是教育的一项重要而有意义的任务。事实上，早在1938年召开的国际公共教育大会通过的建议就专门论述过教育促进人的和谐发展问题。该建

---

① 国际21世纪教育委员会向联合国教科文组织提交的报告：《教育——财富蕴藏其中》，联合国教科文组织总部中文科译，教育科学出版社1996年版，第87页。

② 《全球教育发展的历史轨迹——国际教育大会60年建议书》，赵中建主译，教育科学出版社1999年版，第458页。

③ 同上书，第498页。

④ 联合国教科文组织国际教育发展委员会编著：《学会生存——教育世界的今天和明天》，华东师范大学比较教育研究所译，教育科学出版社1996年版，第21页。

议明确提出，教育的目的不仅在于保证实用知识的习得，而且更在于最大程度的品德、智力和审美意识的养成。《建议》认为现代生活条件使得这种养成愈益必要，以便确保我们的能力与意趣之间的适当平衡；同时还认为在开展智力活动的同时培养学生的判断能力、探索精神和良好趣味是帮助他们在学校及日后生活中得以自我发展的最佳途径。① 国际教育大会的建议《教育对文化发展的贡献》要求学校教育在学生的理性因素与非理性因素之间保持恰当的平衡状态："除了发展学生的智力以及观察力、批判性推理能力和问题解决能力外，学校还应使他们在智力和分析能力以及情感、精神和道德素质之间达到一种平衡。"② 《教育——财富蕴藏其中》在论述"教育的四个支柱"时也指出，教育对于知识的四个方面不能顾此失彼，而应当使它们相互补充，相互渗透，有机地结合起来。

三　教育的具体目的

教科文组织的教育文献不仅论述了教育的总体目的，而且还对教育的具体目的发表了不少独到的观点。具体内容包括以下几个方面。

1. 激发学生的好奇心和求知欲

埃德加·富尔在《学会生存》的序言中非常强调好奇心和求知欲的重要意义。他明确指出，好奇心，即要求理解、认识和发现的欲望，仍然是人类本性中最大的驱动力之一。他认为，按照常理，如果这种好奇心能够得到鼓励的话，它肯定是最强烈的一种动机，但是事实上它并没有得到这种鼓励。有鉴于此，他呼吁现代教育要恢复人类求知的自然动力，应当永远刺激人们自我学习和培训自己的欲望。《教育——财富蕴藏其中》一书不仅重视教育对于培养求知欲的作用，而且还将它看成衡量教育是否成功的重要标志。作者指出，自基础教育阶段起，就应当培养学习兴趣和求知欲望以及不久以后接受终身教育的愿望与能力。"如果最初的教育提供了有助于终身继续在工作之中和工作之外学习的动力和基础，那么就可以

---

① 《全球教育发展的历史轨迹——国际教育大会 60 年建议书》，赵中建主译，教育科学出版社1999 年版，第 51 页。

② 同上书，第 500 页。

认为这种教育是成功的。"① 雅克·德洛尔在回答《教育展望》杂志采访时甚至将激发求知欲望摆在教育目标的首要地位。他说："中等教育给自己提出的优先目标应当是不仅使学生'学会学习'，而且要逐渐培养他们，使他们在离校时有一种真正的'对学习的渴望'。"②

2. 提高学生的认识能力

教科文组织教育文献认为，在知识总量迅速增加以及更新不断加快的时代，教育再也不能满足于传授已有的知识，而应当将重点放在提高学生的认识能力上。《学会生存》一书明确提出："教育应该较少地致力于传递和储存知识……而应该更努力寻求获得知识的方法（学会如何学习）。"③《教育——财富蕴藏其中》则将"学会认知"看成教育的四个支柱之一，认为"这种学习更多的是为了掌握认识的手段，而不是获得经过分类的系统化知识"④。该书特别强调在学习中要学会运用注意力、记忆力和思维能力。作者认为，在电视图像占主导地位的社会里，从小就应该培养学生的注意力。该书警告我们不能忽视记忆的价值，认为记忆力的训练是避免完全受各种媒体传播的即时信息影响的一种必要的方法。该书还强调思维能力的训练，要求在教育中将演绎法和归纳法结合起来。《从现在到 2000 年教育内容发展的全球展望》一书也指出，教育除了传播知识以外，还担负着让人们具备正确对待这些知识的态度的使命。"教育首先应该是发展认识的手段，而不再仅仅是训练和灌输的工具。"⑤

3. 使学生具备信息素养

教科文组织教育文献认为，在当今信息时代，教育应当承担起培养和提高学生信息素养的责任。《教育——财富蕴藏其中》认为，在现代信息社会，个人获取信息和处理信息的能力对于进入职业界和融入社会及文化环境具有决定性的意义。因此，教育应当使每个人都能有效地收集、选

---

① 国际 21 世纪教育委员会向联合国教科文组织提交的报告：《教育——财富蕴藏其中》，联合国教科文组织总部中文科译，教育科学出版社 1996 年版，第 78 页。

② 《雅克·德洛尔访谈录》，《教育展望》（中文版）1996 年第 1 期。

③ 联合国教科文组织国际教育发展委员会编著：《学会生存——教育世界的今天和明天》，华东师范大学比较教育研究所译，教育科学出版社 1996 年版，第 12 页。

④ 国际 21 世纪教育委员会向联合国教科文组织提交的报告：《教育——财富蕴藏其中》，联合国教科文组织总部中文科译，教育科学出版社 1996 年版，第 76 页。

⑤ ［伊朗］S. 拉塞克、［罗马尼亚］G. 维迪努：《从现在到 2000 年教育内容发展的全球展望》，马胜利等译，教育科学出版社 1996 年版，第 86—87 页。

择、整理、管理和使用信息。该书将提高学生的信息素养看成当今教育的重要使命："教育系统承担着重大责任：它应使每个人拥有控制信息大量增加的手段，即有办法本着批判精神，对信息进行筛选，将其分出主次；它还应帮助人们与传媒和信息社会（逐渐变成短暂性和瞬时性的社会）保持一定的距离。"① 该书特别要求教育提高学生的信息判断能力，认为这样才不会被充斥公共和私人场所瞬息万变的大量信息搞得晕头转向，才能保证不会迷失发展的方向。《亚洲及太平洋地区的教育——回顾与展望》一书也明确要求教育应当使学生具备信息素养。该书指出："学校的一个重要职责是使学生掌握对信息进行评价和解析的能力，将源源不断的各种各样情报加以分类和整理。"② 作者认为，只有在教育过程中及早地培养这种能力，个人才能自如地应付日益繁复的情报技术及其产品，并且谨慎地加以利用。

4. 增强学生的适应能力

面对变化不断加速、知识日益膨胀的世界，教科文组织教育文献提出教育应当将培养和增强人的适应变化的能力作为自己的基本职责。《教育——财富蕴藏其中》从终身学习的角度阐述了人们适应变革的策略，认为每个人在人生早期积累的知识不可能无限期地利用下去。"他必须有能力在自己的一生中抓住和利用各种机会，去更新、深化和进一步充实最初获得的知识，使自己适应不断变革的世界。"③《从现在到 2000 年教育内容发展的全球展望》从未来变化不可预测及其可能造成严重后果的角度阐发了培养适应能力的客观必然性："未来将是一连串的意外，人们应该得到训练以适应那些既非一律又非直线式的变化……教育应该在它的内容和方法中编入一些反应程式，以便培训对付这些局面的态度。"④《教育展望》发表的一篇文章也强调教育要培养人们适应变化的心态和能力。

---

① 国际 21 世纪教育委员会向联合国教科文组织提交的报告：《教育——财富蕴藏其中》，联合国教科文组织总部中文科译，教育科学出版社 1996 年版，第 52 页。

② ［印］拉贾·罗伊·辛格：《亚洲及太平洋地区的教育——回顾与展望》，中国对外翻译出版公司 1989 年版，第 136 页。

③ 国际 21 世纪教育委员会向联合国教科文组织提交的报告：《教育——财富蕴藏其中》，联合国教科文组织总部中文科译，教育科学出版社 1996 年版，第 75 页。

④ ［伊朗］S. 拉塞克、［罗马尼亚］G. 维迪努：《从现在到 2000 年教育内容发展的全球展望》，马胜利等译，教育科学出版社 1996 年版，第 228 页。

"教育应该使我们具备在今天预见未来的能力，而不是事后聪明。我们需要向前看。让过去成为我们的向导，让未来激发我们的灵感。"①

5. 发展学生的创造性

创造性是人的普遍本性，更是当代人的根本特征。在《教育——财富蕴藏其中》看来，每一个人生来就具有创造的潜能，但要使这种潜能转变为现实的创造能力，则无疑需要有意识的鼓励和培养。雅克·德洛尔在该书的序言中明确提出，教育的任务是毫无例外地使所有人的创造才能和创造潜力都能结出丰硕的果实。该书在论述"教育的四个支柱"时，再次强调教育培养人的创造性目标："为了迎接下一个世纪的挑战，必须给教育确定新的目标，必须改变人们对教育的作用的看法。扩大了的教育新概念应该使每一个人都能发现、发挥和加强自己的创造能力，也应有助于挖掘出隐藏在我们每个人身上的财富。"②《学会生存》一书提醒我们，不是所有的教育都能培养学生的创造性，有的教育可以培养学生的创造精神，有的教育则可能会压抑学生的创造精神。该书呼吁教育要保持人的首创精神和创造力量，鼓励人们发挥自己的天才、能力和个人的表达方式，密切注意每一个人的独特性。③

6. 建构学生的个性品格

为什么教育要考虑和建构学生的个性呢？《学会生存》的解释是：人虽然具有普遍性，但同时也具有其特殊性。"作为教育主体的人，在很大程度上，是一个普遍的人——在任何时候，任何地方都是一样的。然而，作为一个特殊教育过程的对象的某一特殊个人则显然是一个具体的人。"④该书认为，每一个学习者都是一个非常具体的人，他有自己的个性，具有自己的特殊的心理特征。因此，当我们在决定教育的最终目的、内容和方法时，必须考虑他们的个性差别。《教育——财富蕴藏其中》一书将个性的多样性看成与自主性、首创精神同样重要的素质，并认为这些素质是进

---

① ［印］约格什·阿塔尔：《变化背景下的教育：新的社会功能》，《教育展望》（中文版）2002年第1期。

② 国际21世纪教育委员会向联合国教科文组织提交的报告：《教育——财富蕴藏其中》，联合国教科文组织总部中文科译，教育科学出版社1996年版，第76页。

③ 联合国教科文组织国际教育发展委员会编著：《学会生存——教育世界的今天和明天》，华东师范大学比较教育研究所译，教育科学出版社1996年版，第188页。

④ 同上书，第195页。

行创造和革新的保证。雅克·德洛尔在该书的序言中将普遍与个别之间的紧张关系看成当代需要消除的紧张关系。他指出："最不可忽视的风险是忽视每个人的独特性格；每个人都应在其传统及其固有的、如不注意便会受到正在发生演变威胁的文化财富范围内选择自己的命运，发挥自己的所有潜力。"①

7. 培养学生的共处能力和关心品质

《学会生存》强调教育要培养人际关系方面的感情，认为系统的训练有助于人们学会彼此如何交往，如何在共同的任务中彼此合作。《教育——财富蕴藏其中》认为，人类历史始终是一部冲突史，而当今世界仍然充满暴力。教育应当在改变这种现状中发挥重要作用——使人们团结起来去实现共同的计划或以理智的、和平的方式处理矛盾和冲突。教科文组织第 46 届国际教育大会以"学会共处"作为主题，《教育展望》为此专门组织了关于该主题的讨论。教科文组织总干事松浦晃一郎在该期讨论的"序言"中特别强调教育要培养人们的共处能力。他认为，教育不仅要开发智力，更要培养心灵，要使学生学会在充分尊重他人的权利与自由的同时，与他人共处。② 教科文组织于 1989 年召开了"面向 21 世纪教育国际研讨会"，会议发表了以"学会关心"作为主题的报告——《学会关心：21 世纪的教育》。报告对于由于工业化而导致的人的关心品质的缺失表示深深的忧虑："越来越多的人受到损人利己动机的驱使……恢复具有早期时代特征的关心价值观势在必须。"③ 报告要求教育培养人的关心品质，并且提出了应当关心的具体内容，即关心自己、关心家庭、关心他人、关心社会和国家、关心其他物种、关心地球、关心真理等。

8. 塑造学生的公民精神和责任意识

《学会生存》明确提出教育要培养学生承担社会义务的态度，并唤醒他们的公民精神和社会责任感。作者对忽视公民精神和责任意识培养的教育现状提出了尖锐的批评："训练驯服而划一的公民这种思想代替了唤起人民的政治意识和发展民主的美德。人们满足于反复灌输政治思想，而不

---

① 国际 21 世纪教育委员会向联合国教科文组织提交的报告：《教育——财富蕴藏其中》，联合国教科文组织总部中文科译，教育科学出版社 1996 年版，第 4 页。

② 见《教育展望》（中文版）2002 年第 3 期。

③ 联合国教科文组织：《学会关心：21 世纪的教育——圆桌会议报告》，《教育研究》1990 年第 7 期。

去培养人们了解他们所处这个世界的结构，履行他们生活中的真正任务，以便不至于在一个迷惘不清的宇宙里盲目前进。"① 埃德加·富尔在该书的序言中倡导教育要培养"新人"，并认为，"这种新人必须懂得个人的社会行为具有全球性的后果，能够考虑事物的轻重缓急，并能够承担人类命运的共同职责中自己的一份责任"②。《从现在到 2000 年教育内容发展的全球展望》也指出，未来的教育应该培养人的行为能力并深入精神生活之中。作者认为，价值观念和负责精神的培养在将来应占有更重要的地位。该书在概括各国道德教育计划所强调的道德价值观念时，将公民精神和社会责任感列为社会价值标准的重要内容。

目的总是属于理想世界的，它虽然指出了基本方向但却永远不可能完全达到。教育目的也是同样的道理。不过我们不能由此而否认教育目的的价值。当然，我们也没有理由否认教科文组织教育文献关于教育目的的理念。从某种意义上说，没有理想就没有真正的教育，崇高的理想是美好的教育的基础和前提，教育目的将激励人们不断追求教育的新的和更高的境界。正是在这个意义上，教科文组织教育文献才提出以下发人深思的观点："教育活动和教育机构只有遵循着一个最高目的才有存在的理由。"③

---

① 联合国教科文组织国际教育发展委员会编著：《学会生存——教育世界的今天和明天》，华东师范大学比较教育研究所译，教育科学出版社 1996 年版，第 189 页。

② 同上书，第 7—8 页。

③ ［伊朗］S. 拉塞克、［罗马尼亚］G. 维迪努：《从现在到 2000 年教育内容发展的全球展望》，马胜利等译，教育科学出版社 1996 年版，第 118 页。

全球视野的教育内容理念[*]

众所周知，教育内容是构成教育的基本要素，它在很大程度上影响着教育的效果。正因为如此，教科文组织的不少教育文献，如《学会生存》《教育——财富蕴藏其中》《从现在到 2000 年教育内容发展的全球展望》以及教科文组织国际教育大会通过的建议和《教育展望》杂志等，都探讨过教育内容问题。本文旨在对教科文组织教育文献中关于教育内容的观点进行分析和评价。

一　对传统教育内容的批判

《学会生存》一书指出了传统教育内容受到普遍批评的事实，认为教育内容几乎在全世界都受到指责。该书还谈到传统教育内容之所以受到批评的原因，即它不符合个人的需要，阻碍了科学进步和社会发展，或者和当前的问题脱节等。综观教科文组织教育文献的论述，可以看出它对传统教育内容的批判主要集中在以下几个方面。

（一）正规教育内容与非正规教育内容脱节

教科文组织教育文献明确指出，教育的内容包括正规的教育内容和非正规的教育内容，而且这两种教育内容应当有机地结合起来。但是事实上，现在人们往往只是重视正规的教育内容，而忽视非正规的教育内容，两者之间的差距日益扩大，缺乏联系的现象日趋严重。学生"在校外获

---

[*] 本文原刊于《江西师范大学学报》（哲学社会科学版）2009 年第 5 期，系笔者承担的全国教育科学"十一五"规划课题"全球视野的教育理念"的成果之一。

得的相当一部分信息极为多样化，缺乏内在的联系，其价值也不尽相同，它们成了消极的储存物。另一部分有用的、现代的、适合学生兴趣的信息却很少被教师提到或利用。当两种信息出现矛盾时便更加令人担忧了"①。

（二）自然科学教学与人文科学教学分离

《学会生存》一书认为，自然科学与人文科学本来具有内在的联系。但是，传统教育却反其道而行之。正如埃德加·富尔在该书的序言中所批判的："传统教育任意地把人文学（它认为这不是科学）和科学（它认为这是非人道主义的）分开，又拒不承认'科学的人道主义'的出现。"②《教育展望》杂志1998年发表的一篇文章指出，在18世纪，自然科学与人文科学的分化与孤立一度曾经是正常的，并且具有进步性。因为它使得人们可以掌握那时业已形成、但却彼此独立、相互间没有密切联系和渗透的学科的基本知识。但是，现在这种孤立却会造成不良的后果，它会"阻止人们形成一种完整的科学的世界观和学习融合了人文科学与自然科学的文化的基本原理"③。在传统教育对待自然科学与人文科学关系这个问题上，教科文组织教育文献还批评了另一种较普遍的现象，即偏重自然科学而轻视或忽视人文科学。"人们往往特别会忽视人文科学……教育忽视了教人如何在社会中生活、热爱生活并从事工作的基本职责。"④

（三）科学教学与技术教学分离

《学会生存》认为，技术教学与科学教学一样具有重要的意义。在作者看来，科学教学的一个基本目标是强调知识与行为相互依赖的关系。而强调这种相互依赖的关系就应当促使科学教学与技术教学两者的结合，就应当突出科学研究与实际发展及其应用之间的关系。"但是当前发生的情况恰恰与此相反，教育体系往往引起了这两者之间的严重分离……在普通

---

① ［伊朗］S. 拉塞克、［罗马尼亚］G. 维迪努：《从现在到2000年教育内容发展的全球展望》，马胜利等译，教育科学出版社1996年版，第179页。

② 联合国教科文组织国际教育发展委员会编著：《学会生存——教育世界的今天和明天》，华东师范大学比较教育研究所译，教育科学出版社1996年版，第13页。

③ ［俄］弗拉基米尔·G. 基涅列夫：《教育与文明》，《教育展望》（中文版）1998年第3期。

④ 联合国教科文组织国际教育发展委员会编著：《学会生存——教育世界的今天和明天》，华东师范大学比较教育研究所译，教育科学出版社1996年版，第94—95页。

教育方面，课程计划过分倾向于重视科学，而忽视技术。"① 埃德加·富尔在该书的序言中分析了出现这种情况的原因：传统教育"把所谓普通教育和技术教育分开，表现出对抽象思维的偏爱，而这种偏爱显然是过去贵族反对实际应用的偏见的具体体现，把实际应用视为奴隶们做的事情"。②

（四）教育内容脱离社会和学生的实际

《学会生存》认为，由于课程计划过时，使得教育的内容跟不上时代发展的步伐，脱离了社会的实际需要，无法解决现实的问题。"事实上，许多学校的教学大纲都不能为人们提供有关真实世界的知识，如现在一代人所见到的那样，也不能帮助人们解决他们今天所面临的各种问题。"③在该书看来，教育内容不仅脱离社会现实，而且也与学生的生活经验脱节。作者认为，这种情况从根本上使教育受到了损害。该书在谈到文字的传统时指出，书写和印刷出版给予了人类以新的巨大力量，它们对于教育也有重要的价值。但是我们也要看到它们的不利影响。书本代替了直接传递知识的方法，使人养成了一种偏见，"认为书面文字（及其口头背诵）是一切称得上知识的知识表示，它比那些从日常生活中学来的经验要优越得多"④。

二 教育内容的界定与分类

什么是教育内容？教育内容应当如何分类？这是教育内容改革与发展首先需要明确的问题。联合国教科文组织的教育文献，尤其是《从现在到 2000 年教育内容发展的全球展望》一书对此有深入的分析。

---

① 联合国教科文组织国际教育发展委员会编著：《学会生存——教育世界的今天和明天》，华东师范大学比较教育研究所译，教育科学出版社 1996 年版，第 95 页。
② 同上书，第 13 页。
③ 同上书，第 93 页。
④ 同上书，第 28—29 页。

（一）教育内容的界定

《从现在到 2000 年教育内容发展的全球展望》一书将教育内容理解为"一整套以教学计划的具体形式（课表和课程）存在的知识、技能、价值观念和行为。它们是根据各种社会为学校规定的目的和目标而设计的"①。按照不同教育层次、类型、年级和学科安排的这些内容是依据某种教育目的制定的，是构成一个具体过程学习的对象。因此，这些内容是确定的，是通过教师指南、教学大纲和教材的形式所表现出来的。该书认为，按照广义的理解，教育内容既包括教学大纲阐明和安排的信息，也包括"潜在"或隐性的内容，即经由学校生活质量、教师态度、教学活动的道德背景等传递的内容。

（二）教育内容的分类

教科文组织教育文献将教育内容分为正规教育内容、非正规教育内容和非正式教育内容等三种类型。《从现在到 2000 年教育内容发展的全球展望》一书指出，现在学生在校外获得的信息量迅速增加，课程制定者和教师不可能，也没有责任掌握全部教育内容。但在组织（校内及校外）教育的过程中，他们越来越有责任用恰当的方式把不同类型的内容更紧密地联系起来，并且充分地发挥其作用。②

1. 正规教育内容

正规教育内容是由学校当局确定的，学生必须掌握这些内容，其成绩受到系统的评价。这些内容的学习是按部就班地进行的，有系统、成体系、呈密集型，有专家指导，有教学法规范和学校时间表可循。在一定阶段结束后要安排考试或竞赛以保证学生达到教学过程一定阶段的一定水平。

2. 非正规教育内容

非正规教育内容表现为各种具有选择性和非强制性的活动，这些活动是由学校、青年组织、与家长或各文化协会合作的学校或学生自己等组织的。这些活动的内容、方法和时间长短原则上由学生确定；在教师的帮助

---

① ［伊朗］S. 拉塞克、［罗马尼亚］G. 维迪努：《从现在到 2000 年教育内容发展的全球展望》，马胜利等译，教育科学出版社 1996 年版，第 124 页。

② 同上书，第 197—198 页。

下，学生可以自己负责辩论、竞赛、远足等活动。作为正式活动的补充，更灵活多变的非正式活动在才能的识别和培养方面，在推行跨学科性的学习方面，以及在一些具体问题的处理方面，都起着重要的作用。

3. 非正式教育内容

非正式教育内容是由大众传播媒介、家庭生活、体育竞赛等场合获得的信息。这些信息的特点是量非常之大，且极其多样，在每个学生那里都呈现出不同的形态。它包括关于科学技术最新成就的各种图像和观点，关于过去或未来的各种知识，关于各国、各地区或千差万别的各种现象的资料，等等。

三　教育内容的改革

关于教育内容的改革，教科文组织教育文献首先对以往教育内容的改革策略进行了评价，并在此基础上提出了教育内容改革的基本原则。

（一）对以往教育内容改革策略的评价

《从现在到 2000 年教育内容发展的全球展望》一书分析了以往关于教育内容改革的几种策略，认为以往关于教育内容改革的策略可以划分为以下三大类。①

1. 保守策略

保守策略的特点是，它求助于某种有限现代化的进程，这个进程以传统的教育内容如数学、物理、历史等为基础。体现这种战略的课程设计者们指出，新教育内容以各种形式存在于传统内容的最终目的或本质之中，因而只需将物理、生物、历史、地理等传统学科的内容现代化，就可以对各种新要求做出满意的回答。这种守旧的方法受到了很多批评家的指责。

2. 激进策略

激进策略的代表认为，各国政府应该毫不迟疑地抛弃传统的内容，提出一套全新的课程。该书对这种激进的观点明确表示反对："阻碍教育面

---

① ［伊朗］S. 拉塞克、［罗马尼亚］G. 维迪努：《从现在到 2000 年教育内容发展的全球展望》，马胜利等译，教育科学出版社 1996 年版，第 187—190 页。

向未来的东西，主要的并不是过去的知识，如果没有过去和现在这些参照字眼，怎么能够面向未来？如果不参考历史上的例证，又怎么能使理性成为生活的最高权威？"[1]

3. 中间道路

该书指出，除了保守策略和激进策略之外，还有一条中间道路，它尽管显得过于谨慎，却无疑体现了某种现实主义精神：它的目的是要取得在现存社会政治条件下可能取得的东西。

在上述几种教育内容的改革策略中，该书更倾向于第三种策略。作者明确指出，"教育的研究应该毫不迟疑地坚决提倡相对缓慢的体系变化和推敲新的替代方案，以便能够向决策者提供可能在下一个十年里被证明为贴切适宜的方法"[2]。

（二）教育内容改革的基本原则

综观教科文组织教育文献关于教育内容改革的论述，我们可以归结出以下几条教育内容改革的原则。

1. 共同内容与选修内容相结合

教科文组织教育文献承认，如何使教育内容更加适合学生的特点和社会的要求，这已经成为教育负责人、课程设计者和教师们经常关心的问题。《从现在到 2000 年教育内容发展的全球展望》指出，在过去，教育内容长期固定不变，尤其在中央集权的体制下，可以在全国范围为学同一门课的所有学生制定一种大纲。在该书看来，由于个人需求和愿望的多样化以及环境的千差万别，这种以颁布统一大纲为特征多少简单化的方式已不得不让位于更为灵活的方式。作者在比较各国教学内容发展特点后发现，在大多数国家，无论是地方分权的还是中央集权的，人们已倾向于把普通教育的内容分成两部分：一部分是共同的、所有人都需掌握的最低限度内容；另一部分是各种选修课。共同的内容包括社会认为其一切成员都应具备的知识、观念、本领和价值观。选择性内容则是根据学生的愿望、兴趣、才能以及社会经济和文化环境的需要来确定的内容。该书对这种做法表示肯定，认为这种办法既保持了教育体制的基本统一和受教育机会的

---

① ［伊朗］S. 拉塞克、［罗马尼亚］G. 维迪努：《从现在到 2000 年教育内容发展的全球展望》，马胜利等译，教育科学出版社 1996 年版，第 189 页。

② 同上书，第 190 页。

平等，又能满足个人的需求和发展的需要。尤其在城乡差别很大的国家，不顾环境条件，专断和一律地确定统一内容导致了严重弊病。而选修内容和共同内容的结合则有助于克服这种弊病。①

2. 显性内容与隐性内容相结合

《从现在到 2000 年教育内容发展的全球展望》一书认为，教育的内容并不完全是已经计划好的或明确的。不明确的或潜在的内容对学生的发展也起着重要的作用，这种作用比人们习惯地设想的要重要得多。作者进一步指出，无论教师描绘的某些理想多么崇高，但是如果他的非言语行为（他的手势，他对这些价值和孩子们的态度）使人感到他个人对这些理想并不感兴趣，那么这种明确的内容是肯定达不到预期效果的。这就是说，在教学中，只有将显性内容与隐性内容有机地结合起来，才能有效地达到教育的目标。

3. 科学教育与人文教育相结合

《学会生存》一书充分肯定了科学教育的重要意义，认为在现代文明中，只有一个人不仅能够应用科学方法，而且能够懂得若干种科学方法，他才能够参加生产。该书还特别提到了科学教育对于个性发展的价值，认为科学是培养个性的各个方面和满足个性的各种要求的决定因素，因而要求将科学训练和培养科学精神作为当代教育的主要目的之一。在教科文组织教育文献看来，科学教育固然重要，但人文教育也不可缺少，并且这两种教育还应当紧密地结合起来。埃德加·富尔在《学会生存》一书的序言中强调，任何教育行动都必须把重点放在"科学的人道主义"这个概念上。"它是人道主义的，因为它的目的主要是关心人和他的福利；它又是科学的，因为它的人道主义的内容还要通过科学对人与世界的知识领域继续不断地作出新贡献而加以规定和充实。"② 该书提出，教育应当促使儿童进入一个道德、智慧和感情融洽一致的世界，鼓励学生发展宽容、和平、友谊与合作等品质。作者特别强调民主教育、公民教育、国际教育、情感教育、美感教育、个性教育等。此外，《教育——财富蕴藏其中》一书提出的著名的"教育的四个

① ［伊朗］S. 拉塞克、［罗马尼亚］G. 维迪努：《从现在到 2000 年教育内容发展的全球展望》，马胜利等译，教育科学出版社 1996 年版，第 166—167 页。

② 联合国教科文组织国际教育发展委员会编著：《学会生存——教育世界的今天和明天》，华东师范大学比较教育研究所译，教育科学出版社 1996 年版，第 8 页。

支柱"的思想也明确地表达了将科学教育与人文教育有机结合在一起的愿望。

4. 普通教育与生产劳动相结合

《从现在到 2000 年教育内容发展的全球展望》一书在谈到普通教育时指出，以往的普通文化教育只是意味着数学、物理、文学、哲学等，而对劳动世界漠不关心。但是，现在要对教育内容进行重新思考和安排，要把劳动、技术、文化有机地结合起来，要把这些内容纳入课程设计的整体之中。教科文组织出版的题为《学习与劳动》的论著指出："如果有一个问题是其他所有问题的焦点的话，那么这个问题肯定是：在教育实践中确定并建立普通教育过程同劳动世界之间的连接。"[①] 教科文组织教育文献认为，劳动对于青少年在智力、道德、社会和政治方面的培养具有重要的意义。一个将来从事智力或管理工作的儿童如果只是待在普通学校中，不了解他们所在的社区的工业、农业、商业或社会文化生活，他们所受到的道德和政治培养将是脆弱的。

5. 教育内容与社会及个体需求相结合

教科文组织教育文献提出，在组织教育内容的过程中应当遵循教育学和认识论的原理，还应当重视并结合社会和个人的需求。《从现在到 2000 年教育内容发展的全球展望》将教育内容结合社会和个体的需求看成教育内容恰当性的标准："教育内容恰当性可以看作是内容与两方面要求的一致性：一方面是所有内容来源和社会价值观反映的要求，一方面是学习者的需要、兴趣和身心能力反映出来的要求。"[②] 在教科文组织教育文献看来，教育内容首先要考虑社会的需求。如果一所学校无视当代社会的要求、变化和迫切问题，单纯迎合儿童和少年们的需求和兴趣，那么它只能暂时满足学生。该书还认为，相反的情况（即只考虑教育内容的社会需要而忽视个体的需求）也应该避免。因为教育内容如果不顾学生的才能、兴趣和智力程度，仅满足于严格回答社会要求，那么它最终既不能满足个人的需求和愿望，也不能满足社会的需求。这就是说，教育内容应当与学习者知识和身体的需要及能力相一致。

---

① ［伊朗］S. 拉塞克、［罗马尼亚］G. 维迪努：《从现在到 2000 年教育内容发展的全球展望》，马胜利等译，教育科学出版社 1996 年版，第 162 页。

② 同上书，第 201 页。

6. 各项教育内容应保持平衡

国际教育大会早在 1960 年通过的第 50 号建议《普通中等学校课程的准备和发布》中就阐述过教育内容的平衡问题。该建议提出，"在相对重视有关学生的智力、道德、社会、手工、体育和美育的课程和教学大纲时，应保持适当的平衡以确保每个儿童全面而和谐的发展"①。《从现在到 2000 年教育内容发展的全球展望》一书对这个问题作了更为具体的阐述。该书认为，这个原则主要涉及各项教育内容的内部组织问题，其中既包括量的方面（某一学科所代表的工作负荷在整个内容中所占的比重），也包括质的方面（各类内容价值的会合，理论和例证之间的关系等）。在该书看来，平衡的范围主要有：不同类目标（认知的、情感的、心理运动的）之间的平衡；不同类学科之间的平衡；理论内容和应用内容之间的平衡；各类不同层次的教育，从初等（或学龄前）教育直到高等教育之间在教育内容分布方面的平衡；在学校教育和校外教育之间的各学科或内容（有关生活质量和环境问题的教育，争取和平的教育等）分布的平衡；能够促进民族之间或个人之间交流的民族（特定的）价值观和普遍价值观之间的平衡；根据教育的不同层次分别强调语言和图像的重要性之间的平衡。②

7. 教育内容的组织采取跨学科的方法

教育内容的组织为什么要采取跨学科的方法？教科文组织教育文献认为，教育内容的跨学科方法具有许多显而易见的优点：增添了教育内容的灵活性，有利于新内容的引进；可以减轻在校学习计划和学习过程的负荷；可以提高学习者对科学在解决实际问题方面的应用能力；学科融合打破了学科之间的界限，突出了将要解决的问题的复杂性、整体性和相互关联的性质，使我们更清楚地看到了世界、生命和科学的统一性；各学科之间相互关联的增多突出了教育内容中的关键性概念，消除了某些无用的重复，由此简化了学习者的精力，提高了学习的效率；在教育过程方面，实行跨学科成了把不同类型的（正规的、非正规的和非正式的）内容结合起来的一种方式。《从现在到 2000 年教育内容发展的全球展望》一书总

① 《全球教育发展的历史轨迹——国际教育大会 60 年建议书》，赵中建主译，教育科学出版社 1999 年版，第 228 页。

② ［伊朗］S. 拉塞克、［罗马尼亚］G. 维迪努：《从现在到 2000 年教育内容发展的全球展望》，马胜利等译，教育科学出版社 1996 年版，第 208—209 页。

结说:"跨学科既有理论上的优点,又有实际上的优点。这些优点已经或将要在实施跨学科方法的教育实践中表现出来。跨学科方法不仅给学校教育计划的研究者和负责人,而且给教育工作者和师资培训人员,都开辟了新的前景。"①

---

① [伊朗] S. 拉塞克、[罗马尼亚] G. 维迪努:《从现在到 2000 年教育内容发展的全球展望》,马胜利等译,教育科学出版社 1996 年版,第 219—221 页。

全球视野的国际理解教育理念 *

　　当代世界各国之间的联系正在日益加强，但国民之间的相互偏见和冲突并未消除，有时候在某些地区甚至还相当严重。为了消除人们的偏见和冲突，维护世界的持久和平，联合国教科文组织一直致力于促进国际理解教育。教科文组织召开的国际教育大会曾就这个专题提出了多个建议，即"青年国际理解精神的培养和有关国际组织的教学"（1948）、"作为发展国际理解工具的地理教学"（1948）、"作为学校课程和生活之组成部分的国际理解教育"（1968）、《为国际理解、合作与和平的教育及与人权和基本自由相联系的教育之建议》（1974）、"国际理解教育的总结与展望"（1994）、关于"全民教育与学会共存"的《结论和行动倡议》（2001）等。此外，《学会生存》《教育——财富蕴藏其中》《从现在到 2000 年教育内容发展的全球展望》等著作及《教育展望》杂志等也都关注过这个主题。系统地分析这些文献中的国际理解教育理念有助于深化国际理解教育的研究和促进国际理解教育的实践。

一　国际理解教育理念提出的背景

　　国际理解教育理念的提出并不是偶然的。众所周知，人类社会在 20 世纪取得了辉煌的成就，得到了飞速的发展。但是这个发展过程并不顺利和平静，各种矛盾和冲突一直没有停息。国际理解教育理念就是在这种发展与危机同在、忧虑与希望并存的社会背景下产生与发展起来的。

---

* 本文原发于郭文安、王坤庆主编《教育学研究与反思》，华中师范大学出版社 2011 年版，系作者承担的全国教育科学"十一五"规划课题"全球视野的教育理念"的成果之一。

（一）人类和平期望的回应

20 世纪发生两次规模空前的世界大战，给人类带来了巨大的破坏和损失。紧接着在美、苏两个阵营之间又发生了长达几十年的冷战，人类一直处于战争的阴影之中。如今冷战虽然已经结束，但是，世界并没有因此而变得太平，战争的威胁仍然存在。事实上，局部战争和冲突经常在各地发生。正如《教育——财富蕴藏其中》一书所指出的："过去几十年的冷战结束后，世界却变得更加复杂和不安定，而且可能更加危险。过去，可能是冷战长期掩盖了国与国之间、民族与民族之间和宗教团体之间的各种潜在的紧张关系。而如今，这些紧张关系均将重新暴露出来，成为动荡的起因或公开冲突的原因。进入这样一个'危险重重'或给人以这种感觉的世界，而且对其许多方面仍捉摸不透，这是 20 世纪末的特点之一，它打乱了世界的意识，并要求全世界进行深刻的反思。"① 现在人类虽然已经进入了 21 世纪，但是这个特点并没有消失。由于国际利益和资源的争夺、宗教信仰的差异以及意识形态和价值观念的对立，狭隘的民族主义、宗教极端主义及国际恐怖主义的猖獗，使世界各地局部战争和冲突此起彼伏。

2001 年 9 月，教科文组织第 46 届国际教育大会在日内瓦召开，大会的主题是"学会共处"。会议提出：近几十年来，各种残害民生的内战、种族冲突、种族歧视、排外潮流和各种暴力行为在各大洲许多国家屡屡发生。20 世纪 90 年代，世界上武力冲突超过 150 起，而这些冲突主要涉及内战，而不是国家之间的战争。另据联合国统计，1965 年国际移民的数量仅为 7500 万人，1990 年达到了 1.2 亿人，2000 年估计为 1.5 亿人。国际移民的不断增加和国际移民日趋多样化，不仅使文化更具多样性，也使不同群体间的关系更为紧张。结果是，以种族、性别和宗教歧视为表现形式的各种暴力现象在全世界到处可见，发达国家与发展中国家之间、穷人和富人之间的不平等形成了空前巨大的鸿沟。如果说 1820 年世界穷人和富人之间的收入比为 1∶3，1950 年则上升到 1∶35，1974 年为 1∶44，1992 年高达 1∶72。

---

① 国际 21 世纪教育委员会向联合国教科文组织提交的报告：《教育——财富蕴藏其中》，联合国教科文组织总部中文科译，教育科学出版社 1996 年版，第 32 页。

在目睹战争对人类的残酷破坏后，人们开始认识到和平的意义和可贵。和平环境的创造是以对人的尊重及主权国家间的理解、团结和宽容为前提的。历史的经验告诉我们，仅仅依靠签订军事停战条约，还不可能彻底遏制人类的冲突从而实现持久的和平。最根本的办法是通过教育来培养人类相互理解的理念，发展其追求持久和平的人性。教科文组织的组织法序言对此有精辟的论述："战争起源于人之思想，故务须于人之思想中筑起保卫和平之屏障；……文化之广泛传播以及为争取正义、自由与和平对人类进行之教育为维护人类尊严不可缺少之举措，亦为一切国家本关切互助之精神，必须履行之神圣义务；和平若全然以政府间之政治、经济措施为基础则不能确保世界人民对其一致、持久而真诚之支持。为使其免遭失败，和平尚必须奠基于人类理性与道德上之团结。"[1]　由于国际理解教育对于实现人类的持久和平具有深远的意义，因而受到人们的普遍重视。"在数十年的国际紧张局势和核恐怖的威胁之后，在政治和经济领域发生了根本的变革，对人类和睦团结的前景日益关注，促使越来越多的国家寻求能加强尊重人权和行使民主权利以及能有效地促进国际了解与和平的教学内容和方法。"[2]

《教育——财富蕴藏其中》一书对于通过教育来促进世界的和平与进步充满信心："面对未来的种种挑战，教育看来是使人类朝着和平、自由和社会正义迈进的一张必不可少的王牌……教育并不是能打开实现所有上述理想之门的'万能钥匙'，也不是'芝麻，开门吧'之类的秘诀，但它的确是一种促进更和谐、更可靠的人类发展的一种主要手段，人类可借其减少贫困、排斥、不误解、压迫、战争等现象。"[3]

（二）全球化时代的要求

近几十年来，全球化浪潮席卷了整个世界，各国的经济、科学、文化和政治方面的相互依赖关系正在日益加深。"人类正朝着一个根本不同于过去的未来前进，此时的决定性转折点之一，在于人类事务的当前发展正

---

[1]　转引自联合国教科文组织编《教育展望·编者的话》，《教育展望》（中文版）1987 年第 12 期。

[2]　联合国教科文组织编：《世界教育报告 1995》，中国对外翻译出版公司 1997 年版，第 81 页。

[3]　国际 21 世纪教育委员会向联合国教科文组织提交的报告：《教育——财富蕴藏其中》，联合国教科文组织总部中文科译，教育科学出版社 1996 年版，第 1 页。

在不可逆转地把世界结合成一个相互联系和相互关联的整体。"①

　　全球化时代使人类面临一系列新的亟待认识和解决的问题。教科文组织第 46 届国际教育大会认为,所谓"全球化"并非始于今日,甚至可以追溯到前几个世纪,只是其变化的速度和规模都是前所未见的,也给国与国之间、种族之间、民族之间的共处带来复杂而多样的问题。《从现在到 2000 年教育内容发展的全球展望》一书对此有深刻的阐述。该书认为,人类自出现以来便遇到各种问题。在不同时期这些问题的严重性也不尽相同。但是可以说,人类从来没有像今天这样遇到如此严重的一系列问题。当今的世界性问题具有普遍性、整体性、复杂性、深刻性和严重性等五大特征。②(1)普遍性。因为世界的任何一部分或任何地区都避免不了这些问题。不可能指望在一个国家甚至一个地区解决自然资源枯竭或污染等重大问题。(2)整体性。危机涉及人类生活的各个方面和所有部门。(3)复杂性。世界性问题的各方面表现(人口、地缘政治、生态、社会、经济、文化、技术等方面)都紧密联系在一起,并相互渗透。研究任何一个问题,如果不考虑到它与其他问题的关系就不可能深入下去。(4)深刻性。经验证明,一般性措施已解决不了当今的世界性问题,头疼医头、脚疼医脚的疗法难除病根。(5)严重性。因为人类面临的重大问题几乎足以威胁到人类的生存。

　　为了应对全球化时代带来的挑战,不少有识之士都强调国际理解及国际理解教育的重要意义。教科文组织国际教育大会第 44 届会议后发表的《国际理解教育:一个富有根基的理念》一文呼吁:"面对世界问题的严重性,教育工作者不能仅仅是旁观和等待。我们的世界正在各种冲突中颤抖。而这些冲突只能通过实现国际理解的理想而得以解决。"③ 瑞士教育家查尔斯·赫梅尔指出:"最近的将来应完成的事业是:在工业化国家和发展中国家之间找到可接受的平衡以及建立全人类的团结。我们的星球犹

① [印]拉贾·罗伊·辛格:《为适应变化中的世界而变革教育》,《教育展望》(中文版)1993年第 1 期。

② [伊朗]S. 拉塞克、[罗马尼亚]G. 维迪努:《从现在到 2000 年教育内容发展的全球展望》,马胜利等译,教育科学出版社 1996 年版,第 94 页。

③ 赵中建选编:《全球教育发展的研究热点——90 年代来自联合国教科文组织的报告》,教育科学出版社 1999 年版,第 379 页。

如一条漂泊于惊涛骇浪之中的航船，团结对于全人类的生存是至关重要的。"①《教育——财富蕴藏其中》和《从现在到 2000 年教育内容发展的全球展望》都明确要求教育培养人的国际理解素养。《教育——财富蕴藏其中》指出，帮助将事实上的相互依赖变成有意识的团结互助，是教育的主要任务之一。为此，教育应使每个人都能够通过对世界的进一步的认识了解自己和了解他人。《从现在到 2000 年教育内容发展的全球展望》认为，如果说人类生活的空间已真的扩展到全球范围，那么教育也就应该培养视野广阔的世界观。韩国前文教部长官、总统教育改革委员会主席徐明源先生也指出："我们已进入一个不再有国界的世纪。世界各国人民不管愿意与否都应一起生活。我们每个人都应意识到这一点并应对未来的世界公民进行相应的教育。"② 虽然他对"21 世纪是不再有国界的世纪"的判断我们不能苟同，但他关于应加强未来世界公民教育的主张却无疑是正确的。

（三）国际发展理念的反映

现代国际社会发展有两个重要的理念：一是平衡发展理念；二是可持续发展理念。这两种新的发展理念对于国际理解教育的提出与推广具有重要的促进作用。

现代科学技术的发展日益加快，并带来了前所未有的经济增长，人类的生活质量因此而得到迅猛的提高。然而，众所周知，在发展过程中却存在巨大的差距，并且这种差距还在不断扩大。世界发展不平衡的问题已成为人类社会团结的重要障碍，损害了人类的共同理想和价值观。在人类的共同理想和价值观处于危机之际，教育应当而且完全可以发挥自己的积极作用。具体来说，就是教育应当在发展不平衡的双方以"理解"为基石构建相互交流与合作的桥梁，促使人类走向共同进步的明天。《教育——财富蕴藏其中》正确地指出："任何人类社会团结，都源于一整套共同的活动和计划，也源于共同的价值观，而这一切又是共同生活愿望的各个方面的具体体现。随着时间的推移，这些物质和精神的联系不断相互加强，

---

① ［伊朗］S. 拉塞克、［罗马尼亚］G. 维迪努：《从现在到 2000 年教育内容发展的全球展望》，马胜利等译，教育科学出版社 1996 年版，第 102 页。

② 国际 21 世纪教育委员会向联合国教科文组织提交的报告：《教育——财富蕴藏其中》，联合国教科文组织总部中文科译，教育科学出版社 1996 年版，第 229 页。

并在个人和集体的记忆中成为广义的文化遗产，这一遗产又正是人的归属感和休戚与共感情的基础。"① 该书在谈到当今世界教育的使命时进一步提出："在全世界，各种形式教育的使命都是在人与人之间建立一种基于共同准则的社会联系……教育是文化价值的传播工具，是有助于适应社会生活需要的环境的创造者，也是使共同计划成形的熔炉。"②

社会的可持续发展也需要一个和平的国际环境，需要国际社会的沟通与合作。在坚持本国社会文化特点的同时，应当认识到在当今世界任何一个国家都不能完全独立存在，许多问题需要依靠相互的密切合作才能得到有效的解决。换句话说，任何国家要想得到发展就必须与别的国家、别的民族进行交往和交流。然而，不同的政治制度、不同的经济发展水平、不同的文化传统往往使得各国、各地区、各民族之间的交往和交流不能顺利进行，常常出现误解甚至冲突。为了维护世界的民主与和平，保持整个世界的持续发展，必须通过国际理解教育来增进国家、地区及民族之间，特别是国民之间的相互理解和认识。

二　国际理解教育的内涵与目的

（一）国际理解教育的内涵

什么是国际理解（international understanding）？所谓国际理解，其实质是以宽容、尊重的态度与别国沟通和共同行动。国际理解最重要的是对别国文化的了解与认识。在与别国文化进行接触的时候，应该认识到无论是本国文化还是别国文化，都是人类文化多样性的表现，对其他国家的文化应当采取宽容和尊重的态度。

什么是国际理解教育（education for international understanding）？1974年联合国教科文组织第18届常务理事会发表了《为国际理解、合作与和平的教育及与人权和基本自由相联系的教育之建议》。该建议书对"国际理解教育"的使命作了如下明确的阐述：使青年一代获得关于世界和世

---

① 国际21世纪教育委员会向联合国教科文组织提交的报告：《教育——财富蕴藏其中》，联合国教科文组织总部中文科译，教育科学出版社1996年版，第38页。

② 同上书，第38页。

界人民的知识；使青年一代养成同情与博爱的态度，能够没有偏见地欣赏与吸收别国的文化，学习外国语；使青年一代以理解与合作精神看待与处理各国面临的共同问题；使青年一代树立尊重人权、正确的道德、社会责任感、尊重他人、为大众谋福利等观念。

综上所述，我们可以得出如下结论：国际理解教育是旨在使学生了解和尊重其他国家的文化，培养他们的全球共存发展意识和能力的教育。

（二）国际理解教育的目的

综观教科文组织教育文献关于国际理解教育的阐述，可以看出它特别强调以下几个方面的目的。

1. 建设和平文化，培养宽容精神

在教科文组织教育文献看来，国际理解教育的首要目的是建设和平文化，培养人们的宽容精神。1997 年第五届国际成人教育大会通过的《成人教育的汉堡宣言和未来议程》指出："我们这个时代最主要的任务之一就是消除暴力文化（culture of violence），建设一种基于公正和宽容的和平文化（culture of peace）。在这一和平文化中，家庭和社区，以及国家内部和国家之间的对话、相互认识和磋商将代替暴力。"① 什么是和平文化？1950 年，教科文组织成立了一个工作小组，提出了"世界共存教育"的八项目标：（1）开展全球社会的教育，缔造与联合国宪章精神相一致的社会；（2）各国无论存在何种差异，都有权利和义务在国际机构中合作；（3）世界文明来自许多国家的共同贡献，所有国家之间都相互依存；（4）不同人们在生活方式、传统习惯、个性特征方面存在的问题及解决问题的方法等有所不同，但各自都有存在的理由；（5）人类在历史上、道德上、智力上和技术上的进步逐渐成为全人类的共同遗产，尽管世界仍被冲突的政治利益和紧张局势所分割，但是人们之间的相互依赖日益明显；（6）国际组织成员国所签订的条约得到各国人民积极的支持，就会发挥重大作用；（7）人们尤其是青年人在心灵上要有全球和平的责任意识；（8）发展儿童健康的社会态度，为增强国际理解与合作奠定基础。以上八项目标集中反映了和平文化的内涵，并成为以后推展国际理解教育

---

① 赵中建选编：《全球教育发展的研究热点——90 年代来自联合国教科文组织的报告》，教育科学出版社 1999 年版，第 386 页。

的重要原则。

　　宽容精神是和平文化的重要内容。在建设和平文化的过程中，必须将培养宽容精神放在突出的地位。1995 年教科文组织大会通过的《宽容原则宣言》写道："宽容是对我们这一世界丰富多彩的不同文化、不同的思想表达形式和不同的行为方式的尊重、接纳和欣赏。宽容通过了解、坦诚、交流和思想、良心及信仰自由而得到促进……宽容，这一可以促成和平的美德，有助于以和平文化取代战争文化。"① 和平文化的建设和宽容精神的培养需要依靠相应的教育，国际理解教育的基本目的正在于此。通过国际理解教育可以培养人们的和平意识和宽容精神，使人们懂得应当尽量避免冲突，一旦冲突出现则应当用和平的方式予以解决，而不能诉诸暴力；使人们认识到，暴力不会使暴力减少，它只会带来更多、更大、后果更严重的暴力。教科文组织的多种教育文献都阐述了通过教育培养人的和平意识和宽容精神的重要性。《教育——财富蕴藏其中》认为，"教育在人的一生中都应促进文化多元化，把文化多元化作为人类财富的源泉加以宣传：应当通过关于各种文化的历史和价值的信息交流，同产生暴力和排斥现象的种族偏见作斗争"②。1994 年教科文组织第 44 届国际教育大会通过的《为和平、人权和民主的教育之综合行动纲领》明确要求：教育必须发展非暴力解决冲突的能力。教育还应促进培养学生思想中内在的和平观，这样他们就能更牢固地形成宽容、同情、分忧和相互关心的品质。

　　2. 发展共同人性，构建共同价值观

　　教科文组织教育文献认为，发展共同人性，构建共同价值观，也是国际理解教育的一个重要目的。《学会生存》在阐述教育的目的时特别强调："教育的使命就是帮助人们在各个不同的民族中找出共同的人性。"③《为和平、人权和民主的教育之综合行动纲领》也指出：人们应该相互理解、相互尊重并以完全平等的地位进行磋商，以期寻求一种共同的基础。这样一来，教育就必须发展同他人进行交流、分享和合作的能力，鼓励增

---

① 转引自联合国教科文组织《世界教育报告 2000——教育的权利：走向全民终身教育》，中国对外翻译出版公司 2001 年版，第 75 页。

② 国际 21 世纪教育委员会向联合国教科文组织提交的报告：《教育——财富蕴藏其中》，联合国教科文组织总部中文科译，教育科学出版社 1996 年版，第 46 页。

③ 联合国教科文组织国际教育发展委员会编著：《学会生存——教育世界的今天和明天》，华东师范大学比较教育研究所译，教育科学出版社 1996 年版，第 191—192 页。

强个人和民族之间的和平、友谊和团结的各种思想及解决方法。①

　　教科文组织编写的《世界教育报告1995》强调了共同价值观对于采取共同行动的意义，认为仅有技术和能力是不够的，没有共同的价值观，无论是在国家内部还是在国与国之间，都无法采取共同的行动。事实上，早在1968年召开的国际公共教育大会第31届会议通过的第64号建议《作为学校课程和生活之组成部分的国际理解教育》就明确要求教育培养共同的价值观，提出教育应帮助增进人们对世界和各国人民的了解，帮助青年人形成以相互欣赏和尊重的精神态度，来观察别人的文化、种族和生活方式。该建议要求教育在对不同事物包括对不同的政治、经济和社会体制进行客观评价时，还应介绍存在于世界各国人民的生活和意识中的共同价值观、抱负和需要。《教育——财富蕴藏其中》认为，教育在建设一种更加团结一致的世界方面负有特殊的责任，应当引导人们寻求有助于建立"人类理性与道德上之团结"的共同价值观。"归根到底，享有共同的价值观和共同命运的意识，是一切国际合作项目的基础。"②

　　3. 培养公民责任感

　　早在1958年召开的国际公共教育大会第21届会议通过的第46号建议中就对教育提出了培养公民责任感的目的。该建议明确提出，现代教育的主要目的之一是根据儿童的年龄和发展阶段，指导他们有意识地积极参与家庭、社区和国家生活，参与建设一个更亲密友好的全球社会。建议还要求教育要使儿童意识到自己的社会责任，并在国家生活中发挥积极有益的作用。教科文组织编写的《世界教育报告1995》重申了培养公民责任感的意义："教育一直被每一个社会视为一种重要的手段，一方面帮助年轻人去解释和了解社会环境和政治环境，一方面又培养他们作为具有责任感的成人和公民进入社会。"③《为和平、人权和民主的教育综合行动纲领》在谈到教育目的时也强调指出：教育必须使公民能够独立自主和承担责任，意识到个人的职责必须同确认公民义务的价值相联系，同确认与

①　《全球教育发展的历史轨迹——国际教育大会60年建议书》，赵中建主译，教育科学出版社1996年版，第513页。

②　国际21世纪教育委员会向联合国教科文组织提交的报告：《教育——财富蕴藏其中》，联合国教科文组织总部中文科译，教育科学出版社1996年版，第36页。

③　联合国教科文组织编：《世界教育报告1995》，中国对外翻译出版公司1997年版，第81页。

他人一起解决问题并共同建设一个公正、和平和民主的社会相结合。[①]

三　国际理解教育的内容与途径

（一）国际理解教育的内容

教科文组织第 31 届教育大会通过的《作为学校课程和生活组成部分的国际理解教育》，建议阐述了国际理解教育的内容安排问题。该建议指出，中小学课程中的大多数科目都为国际理解教育提供了机会。建议同时提出，不同学科的课程和大纲应有足够的灵活性，以使不同学科之间有可能紧密联系。在有些基础学科，如母语、民族文学、数学、自然科学和现代语言，即使课程内未对国际理解做出专门的规定，国际理解的精神同样可以在每个合适的场合得到发展；另一些学科，如历史和地理，则为国际理解教育提供了一种尤为有利的框架；还有一些学科，如道德和公民教育以及包括音乐、舞蹈和体育在内的艺术，应该为与国际理解直接有关的学习和活动提供大量的机会。建议认为，国际问题的教学，不论是穿插在不同学科的教学中或是单独作为一门教程都是合适的。建议还具体论述了文学和语言、数学和科学、生物学、历史和地理、公民和道德教育、艺术、音乐、舞蹈和体育等学科的国际理解教育问题。

文学和语言。文学教学的目的主要是深入洞察人的本质，人性所共有的观念和抱负、人类的苦难和斗争以及民族文化的要素和民族文化对世界文化所作的独特贡献。应该鼓励在中学增强世界文化的教学。外语教学的目的，应该是提供了解别国文化和生活方式的有效途径。

数学和科学。在数学教学中，可以强调不同文化对科学发展所作的贡献。某些数学技巧，比如统计学和信息诠释，可以应用于有关国际关注的问题，如人口增长、工农业生产以及军备开支和教育经费等的信息处理。在普通科学方面，可以讲授科学知识的发展史及不同国家的人民和文化的贡献史。还应关注科学应用于技术而对社会产生的影响，并关注现代科学

---

① 赵中建编：《教育的使命——面向二十一世纪的教育宣言和行动纲领》，教育科学出版社 1996 年版，第 194 页。

和技术的飞速发展给人类社会带来便利的问题。

生物学。在生物学方面，对人类性格遗传和分布以及对遗传因素和文化因素之间关系的研究，可以通过逐渐削弱因种族、肤色、国籍或文化的不同而造成的偏见来进行。生物学或卫生学应关注世界性的健康和疾病控制方面的国际合作。

历史和地理。历史教学应把本国的历史与文明史联系起来，并更多地关注人类发展的社会、经济、文化和科学等方面，少强调纯粹的军事历史，以便更好地把握对本国历史的了解。应尽可能客观地描述本国的历史和其他国家的历史，重视不同的观点和解释。应关注那些改善人类福利的国际合作机构的发展以及不同国家伟人们的工作和成就对人类的贡献。地理教学应引导儿童思考整个世界及其居民，理解人类与其环境之间的关系，并为了让世界上的资源能被用于改善人类生存的条件，引导他们正确地看待必须解决的问题。

公民和道德教育。公民教育的目的除了增加学生对国家机构的了解和培养对国家的忠诚外，还应让学生熟悉国际机构在促进人类福利方面所起的作用，并给学生灌输增进这些机构未来有效性的责任感。在道德或宗教教育方面，国际理解的教学应强调人类团结的道德基础。其目的在于培养一种对他人的道德感和社会责任感、一种为共同利益而行动的愿望以及致力于和平的决心。

艺术、音乐、舞蹈和体育。在艺术、音乐、舞蹈和体育方面，知识、技能和美学观点的培养应该从世界各地汲取养料。

（二）国际理解教育的途径

国际理解教育应当采取哪些途径来进行？教科文组织教育文献主要关注如下方面。①

1. 充分运用新的教育技术手段

教科文组织教育文献认为，教育上的新技术可以很好地为国际理解的教育事业服务。它倡导在国际理解教育中运用尽可能多的材料，包括电影、教育广播和电视以及其他视听辅助手段。电视节目应介绍如何接受不

---

① 《全球教育发展的历史轨迹——国际教育大会60年建议书》，赵中建主译，教育科学出版社1996年版，第355—359页。

同的文化和生活方式。

2. 开展多种多样的活动

国际理解教育应尽可能地运用能让学生自己发挥主观能动性、创造性、技能和智力的活动方法。这些方法包括：积极参与有助于外国团体发展的国际性活动、自由讨论、辩论，对报纸文章、电影和电视纪录片的评论，个人和团体的研究与报道，准备影集、书籍、墙报和展览，与国外的学校通信或交换其他物品，拟定集会的计划，旅行，音乐会，模拟联合国会议，社区研究以及国际夏令营和青年活动。

3. 组织辅助课程和课外活动

国际理解教育不仅要重视辅助课程和课外活动，而且还应有足够的范围和种类，以使学生有机会锻炼和培养他们的特殊兴趣和能力。辅助课程和课外活动应包括：以促进国际理解为其主要目的的俱乐部或协会类的组织，庆祝为人类的文化发展和科学发展做出贡献的杰出人物的周年纪念，以及纪念发生国际重大事件的日子，如联合国日和人权日。

4. 鼓励和促进国际交流

教科文组织教育文献指出，教育当局应鼓励和促进国际交流以及对有关国际理解教育的信息和文件的传播；应支持和鼓励参与那些促进国际理解教育发展和提高的双边、多边和国际方案及项目，应鼓励和支持教师、学生以至教育行政官员、督学之间的国际交流，应该努力支持师范生和第一线的教师出国旅行以了解其他国家的人民和文化；应鼓励并支持教师和青年出国参与经济、社会、文化和教育发展的志愿服务；应鼓励和支持学校之间的国际接触和交流。

全球视野的环境教育理念 *

　　随着当今世界环境问题的日益恶化，人们越来越意识到这是关系人类生存和未来的大问题。"联合国人类环境大会"通过的《人类环境宣言》指出："为今世后代保护和改善环境已经成为人类的一项紧迫目标。"① 为了提高人们的环境意识，有效地保护环境和改善环境质量，联合国教科文组织一直致力于倡导和推动环境教育。该组织的许多教育文献论及环境教育，并形成了较为系统的环境教育理念。学习和研究教科文组织教育文献的环境教育理念将有助于深化环境教育理论和促进环境教育的实践。

一　环境教育理念的产生与发展

　　教科文组织教育文献的环境教育理念产生于 20 世纪 70 年代。经过几十年的发展，环境教育理念在不断丰富和充实，现在已将可持续发展的内涵纳入其中。

　　1972 年联合国"人类环境会议"在斯德哥尔摩召开。这次会议全面讨论了各种环境问题，正式通过了《人类环境宣言》，并成立了一个专门机构——联合国环境规划署（UNEP）。这次会议的一个重要贡献是推动了国际环境教育事业的发展。会议正式肯定了"环境教育"（Environmental Education）的名称，并着重强调了进行环境教育的重要性，明确了环境教育的性质、对象和意义，提出了环境教育的国际合作框架。因此，本次会议可

＊　本文原刊于《江西师范大学学报》（哲学社会科学版）2009 年第 1 期，系作者承担的全国教育科学"十一五"规划项目"全球视野的教育理念"的成果之一。
① 　赵中建选编：《全球教育发展的研究热点——90 年代来自联合国教科文组织的报告》，教育科学出版社 1999 年版，第 9 页。

以看成全球环境教育理念及行动的发端。根据会议的建议，联合国教科文组织和联合国环境规划署于 1975 年建立了国际环境教育规划署（IEEP），发起进行全球范围的环境教育规划。

1975 年 10 月，联合国教科文组织和联合国环境规划署在贝尔格莱德举行了国际环境教育研讨会。会议回顾和讨论了环境教育中出现的问题及其发展趋势，并充分肯定了环境教育的作用。大会制定的《贝尔格莱德宪章》对环境教育的发展规划以及大众媒介的作用、人才培训、教材、资金、评价等提出了一整套指导政策。

1977 年 10 月，联合国教科文组织和联合国环境规划署在苏联的第比利斯召开了政府间环境教育会议，并发表了《第比利斯宣言》。《第比利斯宣言》重申了环境教育的意义，并首次将环境教育的目标确立为意识、知识、态度、技能、参与等五个方面，为全球环境教育的发展奠定了基本框架和体系。《第比利斯宣言》被认为是国际环境教育基本理念和体系的基准。这次会议标志着国际环境教育的发展进入了一个新的阶段。

1987 年 8 月，联合国教科文组织和联合国环境规划署在莫斯科再次联合组织召开了"国际环境教育和培训大会"。会议检查了自第比利斯大会以来环境教育的进展和趋势，提出了环境教育和培训的国际战略草案。会后批准了 20 世纪最后十年环境教育的行动计划——《90 年代环境教育和培训领域的国际行动战略》，概述了 90 年代环境教育和培训领域的国际行动战略。

1992 年 6 月，联合国在巴西里约热内卢召开了"联合国环境与发展大会"，这是全球范围内对可持续发展思想认同和确立的一次空前的大会。会议通过了《里约环境与发展宣言》和《21 世纪议程》，正式提出了实施可持续发展战略。《21 世纪议程》明确提出了"面向可持续发展重建教育"，指出，"教育是促进可持续发展和提高人们解决环境与发展问题的能力的关键"。由此，环境教育已不再仅仅是对应环境问题的教育，它与和平、发展及人口等教育相融合，形成一个新的教育发展方向——"为了可持续发展的环境教育"。通过本次会议，可持续发展的思想在全世界得到普遍认同，而教育对可持续发展的重要性也得到充分肯定。

1995 年 6 月，联合国教科文组织和联合国环境规划署等在希腊雅典召开了"环境教育重新定向以适应发展的需要"地区间研讨会。会议要求把环境教育与可持续发展联系起来，要在所有的教育活动中将人口、环境、资源与发展有机地结合起来，环境教育应制度化、规范化、系统化和经常化。

1997 年 12 月，联合国教科文组织在希腊的塞萨洛尼召开了"环境与社会国际会议"。会议发表的《塞萨洛尼宣言》指出，环境教育是"为了环境和可持续发展的教育"。至此，面向可持续发展的环境教育成为国际社会和各国发展教育的战略选择，是可持续发展框架下的教育新模式。

2002 年 12 月，联合国大会决定将 2005—2014 年确定为联合国"教育促进可持续发展十年"。2005 年联合国教科文组织又正式公布了《联合国教育促进可持续发展十年（2005—2014 年）国际实施计划》。该计划概括了教育在促进可持续发展中所起的关键作用，认为教育是可持续发展变革的主要手段，能够培育可持续未来所需要的价值观念、行为和生活方式。

二 环境教育理念的基本内容

环境教育理念的内容十分丰富，并且还在不断充实和发展。其主要方面包括环境教育的内涵、目的、特征及其实施的课程、途径与策略等。

（一）环境教育的内涵

什么是环境教育？《第比利斯宣言》将环境教育理解为一种全面的终身教育，这种教育旨在培养人们以一种全面的观点来认识自然环境与人工环境之间的密切依赖性，并向人们提供在改善生活和保护环境方面发挥积极作用所必需的技能、态度和价值观。[①] 从上述定义来看，环境教育是一种以处理人类与环境关系为目的而开展的教育活动。

（二）环境教育的目的

教科文组织的教育文献明确指出："环境教育的全部目标是为了地球

---

① 赵中建编：《教育的使命——面向二十一世纪的教育宣言和行动纲领》，教育科学出版社1996 年版，第 101 页。

的绿化，为了人类与地球的和谐——简言之，为了世界可能的最佳发展。"①《第比利斯宣言》（以下简称《宣言》）就环境教育的目的作了系统的阐述，内容涉及环境教育的基本目的、具体目的及分类目标等几个层次。《宣言》首先论述了环境教育的基本目的：（1）要成功地使人们理解自然环境和人工环境之复杂特性，并使他们获得知识、价值观念、态度和实际技能以便负责而有效地参与环境问题的解决和环境质量的管理；（2）要揭示当代世界在经济、政治和生态上的相互依存关系，各国做出的各种决定和采取的行动都会有国际影响。

在阐述环境教育基本目的的基础上，《宣言》表示赞成环境教育的下列具体目的：培养人们以城乡地区经济、社会、政治和生态之间的相互依存关系的清晰意识和关注；向每一个人提供获得保护和改善环境所必需的知识、价值观念、态度、义务和技能的各种机会；创造个人、群体和作为整体的社会对待环境新的行为模式。②

为了有效地促进环境教育的开展，《宣言》还进一步提出了环境教育的下列分类目标：（1）意识。帮助人们形成对待环境及其相关问题的意识和敏感。（2）知识。帮助人们获得对待环境及其相关问题的各种体验和基本理解。（3）态度。帮助人们获得有关环境的一系列价值观念和情感，并形成积极参与环境改善和保护的动机。（4）技能。帮助人们获得识别和解决环境问题所需的各种技能。（5）参与。向人们提供在所有层次上积极参与解决环境问题的机会。③

（三）环境教育的特征

教科文组织教育文献认为，环境教育与其他教育相比具有两个明显的特征，即跨学科性和问题解决法。

1. 跨学科性

教科文组织教育文献提出，不能将环境教育看成在已有的学科中增加的一门学科，而应看作被整合进课程计划中的一个重要内容，即环境教育

---

① 赵中建选编：《全球教育发展的研究热点——90年代来自联合国教科文组织的报告》，教育科学出版社1999年版，第91页。

② 赵中建编：《教育的使命——面向二十一世纪的教育宣言和行动纲领》，教育科学出版社1996年版，第104页。

③ 同上。

具有跨学科的特点。环境教育的跨学科性是由环境问题的复杂特点所决定的。环境是人类生活中自然、人工和社会诸要素的复合体，任何一门单一的学科都无法包括环境的全部内容。"跨学科性在环境教育中具有必要性和优先性：从自然科学、社会科学、应用科学/技术学和人文科学中找出合适的学科按照整合的方法加以利用、组合和协调，从而可以通过这些内容学习环境的问题、保护、保存和改善。"①

　　鉴于目前主要采用单科教学的现实，跨学科的环境教育意味着在环境教育中要重新考虑诸如生物学、地理学、化学等学科的内容，意味着要把环境方面的知识纳入每门学科之中。同时，要对目前理科课程中的环境内容重新加以考察，要对理科课程中的内容进行整合和协调，以确保理科课程内容之间具有有效的联系和进展。② 人们通常没有把环境的内容包括进社会科学的学科中。教科文组织教育文献认为，实际上在社会科学的教学中也可以进行环境教育，因而提倡把环境的内容整合到社会科学（主要是经济学、社会学、社会人类学、历史学和地理学等）中。

　　2. 问题解决法

　　在教科文组织教育文献看来，问题解决法是环境教育的另一个特点。这种方法具体包括小组讨论、游戏和模拟、实验车间及"行动研究"等形式。

　　小组讨论是澄清概念的理想形式，而澄清概念正是采取保护环境集体行动的先决条件。游戏和模拟的方法也适合于问题解决法。模拟将暴露出许多牵涉到的因素——自然的、社会的、经济的因素等，也暴露出不同的社会组织——工业、科学、政治、一般公众等——的价值观、利益和行为方式，这些既是造成问题的部分原因也是解决问题的重点因素。游戏和模拟引导学生用一种跨学科的观点来观察多样化的情境，同时也让学生了解到在确定解决方法时考虑到不同组织的价值观和利益的重要性，因而为有效地参与决策阶段做了很好的准备。实验车间在一个受到控制的情境中提供给学生一些基本的要素，以用于分析问题和解决问题，从而使他们更加接近现实和具体的问题。通过实验车间进行教学可以使学生更有效地学习实际的问题，也可以使学生更有效地掌握处理自然和人工环境及其资源问

---

① 赵中建选编：《全球教育发展的研究热点——90 年代来自联合国教科文组织的报告》，教育科学出版社 1999 年版，第 39 页。

② 同上书，第 47—48 页。

题所需要的工具和技术。

教科文组织教育文献特别推崇"行动研究"，认为它是最有效和最全面的方法。它要求参与者重新组织从各种渠道获得的理论、数据和技术，要求他们不断地和社会"代理人"（专家、政治家等）交往，要求他们对环境问题的解决办法进行实验和实施。"行动研究经常是一个缓慢的试错的过程，并导致一种开放的心态、处世之道和采取行动的动机。"[①]

（四）环境教育的实施

关于环境教育的实施，教科文组织教育文献主要阐述了环境教育的课程、途径和策略等问题。

1. 环境教育的课程

课程是教育中的核心问题，在环境教育中也是如此。教科文组织教育文献提出了环境教育课程开发和实施的模式及目标。[②] 在环境教育课程的开发和实施过程中，通常采用两种模式：一是开发一种独立的或系列的环境教育课程（单一学科的取向）；二是将环境知识纳入已有的和通常相关的课程或学科中（渗透取向）。课程开发的目标可以分为四个层次：第一层次强调生态的概念，提供能使学习者做出成熟的环境决策的有关知识；第二层次依然是知识水平，主要包括有关人们环境行为的知识；第三层次处于认知过程或技能水平，主要包括调查研究、评估和价值判断的技能；第四层次也是处于认知过程或技能的水平，重视那些对于公民的行为（参与到问题解决和决策中）颇为重要的过程。虽然这几个层次是以学生的知识、能力和态度的发展为顺序的，但并不严格受限于某个特定的年级。比如，第三层次的某些要求可以运用于低年级（5—8 岁）的课程中，同样，第一层次的某些内容也可能适用于成年学习者。这就使得课程开发随知识、能力和态度而螺旋发展变得极其重要。也就是说，当学习者逐渐掌握这些内容时，应相应地增加难度和深度。

2. 环境教育的途径

关于环境教育的途径，教科文组织教育文献主要提到了以下几个方面。

---

① 赵中建选编：《全球教育发展的研究热点——90 年代来自联合国教科文组织的报告》，教育科学出版社 1999 年版，第 42 页。

② 同上书，第 59 页。

一是职业技术教育中的环境教育。职业技术教育中的环境教育其基本目标是使学生意识到问题并提供给他们所需的知识与技能，以使他们能够确定和处理生产过程中所产生的环境问题，包括副产品的利用过程、废物处理的技术等，使学生能够确定和处理工作过程中的人员安全和健康问题。

二是大学环境教育。大学的环境教育很重要，因为"那些将会对环境产生最大影响（正面的或负面的影响）的人——将来的决策者、工程师、建筑师、公共或私立部门的管理者、医生、律师、环境专家，他们现在基本上是各大学或其他高等教育机构的学生。向他们传授环境知识，使他们懂得如何保护和改善环境简直就是一个关系到我们的星球——地球生死存亡的问题"①。教科文组织教育文献要求把环境教育整合到普通的大学教育中，要求所有大学生都应该具有丰富的环境知识，形成环境意识并在环境的决策中承担不可推卸的责任。

三是对教师的环境教育。教育者必须先受教育，环境教育也不例外。教师要对学生进行环境教育，教师本人就要先接受环境教育。教师的环境教育应当使教师拥有足够的生态学的素养，能够选择、开发和实施环境教育的课程材料，能够调查环境问题和评价可选择的解决办法，能够采取积极的环境行为，同时发展学生的相似能力。

四是非正规环境教育。环境教育关系到每个人的一生——正规教育之前、期间和之后。"为了使公民能具有丰富的环境知识，能明智和有效地处理环境问题，一个不可缺少的因素就是要在发展正规环境教育的同时，发展非正规的或校外环境教育。"② 这意味着在诸如成人教育、功能性扫盲、社区发展、营养组织、计划生育、人口教育等的校外教育计划中，要把环境作为一个整合的主题。对于在校的年轻人来说，可以由学校的一些俱乐部在正常的学期外和课外开展环境教育活动。而对于成年人来说，可以在自愿的基础上通过开放大学、研讨会、系列讲座等开展环境教育。

3. 环境教育的策略

教科文组织教育文献特别重视环境价值观的教育并专门提出了这种教

---

① 赵中建选编：《全球教育发展的研究热点——90 年代来自联合国教科文组织的报告》，教育科学出版社 1999 年版，第 68 页。

② 同上书，第 81 页。

育的具体策略。① 教科文组织教育文献认为，价值观是指导行为的最经常的驱动力量，合适的价值观将成为指导人类与环境之联系的道德基础。因此，环境教育不仅要传播合适的知识和技能，还应当重视价值观的教育。环境价值观的教育可以采用的主要策略是：放任政策、灌输、价值观分析、价值观辨析、行动学习。所谓"放任政策"（laissez-faire），这是一种为了保证客观性而"撒手不管"的政策。但事实上价值观念是不可避免的，它会通过各种方式无意识地传递给学生。灌输（inculcation）价值观的目的是给学习者注入某些经过挑选的价值观或改变学习者的价值观使其达到所要求的结果。灌输价值观的方式主要是训导、模仿和强化等。价值观分析（values analysis）系指把科学的、合乎逻辑的思维方法应用到价值观的研究中，其目的是按照科学和逻辑来解决有冲突的价值观或社会问题。价值观辨析（values clarification）的方法包括角色扮演、游戏、真实生活情境的模拟、课外活动和小组讨论，教师的作用是提出问题，直到最后才给出判断，并要保持问题的开放性而不是寻求一致。行动学习（action-learning）的活动强调社区学习而不是课堂本位学习。

三　环境教育理念的发展：可持续发展教育

环境教育理念到今天已经逐步向可持续发展教育转化。可持续发展教育理念与以往的环境教育理念具有承继关系，也跟国际社会的可持续发展运动密切相连，是在可持续发展运动中产生和发展起来的。以下拟对教科文组织教育文献中的可持续发展教育理念进行简要的评介。

（一）可持续发展教育的内涵

在国际社会，与"可持续发展教育"相关的概念有两个，都是1988年提出的。它们分别是 Education for Sustainability（缩写为 EFS）和 Education for Sustainable Development（缩写为 ESD）。一些专家认为这两个概念的含义基本相同。在中文表述方法方面，有的从英文字面含义直接将

---

① 赵中建选编：《全球教育发展的研究热点——90年代来自联合国教科文组织的报告》，教育科学出版社1999年版，第46页。

EFS 或 ESD 翻译为 "为了可持续发展的教育"，也有的从教育在可持续发展中作用的角度将其翻译成 "教育促进可持续发展"，还有的依据汉语习惯表达方式将它翻译为 "可持续发展教育"。我们这里采用 "可持续发展教育" 的表述。

可持续发展教育理念是在环境教育理念的基础上提出来的，是对环境教育理念的进一步深化和拓展。"可持续发展教育" 概念突破了过去仅以环境保护为主的理念，突出了教育肩负对可持续发展的更大责任。"可持续发展教育" 是培养公民获得维护和改善生存发展必需的价值观念、责任感及相关知识与技能的教育。

可持续发展教育与环境教育是什么关系？2005 年联合国教科文组织公布的《联合国教育促进可持续发展十年（2005—2014 年）国际实施计划》指出，可持续发展教育不能等同于环境教育。环境教育主要关注人类与自然环境的关系，以及自然环境的保护方法和合理的资源管理等。可持续发展教育则被置于一个更广阔的背景中，除了自然环境以外，它还要关注社会文化及平等、贫困、民主和生活质量等社会问题。

（二）可持续发展教育的内容

1. 尊重的价值观念教育

《国际实施计划》明确指出："可持续发展教育" 基本上是关于价值观念的教育，其核心内容是尊重：尊重他人——包括现代和未来的人们，尊重差异与多样性，尊重环境，尊重我们居住的星球上的资源。教育使我们能够理解自己和他人，以及我们与自然及社会环境的关系。"可持续发展教育" 促进的主要价值观念包括：（1）尊重全世界所有人的尊严和人权，承诺对所有人的社会和经济公正；（2）尊重后代人的人权，承诺代际间的责任；（3）尊重和关心大社区生活的多样性，包括保护与恢复地球生态系统；（4）尊重文化多样性，承诺在地方和全球建设宽容、非暴力、和平的文化。

2. 关注全球性问题的教育

《国际实施计划》从社会—文化、环境和经济等三个视角论述可持续发展教育需要关注的全球性问题。社会—文化视角包括：人权、和平与人类安全、性别平等、文化多样性与跨文化理解、健康、艾滋病病毒/艾滋病等方面的内容。环境视角包括自然资源、气候变化、农村发展、可持续城市化、防灾减灾等方面的内容。经济视角包括消除贫困、企业公民责任与问责制、市场经济等方面的内容。

（三）可持续发展教育的实施策略

1. 与国际社会其他活动相结合

"教育促进可持续发展十年"开始时，有若干其他相关的国际活动正在进行。《国际实施计划》要求把"教育促进可持续发展十年"与国际社会已经进行的努力相联系。尤其是"千年发展目标"的进展、"全民教育"运动、"联合国扫盲十年"等，与"教育促进可持续发展十年"紧密相连。为了确保已经实施的这些国际活动与"教育促进可持续发展十年"活动之间协调和合作并取得实际效果，需要对它们之间的联系进行不断的监测。

2. 充分利用各种教育渠道

《国际实施计划》强调，"可持续发展教育"服务于每一个人，不论其处于生命中的哪个阶段，从幼儿到成人都有着密切的关系。正规的、非正规的和非正式的教育都应该关注和实施可持续发展教育。除正规教育外，还有很多的学习是在学校系统之外发生的，例如，在日常生活和互动中、在家庭中、在工作场所、在电脑和电视前，以及通过观察、仿效、试验、反思、表述、倾听和从错误中学习，等等。

3. 发挥各类合作伙伴的优势

作为协调"教育促进可持续发展十年"指定的领导机构，联合国教科文组织从一开始就明确要发挥每个合作伙伴的优势。《国际实施计划》将实施"可持续发展教育"的责任落在不同层次的一些机构和团体上，即地方的、国家的、地区的和国际的不同机构和团体。在每一个层次上，利益相关者如政府机构、民间团体、非政府组织，以及私营企业，其职能和作用是互为补充的。

世纪之交的世界道德与道德教育*

近年来，道德和道德教育问题在各国受到前所未有的普遍关注，成为人们广泛议论的一个热门话题。究其原因，主要是道德在社会发展中地位的重要性与当前世界道德缺失的严重性形成了尖锐的矛盾。一方面，道德在当代社会生产和生活中占有十分重要的地位，它直接关系到人类社会的生存和发展。正如孙中山先生所言："有道德始有国家，有道德始成世界。"没有道德的支持，人类社会就无法生存下去，更不可能得到健康的发展。另一方面，当今世界的道德状况却远远不能令人满意。现在道德缺失已不是个别现象，而是具有相当的普遍性。在这种情况下，人们关注道德、重视道德教育，这是很自然的事情。关注道德，实质上就是关注人类自身的命运和前途。人们对道德问题表现出前所未有的热情，并对道德教育予以高度的重视，这正是人类未来希望之所在。

一 道德危机：当今世界面临的严峻现实

英国历史学家阿诺·汤因比在《人类文明的困境》一书中指出：人类物质文明越发展，对正义、良善等美德的需要也越迫切，这样物质文明才能有益于人类社会，人类社会的心灵尚未发展到驾驭物质文明的水平，尤其是现今的道德真空比过去任何时代更恶化。汤因比对人类道德现状的评价并非夸张，也非凭空臆测。许多研究证明了这一点。

美国《国际先驱论坛报》（1990 年 6 月 29 日）将 20 世纪 90 年代的

* 本文原刊于《江西师范大学学报》（哲学社会科学版）1999 年第 1 期，中国人民大学报刊复印资料《伦理学》1999 年第 7 期转载，系作者承担的江西省社会科学规划课题"现代大德育研究"的成果之一。

美国青年称为"漠不关心的一代",他们只强调权利而忽略了义务;英国三分之二的青年人道德观念模糊,分不清对错,不知道该相信谁或者把谁作为榜样;法国的《新观察家》周刊(1994年10月5日)刊出尼古拉·莱博维茨等题为《处境不利的一代》的文章,称法国青年为"被牺牲的一代",他们昏头昏脑、吸毒、打砸抢、搞自我破坏;德国《明镜》周刊(1994年9月19日)刊出柯尔德·施尼本题为《一群难办的工作对象》的文章,称德国青年为"迁菲士"(Yuffies),即不成器的人,或"一代未知数";俄罗斯学者鲍里斯·德拉普金认为,俄国儿童一代在性格方面形成了病态的劣性:残忍、好撒谎、有怨恨心理、对什么都无所谓。① 为了说明问题,我们这里选择世界道德危机的若干方面作进一步的分析。

1. 犯罪率上升

犯罪是道德沦丧的表现,而犯罪率上升则无疑表明道德水平的下降。

据美国司法部司法统计局1997年6月22日公布的数字,1995—1996年,美国监狱在押犯人的人数增加了一倍多。到1996年6月,全国监禁的犯人约160万人。美国监狱人满为患,监禁人数近10年来以平均每年8.1%的速度递增。据统计,截至1996年6月,各州监狱超负荷16%—24%,联邦监狱超负荷25%。美国青少年犯罪现象也十分严重,其中有相当数量是性质严重的强奸、抢劫,甚至谋杀。美国联邦调查局的一项统计结果表明,1995年美国共有2560名未成年人因谋杀或杀人而被捕入狱,其中346人的年龄甚至还不满15岁。

日本青少年犯罪现象同样很严重。1996年10月14日,法务省公布了汇总当年一年犯罪动向的犯罪白皮书。据白皮书称,少年的恶性犯罪趋势明显。1996年被拘捕的少年刑事犯的人数比1995年增加了3140人,达到196448人。每千名10—20岁的青少年人口中的犯罪率为12.6%,比前一年增加了0.6个百分点。据东京警察厅公布的调查表明,1997年,日本少年行凶的案件达431起,比上年增加了30.2%,比5年前增加了65%。这一年因触犯刑法而被劳教的少年达15万多人,其中有杀人、放火、抢劫等行为的少年犯2623人,创下了20年来的最坏纪录。

在德国,据1998年3月19日的《法兰克福汇报》报道,德国的少年犯罪活动达到新的高峰。德国各州内政部主管机构进行的一次调查表明,

---

① 王冬桦:《东西方道德教育比较研究》,《比较教育研究》1996年第4期。

1997 年德国总共有 14.3 万多年龄不到 14 岁的儿童涉嫌作案。德国儿童救援组织说，德国 1997 年的少年犯罪活动比 1996 年上升了 8%，超出了 1992 年少年犯罪案件的 80%。[①]

2. 毒品泛滥

毒品泛滥已成为当今世界最严重的公害之一。现在全球每年非法毒品交易额在 8000 亿—1 万亿美元之间，相当于世界贸易总额的 13%，成为仅次于军火的世界第二大贸易。

据联合国国际麻醉品管制局公布的数字，世界上目前吸毒人数已超过 5000 万人，全球每年因吸毒而死亡的人数在 20 万人以上。毒品蔓延的范围已扩大到五大洲的 200 多个国家和地区。当前世界上几乎没有哪一个国家能够摆脱毒品之害。据总部设在里斯本的欧洲毒品以及吸毒者监测中心 1997 年 10 月初公布的一份报告显示，在欧盟各国中，青壮年吸毒者占总人口的比例情况如下：希腊 6%，法国 15%，西班牙为 20%，英国为 30%。最新的调查显示，美国经常性吸毒者在 1280 万人左右，占 12 岁以上人口的 6%。1997 年发表的年度调查报告表明，美国高中生吸毒人数连续 8 年增长，目前已占 15% 以上。吸毒者的年龄呈不断下降趋势，在 11 岁的孩子中，吸毒人数 4 年内增长了近 3 倍。日本的吸毒、贩毒事件近年来也呈急剧上升趋势。据日本警察厅调查统计，1996 年日本全国共发生吸毒事件 26624 起，比上一年增加 13.8%。被检举的吸毒者人数，1995 年为 1.9 万人，1996 年超过 2.1 万人。在菲律宾，全国每年的毒品交易量高达 100 亿美元，相当于国家财政预算的一半，吸毒人口估计在 170 万人左右。

3. 性混乱

自 20 世纪五六十年代出现"性解放运动"以来，性混乱现象有日益加剧的趋势。美国的两性关系混乱现象一直比较严重。在不少青少年中间，早熟代替了天真，色情淹没了纯洁，乱交取代了爱情。1982 年约翰·坎特纳等人的调查表明，15 岁、16 岁、17 岁少女分别有 20%、33%、43% 有性行为。美国"双亲计划联合会"有报告指出，在全国 13—19 岁的青少年中，五分之二的人有过性体验，首次性体验的平均年龄为 16 岁。1996 年有约 100 万少女怀孕，其中有 44 万人堕胎，56 万人

---

① 瞿卫星：《家庭暴力的心态分析》，《心理与健康》1997 年第 3 期。

生育。

在日本，1996 年警方抓获了 5481 名不足 18 岁的卖淫女，比上一年增加了 38%。这个数字比实际情况要少得多。据东京一位社会学家估计，日本各地有 8% 的女学生与淫业有染，在一些不以升大学为目标的学校里，这个比例更高。

4. 家庭暴力严重

这里所谓的家庭暴力主要指丈夫对妻子实施暴力的情况。据联合国统计署 1995 年的统计，世界部分国家曾受到婚姻暴力的妇女百分比分别是：新西兰 17%、荷兰 21%、比利时 25%、加拿大 25%、美国 28%、韩国 38%、马来西亚 39%。[1] 另据联合国家庭暴力研究组织报道：在接受调查的日本妇女中，有约 59% 的妇女受到丈夫在身体或性方面的虐待。在其他发达国家，虐待妇女的情况也相当普遍和严重。[2]

美国女学者黛安娜·拉塞尔在 1982 年发表的《婚内强奸》中指出，已婚妇女中有 14% 至少有过一次被丈夫强奸或强奸未遂。哈斯在《人与性》一书中指出，10% 的美国女子有过被自己丈夫或同居者强奸的经历。英国性心理学家艾理斯认为，婚姻内的丈夫强奸妻子的数目，远远超过社会上一般认为的强奸案。

5. 环境破坏加剧

西方学者罗伯特在《如何拯救世界》一书中深刻地警示我们："地球是我们所知道的宇宙中能够维持人类生命的唯一星球。但是，人类活动却逐渐使得地球很难适合人类继续生活下去。"事实的确如此。当今世界的环境问题确实非常严重，涉及的范围也很广。（1）大气污染。据有关调查，全世界由于燃烧石化燃料向大气中排放的二氧化碳每年多达 210 亿吨。现在约有 9.9 亿人仍然生活在二氧化硫浓度超标的环境里，约有 10 亿多人生活在颗粒物超标的环境下。（2）水污染。每年经各种途径进入海洋的废水、废弃物、溢油、有毒化学品与日俱增。海洋在某种程度上成了一些国家倾泄废弃物、排放污染物的场所。据统计，全世界每年流入海洋的石油有 1000 多万吨、汞 1 万多吨、铜 25 万余吨、锌 390 多万吨、铅 30 多万吨。另外，全世界每年从船上扔进大海的塑料集装箱达 18.25 亿

---

① 许启贤：《关于当前道德"滑坡""爬坡"问题的辨析》，《高校理论战线》1994 年第 6 期。

② 董爱武：《市场经济呼唤道德》，《社会》1995 年第 11 期。

个、塑料包装物 2.2 万吨、塑料网绳和救生衣 13.6 万吨。① 现在世界上有12 亿人无法获得干净的水供应。（3）森林破坏。目前地球上每年大约有113 亿平方米的森林在消失。据预测，在 20 世纪末，世界森林面积将减少 18 亿公顷。由于森林被砍伐，生物栖息地遭到破坏，在未来二三十年内，将有 5%—15% 的物种灭绝，即一年可能失去 1.5 万个物种。（4）水土流失。由于无计划的开垦和植被的破坏，导致严重的水土流失。据估计，每年从世界耕地上流失的表层土壤达 250 亿吨，还导致了江河、湖泊和海湾的淤积。一句话，由于人类的破坏，我们人类居住的地球，正面临着生态环境严重恶化的威胁。

二　道德滑坡：当代国人的道德失衡现象扫描

　　我国的道德现状如何？在这个问题上，可以说是众说纷纭。概括地说，主要有"爬坡论"和"滑坡论"两种对立的观点。笔者同意"滑坡论"的观点。认为从总体上看，当前我国社会的道德是处于滑坡状态。近年来各种传媒的分析报道及有关的调查结果，有力地印证了这个结论。

　　先看传媒的分析报道。这些年来，我们从种种传媒不断听到和看到关于道德滑坡与失落的批评报道。仅从报刊上就出现了大量这方面的文章，如《救救道德》《道德在"哭泣"》《当代中国道德观念大错位》《警惕道德冷漠综合征》《市场经济呼唤道德》《道德"滑坡"与商品意识泛化》，等等。在《救救道德》一文中，作者从社会道德和人格道德两方面阐述了中国当代道德的沦落现象。在社会道德中，正义不存，卖身求富，拐卖妇女，污染环境。在人格道德中，制假售劣，招摇撞骗，高价宰客，失职渎职，贪财受贿，欺上压下。《道德在"哭泣"》一文指出，当前出现了"道德虚空状态"，出现了"一系列道德失范现象"。诸如"以权力为中心、以权力为交换追逐个人利益"的"老虎现象"：电老虎、水老虎、路老虎；处处收红包的"红包现象"；公费吃饭、抽烟、旅游、出国、跳舞，甚至嫖娼的"公费现象"，等等。还有"以追逐金钱为目的而不择手段的现象"：贩毒吸毒、卖淫嫖娼、假冒伪劣、拐卖妇女儿童等

---

① 邵道生：《道德滑坡论——与"道德爬坡论"的商榷》，《民意》1995 年第 3 期。

等。在《市场经济呼唤道德》一文中，作者指出，在令人目眩、使人神迷的拜金狂潮冲击下，某些教师"为人师表"的形象扭曲了，某些"白衣天使"救死扶伤的宗旨淡化了。此外，社会上出现的卖淫嫖娼、走私贩毒、钱权交易、巧取豪夺、损公肥私、偷税漏税等现象，无一不是道德滑坡的表现。[①]

再看有关的调查结果。在人们的心目中，社会风气主要是指道德风气。那么，当今人们是如何评价社会风气的呢？国家体改委经济体制与管理研究所在1993年进行了"改革的社会承受力"的社会调查，关于我国社会风气的评价，2351人的回答只有14.7%的人表示"满意"，表示"说不清"的有11.8%，表示"不满意"的有73.4%。

1994年夏秋，中国青少年研究中心实施了一项全国规模的青年发展状况调查。其中，在对当今社会道德风尚的问题上7000人中有11.36%的青年认为"相当严重"，有46.29%的人认为"比较严重"，认为"说不清"的占13.1%，认为"有所好转"和"大大好转"的只有29.26%。[②]

中共上海市委党校"道德问题"调查组的调查显示出同样的结果。调查中在回答"您对当前的道德水平总体看法怎样"的问题时，认为"好或较好"的占23%，认为"一般"的占40%，认为"差或较差"的占36%。[③]

人际关系是社会风气、社会道德的一个重要方面，我国社会的人际关系现状如何？请看中国人民大学舆论研究所与《三月风》杂志所作的一次统计性调查。该调查利用中央电视台收视率调查网，覆盖地区人口约6亿人，共获80万个数据，全部由计算机分析处理。调查的结论是"公众对当前中国社会人际关系调查的所有项目（人际关系的性质、特点、交往原则、发展趋势和社会后果）综合打分为39.6分"，远远低于一般人认可的及格线。调查报告在作总体性评述时用了两个很形象的词：被调查者说，中国人际关系出现了"滑坡"；调查者则说，这是民意向我们亮起了"黄牌"。

这些调查数据说明，人们对当前我国社会的道德状况是不满意的。第

---

① 董爱武：《市场经济呼唤道德》，《社会》1995年第11期。

② 邵道生：《道德滑坡论——与"道德爬坡论"的商榷》，《民意》1995年第3期。

③ 中共上海市委党校"道德问题"调查组：《市场经济条件下的道德状况及其建设》，《社会科学》1995年第4期。

一个调查有四分之三的人对当前社会道德风尚表示"不满"和"严重不满"，第二个调查显示"不满"和"严重不满"的也超过了一半，第三个调查虽然明确表示不满的不到一半，但肯定的评价却不到四分之一，第四个调查对人际关系的现状给了很低的评价。

从以上所述可以看出，道德滑坡并非某个人或少数人的主观感受，而是多数人的真实体验。任何一个不抱偏见的人都会承认，当前我国社会道德失落现象是严重的，而且是全面的。为了对问题有一个更深入的认识，这里选择国人道德失衡现象的若干方面作进一步的阐述。

一是拜金主义盛行。拜金主义是一种把获取金钱视为生活最高原则的人生价值观念和生活方式。现在一些人的是非观念、荣辱观念已完全被金钱所左右，以金钱为转移。近年来甚至多次出现在他人突陷险境的生死关头，为了金钱而冷酷地见死不救的现象。

二是青少年犯罪上升。青少年犯罪在我国已成为一个严重的社会问题。1980年全国刑事犯罪人数为59万人，其中青少年犯罪人数36万人（指14—25岁，下同），占60%。青少年犯罪人数中，未满18岁的少年罪犯为12万人。到1995年，全国刑事犯罪人数达145万人，其中青少年犯罪人数82万多人，占56%。青少年犯罪人数中，未满18岁的少年罪犯有17万多人。从1980年到1995年的16年间，青少年犯罪增加127%，未满18岁的少年犯罪增加41%。值得注意的是，现在的青少年犯罪除了犯罪率大幅度上升外，还出现了低龄化、团伙化、成人化、智能化、暴力化等许多新的特点。

三是吸毒贩毒猖獗。20世纪80年代以来，吸毒贩毒在我国死灰复燃，并逐渐猖獗起来，大有愈演愈烈之势。据近几年统计，我国仅登记在册的吸毒人数每年都有增加，1991年为14.8万人，1992年25万人，1994年37万人，1995年52万人，1997年54万人。按国际上对吸毒人数的统计惯例，全国吸毒者至少有210万人。1997年有吸毒问题的县市已占全国县市总数的70%多，达2000个左右。其中吸毒人员百人以上的县市有720多个，千人以上的县市有140多个。尤其值得注意的是，青少年在吸毒者中占了相当大的比例，不少地方公安机关登记在册的吸毒人员中青少年占了80%以上。

四是冷漠心态。近年来，在身处危境者的面前表现冷漠、麻木，充当看客的事例频繁地出现。据统计，从1986年到1994年年年底，仅全国各新闻媒体披露的麻木不仁、见死不救的事件就有 1000 多起。现如今，不少人感叹"人心薄如纸，世态冷如霜"，可一旦自己遇见别人急难，不见得就肯伸出救援之手。大家都只愿人助而不愿助人，社会冷漠自然就是不可避免的了。

五是社会公德失落。现在相当一部分人对社会公德缺乏应有的认识，更谈不上自觉地遵守。破坏公共财物、将公共财物据为己有，这早已是司空见惯的现象。如到 1996 年年底，北京 2500 多部投币电话中，有三分之二遭到了不同程度的人为损坏；河南商丘街道旁边摆放的 500 个垃圾箱，仅半年时间就被毁坏 380 多个。在许多旅游景点，乱刻、乱划现象严重。1996 年以来，石家庄、呼和浩特、天津等城市曾多次出现市民哄抢鲜花、观赏用红伞事件。此外，破坏环境问题也较突出。现在我国占半数的河流、四分之一以上的湖泊、三分之一的水库受到不同程度的污染。全国 500 多座城市，大气质量达到一级标准的不到 1%。全国三分之二的城市居民生活在噪声超标的环境中。由于不合理的开发，导致植被破坏和水土流失严重。全国水土流失面积 367 万平方千米，三分之一的耕地受水土流失危害，每年有 2100 平方千米沦为沙漠。

六是职业道德下滑。限于篇幅，这里主要论及干部道德和商业道德问题。在当前，干部道德方面存在的问题很多，比较突出的问题是腐败。虽然反腐败的工作几年来一直未松懈，但领导干部违纪案件却仍呈逐年上升趋势。据统计，1994 年到 1996 年，全国的违纪立案数分别是 142016 件、155485 件、168389 件，年均增长率超过 8%。与此同时，被处分的县处级以上的干部也逐年增加，这三年的人数分别是 3854 人、5333 人、6358人。有些腐败现象呈现出集团化和高层化发展的趋势。案件中所涉及的人数越来越多，有的涉及几十上百人；涉及的金额也越来越大，十几亿元甚至几十亿元的案件时有发生。

商业道德方面的问题，其主要表现是假冒伪劣商品泛滥。1997 年年初，国家统计局等六部委主办了中国职工生产进步调查。调查结果显示，1996 年 1—11 月，全国城市有 24.4% 的家庭消费者权益受到了不同程度的伤害，涉及的消费者达 5000 万人以上，其中受到伪劣产品侵害的占93.9%，约 4700 万人。受到侵害的消费者中，43.6% 的消费者同时遭受到不同程度的心理伤害和人身伤害，约为 2180 万人。在受到人身和心理伤害的消费者中，80.5% 的家庭遭受过严重的心理伤害；17.9% 的家庭发生过家庭成员轻伤；1.6%的家庭发生过家庭成员重伤、致残、毁容、死亡等严重人身伤害。

此外，医务人员的医德、教师的师德及艺术工作者的艺德问题也是人们谈论、批评较多的问题。医务人员由于责任心不强而将手术做错，教师体罚学生，演艺人员搞假唱、罢演以及在出场费上漫天要价等事件，近年来屡屡出现。

七是家庭道德衰败。家庭道德主要包括尊老爱幼、夫妻和睦等内容。从实际情况看，当前我国的家庭道德还存在不少问题。许多事实说明，不能善待自己父母的人并非个别现象。有资料表明，全国相当一批老人，尤其是许多农村老人（并非五保户），其晚年的生活甚为不妙。有些人辛苦一辈子哺儿养女，到老来却无一儿女肯尽赡养义务，老人失去劳动能力后，连吃饭都成问题。

在夫妻关系上，暴力问题值得重视。中央电视台新闻评论部通过中央电视台调查咨询中心的全国调查网络在 1996 年 3 月底至 4 月初进行的一次样本容量为 4000 余人的调查，调查结果表明，有 19.4%的城市妇女挨过丈夫的打，而农村妇女挨过丈夫打的比例则达 38.7%。另据中国社会科学院社会学研究所李银河博士等人的最新调查，北京市 8 个区样本显示，丈夫有打妻子行为的占 21.3%。

以上所述说明，道德水平下降是我们应当正视的客观现实。我们不能说上述事实是不必挂怀和忧虑的"表面现象"，勇于承认现实中存在的问题和缺陷，才是实事求是的态度。

三　强化德育：国际社会重振道德的一致行动

当今世界严重的道德危机，已引起国际组织、各国政府及社会各界的普遍关注，并纷纷采取相应的措施以重振道德。其中加强道德教育被看成重振道德的基本策略。对于道德教育的重视，已成为国际社会的一致行动。

联合国教科文组织近年来组织编写的一系列重要著作，一直把培养人的道德品质作为教育的重要目标。《学会生存》（1972）指出，教育的基本目的是"把一个人在体力、智力、情绪、伦理各方面的因素综合起来，使他成为一个完善的人"。《从现在到 2000 年教育内容发展的全球展望》（1987）认为"教育能够而且应该在发展伦理、培养未来社会必须的性格、品质方面负起责任"。《教育——财富蕴藏其中》（1996）要求"教育应当促进每个人的全面发展，即身心、智力、敏感性、审美意识、个人责任感、精神价值等方面的发展"。

1989 年联合国教科文组织在北京召开题为"面向 21 世纪的教育"国际研讨会。在讨论分析 21 世纪人类面临哪些挑战的问题时，被列为第一位的是道德、伦理、价值观的挑战，并因此将会议主题定为"学会关心：21 世纪的教育"。会议号召人们学会关心，关心个人、他人、群体、全人类；关心社会、经济、生态、全球生存环境；关心真理、知识、学习等生存技能及其人道取向。因为只有关心才能较好地解决人类所面临的各种问题。

20 世纪 70 年代以来，国际教育组织和当今世界各国及地区也都十分重视德育问题，表现出对德育改革和发展的使命感和紧迫感。在各种教育改革的讨论中，德育问题始终是最热门的话题之一。在第 40 届国际教育大会上，许多国家和地区的代表都强调要对学生加强道德、伦理、纪律和价值观教育。

现在许多国家，尤其是一些经济较发达的国家，为了使国民适应社会发展的要求，克服发达的生产力和高度物质文明与国民的精神道德水平不相协调的矛盾，提出应当在思想道德教育上进行一次革命，把加强和改进思想道德教育作为面向 21 世纪教育的重要目标。日本、英国、美国、新加坡等国政府，已拨出相当数量的专款，资助道德教育的调查和计划研制工作。一句话，重视思想道德教育，提高道德教育在国民教育中的地位，加强和完善道德教育体系，已成为当前世界教育发展的一种新的动向。

加强对年青一代的道德教育成为美国社会各界的一致呼声。1990 年美国 33 位大学负责人在《致美国第 41 届总统的建议书》中指出："重建失落的传统价值和道德行为"，是美国进入下一个世纪之际将面临的五大挑战之一，强调"道德教育可谓最本质的目的"。1992 年春天，美国一些行政组织与研究机构共同拟定一份《阿斯彭品格教育宣言》，呼吁学校恢复传统的品格教育模式，认真向学生传授"尊重、责任心、可靠、关心、公平、正义、公民美德与公民素质"等核心价值观。1993 年 2 月，一个全国性的品德教育联合会成立，其中心工作是在青年中发展公民美德和道德品质，使我们拥有一个更富怜悯与责任心的社会。英国政府也宣布要加强学校道德教育，推出包括向学生灌输传统的家庭观念和婚姻观念在内的新的教育法规，并将其列入学校课程内。近年来，青少年的道德教育也是日本社会广泛关注的问题，同时成为20世纪80年代以来教育改革的重要内容。二次世界大战以后，日本一直是按照"智、德、体"的顺序来排列教育的组成部分的。但临时教育审议会（日本总理大臣的咨询机构）已于1984年将其改为"德、智、体"的顺序，将德育放在第一位。现在文部省实行的新的学习指导纲要中已经充实了有关公民道德的科目和内容。同时，日本政府已专门拨款用于改善和加强德育工作。二次世界大战结束以后，韩国共进行过六次大规模教育改革，对道德教育的日益重视是这些改革的共同特征，尤以80年代以来的三次教育改革最为明显。开始于1987年的教育改革，确立了这样的培养目标：（1）健康的人。要有健康的身体、坚忍的意志、健全的趣味、丰富的情绪；（2）自主的人。要具有主体的自我意识、明确的国家意识；（3）有创造能力的人。要具有基本的学习能力、科学的研究能力、合理的解决问题的能力、创造的思考能力；（4）有道德的人。要具有正确的价值判断、尊重人格的态度、健全的市民意识、人类共荣意识。韩国当局认为，国民的懒散习惯、封闭自尊、精神空虚、缺乏创造力等不良素质与21世纪的社会要求极不相称。为此，必须通过课程改革，加强道德教育，真正改变国民精神中消极、落后的恶习，唤醒人们"完善人格"的意识。除上述国家外，法国、澳大利亚、马来西亚、新西兰、印度、印度尼西亚、菲律宾等国都强调对青少年进行道德教育的重要性，而且都从各自国家的国情出发，积极研究和探索改善道德教育的对策。

"子规夜半犹啼血，不信春风唤不回。"只要我们勇于正视当今的道德危机，并切实抓紧、抓好道德教育，那么在不久的将来，人类必将步入道德振兴的时代。

当代外国道德教育发展的新动向[*]

时代在不断发展，社会也在不断变革。与此相适应，各国的道德教育也表现出新的特征与动向。探讨当代外国道德教育发展的动向，可以为当前我国正在进行的道德教育改革提供有益的借鉴。

一　德育的地位和作用日益受到重视

20 世纪 70 年代以来，世界各国十分重视德育问题，表现出对德育改革和发展的使命感和紧迫感。在各种教育改革的讨论中，德育始终是最热门的话题之一。在第 40 届国际教育大会上，许多国家和地区的代表都强调要对学生加强道德、伦理、纪律和价值观教育。

现在许多国家，尤其是一些经济较发达的国家，为了使国民适应社会发展的要求，克服发达的生产力和高度物质文明与国民的精神道德水平不相协调的矛盾，提出应当在思想道德教育上进行一次革命，把加强和改进思想道德教育作为面向 21 世纪教育的重要目标。^① 在美国，前总统里根、布什等多次发表演讲和文章，强调道德教育在美国社会发展中的重要意义。现任总统克林顿于 1994 年 3 月签署了由众、参两院通过的《美国2000 年教育目标法》，把对学生进行良好品德的教育，定为国家八大教育目标的重要内容。他在 1997 年 2 月 4 日的国情咨文中又特别强调，要恢复美国的国际竞争力，必须从培养人开始抓起，学校必须进行品格教育，

＊　本文原刊于《江西教育科研》1999 年第 5 期，系作者承担的江西省社会科学规划课题"现代大德育研究"的成果之一。

① 何齐宗：《世纪之交的世界道德与道德教育》，《江西师范大学学报》（哲学社会科学版），1999 年第 1 期。

必须把美国儿童培养成为好公民。他还建议国会拨出专款，加强学校的品格教育工作。英国政府不久前也宣布，要加强学校道德教育，推出包括向学生灌输传统的家庭观念和婚姻观念在内的新的教育法规，并将其列入学校课程中。为提倡道德教育，英国教育就业部还成立了由 100 多名成员组成的研究小组，并发表了一份有关道德教育的咨询建议。建议书充分肯定了教师向学生灌输道德标准的责任。近年来，青少年的道德教育也是日本社会广泛关注的问题，同时也成为 20 世纪 80 年代以来教育改革的重要内容。1989 年还专门召开了"加强道德教育全国大会"。大会提出，德育工作是关系日本 21 世纪命运的关键，认为加强学校的道德教育是当务之急，要把德育放在学校教育的首位。20 世纪 80 年代以来，新加坡要求所有班级都正式进行道德教育，并把道德教育提高为一门主课，将德育尊为德智体群美五育之首。同时还要求家庭、社会配合，并在社会开展运动，制造声势，使德育成为全社会进行的活动。现在新加坡已把德育作为国家教育政策的三大基础之一（另两个基础是能力教育和双语教育），使之具有战略地位。

二　德育的目标兼顾国家和个体需要

德育目标是指一定社会对教育所要造就的社会个体在思想品德方面的质量和规格的总的设想或规定。一个国家道德教育的目标，反映了本国社会发展的理想和对下一代精神面貌的期望。当前外国在德育目标上表现出如下共同特点。

1. 培养国家意识和爱国精神

美国是一个外来移民占多数的国家。在这种情况下，美国要增强其民族凝聚力和人民的国家意识，就必须对青年一代进行公民教育，培养他们的"美国精神"，使他们以自己是美国公民而感自豪。美国历来重视爱国主义精神的培养，不失一切时机地向民众灌输美利坚精神。强调民族精神，这也是日本道德教育的一贯特色。他们把勇于进取、百折不挠、精诚团结、舍身奉献，作为民族精神的精髓。日本有关德育的教科书或指导纲要，始终把培养集体观念和意识放在首位。在新加坡，1991 年 1 月政府发表的白皮书提出，学校和家长应对青少年培养共同的价值观念，其核心是培养国家意识和社会责任感，使青少年能正确处理个人、家庭、社会、国家之间的关系，形成以国家利益为主体的相互尊重、团结合作的人际关系。1992 年，新加坡小学各年级全部用上了新编的《好公民》道德教育教材。它按照传统的道德观念，对学生进行有关社会生活准则、道德责任、种族和谐以及热爱祖国、忠于祖国等方面的教育。韩国在道德教育中也十分重视"国民精神教育"。韩国在 20 世纪 80 年代提出，国民精神教育要从纵、横两个方面进行：纵的方面是，从幼儿园、小学、中学，直到大学，根据年龄、心理、身体特点和知识准备程度，编写了一套国民精神教育新教材，使国民精神教育贯穿到学校教育的全过程；横的方面是在学校教育的每门课程中都能反映出国民精神教育的内容。

2. 重视个性发展与公共精神、群体意识的结合

美国德育的目标强调健全人格和个人完善。学校教育的重要责任就是促使青少年个性自由、个性发展、自我完善。与此同时，美国的道德教育也重视培养学生良好的人际关系、公德意识、爱他人和爱社会的基本道德观念以及责任感等。美国教育督导与课程研究协会德育问题专家小组发表的《基础教育中的道德教育》报告中，关于"什么是道德上成熟的人"的观点表达了上述倾向。报告认为，道德上成熟的人具有如下六种特征：尊重人的尊严、关心他人的幸福，将个人兴趣与社会职责联系起来、为人正直、认真考虑道德选择、探索和平解决冲突的办法。日本临时教育审议会在第二次审议报告中，把面向 21 世纪的教育目标归纳为：宽广的胸怀、健康的体魄、丰富的创造力；自由、自律与公共精神；面向世界的日本人。其中所谓的"公共精神"，要求学生要有为公共事业尽心尽职的精神，对他人同情和关心，具有为社会服务的精神，尊重社会规范和法律秩序的精神，对待异己的人和事具有宽容之心。

3. 加强心理素质的培养

美国学校的心理咨询服务很普遍。美国许多学者的研究证明，人的思想行为出现的许多问题，是由于心理出现了障碍，是一种心理疾病的表现。因此，美国学校很重视对学生的心理咨询。咨询的范围很广，与学生心理素质有密切关系的内容主要是两个方面：一是与学习有关的咨询，包括课程选择、学习方法以及如何应付考试；二是与个人事务有关的咨询，大多涉及个人隐私和思想问题。通过咨询和教育，可以帮助和指导学生更好地生活和学习，充分发挥自身的潜能。日本教育要求培养充满独立自主

精神的身心健康的国民，所以促使学生身心协调发展也是德育的重要任务。特别是 20 世纪 70 年代以后，青少年心理空虚、冲动、任性、缺乏人情味、不珍惜生命、不法行为呈上升趋势。日本各界人士呼吁要把孩子从上述"心灵荒废"中解救出来。文部省在《新学习指导纲要》中也把对学生的精神教育——"心的教育"放在了首要位置，要求学校教育必须培养百折不挠、坚忍不拔的精神，并认为这是个体成就一番事业和促进国家繁荣发展所需要的品质。马来西亚对学生心理素质的培养也给予了特别的关注。该国设有全国辅导中心，各校设有专职辅导教师，其主要任务是处理学生的学习、生活、交往以及就业等方面的问题。具体而言即是：为学生解决各种心理问题；传授健康的人生精神生活；为学生诊断心理发展提供有益的建议等。有关资料表明，心理辅导对学生健康发展发挥了较大作用，调解了不少学生因学习、生活、交往等方面的不如意而产生的自卑、自责、自暴自弃等心理问题。

三　德育的内容日益扩大

德育内容指的是用什么样的道德规范、政治思想和世界观去教育年青一代的问题。它是一定社会中德育目标的体现和具体化。同传统德育单纯讲授教义和古训相比，当代外国德育的内容在面向生活中不断扩大，以满足和适应社会发展和人的发展的需要。[①] 不仅注重共同的价值观教育，而且根据学生的实际讲授某种特定的文化价值；既允许不同宗教教义讲授，也可学习世俗道德内容；既进行有关伦理道德原则、规范的教育，而且把德育推及人类生活的各个方面，即进行宗教教育，伦理教育，纪律和法纪教育，国家方针政策教育，民主教育，和平教育，国际理解教育，自由、平等、人权等人道主义教育，劳动教育，消费教育，人生观教育，价值观教育，性教育，心理健康教育，环境保护教育等，内容几乎无所不包，同现实生活紧密联系。

尽管国外道德教育内容复杂多样，但其选择依据概括起来主要有以下

---

① 冯增俊：《当代西方学校道德教育》，广东教育出版社 1993 年版，第 461—462 页。

两个方面：即社会发展需要和个体发展需要。[①] 社会发展需要主要表现在四个方面，即道德规范、社会规范、维护国家利益、维护和实现政治目标。德育课程内容的选择，不仅要依据社会发展的需要，还要根据人的身心发展的需要。如根据儿童道德认识发展的阶段和水平选择教育内容，使之与儿童道德认识的发展相适应，低年级着重道德规范的内容，高年级则着重于社会规范、政治信仰的内容。还根据人的活动范围逐渐扩大的特点来选择德育内容，如按家庭、学校、邻里、地区、国家、世界的顺序选择和编排。随着学生年级的升高和活动范围的扩大，不断扩大德育内容的范围。再就是根据学生个性发展的需要选择德育内容，以促进学生个性的发展。

四　德育形式综合化和网络化

所谓综合化，是指当代各国的德育形式既重视开设专门的道德教育课程，讲授基本美德和道德准则，又注重通过各门学科和各种活动对学生进行道德教育。具体而言，当前世界各国的学校道德教育的形式主要有两种：即课堂教学和课外活动。通过课堂教学对学生进行道德教育一般又有以下两种方式，即开设专门的德育课程进行系统教育及通过各科教学的渗透进行道德教育。为了使道德教育具体化，将知与行统一起来，有效地培养良好的行为习惯，许多国家都非常重视课外教育活动。课外活动的范围一般包括社会活动、体育活动、学术活动、慈善活动及环境保护与卫生活动等。这类活动可使学生理解和接受利他主义和公民义务等价值观，培养集体的纪律、合作、责任心等品质。

所谓网络化，是指政府、学校、家庭、社会机构在学校德育中日益结成一个相互作用、不断协调的网络体。[②] 美国教育督导与课程研究协会德育问题专家小组发表的《基础教育中的道德教育》的报告建议，全体教育工作者要与家长、宣传媒介、商业界、法院以及市民、种族、宗教团体等结成联系，创造一个社会文化环境，有助于学校培养和发展道德上成熟

①　范树成：《国外道德教育课程概述》，《课程·教材·教法》1995 年第 12 期。
②　冯增俊：《当代西方学校道德教育》，广东教育出版社 1993 年版，第 267 页。

的公民。当前美国学校的道德教育事实上也已经重视与家庭和社会的合作，各校都成立有"家长—教师协会"或"联谊会"，定期召开会议，交流学生情况和学校教育设想，共商德育大计。地区教育局经常召开社会、学校各方及专家座谈会，研究联手抓好德育问题。新加坡的德育也重视学校与家庭、社会的结合。他们强调学校德育应与家庭建立良好的联系，如学校成立家长联谊会。同时建立广泛的社会教育网、教育监督站，创立融学校和社会机构于一体的互助合作、共同活动的文明社区。俄罗斯一体化教育模式叫"社会教育工作"。① 这是近年来在俄罗斯兴起的旨在沟通家庭教育、学校教育和社会教育，协调并调动一切影响人的个性发展的文化教育因素的一体化教育组织形式。他们认为，要培养和造就高质量的、内心世界丰富的人，不仅应重视学校教育，更应有目的地控制、选择、协调社会环境中的教育因素，综合一切力量。

五　德育方法多样化

德育方法是实现德育目标的手段。当前各国和地区学校德育方法日益多样化，采用得比较多的方法一般有以下几种。一是理论灌输法。这是一种传统的教育方法。尽管这种方法不断遭到抨击，但它至今仍是学校道德教育普遍采用的基本方法。这种方法的特点是把一些具体的、相对固定的道德规则和美德灌输给学生，通过训练、榜样、惩罚等方法巩固和强化灌输的效果。二是问题讨论法。当代外国学校德育非常重视道德认知力的培养，认为唯有发展学生的道德判断力才能使学生较好地适应多变的社会，才能根据不同情境和具体情况做出正确的判断。反之，如果仅记住道德知识或培养某方面的行为习惯，不仅不能应付变化了的情况，而且还会产生副作用。因为已有的定式而无法学习和顺应新情况，满足新需求。现在很多国家的德育课都引进科尔伯格的道德认知理论，采用难题的课堂讨论方法，把培养判断力作为道德教育的中心任务。三是实践锻炼法。各个国家在道德教育中都重视道德实践和切身体验。美国、法国等国家特别重视让学生参与社会服务，如参与社会环境治理，到医院、养老院、残疾人福利

---

① 刘振天：《实践一体化教育模式：俄罗斯的社会工作》，《外国教育资料》1994 年第 4 期。

院、保育院、教堂等处服务。日本、菲律宾等国则注重劳动教育。劳动教育的内容一般包括美化环境，参加社区生产劳动和志愿服务性劳动及学习某种劳动技能等。四是情感陶冶法。情感陶冶一般包括人格感化、环境陶冶和艺术熏陶等形式。教师的人格和校风、班风等对学生有着重要的影响作用，西方社会称这些影响为"隐蔽课程"。美国、英国、新加坡、澳大利亚等国家都特别重视上述隐蔽课程对学生品行的积极作用。五是自我教育法。美国学校，尤其是大学十分重视学生的自我教育。美国大学重视通过自我管理以达到自我教育的目的，同时还鼓励学生自发的社团组织。学生在这些社团组织的活动中能充分表现自我，从而达到自我完善。

附　录

作者学术成果

一　论文

1988 年

《论我国职业技术师范教育体系》，《上海高教研究》1988 年第 1 期。

《蔡元培美育价值论述评》，《江西教育科研》1988 年第 1 期。

《眼神与教学》，《江西教育》1988 年第 1 期。

《教育科学批判刍议》，《理论信息报》1988 年 7 月 4 日。

《大学教师的理想形象》，《高教研究周报》1988 年 7 月 23 日。

《教育科学领域亟需批判精神》，《教育研究》1988 年第 10 期。

1989 年

《弹性学制质疑》，《教育研究与实验》1989 年第 1 期。

《新时期中国教育科学的十大成果》，《江西教育学会通讯》1989 年第 1 期。

《简论教育科学的历史意识》，《教育评论》1989 年第 2 期。

《略论中国古代美育思想的几个问题》，《江西师范大学学报》（哲学社会科学版）1989 年第 4 期。

《建立"教育学史"刍论》，《教育研究》1989 年第 8 期。

1990 年

《孔子美育思想探讨》，《教育科学》1990 年第 1 期。

《审美化：当代教育的新境界》，《教育研究与实验》1990 年第 3 期。

《论教育美及其基本特性》，《江西师范大学学报》（哲学社会科学版）1990 年第 4 期。

《教育哲学与教育科学》，《教育理论与实践》1990 年第 4 期。

《教育美的功能试探》,《江西教育科研》1990 年第 5 期。

《教育活动的气氛美初探》,《教育理论与实践》1990 年第 5 期。

《教育在于使年轻一代社会化——涂尔干的教育功能观》,载《现代大教育观》,江西教育出版社 1990 年版。

《学校班级是一种社会体系——帕森斯的学校班级功能观》,载《现代大教育观》,江西教育出版社 1990 年版。

1991 年

《当前外国教育发展的主要趋势》,《师大函授》1991 年第 2 期。

《周恩来教育战略地位思想探讨》,《江西高教研究》1991 年第 3 期。

《外国职业技术师范教育的比较探讨》,《江西师范大学学报》(哲学社会科学版)1991 年增刊。

1992 年

《论教育同生产劳动相结合的实施原则》,《江西教育科研》1992 年第 1 期。

《试论邓小平的教育战略地位思想》,《江西师范大学学报》(哲学社会科学版)1992 年第 1 期。

《先秦儒家美育思想述评》,《高等师范教育研究》1992 年第 1 期。

《教学过程的焦虑心理及其调节》,《教育探索》1992 年第 1 期。

《外国职教师资队伍建设的主要措施》,《世界职业技术教育》1992 年第 2 期。

《世界留学教育概览》,《中外教育》1992 年第 3 期。

《美国中小学教师队伍的现状及其发展动向》,《师大函授》1992 年第 4 期。

1993 年

《对教育美学几个问题的探讨》,《江西师范大学学报》(哲学社会科学版)1993 年第 2 期。

《教育美学:一门亟待发展的新学科》,《中国教育报》1993 年 3 月 11 日。

《中日美三国留学教育概览》,《江西教育科研》1993 年第 3 期。

《数学美与数学教育散论》,《教育科学》1993 年第 4 期。

《简论教育活动的节奏美》,《教育理论与实践》1993 年第 5 期。

《民办私立教育为什么会重新出现》,《教育时报》1993 年 10 月

25 日。

《略论教学艺术创造的基本原则》，《现代教育论丛》1993 年第 5 期。

《试论教育美的评价及其标准》，《教育评论》1993 年第 6 期。

《论教育美的本质》，《争鸣》1993 年增刊。

1994 年

《论教学艺术的创造》，《江西师范大学学报》（哲学社会科学版）1994 年第 1 期。

《对当前我国民办私立教育问题的几点思考》，《教育理论与实践》1994 年第 2 期。

《教育热情与教育艺术的创造》，《基础教育研究》1994 年第 2 期。

《试析教学艺术的创造过程》，《中国教育学刊》1994 年第 3 期。

《中外教育美学思想史略》，《江西教育科研》1994 年第 3 期。

《积极扶持　加强管理》，《教育科学论坛》1994 年第 4 期。

《一部有新意的教育学著作》，《江西教育科研》1994 年第 4 期。

《教育美学述要》，《现代教育研究》1994 年第 4 期。

《论学校教育环境的审美化》，《教育探索》1994 年第 5 期。

《略论教学语言的幽默》，《基础教育研究》1994 年第 6 期。

1995 年

《美、英、澳 STS 教育概览》，《中外教育》1995 年第 2 期。

《教育美感刍议》，《江西教育科研》1995 年第 4 期。

《教学语言的艺术性新探》，《教育理论与实践》1995 年第 5 期。

《教育灵感略谈》，《教育时报》1995 年 11 月 4 日。

1996 年

《国际化：当代教育发展的新动向》，《江西师范大学学报》（哲学社会科学版）1996 年第 2 期。

《亚洲四国人口教育简论》，《中外教育》1996 年第 2 期。

《80 年代以来我国教育与生产劳动结合研究综述》，《江西教育学刊》1996 年第 3 期。

《青少年自我完善的好教材》，《江西青年报》1996 年 11 月 30 日。

1997 年

《环境教育：一个广受关注的教育领域》，《江西教育科研》1997 年第 1 期。

1998 年

《中国大陆普及义务教育的进展与问题》，《江西师范大学学报》（哲学社会科学版）1998 年第 1 期。

1999 年

《世纪之交的世界道德与道德教育》，《江西师范大学学报》（哲学社会科学版）1999 年第 1 期。

《当代外国道德教育发展的新动向》，《江西教育科研》1999 年第 5 期。

《当代国外德育发展的主要趋势》，《德育报》1999 年 7 月 19 日。

2000 年

《我国教育与人口关系研究述评》，《江西社会科学》2000 年第 2 期。

《教育人口学：一门亟待开拓的新学科》，《江西师范大学学报》（哲学社会科学版）2000 年第 2 期。

《人的全面发展内涵新解》，《教育参考》2000 年第 6 期。

《对学生的学习负担要区别对待》，《江西教育科研》2000 年第 10 期。

《国外中等职业技术师资建设综述》，《比较教育研究》2000 年增刊。

2001 年

《简论教育与生活的关系》，《教育世界》2001 年第 2 期。

《减少学校教育的时间》，《教育参考》2001 年第 9 期。

2002 年

《当代学校教育若干弊端评析》，《江西师范大学学报》（哲学社会科学版）2002 年第 4 期。

《当代教育的理性主义倾向评析》，《中国教育学刊》2002 年第 5 期。

《发展民办教育　提高公民素质》，《江西日报》2002 年 10 月 23 日。

《创造教育新论》，《江西教育科研》2002 年第 10 期。

2003 年

《当代人格的困境与出路》，《江西师范大学学报》（哲学社会科学版）2003 年第 3 期。

《教育学视角中的个性发展》，《宜春学院学报》2003 年第 5 期。

《审美人格及其建构的教育策略探讨》，《创新教育》2003 年第 5 期。

《超越性人格及其建构的教育思考》，《教育参考》2003 年第 7—

8 期。

2004 年

《自由教育的哲学思考》，《江西师范大学学报》（哲学社会科学版）2004 年第 1 期。

《和谐人格及其建构的教育思考》，《教师教育研究》2004 年第 2 期。

《建设高层次人才队伍是当务之急》，《光华时报》2004 年 9 月 10 日。

《对教育惩罚的理性思考》，《中国教育学刊》2004 年第 9 期。

《审美人格论纲》，《教育研究与实验》2004 年第 4 期。

2005 年

《个性与个性教育新探》，《当代教育论坛》2005 年第 2 期。

《审美素养：教师创造教学艺术的基础》，《教育研究》2005 年第 7 期。

《对人类教育起源的再认识》，《江西教育科研》2005 年第 10 期。

2006 年

《教育学的内容体系：问题、构想与尝试》，《江西师范大学学报》（哲学社会科学版）2006 年第 4 期。

《教师的审美素养及其本体价值分析》，《高等教育研究》2006 年第 6 期。

《论人文关怀与教师的发展》，《教师教育研究》2006 年第 6 期。

《论后现代教师观及其现实意义》，《中国高教研究》2006 年第 8 期。

2008 年

《全球视野的教师理念——联合国教科文组织教育文献研究之一》，《高等教育研究》2008 年第 1 期。

《全球视野的终身教育理念——联合国教科文组织教育文献研究之一》，《江西师范大学学报》（哲学社会科学版）2008 年第 1 期。

《全球视野的全民教育理念》，《教育学术月刊》2008 年第 6 期。

2009 年

《全球视野的环境教育理念》，《江西师范大学学报》（哲学社会科学版）2009 年第 1 期。

《全球视野的教育目的理念》，《教育科学》2009 年第 4 期。

《全球视野的教育内容理念》，《江西师范大学学报》（哲学社会科学版）2009 年第 5 期。

《论大学教师的情感素养》，《高等教育研究》2009 年第 6 期。

《教育变革的新探索——迈克尔·富兰的教育变革思想述评》，《教育研究》2009 年第 9 期。

2010 年

《经典教育学教材的传承与突破》，《教育学研究》2010 年第 8 期。

2011 年

《全球视野的国际理解教育理念》，《教育学研究与反思》，华中师范大学出版社 2011 年版。

2012 年

《"立美育人"：教育美学的使命》，《中国社会科学报》2012 年 3 月 7 日。

《关于和平教育的思考》，《教育研究》2012 年第 3 期。

《教育需要培养审美人格》，《人民教育》2012 年第 20 期。

2014 年

《中国教育美学研究三十年：回顾与反思》，《教育研究》2014 年第 9 期。

2015 年

《我国高校教师胜任力研究：进展与思考》，《高等教育研究》2015 年第 7 期。

《近十年来我国青少年社会责任感研究述评》，《教育学术月刊》2015 年第 11 期。

2016 年

《县域义务教育均衡发展的推进策略与成效》，《现代教育论丛》2016 年第 2 期。

《县域义务教育均衡发展的推进机制与绩效》，《教育探索》2016 年第 8 期。

《教师是人类灵魂的"导师"》，《中国德育》2016 年第 9 期。

《高校青年教师教学胜任力的调查与思考》，《教育研究》2016 年第 11 期。

2017 年

《我国义务教育均衡发展研究：缘起、进展与思考》，《中国教育科学》2017 年第 1 辑。

《县域推进义务教育均衡发展的探索与思考》,《中国教育科学》2017年第 2 辑。

《高校硕士生导师岗位胜任力的调查与思考》,《高等教育研究》2017年第 8 期。

《公共精神结构模型的理性审思与多维建构》,《广西社会科学》2017年第 11 期。

《新媒体时代中学教师媒介素养的调查与思考》,《中国成人教育》2017 年第 16 期。

2018 年

《我国公共精神研究的回顾与前瞻》,《江西社会科学》2018 年第 1 期。

《小学教师教学胜任力的调查与思考》,《课程・教材・教法》2018年第 7 期。

《高校教师教学胜任力的调查与思考》,《中国大学教学》2018 年第 8 期。

二　著作

（一）独著和主编

《教育美学》（独著），重庆出版社 1995 年版。

《职业技术教育师资培养模式研究》（主编），江西高校出版社 1998年版。

《世纪之交的教育沉思》（独著），中国社会科学出版社 2001 年版。

《审美人格教育论》（独著），人民教育出版社 2004 年版。

《高师教育改革与教师发展》（主编），中国社会科学出版社 2006年版。

《教育的新时代——终身教育的理论与实践》（独著），人民出版社2008 年版。

《全球视野的教育理念》（独著），广东高等教育出版社 2010 年版。

《青少年公民意识教育研究》（主著），中国社会科学出版社 2011年版。

《教师教育与教师发展研究》（主编），中国社会科学出版社 2014 年版。

《审美人格教育新论》（独著），教育科学出版社 2014 年版。

《导师制与本科人才培养研究》（主著），中国社会科学出版社 2014 年版。

《当代教师若干问题研究》（主著），中国社会科学出版社 2016 年版。

《县域义务教育均衡发展探究》（主著），科学出版社 2017 年版。

《教育美学新论》（独著），人民教育出版社 2017 年版。

《教育探索的历程：30 年回溯》（独著），中国社会科学出版社 2019 年版。

《教师胜任力实证研究》（主著），中国社会科学出版社 2019 年版。

《终身教育的理论与实践》（独著），科学出版社 2019 年版。

（二）合著和参著

《现代大教育观》（参著），江西教育出版社 1990 年版。

《大教育：21 世纪教育新走向》（合著），江西教育出版社 1995 年版。

《中国传统哲学与美育和素质教育》（参著），华中师范大学出版社 2005 年版。

三　教材

《新编教育学原理》（主编），江西高校出版社 1997 年版。

《教育原理与艺术》（主编），中国社会科学出版社 2004 年版。

《现代外国教育理论流派述评》（主编），江西高校出版社 2006 年版。

《当代教育理论》（主编），中国社会科学出版社 2009 年版。

《当代教育新理念》，高等教育出版社 2010 年版。

《教育原理与艺术》（修订版，主编），高等教育出版社 2011 年版。

《现代外国教育理论》（主编），高等教育出版社 2012 年版。

《教育原理》（主编），江西高校出版社 2018 年版。